行政职业能力测验
高分解码（练习）

上海华智公考学校 ／编著

复旦大学出版社

序言

PREFACE

习近平总书记指出："办好中国的事情，关键在党，关键在人。"当今中国面临着复杂多变的国际形势，承担着依法治国与国家治理现代化的重任，怀揣着中华民族伟大复兴的中国梦，这一系列形势与重任，需要坚强有力的党的领导和一支讲政治、懂经济、有文化的高素质公务员队伍。

习近平总书记常提"物必先腐，而后虫生"，公务员"德""位"相配，正是党与国家肌体强健的根本。因此，为了使广大未来的公务员成为"德""位"相配的高素质人才，我从政治学的角度，提几点希望。

第一，政治上要讲忠，忠于党，忠于人民。作为中国共产党领导下的社会主义国家中的公务员，忠于党是对公职人员的基本要求。党政军民学，东西南北中，党是领导一切的。作为高素质的公务员，要紧跟党的步伐，坚定树立政治意识、大局意识、核心意识、看齐意识，成为合格的社会主义建设的"螺丝钉"。此外，党的领导与人民当家做主是有机统一的。党的领导与人民当家做主密不可分，忠于党就是忠于人民，忠于人民则需要忠于党。

第二，工作上要讲勤，勤学苦练真本领。曾国藩有言："古人修身治人之道，不外乎勤谦二字。"作为服务于国家与人民的公务员，要脚踏实地、勤学苦练、甘为孺子牛。这种勤奋与毅力，既是政治体制得以良好运转的保证，也是实现人生价值的重要方式。在社会治理领域要不断创新，坚持工作思维的人文精神，坚持治理主体的多元互动，坚持工作方法的与时俱进。

第三，做人上要讲德，修身立德方为人之本。《论语》有言："君子务本，本立而道生。"德为人之本，德立而人立，德亡而人息。人有人之德，政有政之德，具体职务有具体职务之德。作为公务员，要具备仁、义、礼、智、信等基本德行，在工作中主要表现为，全心全意为人民服务，坚持走群众路线，取信于民，从群众中来到群众中去，坚持情为民所系、权为民所用、利为民所谋。

以上是我对未来公务员的几点希望与建议，希望华智这套解码系列的书，助力大家实现自身梦想。希望大家在未来的工作中把握政、勤、德的要义，牢记公务员的责任、使命与担当，在发挥个人价值的基础上，实现民族复兴。

复旦大学国际关系与公共事务学院

孙关宏教授

导 言

FOREWORD

上海公职考试录用制度，为有志于从事政府工作的优秀青年提供一个公开、公平、公正的竞争机会。与此同时，这种高度竞争的选拔考试在考题设置上难度颇高，正可谓"狭路相逢勇者胜"，掌握高效备考方案、方法技巧就显得尤为重要。

上海华智公考致力于上海公职类考试研究近 20 年，立足于最新考纲及历年真题的深度剖析，潜心研究出题规律及解题策略，并将理论研究的成果付诸十多年的考试实践检验，形成了广泛的美誉度。《行政职业能力测验高分解码（练习）》是上海华智公考 18 年研发成果的一个体现，主要有四大模块专训，每个模块除了经典题目外，还与《行政职业能力测验高分解码（精要）》相结合，配以考点解码及答案解析，将学习技巧和题目练习紧密地结合起来。

本书编写体现了华智公考独具的特色，深刻把握了行政职业能力测验命题和答题的本质，练题举一反三，讲解深入浅出。图书内容具体有以下一些特征：

综合性——本书侧重上海地区各类公考行政职业能力测验科目的练习。通过一本书的学习，掌握上海公务员、上海行政执法类公务员、上海人民警察学员考试及上海事业单位等各公职考试的行测（及职测）科目，实现"学一书而知上海公考"。

规律性——本书在总结多年公考经验的基础上形成，对各类常考题型进行归纳、总结，对上海地区各类公考的常考题型与命题特点进行了归纳，准确把握了行政职业能力测验命题与答题规律，具有较强的预测指导性。

实战性——本书重实用，突出做题技巧、解题策略。本册图书主要是从考生朋友学习的角度对行政职业能力测验按照模块进行练习，侧重于教会考生朋友们如何去做题，每个模块都有考点解码及答案解析，让考生朋友们更精准、更迅速地掌握答题技巧，有针对性地学习。

望广大考生在得此书之时，认真学习，夯实基础，稳步向前，实现梦想！华智公考祝各位考生成功上岸，一举成"公"！

上海华智公考

2021 年 2 月

上岸学生推荐语

华智是上海公务员考试培训的老品牌了，上海的同学都知道，对上海考情研究透彻、针对性强，老师授课深入浅出，教学举一反三，学起来很愉快，是值得依靠的备考机构。

　　　　张同学　　　　　　　报考单位：市委　　　　√已录用

华智伴我走过最美好的公考年，174.4分，上海市前五名，成功上岸。

　　　　黄同学　　　　　　　报考单位：检察院　　　　√已录用

拿到试卷后看到多数题都似曾相识，顿时觉得胜券在握，这种胸有成竹的把握离不开华智公考的母题教学法和条件反射般的题感训练。

　　　　周同学　　　　　　　报考单位：台盟　　　　√已录用

成绩公布了，笔试、面试、总成绩都是岗位第一名。

华智对上海市公考考情研究得非常精细，哪里频考、哪里少考，以及有哪些备考误区，一目了然。

　　　　刘同学　　　　　　　报考单位：规土局　　　　√已录用

查分的时候，手都是抖的，当看到超出分数线18.4分后，第一时间想到的是感谢华智。

　　　　曹同学　　　　　　　报考单位：徐汇区　　　　√已录用

华智的课程和图书一样严谨，抽丝剥茧般还原最本质的知识和考法，带班老师也有全方位的督学和鼓励，华智相伴，不只是成就梦想，也是成就更好的自己。

　　　　吴同学　　　　　　　报考单位：审计局　　　　√已录用

华智培训有针对性的讲解、实用的解题技巧都让我获益匪浅，通过学习，成绩比去年有了很大的进步！

　　　　王同学　　　　　　　报考单位：戒管局　　　　√已录用

本书阅读提示

BOOK READING TIPS

本书重练题实战，将整体考查细分成四大模块，每个模块按照难度分成三个梯度。本书与《行政职业能力测验高分解码（精要）》搭配使用，效果更佳。

▷ **学习建议：**

建立基础知识的学习框架后，从各模块的夯实基础题起步，做到全掌握。

结合考点解码、答案解析，对夯实基础题进行做题结果分析，将掌握不牢之处复习巩固后，进入提升能力题。

突破提升能力题后，进一步温故知新，达到灵活运用，冲刺斩获高分题。

巧用视频解码。本书多处附有视频解码，主要侧重经典题剖析、技巧讲解。推荐"考试通"App 智慧刷题，利用碎片化时间补缺补差，快速提升。

注：各模块逐级攻关进度，根据个人对该模块的掌握程度而定。

考试通

目 录

CONTENTS

第一部分

言语理解与表达

技巧点拨

第一章　选词填空

第一节　夯实基础题

技巧点拨

1. 科学家将松力纤维蛋白原和可吸收材料共混后，采用静电纺技术制成具有超亲水性、类似细胞外基质的生物复合支架材料。由该材料制成的人工韧带具有良好的组织_____和合适的机械强度，植入肌体后，可在逐层降解的同时进行组织再生，诱导肌体自身组织长入韧带中，逐步演变成自身韧带组织，实现腱骨融合，达到永久愈合的目的。

填入画线部分最恰当的一项是_____。

A. 相容性　　　　B. 自愈性　　　　C. 亲和性　　　　D. 再生性

2. 说起乡愁，那是一种_____的情怀，住在心中的故乡常常鲜活在那里。故乡是安放你的灵魂、温暖你的寂冷的地方，是接纳你的疲惫、抚慰你的忧伤的地方。翻开一页页被繁忙弄乱的过往，记忆中的余香总_____于儿时的故乡。

填入画线部分最恰当的一项是_____。

A. 难以割舍　回荡　　　　　　　　B. 与生俱来　氤氲

C. 永生难忘　徜徉　　　　　　　　D. 刻骨铭心　徘徊

3. 早期的智能手环厂商抛出了健康管理的概念，却并未进行数据的深度挖掘，智能手环的概念由热转冷，其在销量上的_____便在意料之中。相应地，市场上涌入了大量的廉价产品，在市场不成熟状态下大打价格战，导致整个产业维持在"婴儿"时期以及外界对于可穿戴行业的_____。

填入画线部分最恰当的一项是_____。

A. 式微　质疑　　B. 滑坡　否定　　C. 衰退　低估　　D. 颓势　唱衰

4. 求贤若渴，首先就要有强烈的人才意识，时时事事处处想到人才。把人才真正当作第一资源去_____、去寻求、去开发。求贤若渴，更要用贤若渴。人才作为一种特殊资源，只有使用才能创造价值。要坚决_____重引进轻使用的不良倾向，牢固树立以用为本理念，把用好用活人才作为人才工作重要责任。

填入画线部分最恰当的一项是_____。

A. 统筹　抵御　　B. 谋划　克服　　C. 挖掘　克制　　D. 利用　抵制

5. 极光多姿多彩，变化万千，任何彩笔都很难绘出那在严寒的两极空气中嬉戏无常、变幻莫测的炫目之光。在自然界中还没有哪种现象能与之_____。极光有时出现时间极短，犹如节日的焰火，在空中闪现一下就消失得无影无踪；有时却可以在苍穹之中_____几个小时；有时像一条彩带，有时像一团火焰，有时像一张五光十色的巨大银幕，仿佛上映一场球幕电影，给人视觉上极美的享受。

填入画线部分最恰当的一项是_____。

A. 抗衡　映照　　B. 媲美　辉映　　C. 相较　迤逦　　D. 匹敌　延宕

6. 慎众，慎的是_____。群体心理学认为，个体的行为容易受群体的意识、情绪和选择影响。正如《乌合之众》一书所说，"群体中的个人，不过是众多沙粒中的一颗，可以被风吹到无论什么地方"。所以，当身处群体中时，要格外注意自己的言行，不为"生态"所染、不为"氛围"所乱、不为"情绪"所感。

填入画线部分最恰当的一项是_____。

A. "出众"　　B. "众怒"　　C. "从众"　　D. "众说"

7. 近些年，作为文化政策、资本扶植发展的重心，国产动画被寄予了极大期望。然而，动漫的土壤并不是随便撒些空壳烂籽就可以_____的。

填入画线部分最恰当的一项是_____。

A. 守株待兔　　B. 坐享其成　　C. 不劳而获　　D. 以逸待劳

8. 没有精神内核的娱乐，即便一时热闹，_____流于空虚。网民需要文化产品、需要轻松娱乐，但不需要无下限、无道德的"秀"。应该肯定的是，依法净网，不只是约谈平台、关停账号，而是持续发力、_____治理。

填入画线部分最恰当的一项是_____。

A. 最终　固定化

B. 难免　长效化

C. 终归　常态化

D. 终将　平常化

9. 夏季天气炎热，人很容易犯困、无精打采，这时不妨吃几颗葡萄来帮你提神、消除疲乏之意。因为在葡萄中含有丰富的葡萄糖成分，且很容易被人体吸收利用，从而为大脑供给所需能量，快速恢复大脑活力。同时，葡萄中还含有较多的氨基酸，能对神经产生良好的_____，帮助人体_____衰弱的神经，这也是提神醒脑的有效途径。

填入画线部分最恰当的一项是_____。

A. 刺激　调理　　B. 应激　调节　　C. 激变　调整　　D. 激发　调剂

10. 有的摄影者对"后期"的重视几乎超过前期拍摄，作品全都美得不行。当"美"_____的时候，应该是有问题了。就像舞台上极为相似的明星一样，迷信"后期"只会消除自我。这样的作品创作，只是数量的_____而已，创作者的个性被模糊了。

填入画线部分最恰当的一项是_____。

A. 千篇一律　叠加　　　　　　　　B. 俯仰可拾　堆砌

C. 不胜枚举　积累　　　　　　　　D. 一成不变　提升

11. 美好的事物人人向往，若是缺少发现的眼睛，它也容易被_____。某次儿童画展，一位小朋友的作品上有一个洞，评委们好奇地问，这是不是一幅破损的作品。小朋友说，这是进入世外桃源的入口。孩子的答案，耐人寻味。如何_____发现美的眼睛，是一个需要全社会去回答的课题。

填入画线部分最恰当的一项是_____。

A. 遮蔽　擦亮　　　　　　　　　　B. 蒙蔽　擦拭

C. 遮掩　烛照　　　　　　　　　　D. 掩饰　拂拭

12. 科学已经成为当下社会的主流命题，无论从事什么工作都无法忽视它、绕过它。因此从某种程度来说，科学与艺术，或者说理性与感性的边界正在_____。艺术展上艺术家们摆弄起了宇宙爆炸、量子世界，而不少科学家也乐于把科学仪器下观察到的景象捕捉下来，展示到人们面前，其精美程度丝毫不亚于艺术家的加工描摹。

填入画线部分最恰当的一项是_____。

A. 消遁　　　　B. 消失　　　　C. 消除　　　　D. 消弭

13. 美国有不少著名的礼貌程序，多少年来_____至今，在太多社会礼节已被简化甚至荼毒的今天，这一类礼貌有幸成为仅存的硕果。

填入画线部分最恰当的一项是_____。

A. 沿用　　　　B. 延绵　　　　C. 延续　　　　D. 沿袭

14. 锦鲤俗称日本鲤鱼，是很多养鱼爱好者最爱的观赏鱼。日本鲤鱼的神奇之处在于，_____你在小鱼缸里饲养它，它_____长到两三寸长；_____你把它放入大鱼缸或小池塘中，它_____长至六寸到一尺长；_____把它放进大湖中，让它不受限制地充分成长，有朝一日它_____会长达三尺。

填入画线部分最恰当的一项是_____。

A. 如果　只会　如果　就能　如果　可能

B. 只有　才会　只要　就会　只要　必定

C. 如果　只会　只要　就会　只要　必定

D. 只有　才会　如果　就能　如果　可能

15. 习近平讲述马克思写《资本论》的故事，以此重申这样一个道理:高尚的气节是每一个成大事业者应有的品质，_____面对怎样的艰难险阻，_____坚定信念、坚守气节，_____一定能战胜困难、取得成功。

填入画线部分最恰当的一项是_____。

A. 即使　也要　就　　　　　　　　B. 无论　只要　就

C. 一旦　只要　也　　　　　　　　D. 如果　但是　也

第二节　提升能力题

1. "多"与"少"，两者之间绝不仅仅是数量上的对立存在，而恰恰是"量变"与"质变"之间的一个＿＿＿＿＿＿。一味追求多，或一味追求少，都有可能把事物引向＿＿＿＿＿＿的另一面。因而，在看待"多"与"少"上，也要有辩证的观点。

填入画线部分最恰当的一项是＿＿＿＿＿＿。

A. 独立状态　意料之外
B. 中间过程　无法控制
C. 相对状态　难以接受
D. 演变过程　截然相反

2. 打开书本，一股久违了的墨香扑面而来，摩挲纸张，淡淡的凹凸感非常舒服。味觉、视觉、触觉顿时都活泛起来，连脑细胞也显得格外活跃。读累了，就闭眼歇一歇，顺便回味刚读过的情节，思考作者的＿＿＿＿＿＿；看到精彩的描写和精辟的议论，就反复重读、吟咏再三，读到妙处更是＿＿＿＿＿＿。

填入画线部分最恰当的一项是＿＿＿＿＿＿。

A. 春秋笔法　弹冠相庆
B. 言外之意　低头折节
C. 弦外之音　额手称庆
D. 微言大义　击节赞叹

3. 古人根据经验编制了许多脍炙人口的农谚，比如"清明前后，种瓜点豆"。不仅是农谚，与二十四节气相关的诗词歌赋也是＿＿＿＿＿＿，比如"蒹葭苍苍，白露为霜"，再比如"清明时节雨纷纷，路上行人欲断魂"。这些诗词歌赋＿＿＿＿＿＿，将二十四节气与天气现象巧妙地结合在一起，具有很好的传播性。

填入画线部分最恰当的一项是＿＿＿＿＿＿。

A. 俯拾皆是　沉思翰藻
B. 不计其数　文采斐然
C. 不胜枚举　形神兼备
D. 举不胜举　缀玉联珠

4. 形成有文化特色、有地域特色、可识别的小城镇发展模式，是一个长期的渐进过程。我们应尊重当地实际，＿＿＿＿＿＿、远近结合、量力而行，不能盲目＿＿＿＿＿＿。在模式选择上，可以借鉴国内外小城镇建设的经验，但更重要的是结合自身实际、体现自身特色。

填入画线部分最恰当的一项是＿＿＿＿＿＿。

A. 循规蹈矩　分庭抗礼
B. 按部就班　投闲置散
C. 循序渐进　贪大求快
D. 按图索骥　急于求成

5. 有人曾＿＿＿＿＿＿"人工智能是个筐，什么都能往里装"，虽然＿＿＿＿＿＿，但也说明了现状。通常，当解决问题需要推理、决策、理解、学习这类最基本的技能时，我们才认为它跟人工智能相关。常见的人工智能技术应用有指纹识别、人脸识别、机器翻译等。

很多通过机械的计算和机械的记忆实现的东西，一般不把它看成人工智能的本质应用。

填入画线部分最恰当的一项是_____。

A. 嘲笑　苛刻　　B. 调侃　尖酸　　C. 揶揄　刻薄　　D. 嘲弄　刻毒

6. 说起分布式存储，大家可能都会觉得这是一个_____的问题。虽然分布式存储并不是一个年轻的技术，许多人也对它_____，但它是一个涉及文件系统、存储系统、网络、算法、管理等多方面技术的汇聚。因此，想要真正掌握分布式存储技术，绝不是一件轻松的事。

填入画线部分最恰当的一项是_____。

A. 老生常谈　耳熟能详

B. 历久弥新　烂熟于心

C. 陈词滥调　轻车熟路

D. 流口常谈　驾轻就熟

7. 现在的诗词普及，还有许多需要留心和甄别的地方。如今市面上诗词普及的图书尤其多，也尤为_____。有不少普及读物，其中文字错漏百出，采用的故事也都是_____，甚至是杜撰而来。作为读者，应该加以甄别，尽量选择学者编写的图书，他们的材料、解读都较为严谨扎实，采用的故事也都有正史作为依据。

填入画线部分最恰当的一项是_____。

A. 鱼目混珠　稗官野史

B. 滥竽充数　逸闻轶事

C. 鱼龙混杂　道听途说

D. 龙蛇混杂　胡编乱造

8. 这一事件再次敲响警钟：旅游有风险，安全意识不能_____。风险，有时来自陌生环境和游人的猎奇心理。因此，我们在旅游前一定要做足功课，对旅行目的地要有所认识和准备，不对风险抱侥幸心理。带孩子出去玩的家长尤其要加强警觉。同时，相关部门和景区方面，也要切实承担责任，为游客安全_____。

填入画线部分最恰当的一项是_____。

A. 懈怠　遮风挡雨

B. 松懈　保驾护航

C. 放松　披荆斩棘

D. 怠慢　添砖加瓦

9. 专家们表示，很多划时代的科技成果_____引发人们生活方式的改变，短期内很可能难以被接受，但若放眼历史长河就会发现，所有重要的科技革命_____都最终成为人类发展的加速器，同时也是人类生活品质提高的根本保障。

填入画线部分最恰当的一项是_____。

A. 肯定　毫不例外

B. 必然　无一例外

C. 势必　无一幸免

D. 必定　不出所料

10. 音乐教育疏导，是指在通过音乐对大学生进行心理健康教育的过程中，既强调_____、发扬民主，又注重_____、科学引导的一种疏导方法。加强音乐教育疏导是大学生思想、心理以及行为活动规律的客观要求。

填入画线部分最恰当的一项是_____。

A. 百家争鸣　循循善诱　　　　　　　　B. 广开言路　以理服人

C. 畅所欲言　诲人不倦　　　　　　　　D. 求同存异　集思广益

11. 党内生活的新常态也好，组织纪律的新要求也好，_____最终在每个党员干部心理认同的轨迹上运行，_____行之久远，_____反腐败与改作风的风暴之后，一切陈规陋习、不良作风都会卷土重来。

填入画线部分最恰当的一项是_____。

A. 既然　那么　不然　　　　　　　　　B. 如果　那么　况且

C. 不但　而且　否则　　　　　　　　　D. 只有　才能　否则

12. 关于科学革命的讨论_____于十七世纪。不过，其时革命尚在_____地展开，相关讨论的焦点集中在科学的本性，而未有所谓"科学革命史"的理解。到十九世纪，现代科学的基本模式逐渐定型，一些学者便回到现代科学的源头做起了编史和整理工作。

填入画线部分最恰当的一项是_____。

A. 滥觞　如火如荼　　　　　　　　　　B. 起源　风起云涌

C. 溯源　轰轰烈烈　　　　　　　　　　D. 发端　方兴未艾

13. 一个城市的建设发展，如果说建筑是她的脊梁，环境是她的容貌，那市民的文明素质就是她的_____。而文化作为承载文明的基石，特别是当跨越时空的优秀传统文化理念、价值标准、审美风范被重新_____，转化为现代人们的精神追求和行为养成时，那她_____的不仅是一个城市的文明，也增强了作为一名中国人立足世界的文化底气和骨气。

填入画线部分最恰当的一项是_____。

A. 佩饰　演绎　赋予　　　　　　　　　B. 神采　弘扬　荡涤

C. 灵魂　唤起　涵育　　　　　　　　　D. 冠冕　阐释　秉承

14. 习近平主席在上海合作组织成员国元首理事会第十八次会议上的重要讲话，深刻分析了我们今天所共同面对的风险挑战:当今世界霸权主义和强权政治_____存在；各种传统和非传统安全威胁不断_____；单边主义、贸易保护主义、逆全球化思潮不断有新的表现；文明冲突、文明优越等论调不时_____。

填入画线部分最恰当的一项是_____。

A. 仍然　出现　激浊扬清　　　　　　　B. 依旧　显现　拨云见日

C. 依然　涌现　沉渣泛起　　　　　　　D. 依旧　浮现　振臂高呼

15. 使用大数据，一旦安全无法保障，大数据就会产生极大的_____，不仅侵害广大用户的切身利益，也会给行业发展蒙上阴影。数据隐私保护固然离不开技术，但我们也不能过于_____技术。只有加强顶层设计，多方形成合力，才更靠谱。

填入画线部分最恰当的一项是_____。

    A. 破坏力　青睐　　　　　　　　　　B. 杀伤力　迷信

    C. 威慑力　推崇　　　　　　　　　　D. 冲击力　倚仗

16. 导演在摄影方法的运用上，_____近景和特写，而采取长镜头、中远景和深焦镜头的拍摄，这种方法的运用，可说是与法国电影理论家巴赞的主张_____的。它不但会使画面气势更加雄伟，同时也使表演区域的造型形象更为清晰和更具真实感，从而使影片的每个镜头都好像一幅幅中国画卷，给人们以特殊的美感并留下冷静思考的_____。

    填入画线部分最恰当的一项是_____。

    A. 舍弃　不谋而合　余地　　　　　　B. 摒弃　一拍即合　痕迹

    C. 摒除　遥相呼应　余味　　　　　　D. 丢弃　一脉相承　轨迹

17. 对大多数人来说，糖尿病并不陌生。然而，很多人对它的了解仅仅是_____。并非_____，就发病率而言，糖尿病可谓疾病之王。按照 2013 年的数据，中国 18 岁以上成年人的糖尿病发病率已经高达 11.6%，患者绝对人数已经过亿。

    填入画线部分最恰当的一项是_____。

    A. 略知一二　空穴来风　　　　　　　B. 冰山一角　危言耸听

    C. 道听途说　杞人忧天　　　　　　　D. 管中窥豹　故弄玄虚

18. 对于宇航员从月球带回的样本，科学家们的_____工作可谓做到了家：专门兴建了一个月球物质回收和回归宇航员检疫实验室来接待这些"外星访客"。这样做的目的是为了_____科学家利用月壤做实验时不会有任何危险的污染物或者未知的外星生命形式"逃脱"，从而避免_____地球生态。

    填入画线部分最恰当的一项是_____。

    A. 防范　确保　危及　　　　　　　　B. 保障　保证　影响

    C. 预防　担保　破坏　　　　　　　　D. 准备　保护　干扰

19. 没有无用的知识，只有还没派上用场的知识。人们往往觉得既然用不上，何必为那些_____的东西浪费时间。可他们_____了知识之间的相互联系。知识是关于世间万物的信息，获得一种知识相当于多了一个看世界的角度，从这个角度看过去，一些原有的认识会发生改变，从而又_____出新的问题和灵感。

    填入画线部分最恰当的一项是_____。

    A. 细枝末节　忽略　激发　　　　　　B. 繁文缛节　掩盖　萌生

    C. 零零星星　忘记　诞生　　　　　　D. 杂乱无章　淡化　迸发

20. 东汉许慎《说文解字序》说："仓颉之初作书，盖依类象形。"如果_____"圣人造书"的神秘观念不论，这种认为书法源于象形的说法是有一定根据的，它指出书法是从现实生活中_____形体的。但如果认为"象形"就是书法的审美本质，那就失于_____了。书法是无形与有形、不象形与象形的统一，抽象与具象的统一。

    填入画线部分最恰当的一项是_____。

A. 除却　模仿　形象　　　　　　B. 摒弃　取得　单一

C. 除去　创造　简单　　　　　　D. 撇开　获得　片面

21. 对于中国人来说，院落不仅是一个物理的空间，而且是家的核心。有院落的地方，就有我们最真实纯朴的情感与记忆。巷、道、瓦、檐、廊等这些＿＿＿＿＿＿，形成了传统院落独具特色的形式美感和空间氛围。中国人几千年来形成的特有的生活方式、人文情怀，决定了我们对自己栖身的建筑有着自己独特的文明特征识别，而院落就可以将这一特征表达得＿＿＿＿＿＿。

填入画线部分最恰当的一项是＿＿＿＿＿＿。

A. 设计　一览无余　　　　　　　B. 结构　尽善尽美

C. 元素　淋漓尽致　　　　　　　D. 标志　出神入化

22. "凑足一群人就可以走了，和红绿灯无关"，略带自嘲和无奈的"中国式过马路"，＿＿＿＿＿＿着集体漠视规则的人们，＿＿＿＿＿＿了城市交通管理的软肋。

填入画线部分最恰当的一项是＿＿＿＿＿＿。

A. 嘲弄　戳痛　　B. 挖苦　打中　　C. 调侃　戳中　　D. 讥讽　击中

23. 条纹，作为最简洁而又生机勃勃的视觉设计语言，自石器时代起便被广泛运用。彩色条纹依旧不断＿＿＿＿＿＿于当今时装界，新锐设计师们拒绝了浮华，但同样＿＿＿＿＿＿着高调。

填入画线部分最恰当的一项是＿＿＿＿＿＿。

A. 风靡　保持　　B. 时兴　延续　　C. 流行　维持　　D. 活跃　蕴含

24. 过去绘画覆盖了照相机和摄像机的职能，标准就是＿＿＿＿＿＿、栩栩如生。现在，绘画的这部分功能被照相机和摄像机＿＿＿＿＿＿掉了，绘画"下岗"了，就能重新定义自己的"工种"，有往纯视觉刺激走的，也有＿＿＿＿＿＿到讲故事传统的。

填入画线部分最恰当的一项是＿＿＿＿＿＿。

A. 惟妙惟肖　分担　回归　　　　B. 活灵活现　替换　延伸

C. 绘声绘色　削减　退缩　　　　D. 呼之欲出　冲击　前进

25. ＿＿＿＿＿＿人生有许多事情要做，＿＿＿＿＿＿就不要为一时的失去而伤心，因为一时的失去并不意味着永远的失败。＿＿＿＿＿＿你拥有了这种健康的心态，你就成功了一半。

填入画线部分最恰当的一项是＿＿＿＿＿＿。

A. 虽然　但是　只要　　　　　　B. 既然　那么　只有

C. 因为　所以　只有　　　　　　D. 既然　那么　只要

26. 与常规的计算机相比，生物计算机具有密集度高的突出优点。＿＿＿＿＿＿用DNA分子制成生物电子元件，将比硅芯片上的电子元件要小得多，＿＿＿＿＿＿可小到几十亿分之一米。＿＿＿＿＿＿，生物芯片本身具有天然独特的立体化结构，其密度要比平面型硅集成电路高10万倍。

填入画线部分最恰当的一项是_____。

A. 由于　甚至　所以　　　　　　　B. 如果　甚至　而且

C. 只是　也许　可见　　　　　　　D. 虽然　也许　然而

27. 当代大学生应当志存高远、脚踏实地,转变择业观念,坚持从实际出发,_____到基层一线和艰苦地方去,把人生的路一步步走稳走实,_____在平凡的岗位上创造不平凡的业绩。

填入画线部分最恰当的一项是_____。

A. 乐于　善于　　B. 勇于　善于　　C. 乐于　易于　　D. 勇于　易于

28. 昆曲走向没落,在于其在大众市场中找不到一席之地而渐失群众基础。现代昆曲开始引入歌剧、交响乐等流行元素,打造通俗版昆曲,而不再_____。没有一种文化可以将自己封闭起来,没有一种文化有资格_____受众群体,多一分包容,才能换来更长久的生命和更精彩的未来。

填入画线部分最恰当的一项是_____。

A. 曲高和寡　筛选　　　　　　　　B. 故步自封　舍弃

C. 特立独行　筛除　　　　　　　　D. 一成不变　苛求

29. 科普创作的要求委实非常高,既要有良好的文字功底,又要具备_____的科学专业基础,甚至在哲学、历史、艺术等领域都要有相当_____。

填入画线部分最恰当的一项是_____。

A. 系统　研究　　B. 全面　学识　　C. 完备　积累　　D. 扎实　造诣

30. 研究结果显示,只要手机在视线范围或_____的范围之内,就会导致人们的注意力下降。这并不是手机的推送或通知分散了人的注意力,而是人们下意识地不去"_____"手机,但发布这个指令的过程本身就会耗费有限的认知资源,造成脑力流失。

填入画线部分最恰当的一项是_____。

A. 近在咫尺　牵挂　　　　　　　　B. 唾手可得　惦念

C. 触手可及　惦记　　　　　　　　D. 一步之遥　想念

第三节　斩获高分题

1. 今天,关于传统文化的书写,存在两个极端:要么过于通俗,要么过于玄虚。中国传统文化的传播、国学的弘扬,需要摆脱掉这两个极端,走一条中间道路,做到_____、微言大义。虽然,"文化热""儒学热""国学热"的浪潮_____,但真正将自己的文化看作安身立命之本的人却是_____。很多人对待文化,对待国学,仍然没有走出经世致用、急功近利的目的预设。

填入画线部分最恰当的一项是_____。

A. 深入浅出 此起彼伏 少之又少　　　B. 大道至简 前仆后继 凤毛麟角

C. 通俗易懂 如火如荼 寥寥无几　　　D. 不温不火 不绝如缕 后继无人

2. 年轻干部要想行得端、走得正，就必须涵养道德操守，明礼诚信，特别是要敢于讲真话、讲实话，切忌开"空头支票"，_____说好话、_____说套话、_____说大话、规避责任说假话。

填入画线部分最恰当的一项是_____。

A. 曲意逢迎 心口不一 不切实际　　　B. 委曲求全 虚与委蛇 好高骛远

C. 阿谀奉承 独善其身 好大喜功　　　D. 投其所好 明哲保身 沽名钓誉

3. 新媒体时代有新媒体时代的传播特点，从这些特点出发，对一些文章标题进行_____，以适应网络舆论场的传播，这样的做法不可_____。但有些"标题党"为吸引眼球，故意制作带有误导性、煽动性的标题，扭曲了原意，误导了读者，滋生了不必要的价值冲突。

填入画线部分最恰当的一项是_____。

A. 精雕细琢 一语道破　　　B. 全盘否定 一成不变

C. 适度改造 一概否定　　　D. 改头换面 一笑了之

4. 纪录片《苏东坡》以苏东坡贬谪黄州四年的生活为横切面。_____其一生的心路历程，从文学、艺术、美食、情感等维度进行透视。多角度地_____其生命感悟、精神嬗变和艺术升华的过程，以及对中国传统文化产生的深远影响。同时，辅之以当今最新的研究成果，再现了一个最丰富、最接近本真的苏东坡形象。

填入画线部分最恰当的一项是_____。

A. 关照 阐释　　　B. 记载 解说　　　C. 记录 阐述　　　D. 观照 解读

5. 费孝通先生在《乡土中国》里有_____的阐释：中国乡村秩序是从血缘关系和地缘关系开始的。此后时空流转，纵使百转千回，讨生活也好、讨理想也罢，走出去的中国人，还是会被故土的浓烈情思所牵绊。从这个意义上说，过年回家，大概是三件事：一是省亲，_____思念之苦；二是乡愁，归于故土之亲；三是仪式，_____精神传承。

填入画线部分最恰当的一项是_____。

A. 恰如其分 消除 感悟　　　B. 一针见血 慰藉 濡染

C. 高屋建瓴 抚平 感服　　　D. 鞭辟入里 解除 渲染

6.（1）尽管遭受路遥女儿的坚决反对和清华大学美学教授的再三_____，但"路遥文学奖"的奖项发起人并没有半点退意。

（2）在电影宣传的发布会上，导演对负面声音的不淡定程度令人_____。

（3）邵逸夫几乎将教育慈善当成事业来_____，且四处_____着他的慈善领域。

填入画线部分最恰当的一项是_____。

A. 质疑　张口结舌　经营　拓宽　　　　B. 置疑　张口结舌　运营　扩张

C. 质疑　瞠目结舌　经营　拓宽　　　　D. 置疑　瞠目结舌　运营　扩张

7. 圈椅是明代家具中最为经典的制作。明代圈椅，造型古朴典雅，线条简洁流畅，制作技艺达到了_____的境地。"天圆地方"是中国人文化中_____的宇宙观，不但建筑受其影响，也_____到了家具的设计之中。

填入画线部分最恰当的一项是_____。

A. 别有匠心　普遍　融合　　　　B. 巧夺天工　特殊　融会

C. 炉火纯青　典型　融入　　　　D. 入室升堂　独特　融化

8. 社会秩序的好坏，在词汇上也会留下独特的_____。据有关研究，"文革"期间的社论每213个字便有一个"斗"字_____，大批火药味十足的词语使用频率极高，汉语中传统的辩证法思想和中庸观念被抛到了九霄云外，可谓_____，混乱不堪。

填入画线部分最恰当的一项是_____。

A. 足迹　呈现　声名狼藉　　　　B. 印迹　出现　斯文扫地

C. 足迹　出现　声名狼藉　　　　D. 印迹　呈现　斯文扫地

9. (1) 江苏区域一直有"苏南""苏北"之分，其中"苏南"在改革开放初期就已成为中国经济最活跃的区域之一，而"苏北"则_____。

(2) 作家对批评家的批评意见，需具备一种超越性的情怀，不仅能够发现其中可以借鉴的_____，而且善于在其上触类旁通，生发出更多的创作灵感。

(3) 在出访英国的两天行程里，她以8个不同的造型在不同场合亮相，不论是外交礼仪还是衣着谈吐，都表现得_____。

填入画线部分最恰当的一项是_____。

A. 相形见绌　真知灼见　无懈可击

B. 略逊一筹　金玉良言　天衣无缝

C. 相形见绌　金玉良言　无懈可击

D. 略逊一筹　真知灼见　天衣无缝

10. 国学如果停留在如此浅层次的形式复古，无异于_____，甚至会把国学弄成与现代文明相对抗的姿态，凡事不问好坏对错，一切以东西古今划界。凡是古人的都是好的，哪怕骑驴；凡是现代的都是"非我族类"，都该保持距离。如此下去，国学非但不会被这些人"发扬光大"，相反可能会走入狭隘化、极端化、边缘化的境地，钻进狭小天地里_____，与文明发展割断脉络，把自己变成了一块"化石"。

填入画线部分最恰当的一项是_____。

A. 缘木求鱼　蓬荜生辉　　　　B. 掩耳盗铃　纤尘不染

C. 刻舟求剑　皮里阳秋　　　　D. 买椟还珠　孤芳自赏

第四节　考点解码及答案解析

一、夯实基础题

1.【考点解码】　解释关系

【答案解析】　选 A。由后文"植入肌体后，可在逐层降解的同时进行组织再生，诱导肌体自身组织长入韧带中，逐步演变成自身韧带组织，实现腱骨融合，达到永久愈合的目的"可知句中强调的是由该材料制成的人工韧带植入肌体后能与组织完美融合，因此"相容性"最为恰当。

2.【考点解码】　固定搭配

【答案解析】　选 B。从第二个空入手，"回荡"一般搭配声音，"徜徉"和"徘徊"的主语一般是人，都不能与"余香"搭配，排除 A、C、D。

3.【考点解码】　固定搭配，语义轻重

【答案解析】　选 D。分析语境，第一个空，式微的意思既指国家和世族衰落，也泛指事物衰落。"式微"和"衰退"都不能用来形容"销量"，排除 A、C。第二个空，题意为外界对可穿戴行业持怀疑态度，"否定"的语义过重，排除 B。

4.【考点解码】　并列关系，固定搭配

【答案解析】　选 B。第一空，所填词语应与"追求""开发"构成并列关系并有先后顺序之分，"挖掘"和"利用"都不能表达寻求、开发之前的筹划阶段，排除 C、D。第二空，"抵御"指抵挡、抵抗，与"不良倾向"搭配不当，排除 A。

5.【考点解码】　固定搭配

【答案解析】　选 B。第一空，应凸显与极光的比较之意，排除 A。第二空，形容美丽的极光，"迤逦"意思是曲折连绵；"延宕"意思是拖延；一般用来形容山脉、道路等，二者都不适用于形容极光，"辉映"指光彩照耀、映射，符合语境。

6.【考点解码】　解释关系

【答案解析】　选 C。由"所以，当身处群体中时，要格外注意自己的言行，不为'生态'所染、不为'氛围'所乱、不为'情绪'所感。"可知，群体中的个人要谨慎自己受到群体的影响，即谨慎防范自己的从众心理，也称"慎众"。C 项符合题意。"出众"指超过众人，常形容人的才华、模样、能力等；"众怒"指众人的愤怒；"众说"指多种多样的说法。

7.【考点解码】　解释关系

【答案解析】　选 B。"然而……并不是……"表转折和强调，横线处所填内容应体现要强调的结果，与后文的"不是随便撒些空壳烂籽就可以……"相对应。分析选项，A 选项："守株待兔"强调不努力，排除；C选项："不劳而获"强调不劳动，排除；D选项："以逸待劳"指在战争中做好充分准备，养精蓄锐，等疲乏的敌人来犯时给以迎头痛击。不符合语境，排除；B选项："坐享其成"指自己不出力而享受别人取得的成果，符合语境。

8.【考点解码】　反对关系，并列关系

【答案解析】　选C。第二空，所填词语应与"持续"意思相近，"固定化"和"平常化"都没有这个含义，排除A、D。第一空，"即便"为转折关联词，只有"终归"能与"一时"产生转折关联。

9.【考点解码】　固定搭配

【答案解析】　选A。第一个空，四个选项只有"刺激"能够和神经搭配，其余选项都搭配不当，锁定A项，再将A项"调理"代入第二个空验证，"调理人体"符合语境。

10.【考点解码】　感情色彩

【答案解析】　选B。从第二个空入手，所填词语应包含贬义，表达只是单纯的数量增多。"积累"和"提升"为褒义，排除C、D。"叠加"为中性词，且"堆砌"含有大量使用华丽但无用的元素的意思，与前文更契合。

11.【考点解码】　适用范围，形象色彩

【答案解析】　选A。第一空，"蒙蔽"和"掩饰"都是人的行为，排除A、C。第二空，宾语为眼睛，因此所填词语应表达从暗到亮的过程，"擦亮"比"拂拭"更合适。

12.【考点解码】　语体色彩

【答案解析】　选D。文段意为理性与感性的边界正在变得模糊不定，因此排除"消失"和"消遁"。"消弭"更多用于书面用语，在文段中比"消除"更合适。

13.【考点解码】　含义侧重

【答案解析】　选D。"沿用"指继续使用，"延绵"指延续不断，"延续"指持续、继续；"沿袭"指按旧例办事。对应"礼貌程序"，沿袭更加合适。

14.【考点解码】　虚词辨析

【答案解析】　选A。由题意可知，凡在小鱼缸、池塘、大湖三种环境饲养，都属于假设，故第一、三、五个空都应选择表示假设的词语，只有A符合题意。

15.【考点解码】　虚词辨析

【答案解析】　选B。由句意可知，坚定信念、坚守气节是战胜困难、取得成功的条件，所以要选择表示条件关系的关联词，只有B项"只要……就"符合句意，排除A、C、D。

二、提升能力题

1.【考点解码】　解释关系

【答案解析】　选D。分析语境，由"两者之间绝不仅仅是数量上的对立存在，而恰恰是……"可知横线上所填内容应当表示不对立，而独立状态和相对状态都与"对立"含义相接近，排除 A、C；文段中未提及"控制"方面的内容，且"量变"到"质变"的发展是一个演变的过程，用"中间过程"来表示并没有"演变过程恰当"，排除 B。

2.【考点解码】　感情色彩

【答案解析】　选 D。分析语境，从第二个空入手，应填入表示读书读到妙处所引发的情绪的词语，"弹冠相庆"和"低头折节"都含有贬义，不符合感情色彩，排除 A、B。"额手称庆"表示庆幸之意，用来形容读书并不恰当，排除 C。锁定 D 项，再将 D 项"微言大义"代入第一个空验证，符合语境。

3.【考点解码】　适用范围，含义侧重

【答案解析】　选 C。从第二个空入手，"文采斐然"和"缀玉联珠"的适用对象为人，排除 B、D。"沉思翰藻"形容寓意深刻，文辞华丽，与节气和天气现象所具有的简明形象的特点不符，排除 A。

4.【考点解码】　解释关系，反对关系

【答案解析】　选 C。第一空，应体现小城镇长期、渐进的发展特点，"循规蹈矩"和"按图索骥"都没有体现其发展特点，排除 A、D。第二空，"不能"表示转折，要体现盲目求成之意，只有"贪大求快"最合适。

5.【考点解码】　语义轻重

【答案解析】　选 C。第一空，"人工智能是个筐，什么都能往里装"带有开玩笑的意味，"嘲笑"和"嘲弄"语义过重，排除 A、D。第二空，"尖酸"铰"刻薄"语义更重，前文的说法虽然带有批评的成分，但是并不尖利，排除 B。

6.【考点解码】　解释关系，句法功能

【答案解析】　选 A。第一空，对应后文"并不是一个年轻的技术"，需要填入表示没有新意的词语，"历久弥新"不恰当，排除 B。"陈词滥调"只能用作宾语，排除 C。第二空，后文"绝不是一件轻松的事"说明这项技术还到不了"驾轻就熟"的地步，排除 D。

7.【考点解码】　适用范围，递推关系

【答案解析】　选 C。第一空，所填词语应表达如今市面上诗词普及的图书质量参差不齐。"鱼目混珠"指拿假的东西冒充真的东西，排除 A。"滥竽充数"的主语一般是人，排除 B。第二空，应与后文的"杜撰"呈递进关系，比"杜撰"语义程度轻。"胡编乱造"语义重复，排除 D。

8.【考点解码】　含义侧重，固定搭配

【答案解析】　选 B。第一空，"懈怠"多形容人的态度，"怠慢"表示态度冷淡，都不能用来形容安全意识淡薄，排除 A、D。第二空，"披荆斩棘"比喻扫除前进中的困难和障碍，与"安全"搭配不当，排除 D。

9.【考点解码】　固定搭配，语义轻重

【答案解析】　选 B。第二空，"不出所料"强调意料之中，与句意不符，排除 D。"无一幸免"表示全部遇难，没有逃脱，与"科学革命"搭配不当，排除 C。第一空，"必然"的语义更重，更能体现划时代科技成果对人们生活方式影响的确定性，排除 A。

10.【考点解码】　含义侧重

【答案解析】　选 B。第二个空，顿号表示并列，说明所填词语应与"科学引导"意思相近。"诲人不倦"是指教导人的态度，并非科学，排除 C。"集思广益"是指集中大众的智慧，强调民主，排除 D。第一空，大学生心理健康教育不涉及学术派别，使用"百家争鸣"不合适，排除 A。

11.【考点解码】　虚词辨析

【答案解析】　选 D。第一、二空，"新常态和新要求在党员干部心理运行"，是"行之久远"的必要条件，只有 D 项"只有……才能"符合，锁定 D 项。A 项"既然……那么"，B 项"如果……那么"，C 项"不但……而且"均与文段意思不符，排除 A、B、C。验证第三空，"一切陋习、不良作风卷土重来"与前文"行之久远"为反面并列，"否则"正确。

12.【考点解码】　固定搭配，句法功能

【答案解析】　选 A。第一空，"溯源"与"于"不搭，排除 C。第二空，应填状语修饰"展开"。"方兴未艾"一般作谓语，排除 D。"风起云涌"强调事物大量快速发展，与题干无关，排除 B。

13.【考点解码】　并列关系，固定搭配

【答案解析】　选 C。第一个空，由"如果说建筑是她的脊梁，环境是她的容貌"可知运用了拟人的修辞手法，横线处所填词语应体现内在品质。"佩饰"和"冠冕"都表示外在装饰，排除 A、D 项。第三个空，"荡涤"表示去除，与"城市的文明"搭配不恰当，排除 B。

14.【考点解码】　感情色彩

【答案解析】　选 C。从第三个空入手，由"文明冲突、文明优越"可知横线处应填入偏消极色彩的词。"激浊扬清"的意思是指清除坏的，发扬好的，不符合语境，排除。"拨云见日"的意思是指冲破黑暗见到光明，不符合语境，排除。"振臂高呼"的意思是指奋发或激昂，不符合语境，排除。沉渣泛起的意思是指已经沉到水底的渣滓又漂浮了起来。比喻已经绝迹了的腐朽、陈旧事物又重新出现，符合语境。

15.【考点解码】　感情色彩

【答案解析】　选 B。分析语境，第一个空，由后文的"侵害广大用户的切身利益，也会给行业发展蒙上阴影"可知，横线处所填词语应体现出大数据带来的危害。C 项"威慑力"的意思是指用武力或威势使对方感到恐惧的力量，不符合语境，排除。D 项"冲击力"的意思是指物体相互碰撞时出现的力，不符合语境，排除。第二个空，由前文"不能过于"可知，横线处所填词语应是偏消极的，A 项"青睐"不符合语境，排除。

16.【考点解码】 固定搭配

【答案解析】 选 A。第一个空，横线处所填词语与"近景和特写"搭配，D 项"丢弃"常用于形容实际存在的东西，不符合语境，排除。第三个空，文段强调这样拍摄的电影能让人们有所思考，A 项"余地"强调人们还有思考的空间，符合语境。B 项"痕迹"强调事物留下的印痕或印迹，不符合语境，排除。C 项"余味"强调事物的性情未尽，不符合语境，排除。再将 A 项代入第二个空验证，A 项"不谋而合"意思是指事先没有商量，彼此的意见、行动却完全一致，用在此处强调导演和法国电影理论家巴赞的想法一致，符合语境。

17.【考点解码】 反对关系

【答案解析】 选 B。第一个空，"然而"表转折，表明前后文意相反相对，前文谈到对糖尿病不陌生，横线处所填词语应体现人们对糖尿病陌生，了解很少的意思。C 项中"道听途说"指没有根据的传闻，并未体现了解很少的意思，不符合语境，排除。第二个空，后文谈到"糖尿病是疾病之王，发病率很高"等内容可以看出糖尿病现在的形势是很严峻的，此言论并不是在故意吓唬人，B 项中"危言耸听"的意思是指故意说些夸大吓人的话，使人惊疑震动，符合语境。A 项中"空穴来风"原义为有了洞穴才有风进来，比喻消息和传说不是完全没有根据的，也就是有一点根据，不符合语境，排除。D 项中"故弄玄虚"的意思是指故意玩弄花招，迷惑人，欺骗人，掩盖真相，它没有强调吓唬人的意思，不符合语境，排除。

18.【考点解码】 语义轻重

【答案解析】 选 A。第一个空，由"不会有任何危险的污染物或者未知的外星生命形式'逃脱'"可知横线处所填词语应体现科学工作的防备性，A 项"防范"和 C 项"预防"符合语境。第二个空，"确保"与"担保"相比，前者程度更重，与后文的"不会有任何"对应恰当，符合语境。

19.【考点解码】 固定搭配

【答案解析】 选 A。第一个空，与"知识"搭配，B 项"繁文缛节"指繁琐多余的仪式、礼节，泛指繁琐多余的手续，与"知识"搭配不当，排除。第二个空，"知识之间的联系"是客观存在的，无法主动"淡化"，D 项不符合语境，排除。第三个空，与"问题和灵感"搭配，A 项"激发"符合语境，C 项"诞生"不符合语境，排除。

20.【考点解码】 解释关系

【答案解析】 选 D。从第二个空入手，由"从现实生活中"可知 A 项"模仿"和 C 项"创造"搭配不恰当，不符合语境，排除。第三个空，由后文"无形与有形、不象形与象形、抽象与具象的统一"可知 D 项"片面"符合语境。再把 D 项"撇开"代入第一个空验证，"撇开观念"符合语境。

21.【考点解码】　固定搭配

【答案解析】　选C。第一空，"巷、道、瓦、檐、廊"均为单独的部分，共同"形成了……形式美感和空间氛围"。由此可知，C项"元素"一词最为恰当。再将C项"淋漓尽致"代入第二个空验证，"将这一特征表达得淋漓尽致"为固定搭配，符合语境。

22.【考点解码】　语义轻重

【答案解析】　选C。第一个空，由"略带自嘲和无奈"可知B项"挖苦"和D项"讥讽"语义程度过重，排除。第二个空，"戳中软肋"为固定搭配，符合语境。

23.【考点解码】　固定搭配

【答案解析】　选A。从第二个空入手，与"高调"搭配，C项"维持"和D项"蕴含"与"高调"搭配不当，排除。第一个空，B项"时兴"的意思是指一时流行，当时风行，与后文的"当今"语义重复，排除。

24.【考点解码】　固定搭配

【答案解析】　选A。从第三个空入手，与"传统"搭配，A项"回归传统"为固定搭配，且"回归"的"回"与前句的"走"构成对应，符合语境。第一个空，"、"表并列，横线处所填词语应与"栩栩如生"意思相近，A项"惟妙惟肖"的意思是指描写或模仿得非常逼真，生动形象，与"栩栩如生"都含逼真的意思，符合语境。

25.【考点解码】　虚词辨析

【答案解析】　选D。从第三个空入手，"只要……就……""只有……才……"为关联词的固定搭配，由后文的"就"可知，此处应填"只要"，形成充分条件关系，排除B、C项。分析语境，第一个空和第二个空是因果关系，非转折关系，排除A项。

26.【考点解码】　虚词辨析

【答案解析】　选B。从第二个空入手，空后的"可小到几十亿分之一米"比空前的"将比硅芯片上的电子元件要小得多"意义上更进一层，A、B项"甚至"表递进，符合语境。第三个空，"生物计算机具有密集度高的突出优点"与"生物芯片本身具有天然独特的立体化结构"是两个并列的特征，不存在因果关系，A项"所以"不符合语境。

27.【考点解码】　含义侧重

【答案解析】　选B。第一空，由"到基层一线和艰苦地方去"可知横线处所填词语应体现大学生的勇气，坚毅。A、C项"乐于"侧重喜欢做，B、D项"勇于"侧重敢于做。"勇于"比"乐于"更符合语境，排除A、C项。第二个空，想要"在平凡的岗位上创造不平凡的业绩"，不可能是"易于"，排除D项。

28.【考点解码】　反对关系

【答案解析】　选A。第一空，"而不是"表反对关系，横线处所填词语应与前文的"通俗"意思相反。A项"曲高和寡"比喻言论或作品不通俗，能了解的人很少。与通俗语意相反，符合语境。B项"故步自封"指安于现状，不求进步，与"通俗"对应不当，不符合语境，排除。C项"特立独行"指人的志行高洁，不同流俗，与"昆曲"搭配不当，不符合语境，排除。D项"一成不变"指一经形成，不再改变，与前面表否定的词"不再"合用，表示有了变化，文段描述昆曲引入歌剧、交响乐，体现出的正是一种变化，符合语境。第二个空，两个"没有"表示并列，A项"筛选"受众群体，和前面自己封闭，可以构成语义并列，符合语境。D项"苛求"指苛刻地要求，文段意指之前的昆曲受众较窄，但并未对受众提出要求，"苛求"语义程度过重，不符合语境，排除。

29.【考点解码】 递推关系

【答案解析】 选D。第一个空，与"基础"搭配，"扎实"为固定搭配，且前面说"良好的文字功底"正好与"扎实"相对应，符合语境。第二个空，"甚至"表递进关系，横线处所填词语应语义程度较重，D项"造诣"表示专业水平较高，与前文"创作的要求委实非常高"对应准确，符合语境。

30.【考点解码】 解释关系

【答案解析】 选C。本题可以从第二个空入手，由"分散人的注意力"可知，横线处所填的词语应体现手机对于注意力的分散。A项"牵挂"的意思是因放不下而想念，不符合语境，排除。B项"惦念"的意思是思念，记挂，搭配手机，明显不恰当，排除。C项"惦记"的意思是指心里老想着，放不下心，可以体现手机分散人的注意力，符合语境。D项"想念"的意思是思念，怀念，与"手机"搭配明显不恰当，排除。C项"触手可及"的意思是近在手边，一伸手就可以接触到；代入第一个空验证，与"视线范围"相对应，符合语境。

三、斩获高分题

1.【考点解码】 并列关系，反对关系

【答案解析】 选A。第一空，所填词语应体现"中间道路"的特点。"大道至简"含有极致的意思，排除B。"通俗易懂"对应前文"过于通俗"，不符合走一条中间道路的意思，排除C。"不温不火"多用于描述状况、关系等，与"中间道路"搭配不当，排除D。

2.【考点解码】 含义侧重，固定搭配

【答案解析】 选D。由"规避责任说假话"可知，横线处所填词语是后面做法的目的。第一空，B项"委曲求全"指为了顾全大局暂时性忍让，不是说好话的目的，排除。第二空，A项"心口不一"是说套话的具体表现，不是目的，排除。说套话的目的是保全自己不得罪他人，C项"独善其身"指只顾自己不顾他人，搭配不恰当，排除。

3.【考点解码】 反对关系，解释关系，语义轻重

【答案解析】 选C。第一空，阐述对文章标题的做法，"但"表转折，横线处应与后文语义相反。由后文"标题党"对文章标题进行大幅度的改造，产生负面的影响，故横线

处应表示对标题进行适度的加工，A 项"精雕细琢"、C 项"适度改造"、D 项"改头换面"均符合第一空。B 项"全盘否定"语义过重，文段并非强调全部否定标题，而是指对标题进行适度加工，不符合语境，排除。第二空，横线处所填词语应体现对这种做法不能一味地否定，C 项"一概否定"符合文意；A 项"一语道破"指一句话就说穿，不符合语境，排除；D 项，"一笑了之"指不予重视，不符合语境，排除。

4.【考点解码】 固定搭配，含义侧重

【答案解析】 选 D。第一空，A 项"关照"的意思是指照顾，对人的关心和帮助，用来形容纪录片不符合语境，排除。B 项"记载"与"纪录片"搭配不恰当，排除。纪录片对苏东坡心路历程的探究应从第三者的视角进行客观表现，D 项"观照"的意思是指对事物的观察和审视，符合语境。C 项"记录"的意思是指把所见、所闻、所思、所想等通过一定的手段保留下来，并作为信息传递开去，多含有主观思想，不符合语境，排除。

5.【考点解码】 语义轻重，固定搭配

【答案解析】 选 B。从第二个空入手，省亲的目的是缓解思念之苦，A 项"消除"和 D 项"解除"语义过重，排除。C 项"抚平"的对象一般为伤痕，与"思念之苦"搭配不当，排除。

6.【考点解码】 句法功能，语义轻重，固定搭配

【答案解析】 选 C。第一空，"质疑"表示提出疑问，"置疑"表示怀疑，多用于否定句式。文段表达的是美学教授对此奖项存有疑问，故"质疑"符合题意，排除 B、D。第二空，"张口结舌"指张着嘴说不出话来。形容理屈词穷或因紧张害怕而发愣；"瞠目结舌"指瞠着眼睛说不出话来，形容窘困或惊呆的样子。这句话表达导演对负面声音不淡定的程度令人吃惊，"瞠目结舌"更加符合语境，排除 A。后两空代入验证，"经营事业""拓宽领域"属于常用固定搭配，符合题意。

7.【考点解码】 适用范围，固定搭配

【答案解析】 选 C。第一空，横线处所填词语应体现技艺高超，A 项"别有匠心"侧重巧妙的构思，不符合语境，排除。B 项"巧夺天工"更多为人与自然的比较，不适用于人工制品的圈椅，排除。第三空，"融化"与"设计"搭配不恰当，排除。

8.【考点解码】 固定搭配，适用范围，含义侧重

【答案解析】 选 B。第一空，强调的是社会秩序对词汇的影响，与"社会秩序"搭配。A 项"足迹"通常用来修饰人，不符合语境，排除。第二空，B、C 项"出现"指的是显露出来，D 项"呈现"指显露、表现，分析语境，表达的意思是"斗"字频繁出现，并没有显露、表现的意思，排除 D 项。第三空，C 项"声名狼藉"多指人和组织，不能用来形容文化；B 项"斯文扫地"的意思是指文化或文人不受尊重或文人自甘堕落，可用来修饰文化，符合语境。

9.【考点解码】 含义侧重

【答案解析】 选 A。第一空，"相形见绌"指和同类的事物相比较，显出不足；"略逊一筹"指比较起来，稍微差一点。由上文中的"就"和"而"并结合文段感情色彩可知，此处"苏北"并不是"稍微差一点"，因此用"相形见绌"更恰当，排除 B、D。第二句，"真知灼见"指正确而透彻的见解。"金玉良言"比喻可贵而有价值的劝告。结合句意，"真知灼见"更加适合用来形容批评意见，排除 C。第三空，用来形容她的外交礼仪和衣着谈吐没有别人可以诟病的地方。"无懈可击"主要是倾向于被攻击，没有任何弱点或不足以让别人攻击；而"天衣无缝"一般没有被他人攻击的义项。因此，"无懈可击"更加符合语境。

10.【考点解码】 感情色彩

【答案解析】 选 D。本题可以从第二个空入手，由"可能会走入狭隘化、极端化、边缘化的境地""钻进狭小天地"可知横线处应填入体现消极色彩的词语。A 项"蓬荜生辉"的意思是贵客来访令主人感到增光不少，不符合语境，排除。B 项"纤尘不染"的意思是丝毫不受坏习惯、坏风气的影响，倾向于褒义，不符合语境，排除。C 项"皮里阳秋"的意思是藏在心里不说出来的言论，不含消极色彩，排除。D 项"孤芳自赏"的意思是指自命清高、自我欣赏的人，也指脱离群众，自以为了不起，含贬义，符合语境。D 项"买椟还珠"的意思是没有眼光，取舍不当；代入第一个空验证，形容国学复古停留在浅层次，符合语境。

第二章　语　句　表　达

第一节　夯实基础题

1. ① 诸如餐厅、咖啡馆、运动场馆、书店、博物馆、电影院等场所提供了城市人在工作与居住之外的"第三类空间"。

② 而跑步、健身、阅读、听音乐和旅行，这些休闲活动可以用来衡量城市的休闲丰富度。

③ 它们构成了一座城市多元、包容的性格和气质，也成为城市魅力所在。

④ 人们在这里与熟悉或陌生的人交谈、交换情报、迸发灵感。

⑤ 理想城市一定有千万种不同的生活姿态。

将上述 5 个句子重新排列，语序正确的是_____。

A. ⑤①④②③　　　B. ⑤③①④②　　　C. ①②③⑤④　　　D. ①②④⑤③

2. ① 于是，弘扬古老的节气，不是从古籍中摘录关于节气物候的词句，而是需要能下苦功夫，耐得住寂寞，完成前人没有完成的节令物候的本土化描述。

② 随着疆土的扩展，人们早已发现气候并无通例。

③ 立春一候，在东北，距离"东风解冻"尚远。立冬一候，在海南，只能在冰箱体会节气所说的"谁始冰"。

④ 古老的物候，似乎更具有史学意义和文化价值，于今天无法承担物候坐标的职能。

⑤ 各地的物候完全无法以同一标尺进行"一刀切"的表述。

将上述 5 个句子重新排列，语序正确的是_____。

A. ⑤③②①④　　　B. ③⑤②④①　　　C. ②③⑤④①　　　D. ④②③①⑤

3. 下列各项中，有语病的一项是_____。

A. 现藏于俄罗斯艾尔米塔什博物馆的中国年画《四美人图》经考证乃是金代山西平阳（今临汾）雕印的精品。

B. 因为上色技术有限的缘故且年代久远，老年画的线条尤其是边框处的线条几乎不可能很匀称。

C. 老年画是一块新兴的投资领域，每年价格涨幅达到 20% 以上。

D. 中国年画题材丰富、色彩鲜明、雅俗共赏，千百年来，已成为中国人精神文化生活中不可缺少的组成部分。

4. 下列各项中，有语病的一项是_____。

A. 现在，只要打开微信、微博，各种"引人遐想"的标题和图片就会充斥手机屏幕。

B. 我们敢想敢做，又都有一双聪明能干的手，有什么造不出来？

C. 网络公益，如同一股暖流，正在全国各地涌动。

D. 这个梦想不仅是我的梦想，也是中国的梦想，更是世界的梦想。

5. 下列各项中，没有歧义的一项是_____。

A. 研究员到这里工作才一个月，好多人还不认识。

B. 我在楼顶上栽的几盆花，长得枝繁叶茂。

C. 他走了一个多钟头了。

D. 我看见他高兴得跳了起来。

6. 下列诗句中，运用了对比手法的是_____。

A. 春花秋月何时了，往事知多少

B. 小楼昨夜又东风，故国不堪回首月明中

C. 雕栏玉砌应犹在，只是朱颜改

D. 问君能有几多愁，恰似一江春水向东流

7. 下列各句中，成语使用正确的一句是_____。

A. 图书馆在校园是举足轻重的地位在期末来临时更是体现得淋漓尽致。

B. 苏某离婚后心情很坏，无心打理美容院，生意每况愈下。

C. 学生们认为，能在高中时期接受知名教授一对一的科研指导，机会难能可贵。

D. 这种来自中国的古老疗法正受到越来越多的英国民众欢迎，贵族名流也趋之若鹜。

8. 下列语句表达上有错误的是_____。

A. 年过六旬的陈大爷万万没有想到，熟知山林植物的他竟然会因为食用野生蘑菇而中毒。

B. 白蚁是营巢群居的害虫，性喜隐蔽，繁殖力强，危害极大，因此必须开展防治白蚁的群众运动。

C. 伊朗外交部 28 日说，伊朗将采取措施，报复那些为某民航客机在国外购买燃油和备件制造困难的"野蛮制裁"。

D. 法律上对客观事实的认定需要严谨的证据链条证明，对缺乏证据证明的情况一般不予认定。

9. 下列语句有歧义的是_____。

A. 你到底是否认真听取了我的意见？

B. 究竟谁允许你到处乱倒建筑垃圾的？

C. 莫非你也认为这件事我彻底做错了？

D. 难道我老得连你也认不出来了吗?

10. 下列"被"字句中,没有语病的一项是＿＿＿＿＿＿。

A. 陈主任是一位受党多年教育的老干部,不会轻易被糖衣炮弹打倒的。

B. 一进院子,我们便看到一串串红辣椒被悬挂在屋檐下,仿佛在向我们炫耀主人那红火的日子。

C. 山上林木葱茏,野花斗妍,恰似一幅浓墨重彩的山水画,我被这美景深深陶醉了。

D. 他感到自己被人不理解,十分苦恼。

11. 下列语句有歧义的是＿＿＿＿＿＿。

A. 他知道这件事情不要紧。　　　　B. 新一轮经济刺激冷启动。

C. 提高政府民主决策水平。　　　　D. 生物科学是未来的热门专业。

12. 下列句子中画线词语含义与其他三句不同的是＿＿＿＿＿＿。

A. 学习真是个遭罪的事,腮帮子念得又酸又疼,还别说两个月后我们哥四个就可以用英语对话了。

B. 在她身旁的小桌上有许多贱卖货,你别说这些琳琅满目的小玩意还怪吸引人的。

C. 你还别说,老刘说的这个办法还真不失为一条妙计。

D. 他还真不是一个可靠的人,小事尚且如此,大事就更别说了

13. 下列网络流行语使用了比喻修辞格的是＿＿＿＿＿＿。

A. 早起的鸟儿有虫吃,早起的虫儿被鸟吃

B. 不少人最爱两种花,一是有钱花,二是尽量花

C. 咸鱼翻身,还是咸鱼

D. 神马都是浮云

14. 下列句子中,没有使用比喻的是＿＿＿＿＿＿。

A. 他是蜡烛,燃尽自己的生命照亮别人。

B. 时光列车呼啸而过,载走每个人的青春。

C. 奶奶失明以后,孙子就成了奶奶的拐杖。

D. 她那温柔的样子,非常像我的一位同学。

15. 把句中画线的词语换成成语,基本含义有所改变的一项是＿＿＿＿＿＿。

A. 学习语文要细水长流,如果像这样三天打鱼,两天晒网,那肯定是学不好的。(换为"一曝十寒")

B. 情况十分紧急,险情就是命令,李某不管三七二十一,把铁锹一扔,纵身跳进汹涌的江水里。(换为"当机立断")

C. 真是屋漏偏遭连夜雨,那所私立中学因连续的意外事故,发不出薪水了。(换为"祸不单行")

D. "光想吃现成饭不行,你还得仔细想想。"(换为"坐享其成")

第二节　提升能力题

1. ① 然而，监管执法的覆盖面毕竟有限，执法成本也相对较高。

② 但这毕竟只是消极的自我保护，被侵犯的合法利益没有得到弥补，违法违规者也没有受到应有惩戒。

③ 过去，用脚投票是很多"小散"的无奈选择，"惹不起总还躲得起"。

④ 要从根本上保障小投资者的利益，固然要有强有力的外部保护，而增强其自我保护能力也同样重要。

⑤ 随着监管力度加强，很多损害中小投资者利益的违法行为受到严厉处罚。

⑥ 在 A 股市场，由于个人投资者数量庞大，如何有效保护"股微言轻"的小股东，就显得尤其重要。

将以上 6 个句子重新排列，语序正确的是_____。

A. ③②⑤①④⑥　　　　　　　B. ③⑤②①⑥④

C. ⑥③⑤②④①　　　　　　　D. ⑥③②⑤①④

2. ① 乡村的好家风越多，乡村文明才有厚德的土壤。

② 同时，好家风也能为更多人创造人生出彩的机会，提升农村精神文明建设水平。

③ 好家风是宝贵的精神财富，不仅可以让仁义忠孝、尊老爱幼的家族文化和淳朴民风代代相传，而且能有力强化乡风文明的"内核"。

④ 传承弘扬优良家风是乡风文明建设的"牛鼻子"。

⑤ 抓好家风传承与建设，就是抓住了乡风文明的"牛鼻子"。

⑥ 建设文明乡风，不单是基础设施建设要跟上，更要以注重家庭、注重家风、弘扬优秀传统文化为抓手，全面提升乡村文明素质。

将以上 6 个句子重新排序，语序正确的是_____。

A. ⑥④①③②⑤　　　　　　　B. ⑥④⑤③②①

C. ④⑤③②①⑥　　　　　　　D. ④⑥③②①⑤

3. 下列各项中，没有语病的一项是_____。

A. 据多家媒体报道，我国发射的第一艘试验飞船在完成了空间飞行试验后，于北京时间 3 时 41 分在内蒙古中部地区安全着陆。

B. 这位著名建筑大师在国际学术界被公认为现代派建筑的代表人物，他所有建造在亚洲的作品既充满现代气息，又带着一种神秘的东方情调。

C. "垂直管理"如今是一个很热门的改革思路，最近爆出的邱晓华案，对这个问题敲响了警钟。

D. 台湾地震发生后，中国红十字总会迅速组成了几支赴台医疗队，准备携带先进的医疗器材、药品和大陆人民的热情奔赴台湾灾区。

4. 下列语句使用了类比表达方式的是_____。

A. 我们都是远视眼，模糊了离我们最近的幸福。

B. 真正的发现之旅不在于找寻新的天地，而在于拥有新的眼光。

C. 多余的财富只能买来多余的东西，灵魂的必需品一件也不需要用钱来买。

D. 在宇宙的秩序中，人类有独特的地位；在人生的秩序中，童年也有独特的地位。

5. 下列语句中，有歧义的是_____。

A. 在众多国家强烈反对的情况下，欧盟委员会依然宣布从 2012 年开始征收国际航空碳排放费。

B. 毛泽东、何叔衡是秘密前往上海的，谢觉哉是何叔衡的同乡兼好友，也不知他是去上海干什么。

C. 希腊选举结果出炉，新民主党获得胜利，但没有绝对优势。

D. 高端市场上渐失话语权的诺基亚，试图通过推出低价手机来挽救颓势。

6. 下列语句中没有歧义的是_____。

A. 据比赛组委会统计，参加这次围棋比赛活动的有 20 个社区的选手。

B. 氨基比林、安乃近、非那西丁副作用明显。大部分国家已禁用，中国药品名录中未完全禁止；近来医学界部分人士对进口药品争议很大。

C. 11 月 3 日下午 2 点 25 分左右，日本茨城县发生里氏 5.0 级地震。日本新闻网报道称，受此地震影响，茨城县和埼玉县部分地区的震级为 4 级，东京都、千叶县、神奈川县的震级为 3 级。

D. 这家电子科技公司成立于 2003 年，是一家致力于生产并销售鼠标、键盘、音箱、麦克风、手写板、耳机、手柄、线材等电脑周边产品的现代化企业。

7. 下列句子表达上有问题的是_____。

A. 小型客机，速度不亚于大型喷气式客机，只容纳几十位乘客，可以在中小城镇的简易跑道上起飞降落。

B. 油茶籽可以榨油，种仁的含油量高达 59.2%，是我国产油量最高的植物之一，茶油是植物油中的珍品，容易被人体消化利用。

C. 为了便于阅读和流传，姑苏抱瓮老人将"三言""二拍"加以选编，辑为《今古奇观》，是当今流传最广的古代百花短篇小说选本。

D. 在辽阔的宇宙海洋里，太阳只是一名很普通的成员，恒星世界中的巨人——红超巨星的直径要比太阳大几十倍或几百倍！

8. 下列语句表达上有错误的是_____。

A. 中国自有住房拥有率高达 89.68%，远超世界 60% 左右的平均水平。

B. 人活着要对得起良心，这个道理谁都懂，可并不是每个人都能做到。

C. 江西省近日召开会议，积极应对低温阴雨天气给农业带来的不利影响。

D. 借着这个大教训，我狠狠批评小米的工作习惯，她噤若寒蝉，连称下次不敢。

9. 下列各句中加下划线的成语使用正确的是_____。

A. 面对市场上<u>丰富多彩</u>的食用油种类，许多人不知该如何选择。

B. 截至 10 月份，今年外高桥船厂承接民船订单 51 艘，共计 971.3 万载重吨，约占全球市场份额的 11%，在中国船企中<u>首当其冲</u>。

C. 在一位老学者的寿诞上，某位书法家误用古人挽联"高风传乡里，亮节昭后人"当寿联呈上，虽然字很漂亮，但是其中的精神内核和情绪表达却<u>毫无二致</u>。

D. 酷暑天出门暴晒是避免不了的，所以回家后的晒后修复护理不能<u>掉以轻心</u>。

10. 下列语句中，_____所运用的修辞手法与其他三句不同。

A. 今起 4 天上海暂别晴天，小雨将不时"造访"。

B. 上海报业集团正式挂牌，揭开了上海新闻发展史崭新的一页。这艘"报业航母"的扬帆起航，是加快传统媒体与新媒体融合发展的创新之举。

C. 政府职能转变和机构改革是一场自我革命，要民意为先、舍利为公，有敢啃"硬骨头"的勇气，义无反顾、一抓到底。

D. 一些现代舞作品不成功的"命名"恰恰在于思想不深而又过度追求形式。

11. 下列句子中的画线成语使用错误的是_____。

A. 积极推进干部人事制度改革，健全完善<u>因人成事</u>的用人机制。

B. 我们应该恪守职责，管好自己分内的事，别这山看着那山高，尽干一些<u>得陇望蜀</u>的傻事。

C. 梅泽由香里在世界女棋手人气评选中<u>独占鳌头</u>，得票数竟 5 倍于排在第 2 位的小林泉美。

D. 哲蚌寺是拉萨市乃至全藏规模最大的寺庙，其藏品数量惊人，其中佛教珍品也<u>不胜枚举</u>。

12. 下列句子中，对名言的引用恰当的一项是_____。

A. 每个人都会因为自己的个人经历不同而对事情有不同见解，就像"有一千个读者就有一千个哈姆雷特"。

B. 任何社会都难免有不公平和不正义，但"存在的即是合理的"。

C. 时隔多年，中国女排终于重新站到了世界之巅，"王侯将相，宁有种乎"。

D. 员工迟到要扣奖金，经理自己不来上班也没事，这真是"窃钩者诛，窃国者侯"。

13. 下列各句语气最委婉的一句是_____。

A. 一下雨就开启"看海"模式，这无疑应该引起城市管理者的重视。

B. 一下雨就开启"看海"模式，这难道不应该引起城市管理者的重视？

C. 一下雨就开启"看海"模式，这是不是应该引起城市管理者的重视？

D. 一下雨就开启"看海"模式，这恐怕不能不引起城市管理者的重视了。

14. 下列句子中，画线词语含义与其他三句不同的一句是_____。

A. 有人信奉着这句话：干了不说或干了<u>再说</u>。

B. 话说到这里，不好往下<u>再说</u>了。

C. 考虑到企业以后的发展，只好等等<u>再说</u>。

D. 不等我<u>再说</u>什么，他扭头就走。

15. 下列句子中，表达最连贯、最通顺的一项是_____。

A. 法国的巴士底狱作为建筑物或许是美的，因为它囚禁过许多追求自由和民主的知识分子，因而凡具有批评意识的美学家都不会把它作为审美的对象来谈论。

B. 法国的巴士底狱作为建筑物是美的，或许它囚禁过许多追求自由和民主的知识分子，因而一些具有批评意识的美学家都不会把它作为审美的对象来谈论。

C. 法国的巴士底狱作为建筑物或许是美的，但它囚禁过许多追求自由和民主的知识分子，因而凡具有批评意识的美学家都不会把它作为审美的对象来谈论。

D. 或许法国的巴士底狱作为建筑物是美的，但凡具有批评意识的美学家却不会把它作为审美的对象来谈论，因为它囚禁过许多追求自由和民主的知识分子。

第三节 斩获高分题

1. ① 透过中华文化发展史，不难发现，中华文化在几千年的演进过程中，虽历经劫难，但每次都能发扬光大、传承至今。

② 根据英国著名学者汤因比的著述，人类文明史上曾经存在 26 个文明形态。

③ 可见，中华民族传统文化历久弥新的关键就在于其中蕴含着能够保持旺盛生命力的最根本的精神基因。

④ 这种稳定与新生的辩证统一，是中华优秀传统文化的生命力所在。

⑤ 中华民族最根本的精神基因深藏于中华民族文化的深层结构之中，具有相对恒久的稳定性，并且能够在新的时代条件下发出新的光彩。

⑥ 其他古老文明或中断或湮灭，唯有中华文化体系没有中断而延续至今。

将以上 6 个句子重新排列，语序正确的是_____。

A. ③①②⑥⑤④   B. ①②⑤④⑥③

C. ⑤④①②⑥③   D. ②⑥①③⑤④

2. 下列句子没有歧义的是_____。

A. 董事长的秘书说他不来参加会议了。

B. 母亲看到她高兴得手舞足蹈。

C. 两个报社的记者和编辑出席了高考听证会。

D. 随着新媒体的涉足，事件传播的范围日益扩大。

3. 下列各项中，没有语病的一项是＿＿＿＿＿＿＿。

A. 面对四起的叛军，他不再考虑女牧神会不会饶恕他，而是无情地镇压，使无辜百姓生灵涂炭，为了维护其反动统治，他原形毕露，判若两人。

B. 经过血液筛查核酸检测技术，乙肝、丙肝和艾滋病病毒的检测"窗口期"分别由原来的 50 天、72 天和 22 天缩短到 25 天、59 天和 11 天，血液安全更有保障。

C. 关于水资源，除农村集体组织所有的水塘、水库中的水属于集体所有制外，凡是我国领域内的一切水资源均属国家所有。

D. 以惩治街头帮派而著称的美国"超级警察"布拉顿认为，光靠逮捕不能防止类似骚乱不再发生，应当以社区为基础，把帮派文化消灭在萌芽状态。

4. 下列各项中，没有语病的一项是＿＿＿＿＿＿＿。

A. 在强调素质教育的今天，任何脱离学生实际去追求应试效应都是不恰当的。

B. 想象在文学作品中的应用非常广泛，不论是虚构性的作品，还是现实性的文章，都离不开想象。

C. 其实，胡适先生英文文章也写了不少，连同这一百几十件信札，都应该收集成书，供中外学者阅读之便。

D. 某连锁炸鸡店在被曝光使用过期变质鸡肉原料后，上海食品监管部门通过明察暗访，终于查明这些过期劣质肉类原料来自上海 FX 食品公司。

5. "老臣窃以为媪之爱燕后，贤于长安君。"

下列选项中的"于"与上文中的"于"意义、用法相同的一项是＿＿＿＿＿＿＿。

A. 此所谓战胜于朝廷　　　　　　B. 小子识之，苛政猛于虎也

C. 不义而富且贵，于我如浮云　　D. 孤不度德量力，欲信大义于天下

6. "以君之力，曾不能损魁父之丘，如太行王屋何？"

下列选项中的"以"与上句话中的"以"意义、用法相同的是＿＿＿＿＿＿＿。

A. 劳师以袭远，非所闻也

B. 樊哙侧其盾以撞，卫士仆地

C. 从是以后，不敢复言为河伯娶妇

D. 布衣之怒，亦免冠徒跣，以头抢地尔

7. 下列句子的语法结构与例句相同的是＿＿＿＿＿＿＿。

例句：中共中央总书记、国家主席、中央军委主席习近平在视察国防科学技术大学时指出，要紧紧围绕强军目标来进行思想政治建设，使思想政治建设成为实现这一目标的强大推力和助力。

A. 农村改革是我国当前改革的重要组成部分，黑龙江松嫩平原和三江平原是国务院今年批准的国家首个现代农业综合配套改革试验区。

B. 上海市委书记在中国（上海）自由贸易试验区管理委员会办公中心，接受了人民日报、新华社、解放日报、文汇报记者的集体采访。

C. 大家一致认为，通过参加培训，不仅提高了理论水平，了解当今教育现状及发展方向，而且还使我们深深地体会到要彻底改变过去传统的教学观念。

D. 当下，各级政府应当旗帜鲜明地阐明医疗行为的客观规律，维护医生的人格尊严，维护医疗机构的正常秩序。

8. 下列文言句式特点与其他三项不同的是_____。

A. 则今之高爵显位，一旦抵罪，或脱身以逃，不能容于远近。

B. 今不速往，恐为操所先。

C. 山水之乐，得之心而寓之酒也。

D. 吾长见笑于大方之家。

9. 下列相似意思、不同形式的表达，按语气由轻到重依次排列正确的是_____。

① 机动车冒黑烟就应该重罚！

② 机动车冒黑烟难道不应该重罚吗？

③ 机动车冒黑烟不能不重罚！

④ 机动车冒黑烟不重罚是不对的！

⑤ 机动车冒黑烟应该重罚。

A. ④⑤②①③　　B. ④⑤①③②　　C. ⑤①④②③　　D. ⑤④①③②

10. 下列语句中，在语序上不同于其他三句的一句是_____。

A. 她一手提着篮，内中一个破碗，空的；一手拄着一支比她更长的竹竿，下端开了裂。

B. 小草偷偷地从地里钻出来，嫩嫩的，绿绿的。

C. 起来，不愿做奴隶的人们！

D. 他们应该有新的生活，为我们所未经生活过的。

第四节　考点解码及答案解析

一、夯实基础题

1.【考点解码】　语句排序题

【答案解析】　选 B。①以"诸如"开始，明显不适合放在首句，排除 C、D。③提到

"构成了一座城市多元、包容的性格和气质"，照应⑤中"千万种不同的生活姿态"，因此⑤③紧密相连。

2.【考点解码】　语句排序题

【答案解析】　选C。观察选项，对比首句。⑤论述各地物候无法用同一标尺表述，③提及各地的物候情况，②"随着"引导背景，④阐述"古老的物候"，相比较，②为背景引入，更适合作首句，故初步锁定C项。验证，②提及气候无通例，③⑤具体解释②的内容，④提及古老的物候，①"于是"表示总结，"需要"引导对策，具有明显尾句特征，且选项整体逻辑恰当，验证正确。

3.【考点解码】　病句辨析题

【答案解析】　选B。"因为……的缘故且年代久远"句式中"因为"和"缘故"都表示原因，重复了，可以改为"因为上色技术有限且年代久远"。其他选项无语病。

4.【考点解码】　病句辨析题

【答案解析】　选B。"一双聪明能干的手"搭配不当，"聪明"不能用来修饰"手"；其他选项无语病。

5.【考点解码】　病句辨析题

【答案解析】　选B。A选项既可以指很多人不认识研究员，也可以指研究员不认识许多人，有歧义，排除A；C选项既可以指他离开了一个钟头，也可以指他行走了一个钟头，有歧义，排除C；D选项既可以指我看见了他，我高兴得跳了起来，也可以指他高兴得跳了起来，被我看见了，有歧义，排除D。

6.【考点解码】　修辞手法题

【答案解析】　选C。C项中的物（雕栏玉砌）的"犹在"与"朱颜"之"改"形成对比。D项是比喻手法；A、B项由时光、东风引起回忆，都不是对比手法的运用。

7.【考点解码】　成语使用题

【答案解析】　选B。A项"淋漓尽致"是形容文章或说话表达得非常充分、透彻，或非常痛快。用在此处形容"图书馆地位的体现"明显搭配不当；C项"难能可贵"是指难以做到的事情居然做到了，值得珍视，在此形容"科研指导机会"搭配不当；D项"趋之若鹜"比喻许多人争着去追逐不好的事物，含贬义，此处用来形容中国疗法受欢迎褒贬失当。B项"每况愈下"，越往下越明显，表示情况越来越坏，用来形容生意不好无误。

8.【考点解码】　病句辨析题

【答案解析】　选A。A句中的"他"既可以指陈大爷，也可指另一人，有歧义。

9.【考点解码】　病句辨析题

【答案解析】　选D。可能是我太老了，认不出你；也可以为我太老了，你认不出我。

10.【考点解码】　病句辨析题

【答案解析】　选A。B选项，"被"字滥用，应去掉。"被"字所强调的被动关系，往往跟情况的不一般相联系:有时强调情况异乎寻常,有时强调情况不如人意。在表示一般性的述说时,不必用"被"字,用一般的受事主语句就行了。C选项,"陶醉"是一个不能带宾语的动词,不能用在"被"字句中。D选项,表示否定的副词等只能用在"被"字短语之前。

11.【考点解码】 病句辨析题

【答案解析】 选A。他知道这件事情│不要紧。他知道│这件事不要紧。

12.【考点解码】 词语理解题

【答案解析】 选D。"更别说"在D项中表示递进。A、B、C项中的"别说"是引出下文。

13.【考点解码】 修辞手法题

【答案解析】 选D。比喻是一种常用的修辞手法,用跟甲事物有相似之点的乙事物来描写或说明甲事物。分为三个部分,即本体(被比喻的事物或情境)、喻词(表示比喻关系的词语)、喻体(打比方的事物或情境)。比喻在辞格上分为三个类型:明喻、暗喻和借喻。D项是暗喻,本体、喻体同时出现,但用"是""成""成为""变为"等系词代替"像"一类的喻词。"神马"是本体,"浮云"是喻体。

14.【考点解码】 修辞手法题

【答案解析】 选D。同类属于类比而不是比喻。

15.【考点解码】 成语使用题

【答案解析】 选B。A项,两者均指勤奋的时候少,懈怠的时候多,没有恒心。C项,两者均指不幸的事接连发生。D项,两者均指自己不出力而享受别人劳动的成果。B项,"当机立断"比喻事情到了紧要关头,就毫不犹豫地做出决断。不管三七二十一是指不顾一切,不问是非缘由;通常,人们把"不管三七二十一"作为暗讽的贬义词来相传,并且在含义上有所扩展,成了不问是非情由,不分青红皂白,蛮干、愣头青的同义俗语而应用在社会生活方面。

二、提升能力题

1.【考点解码】 语句排序题

【答案解析】 选D。①以转折词"然而"开头,因此需要找到一个句子放在①之前。分析可知,①是对⑤的转折,因此顺序为⑤①,排除B、C。再接着看⑥的位置。⑥属于引出话题的内容,不应置于末尾,排除A。

2.【考点解码】 语句排序题

【答案解析】 选D。分析观察各句,发现④⑤两句句式相似,含义相近,意为抓好家风就是抓住了乡风文明的"牛鼻子",因此两句应分开,排除B、C。分析①②③,②中的

"同时"说明②应在③之后，①中"越多"表明①应在②③之后，因此顺序为③②①。

3.【考点解码】 病句辨析题

【答案解析】 选A。B项语序不当，应改为"他在亚洲所建造的所有作品"，排除B；C项存在歧义，"这个问题"指代不明，是指"垂直管理"还是"邱晓华案"，表意不明确，排除C；D项"携带"和"大陆人民的热情"搭配不当，排除D；A项没有语病。

4.【考点解码】 修辞手法

【答案解析】 选D。类比修辞是基于两种不同事物间的类似，借助喻体的特征，通过联想来对本体加以修饰描摹的一种文学修辞手法。A项中用到的"远视眼"是暗喻手法；B项中"不是"……"而是"……表示并列和对比关系；C项"只能"和"不需要"表示前后的对比关系；只有D项"宇宙的秩序"和"人生的秩序"以及"人类有独特的地位"和"童年有独特的地位"之间特征相似，前后构成类比句式。

5.【考点解码】 病句辨析

【答案解析】 选B。B项"也不知他去上海干什么"这里的"他"犯了指代不明的错误，产生两种理解：一是"他"指代何叔衡，意思是谢觉哉也不知何叔衡去上海干什么；二是"他"指代谢觉哉，意思是（作者）也不知谢觉哉去上海干什么。

6.【考点解码】 病句辨析题

【答案解析】 选D。A选项"二十个社区的选手"。B选项"进口药品""进口"可为动词，或作为形容词修饰药品。C选项"茨城县和埼玉县部分地区"有歧义。

7.【考点解码】 病句辨析题

【答案解析】 选C。C项前面"为了……"是介词结构，中间"姑苏抱瓮老人将……辑为《今古奇观》"是一个完整的主谓句，最后的短句缺少主语。

8.【考点解码】 病句辨析题

【答案解析】 选D。"噤若寒蝉"的意思是指因害怕而有所顾虑不敢讲话，与后文的"连称下次不敢"语义矛盾。

9.【考点解码】 成语使用题

【答案解析】 选D。A项，"丰富多彩"形容内容丰富，花色繁多。不能形容种类多。B项，"首当其冲"指最先受到冲击，这里形容中国船企领先不恰当。C项，"毫无二致"指丝毫没有什么两样，这里形容精神内核和情绪表达不一样不恰当。D项，"掉以轻心"指对事情采取轻率的漫不经心的态度，这里形容晒后修护需要认真对待，符合语境。

10.【考点解码】 修辞手法题

【答案解析】 选A。A项是拟人的修辞手法。"小雨"当成人来写。B、C、D项是借喻，比喻的一种。是以喻体来代替本体，本体和喻词都不出现，直接把甲（本体）说成乙（喻体）。比如，这艘"报业航母"的扬帆起航，报业航母是喻体，没有出现的上海报业集团是本体。

11.【考点解码】 成语使用题

【答案解析】 选A。"因人成事"指依靠别人的力量办成事情，形容人庸庸碌碌，不能独当一面，含贬义。用在A句中，不符合语境。"得陇望蜀"比喻贪得无厌。"独占鳌头"比喻占首位或第一名。"不胜枚举"指无法一一全举出来，形容数量极多。

12.【考点解码】 语义理解题

【答案解析】 选A。"有一千个读者就有一千个哈姆雷特"意思是对同一个人物，每个不同的人都会有不同的看法；对待同样的事物，不同的人就有不同的观点。A选项正确。"存在即合理"，这里的"合理"不是"合乎情理"或"符合社会公共道理、公理"之类，而是当做"理由"来讲。"存在即合理"即"一切存在的事物都有它存在的理由"。B选项对名言的引用有误。"王侯将相，宁有种乎"：那些称王侯拜将相的人，天生就是好命、贵种吗？这是一个反问句，是陈胜、吴广在两千多年前喊出的口号，那时他们就有了"众生平等"的思想，用在女排夺冠这个语境中不合适，C项不正确；"窃钩者诛，窃国者侯"，偷带钩的要处死，篡夺政权的人反倒成为诸侯。用以讽刺法律的虚伪和不合理。用在D项语境中，语气过重，D项不正确。

13.【考点解码】 语义理解题

【答案解析】 选C。在语气表达中，疑问语气最轻，表述为不确定。

14.【考点解码】 词语理解题

【答案解析】 选C。 "再说"的意思主要有：（1）表示承接着之前的话或事往下"说"；（2）表示留待以后办理或考虑。本题A、B、D项都属于第1项意思，只有C项属于第2项意思。

15.【考点解码】 语义理解题

【答案解析】 选C。文句意在强调批评意识的重要性，最后一句用"因而"归结较好，故排除D。A句中"因为"与前句"或许"之间缺乏呼应，B句"或许"使用不当，与事实不吻合。

三、斩获高分题

1.【考点解码】 语句排序题

【答案解析】 选C。仔细分析各个句子可知，⑥中"其他古老文明""中华文化体系"是②中"26个文明形态"的具体说明，且顺序应为②⑥，排除B。③为总结性语句，不应放在开头，排除A。再分析剩余的句子，①与③紧密相连较为突兀，须有语句说明承上启下，应是③中"可见"之后的内容，排除D。因此C项排序更为合理，构成总分总结构，首尾呼应，符合逻辑。

2.【考点解码】　病句辨析题

【答案解析】　选 D。A 选项，"他"指代不明，既可以是"董事长"，也可以是"秘书"，还可以是其他人。B 选项可以理解为"母亲高兴得手舞足蹈"，也可以理解为"女儿高兴得手舞足蹈被母亲看见"。C 选项"两个"既可以修饰"记者和编辑"，指两个人出席了听证会，也可以修饰"报社"，即两个报社的多名记者与编辑出席了听证会。

3.【考点解码】　病句辨析题

【答案解析】　选 B。A 选项，"生灵涂炭"形容人民处于极端困苦的境地，与后面的无辜百姓重复了，可以删除"无辜百姓"，排除 A；C 选项，"凡是我国领域内的一切水资源均属国家所有"句子中"凡是"和"一切"重复了，可以删掉"凡是"或者删掉"一切"。D 选项，"光靠逮捕不能防止类似骚乱不再发生"句子中有三重否定，意为想靠逮捕让骚乱再次发生，与后面的"把帮派文化消灭在萌芽状态"意思相矛盾，排除 D。

4.【考点解码】　病句辨析题

【答案解析】　选 B。A 选项成分残缺，应在"任何脱离学生实际去追求应试效应"后加上"的行为"，排除 A；C 选项句式杂糅，"供中外学者阅读之便"可以改成"供中外学者阅读"或者"以便中外学者阅读"，排除 C；D 选项语序不当，"某连锁炸鸡店在被曝光使用过期变质鸡肉原料后"可以改成"在某连锁炸鸡店被曝光使用过期变质鸡肉原料后"，把"在"字放到首位，排除 D。

5.【考点解码】　文言文

【答案解析】　选 B。题干中的"于"表示比较，"贤"表示超过、远远多于的意思。选项中只有 B 项中的"于"表示比较的意思。A 项中的"于"表示"在"的意思；C 项中的"于"表示"对"的意思，引出对象——我；D 项中的"于"引出动作的"范围"——天下。

6.【考点解码】　文言文

【答案解析】　选 D。题干出自《列子·汤问》中的《愚公移山》，"以君之力"的意思是"凭你的力气"，"以"用在此处，是介词，"用、凭借"，表手段的意思。A 项出自《左传·蹇叔哭师（僖公三十二年）》，"劳师以袭远"的意思是"让军队辛勤劳苦地偷袭远方的国家"，其中的"以"是连词，表目的；B 项出自《史记·项羽本纪》，"樊哙侧其盾以撞"的意思是:樊哙侧举着他的盾并（用它）一撞。其中的"以"是连词，表示承接关系，前一动作行为往往是后一动作行为的手段或方式，可译为"而"或省去；C 项出自《史记·滑稽列传》，"从是以后"的意思是"从那件事之后"，"以"是介词，表示时间的界限；D 项出自《战国策》，"以头抢地尔"的意思是"用脑袋撞地罢了"，"以"是介词，是"用"的意思。和题干中的意思相近、用法相同。

7.【考点解码】　句式结构题

【答案解析】　选 B。本题考查句子的语法结构。题干所给例句是个单句且宾语中有使字句。A选项有两套主谓语部分，是复句。B选项为单句，但是宾语不含使字句。C选项为单句，且宾语中含有使字句，与例句的结构相似。D选项为复句，与例句的结构不同。

8.【考点解码】 句式结构题

【答案解析】 选C。A项"不能容于远近"意思是不能被远近的百姓所容纳，是被动句。B项"恐为操所先"意思是恐怕被曹操抢占先机，是被动句。C项"……也"显然是判断句。D项意思是我常常被一些博学多才的行家所嘲笑，也是被动句。

9.【考点解码】 语义理解题

【答案解析】 选C。题目中⑤是祈使句，语气最轻。④有感叹号，是感叹句，重于⑤，排除A、B项。②机动车冒黑烟难道不应该重罚吗？是普通反问句，语气弱于双重否定。一般来讲，语气由弱到强的顺序应该是：肯定句→反问句→双重否定句→双重否定句改写成的反问句→反语。

10.【考点解码】 句式结构题

【答案解析】 选C。A、B、D三项均为主谓结构，补语后置。C项为倒装结构，谓语前置。

第三章　片段阅读

第一节　夯实基础题

1. 大数据是科学决策的重要工具，是高精度对未来进行预测的手段。数据是记录人类行为的工具。靠大数据技术对未来做一个预测和参考是人类发展的成果。但是，人际的沟通和交流不该因为大数据技术而遭弃，而过于依赖大数据的预测和推理，放弃人际沟通过程，必然产生人际沟通的弱化，进而影响到人的自由意志。

这段文字旨在强调_____。

A. 大数据是科学决策的重要工具　　B. 大数据将发挥越来越重要作用

C. 大数据不应弱化人际沟通　　D. 大数据影响人的自由意志

2. 完美主义者习惯于把各项标准都定得过高而不切实际，受到挫折打击后，变得逃避、拖延、自责而失去行动力。完美主义不仅拖后腿，还可能带来许多心理疾病。由于缺乏一种深刻且始终如一的自尊来源，接受失败的打击对于完美主义者来说尤其困难，而且可能导致一部分人长期抑郁和退缩。完美主义也与社交焦虑和社交恐怖显著相关，因为他们很担心自己是否能给别人留下好印象，容易出现羞怯、自卑、回避行为。完美主义也容易导致强迫症，因为完美主义者对每件事都要求完美无瑕。减少"全或无"的心理倾向，内心会更自在、从容，也更利于进步。

这段文字意在说明_____。

A. 标准过高而且不切实际会损害自尊　　B. 羞怯自卑容易使人长期抑郁和退缩

C. 社交焦虑和社交恐怖会导致强迫症　　D. 为了心理健康应避免完美主义倾向

3. 科学家认为，未来的仿生机器人并非是要完全模仿人类的所有功能，而是模仿某项功能。这些智能机器人有望成为"超人"，有的具有超强的记忆力，有的具有超强的学习能力，有的听觉功能特强，有的嗅觉功能特强……，_____。

填入划横线部分最恰当的一项是_____。

A. 智能机器人将超越人类

B. 不同功能的智能机器人可以用于不同的领域

C. 但它并不具备人类的情感，也不具备人脑的灵活性

D. 人类受限于缓慢的生物学进化速度，无法与之竞争和对抗

4. 在今天的社会文化实践中，我们更要关注当下的传统文化热是否真正触及了传统文化的人文精神实质，是否真正提升了人们的精神境界。一般而言，文化的形式要自觉为文化的内容服务，如果忽略了文化的内容，尤其是忽略了对贯穿其中的人文精神的追求，就必然会走入歧途，背离我们弘扬传统文化的初衷。文化是活的，不能做简单的固化处理，更不能只注重形式而忽略对其内涵的传承。鉴于此，我们必须_____。

填入划横线部分最恰当的一项是_____。

A. 改变过于强调传统文化的符号性的做法

B. 注意纠正传统文化弘扬中的形式化倾向

C. 以实用心态凸显传统文化的工具性价值

D. 借助现代电子技术手段来弘扬传统文化

5. 为了帮助贫困地区脱贫，长期以来，社会各界以多种形式开展帮扶，扶贫思路更加清晰，扶贫手段更加多样，文化扶贫、旅游扶贫、电商扶贫等新方式效果显著，脱贫攻坚实现换挡提速。但一些尚未脱贫的地区，因为自然条件恶劣，发展脱贫产业难度较大。要啃下扶贫的"硬骨头"，还需打好科技牌。

最适合做这段文字的标题的是_____。

A. 打好脱贫攻坚科技牌   B. 啃下扶贫的"硬骨头"

C. 选好脱贫攻坚新方式   D. 脱贫攻坚实现换挡提速

6. 一方面，互联网医疗平台为医生提供了手机应用软件，让他们利用碎片时间和业余时间向患者提供服务；另一方面，互联网医疗平台还建立了患者付费机制，让医生们的付出获得了合理回报，激发医生动力，使他们愿意把私人时间贡献给社会。

关于互联网医疗平台的优势，这段文字没有提到_____。

A. 合理分配医生资源   B. 有效减少医患冲突

C. 医生获得相应回报   D. 有效利用医生时间

7. 一般来说，残破的物体总是不美的。但偏偏有那么些古建筑、雕塑乃至日用品的残体被认为是美的，这又该如何解释呢？可能因为，这些具有审美价值的残体，原本具有重要价值，或者由于可观的规模，或者由于重要的实用功能，如宏伟的宫殿、陵寝、庙宇、城墙、古桥、古塔等，包含着前人非凡的智慧和巨大的辛劳，不管是毁于兵燹或天灾，都会引起人们的痛惜，抚残体以思整体。联合国教科文组织的"世界遗产"项目中，就有一大批这样的古建筑，诸如中国的长城、希腊的巴特农神庙、柬埔寨的吴哥窟等。

这段文字主要说明了_____。

A. 如何欣赏古建筑   B. "废墟"何以是美的

C. 何为建筑的残缺之美   D. "世界遗产"的评选标准

8. 现在很多人对于甜味和吃糖感到排斥和恐惧，因为他们很惧怕发胖，吃一小块糖果就会胖一圈似的。其实，真正使人发胖的并不是那一小块糖果，而是每天吃的食物所包含的能量超出了消耗的能量。馒头、面条、米饭或者玉米面窝头中都有淀粉，即不甜的糖。淀粉在人体内氧化所放出的热量与蔗糖基本上没有差别。要控制发胖，主要在于控制摄入的总热量，而不在于食物的口味是不是甜的。

最适合做这段文字的标题的是_____。

A. 吃糖与发胖　　　　　　　　　　B. 淀粉与发胖

C. 发胖的"真凶"　　　　　　　　　D. 不发胖的"秘诀"

9. 法律的实施效果很大程度上是由民众和执法者对待违法行为的态度决定的。禁止燃放烟花爆竹的规定与中国人"逢年过节喜庆应该放鞭炮"的社会习俗是不一致的。在大多数中国人心目中，燃放烟花爆竹是"辞旧迎新"，是"热热闹闹过新年"的重要标志。甚至在很多人的心中，会有"如果不放鞭炮，怎么能算过年?"这样的意识。所以许多人看到别人违反法规放鞭炮、点烟花，不仅不鄙视他，而且还会觉得挺高兴，乐观其成，无形中减弱了执行的惩罚效果。

下列论断最符合上文观点的是_____。

A. 在法律和社会习俗不一致时法律的实施效果不会太好

B. 法律实施效果的好坏完全由法律本身所决定

C. 凡是违反社会习惯的法律法规都应当被废除

D. 法律法规在制定时应当征求民众和执法者意见

10. 一线城市的高房价以及 90 后年轻人对生活品质的追求，催生了租赁公寓的兴起。租赁公寓迎合了年轻人的消费观念，租房由过去的不得已转变成享受生活的一种方式。据调查，虽然拥有自己的住房仍是 90 后的刚性需求，但他们当中只有 30% 愿意为了买房而降低生活质量；另有 56% 的 90 后不愿意买房，因为房贷过于沉重会降低生活质量。由此观之，这些更看重个人价值的 90 后，可能成为"不买房一代"。

这段文字意在强调_____。

A. 许多 90 后不愿为了买房降低生活质量

B. 90 后年轻人未来的买房需求非常旺盛

C. 租房是大多数人更易于接受的居住方式

D. 城市高房价影响多数年轻人的购房意愿

11. 刚工作时，我在一家高职院校当老师，除了一周上满 20 节课，还要当辅导员。由于生源质量较差，学校学习氛围不理想，课堂教学面对的都是不爱学习的学生，每堂课后我都会产生满满的挫败感。每周下来，真感觉整个人都被"掏空"了。后来，我果断辞职，换了一个更喜欢的工作，这种"被掏空"的感觉就没有了。

"我"的故事的主要启示是_____。

A. 成就感的获得，往往关乎个人的喜好

B. 如果无力改变现实，就要努力适应它

C. 与其在挫败中消耗自信，不如选择另一种生活

D. 只有做自己最喜欢的工作，才能避免挫败感

12. 按照达尔文的物竞天择理论，"鸟男们"如此特殊的歌舞只有一个解释——取悦雌性。因为澳大利亚的这片丛林，是个"男多女少"的卖方市场，琴鸟姑娘每年仅产卵一枚，受荷尔蒙困扰的小伙子们竞争格外激烈。这一学说得到了科学的印证。科学家研究了从 38 000 只日本鹌鹑身上提取的大脑样本，然后将其分别放在光线下接受时间长短不一的照射。他们发现，当春天来临时，鸟儿就开始唱歌是因为春天日照时间比冬天长，在鸟类特殊的大脑细胞与阳光的共同作用下，其体内便开始分泌荷尔蒙。它们用唱歌来吸引异性。然而，这只是众多解释之一。另一种令人信服的理论指出，鸟儿歌唱是为保卫自己的领地。

上述文段中"这只是众多解释之一"中"这"指的是_____。

A. 用唱歌来吸引异性　　　　　　B. "鸟男们"受到荷尔蒙困扰

C. 春天日照影响鸟类行动　　　　D. 物竞天择理论

13. 这个学术搜索系统以数以十亿计的海量元数据为基础，利用数据仓储、资源整合、知识挖掘、数据分析、文献计量学模型等相关技术，较好地解决了复杂异构数据库群的集成集合，实现高效、精准、统一的学术资源搜索，进而通过分面聚类、引文分析、知识关联分析等实现高价值学术文献发现、纵横结合的深度知识挖掘、可视化的全方位知识关联。

这段广告的语言风格是_____。

A. 准确细致　　　B. 浑厚雄壮　　　C. 佶屈聱牙　　　D. 华美绚丽

14. 当见惯了有关城管负面新闻的人们，读到城管队员为劝离生活困难的占道摊贩，凑钱买下占道小摊所有商品的新闻，就会产生刮目相看的惊喜。

这句话中"惊喜"所表达的态度是_____。

A. 好奇　　　　　B. 赞许　　　　　C. 吃惊　　　　　D. 欢喜

15. 有研究团队让 22 名 17 岁至 42 岁的志愿者在两周内每晚照常使用电子设备，但在睡前佩戴三小时防蓝光眼镜，发现其晚间褪黑激素水平整体上升了大约 58%，上升幅度甚至超过服用褪黑激素补充剂带来的变化。志愿者感觉睡眠质量改善，入睡更快，整体睡眠时间延长，研究者说，最大的蓝光光源是日光，但大部分基于 LED 灯的设备也会发出蓝光，"人造蓝光"会激活对褪黑激素有抑制作用的内在光敏视网膜神经节细胞，从而干扰睡眠。该研究者建议睡前少用电子设备，或佩戴防蓝光眼镜。

从这段文字可以推出_____。

A. 电子设备的蓝光会减少褪黑激素的分泌而促进睡眠

B. 天然的日光并不会激活内在光敏视网膜神经节细胞

C. 睡前不佩戴防蓝光眼镜会使褪黑激素水平整体上升

D. 提升褪黑激素水平有助于入睡更快和睡眠质量改善

第二节　提升能力题

1. 在智能化无人超市，客人从进门到出门，一举一动都会被数字化，并且被捕捉记录。这些信息回流到云端后，通过算法模型，可以得到许多非常有价值的信息：比如，男性顾客和女性顾客各自进店最集中的时间段是什么，哪些商品被拿起又放回去的频次最高等。甚至还能做出预测，比如，传感器感应到进店的女客人很多是穿高跟鞋的，敏锐的老板便会在女鞋区多放些半跟鞋垫和脚踝磨损修复霜。可见，数字化的最终目的是实现商品供应链的优化以及店内货架与商品摆放的人性化。

这段文字主要介绍_____。

A. 智能无人零售让超市变得更加聪明、更加善解人意

B. 智能无人零售给线下实体商店的发展前景增添亮色

C. 智能无人零售能够对用户购买行为进行记录与描画

D. 智能无人零售给消费者所带来的更良好的购物体验

2. 工匠精神，匠心为本。有没有工匠精神，关键是看有没有一颗安于默默无闻、执着与追求卓越的匠心。树匠心，就要坚守初心、执着专注，秉持赤子之心，摒弃浮躁喧嚣，在本职岗位上坐得住、做得好。怎样才能坐得住、做得好？关键是要做到专心专注、追求至精至善，将产品的每个细节都尽可能做到极致。

这段文字意在强调_____。

A. 育匠人是传承工匠精神的基础　　　B. 树匠心是弘扬工匠精神的根本

C. 树匠心要坚守初心、执着专注　　　D. 树匠心需要良好的社会文化环境

3. 将不能量化的诗歌以及纯文学评价标准和人工智能的算法标准拼接在一起，本来就是一件不伦不类的事。人工智能在科学研究、生产劳动等方面的贡献，足以证明其本领之强，_____。人类也完全没必要拿自己的优势去跟人工智能的缺点比较，即使科技再发达，想必在未来很长的一段时间内，诗歌与文学的世界依然是人类情感和灵魂最佳的栖息地，守卫好我们的心灵家园，依然要靠人类自身的智慧与创造力。

填入划横线部分最恰当的一项是_____。

A. 毫无疑问将能够实现诗歌评价标准的量化

B. 完全可以取代人类智慧自主开展诗歌创作

C. 没必要和人类智慧在诗歌创作上一决高下

D. 却不能弥补人类智慧在诗歌创作上的缺陷

4. 通过对海豚间通信联系的深入研究，科学家发现，齐普夫定律和信息论中的熵值概念可以很好地为分析外星信号服务。在接收到地外任何可疑信号后，应该首先用齐普夫定律分析是否存在一定斜率直线特征，如果有某种特征，则证明其并非毫无意义的噪声。然后进行熵值分析，这样可以不必破译信号便知晓其通信的复杂程度。假设截获到的某一可疑信号，不仅在齐普夫坐标系中具有斜率为−1的直线特征，而且拥有高阶熵值，那么这个信号极有可能就是我们寻找多时的地外文明。

对这段文字概括最恰当的一项是_____。

A. 研究发现海豚间通信联系与外星信号极为相似

B. 如何运用齐普夫定律和熵值概念分析外星信号

C. 如何判断可疑地外信号是否来自外星文明

D. 如何通过地外信号判断外星文明的智慧程度

5. 作为生物体结构和功能的基本单位，细胞是动态的，处于不断运动之中。细胞中制造的大量蛋白质、激素、神经递质等"货物"需要在各种细胞器之间运转，有的甚至要运送到细胞外去。细胞如何组织它的"物流"，是个复杂的生物学基本问题。囊泡运输被称为细胞的"物流系统"，由于大分子物质及颗粒性物质不能直接穿过细胞膜，于是囊泡以出芽的方式，从一种细胞器中产生、断离后又与另一种细胞器膜融合。这样一来，囊泡就成了装载货物的"集装箱"。

这段文字主要介绍了_____。

A. 囊泡运输的原理   B. 细胞运转的机制

C. 细胞在生物体中的作用   D. 细胞间的物质交换过程

6. 教育上有一个传统，就是在课程设计中把科学与文学、历史对立起来。这种对立是容易从历史上来解释的。在实验科学以前，文学、语言和哲学已经在所有高等学校占领了牢固的地位，实验科学自然必须奋力前进。没有一个筑有堡垒的和坚固的势力集团会轻易放弃它可能占有的垄断地位。但是，无论哪一方面，都认为"语言和文学全部是人文主义性质的，而科学则纯粹属于自然界"是一个错误的观念。

接下来最可能要讲的是_____。

A. 文学、历史在高等学校的传统地位

B. 实验科学是如何迅猛发展起来的

C. 人文学科的垄断地位是如何被打破的

D. 将科学与人文对立为什么是不应该的

7. 金钱槭别名双轮果，是槭树科金钱槭属植物，生长于海拔1 000至2 000米的林边或疏林中，可高达15米，是我国特有植物。其叶对生，为奇数羽状复叶；初夏开白色花，雌雄同株，圆锥花序；果实分为两个小坚果，周围有广翅，外形如钱。由于林木乱砍滥伐，金钱槭成年植株极为稀少，加上天然更新能力较弱，很难长出幼树，它们像大熊猫一样需要保护。

这段文字意在说明_____。

A. 金钱槭如大熊猫般珍稀

B. 亟需加大对金钱槭保护力度

C. 环境破坏导致金钱槭极为稀少

D. 天然更新能力不强导致金钱槭极为稀少

8. 为什么狗睡觉是把嘴藏在前肢下面，而猫睡觉是把耳朵挤在前肢下面？动物用感觉器官来察觉周围环境变化，并对不同变化产生不同反应。狗的嗅觉特别灵敏，它靠嗅觉来识别一些物体，军犬还依靠嗅觉来判断敌情和识别路径。对狗来说它的鼻子最宝贵，所以当它睡觉时，把嘴和鼻子用前肢藏起来保护好，同时用鼻子警惕周围动静，一旦有情况，立即用鼻子来识别，也可用狂叫来示威。猫的听觉特别灵敏，它用听觉来察觉周围的变化。当它捕鼠时就用听觉来探知老鼠所在地点。对猫来说，它的耳朵最宝贵。所以当它睡觉时，把耳朵挤在前肢下面，一方面把耳朵保护好，另一方面把耳朵贴在地面，一旦听到声音，就可以立刻采取行动。进入人类家庭后，猫狗也依旧保持着这样的睡姿。

以下各项，对这段文字理解正确的是_____。

A. 就听觉来说，猫强于狗；就嗅觉来说，狗强于猫

B. 猫狗睡姿不同，从根本上说是因为它们对不同变化有不同的反应

C. 猫狗的独特睡姿有利于时刻保持警觉并保护自己最宝贵的感觉器官

D. 猫狗进入人类家庭后虽不需要时刻保持警觉，但仍保持特别的睡姿

9. _____。我国正处于全面建成小康社会的决胜阶段，人口老龄化、资源环境约束等挑战依然严峻，人工智能在教育、医疗、养老、环境保护、城市运行、司法服务等领域广泛应用，将极大提高公共服务精准化水平，全面提升人民生活品质。人工智能技术可准确感知、预测、预警基础设施和社会安全运行的重大态势，及时把握群体认知及心理变化，主动决策反应，将显著提高社会治理的能力和水平，对有效维护社会稳定具有不可替代的作用。

填入划横线部分最恰当的一项是_____。

A. 人工智能带来社会建设的新机遇

B. 人工智能促进公共服务管理水平提升

C. 人工智能助力社会自动化、服务精准化

D. 人工智能在教育、医疗、预警等领域应用拓展

10. 当前，我国科技事业实现了历史性、整体性、格局性重大变化，重大创新成果竞相涌现，一些前沿方向开始进入并行、领跑阶段。但也应看到，我国科技领域仍然存在一些亟待解决的问题，关键核心技术受制于人的局面没有得到根本性改变。现在，我们迎来

了世界新一轮科技革命和产业变革同我国转变发展方式的历史性交汇期，科技创新角逐空前激烈，只有努力实现关键核心技术自主可控，才能抓住千载难逢的历史机遇，有力支撑世界科技强国建设，真正发挥创新引领发展的第一动力作用。

最适合做这段文字标题的是_____。

A. 努力拼搏，获取关键核心技术

B. 把关键核心技术掌握在自己手中

C. 重视激励原始创新和核心技术研发

D. 发挥创新引领作用，掌握关键核心技术

11. 近年来，保健品市场兴起了一场"鱼油热"。鱼油即不饱和脂肪酸，适当地食用不饱和脂肪酸可以预防动脉硬化的发生，减轻动脉硬化的症状。一方面，鱼油可以调节血脂，能降低总胆固醇及"坏胆固醇"——低密度脂蛋白胆固醇；另一方面，鱼油可以改善记忆、保护视网膜。有说法称大剂量摄入鱼油能够帮助高血压患者有效降低血压，但有研究者总结31项国外研究发现，每天摄入大剂量鱼油虽能轻度降低血压，但如果剂量过大，则会刺激人体的肠胃道。此外，鱼油摄入量超标，还会转化为人体的脂肪储存，使人发胖，从而对身体产生负面影响。

从这段文字可以推出_____。

A. 每天大量摄入鱼油不能降低血压　　B. 充足食用鱼油可以治疗动脉硬化

C. 摄入鱼油适当才有助于身体健康　　D. 摄入不饱和脂肪酸不会使人发胖

12. 平心而论，自古至今闲逸都是一种奢侈品，它取决于两个一般人最难以企及的前提：物质上丰裕或者至少能够自给自足的生存自由，时间上有足够的闲余甚至或许要靠没事找事来打发时光的自由。以此二者为前提，再辅以特定的精神需求，无论这种需求是来自虔敬如宗教意义上的感召，还是纯属内在的好奇，抑或是为了迎合时尚以示高贵、体面与教养，至少在被称之为"科学崛起"或"科学革命"的17世纪，科学还只是极少数人方能够消费得起的"瓷器活"。

下列说法与原文相符的是_____。

A. 闲逸和精神需求的要求使得科学难在特定年代普及

B. 时间上的闲余可以迎合时尚以示高贵、体面与教养

C. 在17世纪，只有富有的人才能从事科学相关工作

D. 精神需求必然来源于宗教的感召或者是心灵的好奇

13. 当群体成员凝聚力很高时，群体成员倾向于让自己的观点与群体保持一致，而其他有争议、有创意甚至更客观合理的观点则会遭到忽视或压制。这可能会导致群体作出不合理甚至很糟糕的决策。类似的现象有可能出现在网络民意表达过程中。人们更可能被吸引到与自身意见一致的论坛中，并在其中不断加深自己原有的观点。这样就有可能产生群体迷思，形成不正确的却为大多数人所拥护的占优势的意见，出现不同意见者"被代表"

和把持言论的情况。

这段文字给政府管理的启示是_____。

A. 网络舆论未必能够代表网民的真实想法，政府征求民意时应对此有所甄别

B. 网络民意表达存在虚假性，不适合作为政府征求民意的渠道

C. 网络空间匿名性造成网络民意容易被操控，政府应加强对网络空间的管控

D. 政府在通过网络征求民意时，应当少说多听，允许不同意见乃至质疑的声音存在

14. 孔子说："笃信好学，守死善道。危邦不入，乱邦不居。天下有道则见，无道则隐。邦有道，贫且贱焉，耻也。邦无道，富且贵焉，耻也。"

孟子说："富贵不能淫，贫贱不能移，威武不能屈，此之谓大丈夫。"

荀子说："贵而不为夸，信而不处谦，任重而不敢专。财利至则言善而不及也，必将尽辞让之义然后受；福事至则和而理，祸事至则静而理。富则施广，贫则用节。可贵可贱也，可富可贫也，可杀而不可使为奸也。"

对上面三段话的理解正确的是_____。

A. 上面三段话都强调了道德的重要性

B. 上面三段话都强调了"人的地位境遇有变化，人的道德操守不能变"

C. 孔子和荀子的观点一致，强调的是人无论贫富，贵在懂道理；孟子强调的是人要守信

D. 孔子强调的是无论什么情况下都要好学，讲道德；孟子和荀子的话都是强调如何做有骨气的人

15. 自人工智能领域开辟以来，研究者们就一直在试着捣鼓一个能作出创造性选择的人工智能。被视为现代人工智能之父的马文·明斯基，在1960年写下了这样的话："我确信终有一天我们能得到拥有强大的解决问题能力的程序，方法是以错综复杂的方式组装一大堆启发式的部件——多目标优化、模式识别技巧、规划代数、递归管理过程等等。但在这些程序中，没有智能安坐。"智能不单是模式识别，但寻找智能的"位置"是个棘手问题，它一直困扰着人工智能研究者。

对画线部分理解正确的一项是_____。

A. 人们能开发出具有解决问题能力的程序，但人工智能发展并不乐观

B. 人们能开发出具有解决问题能力的程序，但人工智能并没有出现

C. 人们开发出的程序中并没有人工智能的位置

D. 人们开发出的程序并不是人工智能

16. 教师是世界上最伟大的职业，因为如果教师拥有深刻而真切的关怀，他是在解除人们头脑的局限——不仅是他自己的头脑，还有学生的头脑。他是受限的，学生也是受限的，无论他是否承认那都是一个事实。在他们的关系中，他是在帮助学生和自己从意识的局限中解脱出来。

上面这段话的主要意思是_____。

A. 教书就是育人　　　　　B. 师不必贤于弟子

C. 教学相长　　　　　　　D. 授人以鱼不如授人以渔

17. 英国《自然》(Nature)杂志从 1869 年创办至今,经过约一个半世纪的经营,已成为具有国际声誉的科学周刊,如今它在国内科学界和媒体眼中似乎已成"顶级科学杂志",很多研究机构把能在《自然》上发表文章当作衡量科研人员学术水平的一项重要指标,前些年国内甚至还流传着"能在《自然》上发文章,评上院士就是迟早的事情"的神话。但是,上述神话的营造和传播,在许多情况下都只是人云亦云——如果仔细考察历年的《自然》杂志,就会发现实际情况有与上述想象大相径庭之处。

上段文字的主要意思是_____。

A. 国内对《自然》杂志的认识有偏误

B. 《自然》杂志在国际学术界的权威地位

C. 《自然》杂志在国内外评价不一致

D. 《自然》杂志的学术水平已经发生了变化

18. 对一般患者而言,医疗领域存在着巨大的"信息不对称"现象,很容易被非理性情绪误导。算不算医疗事故、责任由谁承担应该交由专业机构和法律来认定。正因如此,我国侵权责任法专门规定了医疗损害责任,这对作为受损害方的患者来说,是公正的体现。遇到事故求助法律、依靠法律,对患者而言也是正确的选择。

"这对作为受损害方的患者来说"中的"这"指的是_____。

A. 遇到事故求助法律的途径

B. 医疗损害责任

C. 医疗事故由专业机构来认定

D. 侵权责任法中针对医疗损害责任的规定

19. 建于 1756 年的智珠寺,在中轴线上分布着三座建筑,旁边还有一些零散建筑。寺院在历史上经历过火烧和烟熏,这些痕迹在修复中都被完整保留。郭黛姮说:"文物不仅是具体的房子,还是历史信息的载体,包括它曾经受到过的破坏和灾难。本着这样的原则来认识文化遗产,你就不会把它涂得面目一新。"

这一文段意在说明_____。

A. 文物承载着丰富的历史信息　　B. 智珠寺建筑的修复

C. 火烧和烟熏的痕迹要完整保留　　D. 要真实地保护文化遗产的原貌

20. 近年来,新崛起的中西部城市如武汉、郑州、成都、西安等都加入"新一线"城市的争夺中。在信息鸿沟被逐渐"抹平",高铁也拉近了城市间距离时,准一线和二线城市看到了"换道超车"的机会,而人才是其间的关键。从武汉 2017 年初提出"百万人才留汉计划",到成都发布"人才新政 12 条"等,都足见揽人心切。眼下,中国城市间发展的差距越拉越大，人才在中国经济版图上的分布呈现出马太效应，一旦错失，未来 10 年很难再有翻盘的机会。而中国经济经历了 40 年高速发展，如今到达了一个拐点——人口红利正在消失，老龄化问题严重，已在向高质量发展转变，粗放式的发展已难以为继。这样，人才与创新成为经济发展的重要驱动力，抢人才大战实质是中国经济转型升级的紧迫性和内驱力所致。因此，_____。

填入文中横线处最恰当的一项是_____。

A. 这将重新塑造中国未来的经济版图　　B. 人才是城市未来发展的引擎

C. 要抓紧实施人才计划　　D. 人力资本比物质资源更加重要

21. 不辞辛苦培训、不惜人力陪读、不惜成本择校……教育的焦虑为何愈演愈烈？利用家长从众、攀比的心理，培训机构的"洗脑"阵地已经前移到了手机里。在"某小学入学群"，刚开始大家交流孩子和家长信息，相谈甚欢。随着人数增多，广告出现了——暑期游学团、游泳训练班、理财平台等，出现最多的还是各种培训班的推荐，散播报名紧张等信息，制造焦虑气氛。相比各种培训、竞赛、考证给家长带来的焦虑，不少人宁愿恢复"一考（即小升初考试）定成败"。采访发现，城市的商业中心正在变身"超级学校"，每到周末、假期，就有背着书包的中小学生频繁进出。

如对这一文段进行内容概括，最合适的一项是_____。

A. 家长的教育焦虑

B. 教育的焦虑为何愈演愈烈

C. 学生和家长不得不参加各种教育培训

D. 培训机构助推了家长的教育焦虑

22. 为了抵抗气候变化带来的环境失控，我们需要在 21 世纪中叶到来之前解决碳排放的问题，这意味着必须早日放弃肮脏的化石燃料。核裂变技术昂贵且饱受争议，核聚变技术则仍是一个遥远的梦想，可再生能源在过去 10 年内实现了跨越式的发展，但尚且无法满足人类所有的电力需求。到 2050 年，我们真的可以完全利用风能、太阳能等清洁能源发电吗？

以下说法不符合文意的是_____。

A. 风能、太阳能是可再生能源　　B. 碳排放是造成气候变化的主要原因

C. 化石燃料不是清洁能源　　D. 核技术是人类的终极梦想

23. 海洋二号 B 卫星是我国第二颗海洋动力环境系列卫星，是我国民用空间基础设施规划的海洋业务卫星。该卫星将与后续发射的海洋二号 C 卫星和 D 卫星组成我国首个海洋动力环境卫星星座，可大幅提高海洋动力环境要素全球观测覆盖能力和时效性。海洋二号 B 卫星成功发射后，卫星获取的海风、海浪、海流、海温等海洋动力环境信息可进一步满足海洋业务需求并兼顾气象、减灾、水利等其他行业的应用需求，为国民经济建设和国防建设、海洋科学研究、全球气候变化提供数据产品支持，同时也将在国际对地观测体系

中发挥重要作用，为我国积极参与全球治理提供技术支撑。

下面说法与上文意思不相符的是_____。

A. 海洋二号 B 卫星能够获取全球海面风向、浪高等多种海洋动力环境参数

B. 海洋二号 B 卫星接收的数据可应用于气象、农业和应急管理等领域

C. 海洋二号 C 卫星和 D 卫星比 B 卫星的海洋动力环境要素全球观测覆盖能力和时效性更强

D. 海洋二号 B 卫星将在国际对地观测体系中发挥重要作用

24. 语言经济学作为一门新兴的交叉学科，是运用经济学的概念、分析方法及工具，把语言作为变量，不仅研究语言本身产生、发展、演化和变迁的规律和路径，语言对个体的作用机理和传导机制等内容，而且考察语言在经济活动中的作用以及语言和经济活动之间的关系，并在此基础上，为语言教育、翻译等语言产业的发展及相关语言政策的制定提供建议。

根据上文意思，下面说法有误的是_____。

A. 语言经济学是运用经济学的方法研究不同语言的产生和演化

B. 语言经济学的研究重点是语言、语言政策及其演变对经济活动的影响

C. 语言经济学的研究目的是使语言更好地服务于经济发展和社会生活

D. 从学科发展的角度来看，语言经济学将有效促进语言学和经济学之间的跨学科互动，对推动经济学和语言学的发展都有着重要意义

25. 前几年，一些不法分子打着"助学"的旗号，大肆在校园推销"高利贷"。将目标重点放到涉世未深的大学生身上，一时间大行其道，由于设置了各种难以识别的"套路"，利息高得骇人，以及恶意逼债等，导致有的学生在压力之下不得不休学，出卖隐私，甚至出现跳楼自杀的悲剧，现在，经过教育、公安等部门的通力合作，"校园贷"已从大学校园里被清除出去，但并未绝迹，仍在危害社会。实际上大学生也有教训可以吸取，在父母的溺爱之下，在一些所谓时尚生活的诱惑下，往往过度追求超越自身和其家庭经济状况的高消费，没能认识"校园贷"的危害。因此，_____。

填入画线处最恰当的一句是_____。

A. 教育、公安等部门要继续严格清除"校园贷"

B. 大学生有必要进行反思加强自律

C. 大学生要远离"校园贷"

D. 大学生要增强对"校园贷"危害的认识

26. 科学的发展总带给人类崭新的思维方式。比如，在大数据背景下，人类的许多行为都是可以被预测的。从这个角度看，人类的行为并不是互不相关的独立事件，而是相互关联的数据网络中的一个片段。在这张数据大网之中，许多事件的相关性与其发展的规律变得有迹可循。再比如，日常生活中，我们只能感知和意识到三维世界，而超弦理论却把

我们带进一个十维的宇宙世界，带来新的科学思维与方法，开拓出一个新颖刺激而富有美感的精神新领域。

下列最适合做这段文字标题的是_____。

A. 独领风骚的数据科学　　　　　B. 未来世界的无限可能

C. 科学思维无所不在　　　　　　D. 科学之光点亮思维

27. 食品行业是关系人民群众切身需求与经济社会和谐稳定的民生行业。但目前来看，我国食品供给体系总体呈现出中低端产品过剩、中高端和个性化产品供给严重不足的问题，消费者对国外产品的依赖程度越来越高。特别在当前速度换挡、结构调整、动力转换的经济新常态下，深入推进食品行业供给侧改革，是实现食品行业健康、长远发展的必然选择。食品标准既是国家食品安全治理体系中的重要组成部分，又是引导食品生产质量的主要风向标，因此，深化食品行业供给侧结构性改革的关键在于构建一套先进的食品行业标准。

这段文字接下来最可能讲的是_____。

A. 目前国内食品行业存在的主要问题

B. 国外构建食品行业标准的经验教训

C. 构建食品行业标准要重点关注的问题

D. 深化食品行业供给侧改革的具体措施

28. 南京在历史上的名字变化或褒或贬，根本源头在于统治者的好恶。不惟南京，同样原因也引发了其他地名的变迁，宋廷平定方腊起义之后，深恨江南百姓造反，艺术修养最高的皇帝宋徽宗遂在地名上做文章：方腊的两个活动区域，歙州被改成徽州，取的是"徽"的本义"捆绑束缚"；睦州则被改成严州，意思更是不言自明的。相比之下，朱元璋为避国号讳，取"海定则波宁"之义，将明州改成宁波，已是很"友好"了。

这段文字主要介绍了_____。

A. 地名变迁背后的政治因素　　　B. 历史事件对地名的影响

C. 古代帝王在地名方面的偏好　　D. 统治者对某些地域的好恶

29. 作为历经 600 年风雨、年客流量 1 600 万的世界五大博物馆之一，故宫也曾在公众面前遭遇尴尬，如今却能华丽转身，在互联网上主打造物之美，兼顾攻略之实。故宫似乎找到了传统文化的"正确打开方式"，实现了传统文化的形态丰富和再造——故宫已经不再只是那个北京城中轴线上 72 万平方米的皇家院子，它在云端，在数字博物馆里，在创意用品中，更为重要的是，它已经走进了寻常百姓家。从皇家私藏到国家所有，再到多层次、多渠道的社会共享，在故宫文物面前，人与物的关系发生了分明的进化，早已不再是"天下至宝，尽归帝王家"，而是更接近共有共享的理念。

根据这段文字，传统文化的"正确打开方式"指的是_____。

A. 密切与公众的联系　　　　　　B. 拓宽传统文化宣传渠道

C. 对传统进行新解读　　　　　　D. 利用网络实现文物共享

30. 环境保护主义是一种信念，是一种重建人与自然关系的强烈愿望。要实现这一愿望，就必须树立一种自然共同体的意识，即将人类在共同体中的征服者角色，变为这一共同体中的普通一员。它暗含着对每个成员的尊敬，也包括对这个共同体本身的尊敬。只有树立了这样的一种道德意识，人们才有可能在运用其在这一共同体中的权利时，感到所负有的对这个共同体的义务。这不仅依赖于对自然本质的科学理解，也依赖于在了解基础上建立起的对自然的感情。

这段文字最后一句话中的"这"指的是_____。

A. 热爱自然的感情   B. 自然共同体意识的树立

C. 重建人与自然关系的愿望   D. 对自然共同体的义务

第三节　斩获高分题

1. 从人口的空间布局看，城镇化是农村人口向城镇转移，是农民向市民的转变。农民向市民的转变过程，是人的素质的现代化过程。而人的素质的现代化离不开接受现代化的教育。人的教育的现代化是城镇化的基础和支撑。城镇化还意味着人们的就业和生产从农业领域向工业和服务业的转移。人的生产方式的现代化，是城镇化的本质特征，更是人的现代化的本质体现。而支撑人的生产方式现代化的基础则是现代职业教育的普及。

这段文字意在强调_____。

A. 城镇化时代的农民需要职业教育   B. 城镇化是人的素质教育的现代化

C. 城镇化是人的生产方式的现代化   D. 城镇化是进城农民身份的市民化

2. 一部人类史，就是人与自然、科学与社会的互动史。在漫长的文明进程中，科学曾仅仅是"闲人"的志趣，科学普及无从谈起，人们在"非科学"的禁锢中艰难摸索。随着近现代科学兴起，人类对自然认识不断加深，科学与社会联系日趋紧密，科学普及在人与自然，科学与社会的结合点上顽强生长，科学在人类现代化道路上散发出璀璨的光芒。

上述文字主要阐述了_____。

A. 人与自然、科学与社会的互动极大促进了科学普及

B. 在人类文明进程中，科学普及前进的道路异常艰辛

C. 科学普及应紧密联系社会并且找准结合点和切入点

D. 随着近现代科学兴起，科学普及前景更加灿烂辉煌

3. 一家大公司招聘大区经理，几轮面试后剩下 20 人，最后一轮是笔试。考生们拿到考题之后都慌了神。因为答题时间只有 15 分钟，卷子上的题目却有 120 道之多。大家慌忙答题，根本不听监考人员"请先浏览一遍全卷再答题"的提醒。试题非常简单，就是量太大。考试时间一到，只有一个人气定神闲的交了卷。"你被录取了。"监考人员对这个人

说。监考人员举起此人的卷子，只见除了名字和电话，卷子上一个字都没有。"请大家看第98题。"监考人员说。第98题：您无须答任何题，只要在卷面最上端写下您的姓名及联系方式即可。

这个故事主要告诉我们_____。

A. 倾听是进行有效沟通的关键
B. 淡定、从容适应是成功的前提
C. 作为管理者要树立全局意识
D. 注意细节比纵观全局更重要

4. 20世纪以来，人类对弦的认识，发生了质的变革。弦就是振动，振动就会产生波，说明波构成了丰富多彩的大千世界，这为重新认识"美"提供了思想基础和技术方法。研究表明，自然美与物质的波长（或者频率）存在着深刻的内在联系，物体固有的频率与人自身的频率存在耦合关系，"美"是由不同类型波谱的频率与人的相互作用而产生的。

根据这段文字，下列说法不正确的是_____。

A. 对同一个人的美丑认识不同，因审美主体的频率不同所致
B. 阳光、鲜花一定时间内大致不变，因为振动频率没有变化
C. 距离产生美，是因为审美主客体在一定的频率范围内共振
D. 见义勇为行为得到社会认可，因为审美主体振动频率一致

5. 敦煌研究院将与外部机构进一步合作，开展敦煌壁画的保护和修复，为这个文化宝藏的永续保存探讨更多可能性。保护和修复也为了更好地传播，依托数字化，"数字敦煌"资源库在2016年上线。资源库第一期的30个经典石窟，跨越北魏、西魏、北周、隋、唐等多个时期，其中绝大多数石窟都是未对游客开放的，全球网友只需轻点鼠标，就可以免费360度漫游洞窟，足不出户便能近距离感受千年的文化。千年敦煌石窟，正借助科技的手段，_____，焕发出新的生命与活力。

填入划横线部分最恰当的一项是_____。

A. 以虚拟世界代替现实场景
B. 力求重建用户沉浸式体验
C. 促进与传统文化深度融合
D. 突破时间、空间上的限制

6. 其实，大多数人都在沿着固有的一套路径和习惯生活，也就是"舒适区"，并且倾向于不打破它。特别是在互联网文化的影响下，人们更容易和持有相似观点的人抱团取暖，强化原有的认知方式，增强安全感。可生活的不确定因素那么多，在保持它的开放性的前提下顺其自然，才有更多的机会去拥抱美好的结局。因为你搞不清自己在什么节点会茅塞顿开，变成一个十分陌生但很开心的自己。

下列选项对这段文字理解正确的是_____。

A. 打破"舒适区"，安享生活的不确定性，你会收获更多的快乐
B. 摒除互联网文化影响，不与持相似观点的人抱团取暖，是让自己茅塞顿开的前提
C. 承认并接受生活中的不确定因素，我们也许会因此改变成为一个自己都不认识的人

D. 固守"舒适区"，与思想上的同类人"抱团"，执拗于原有习惯和安全感，等于拒绝了很多开放性的快乐

7. 现在经常听到一种说法，智商不敌情商。一个人能走到哪里，取得什么成就，关键在于情商，这种"情商决定论"甚嚣尘上，令人生疑。在我们身边，无论是生活中，还是工作中，只要一个人的事情没做好，都会跟情商不高挂起钩来。事实上，我们都夸大了情商的作用，忽视了智商、实力、勤奋，以为只要玩转情商就能步步高升，其实不然。人在职场，情商固然重要，但决定性因素还是智商和才华，玩情商可以让你八面玲珑，但毕竟玩不出实际业绩，也玩不出科研成果。一个人有真才实学，本领过硬，工作勤奋，那么情商其实就是锦上添花的事情了。

这段文字意在说明_____。

A. 在职场中，智商比情商更加重要

B. 情商只是锦上添花，智商方能决定成败

C. "情商决定论"并不正确，情商的作用不应被夸大

D. 成功靠的是真才实学、过硬本领，而不是玩转情商

8. 我国研究机构日前宣布，世界上第一个全超导托卡马克"东方超环"（EAST）实现了稳定的101.2秒稳态长脉冲高约束等离子体运行，创造了新的世界纪录。这标志着EAST成为世界上第一个实现稳态高约束模式运行持续时间达到百秒量级的托卡马克核聚变实验装置。EAST高11米、直径8米、重达400吨，是我国第四代核聚变实验装置，其科学目标是让海水中大量存在的氘和氚在高温条件下，像太阳一样发生核聚变，为人类提供源源不断的清洁能源，所以也被称为"人造太阳"。

这段文字主要说明_____。

A. 大力发展清洁能源势在必行

B. 核聚变技术可创造清洁能源

C. 短期内难建成真正的"人造太阳"

D. "人造太阳"装置取得革命性突破

9. 国内文化产业的金融支持刚刚起步，作为主要融资渠道的贷款仅占银行贷款总额的1%，资金不足成为文化产业发展的一大制约因素，突出表现在以下方面：一是金融机构为创意文化企业提供贷款，大多采取"版权抵押加上其他担保手段"的方式，没有足额的担保，中小文化企业仅通过版权质押的方式很难获得资金支持；二是资本市场对企业的规模、收入稳定性、声誉有较高的要求，只有极少数文化企业符合上市或发债融资的条件；三是民间借贷资金来源不稳定，容易出现高利贷、法律要件缺失、合同关系不规范等问题；四是风险投资历史较短，整体规模偏小，难以满足创业中文化企业的资金需求。

根据这段文字，以下描述正确的是_____。

A. 对文化产业的支持缺少最起码的法律保护

B. 文化企业贷款受企业规模的影响较大

C. 只有1‰的文化企业会将贷款作为融资渠道

D. 银行贷款的整体规模小，难以满足文化企业创业的资金需求

10. 最近几年，人们对近代物理学的兴趣不断增长，对"新"物理学的报道不断涌现。现在许多人都知道有数亿的星系，每一个星系又含有数亿的星体。我们知道世界可以通过亚核粒子来理解，其中的多数只存活几亿分之一秒。是的，近代物理的世界真是千奇百怪。带有希腊字母名称的粒子随着量子的音乐狂舞，毫不遵守经典物理的决定论。但最终读者会带着失望的心情走开，虽然这些事实确实很新奇，但它们也确实枯燥烦人。

作者接下来最有可能会_____。

A. 强调科学工作的艰难   B. 介绍一部生动的科普著作

C. 澄清读者对物理学的误解   D. 展示新奇的物理成果

11. 2017年某调查报告显示，超过8成居民家庭认为阅读是孩子认识世界、获取知识的重要途径，超过6成认为阅读对于孩子养成爱学习习惯、养成健康性格具有重要意义。在实际生活中，超过3成的受访居民家庭未成年子女能够做到每天阅读，超6成孩子每次阅读时间在半小时至1小时之间。但只有3成受访家长经常陪子女阅读，近6成家庭是让孩子自己阅读。有意思的是，虽然父母们自己已经被手机、电脑、电视占据了太多时间，却希望借助阅读挤压孩子坑电子产品、看电视的时间。

下列选项最适合做文字标题的是_____。

A. "中国家长高度认同阅读对于子女成长的价值"

B. "放下手机，才能陪孩子阅读"

C. "你看手机，孩子看书?"

D. "阅读，不只关于书本"

12. 个人认为，电动汽车的部件品种应该由企业选择，市场来当裁判员。电池、电机、电控等部件的品种都很多，都应该由企业根据总体设计和市场进行选择，没有必要由标准来越俎代庖。欧、美、日法规当中低速电动车标准里面都没有限定电池，未排斥铅酸电池，而装有铅酸电池的中国品牌低速电动车畅销国外。因此，中国的低速电动车标准不应该限制铅酸电池。

文中"越俎代庖"的"庖"指的是_____。

A. 装有铅酸电池的中国品牌低速电动车畅销国外的事实

B. 欧、美、日法规里的中低速电动车标准

C. 市场选择以及企业的总体设计

D. 国内对低速电动车的限定

第四节　考点解码及答案解析

一、夯实基础题

1.【考点解码】　主旨观点题

【答案解析】　选C。关键词"但是"。虽然大数据有诸多优点，但是放弃人际沟通会影响人的自由意志。转折后的内容为原文强调的重点。因此只有C项表述正确。

2.【考点解码】　主旨观点题

【答案解析】　选D。原文为分总结构，尾句为结论句，结论为:减少完美主义，内心会更自在、从容，也更利于进步和心理健康。只有D项表述与此相符。

3.【考点解码】　句子填空题

【答案解析】　选B。所填句子为前文的概括总结。关键句"有的具有超强的记忆力，有的具有超强的学习能力，有的听觉功能特强，有的嗅觉功能特强"，因此智能机器人的功能是不同的，可以根据不同的功能应用于不同的领域，故B项与之描述相符。

4.【考点解码】　句子填空题

【答案解析】　选B。"鉴于此"的"此"指"文化是活的，不能做简单的固化处理，更不能只注重形式而忽略对其内涵的传承。"因此横线句应承接前句的"只注重形式而忽略其内涵的传承"做出应对之策。只有B项与之紧密联系。

5.【考点解码】　标题添加题

【答案解析】　选A。原文以"但"为转折，说明一些地区因为自然条件恶劣，发展脱贫产业难度很大，并且提出相应的对策。因此关键词为相应对策中的"科技牌"和"扶贫攻坚"。只有A项包含这两方面并且对原文主旨概括恰当。

6.【考点解码】　细节理解题

【答案解析】　选B。由"互联网对于解决优质医疗服务供给匮乏，医生资源总量不足、分布不均，医生间能力差别大等问题有着重要意义"可知A项有提到。B项，原文没有涉及医患关系的相关内容，故B项内容无法得知。由"让医生们的付出获得了合理回报"可知C项有提到。由"让他们利用碎片时间和业余时间向患者提供服务"可知D项有提到。

7.【考点解码】　主旨观点题

【答案解析】　选B。文段提出"为什么有些残体被认为是美的"，再进行解答。因此文段主要说明的是这些古建筑、雕塑、日用品的残体被认为是美的原因，B项概括准确。C项只提及了建筑，没有提及雕塑、日用品等，因此不准确。

8.【考点解码】　标题添加题

【答案解析】　选 C。文段的观点在"其实"之后的转折：真正使人发胖的并不是那一小块糖果，而是每天吃的食物所包含的能量超出了消耗的能量。因此只有 C 项符合这一主旨。D 项需要注意，原文仅仅在最后提及控制发胖的要点，并没有提及"秘诀"。

9.【考点解码】　细节理解题

【答案解析】　选 A。由"法律的实施效果很大程度上是由民众和执法者对待违法行为的态度决定的"可知，B 选项错误；C、D 选项文中未提及；由"所以许多人看到别人违反法规放鞭炮、点烟花，不仅不鄙视他，而且还会觉得挺高兴，乐观其成，无形中减弱了执行的惩罚效果。"可知，许多人对于违反法规的社会习俗，乐观其成，法律实施效果被减弱，即"在法律和社会习俗不一致时法律的实施效果不会太好"。

10.【考点解码】　主旨观点题

【答案解析】　选 A。关键词"90 后""买房"从文末"由此观之""这些更看重个人价值的 90 后，可能成为'不买房一代'"可知 A 项符合文中观点；B 项与文意不符；C 项租房是开篇讲到的，但非重点；D 项购房意愿也非重点。

11.【考点解码】　道理启示题

【答案解析】　选 C。文段开篇陈述"我在高职院校当老师"的客观情况，之后提出问题，"我"上完课感觉力不从心，非常劳累。文段尾句提出解决问题的对策，"辞职，换了更喜欢的工作"，而后达到"'被掏空'的感觉没有了"的效果。引出文段强调的是换一种生活方式，即可远离挫败感的生活，对应 C 项。A 项，"成就感"为无中生有的表述，排除；B 项，"努力适应"与文段语义相悖，排除；D 项，"最喜欢的工作"表述过于绝对，文段说的是"换一个更喜欢的工作"，排除。

12.【考点解码】　代词指代题

【答案解析】　选 B。先找到该代词的位置，可知指代的是前文的针对鸟男们唱歌的一种解释。回看原文，文段首句提出了观点，"鸟男们的特殊歌舞是为了取悦雌性"，后面用琴鸟和鹌鹑的例子来证明该观点，接下来用"然而"表示转折，"这"即是指代之前提到的"取悦雌性"，也就是 B 项中的受到荷尔蒙的困扰。A 项中的唱歌吸引异性，C 项中的春天日照影响行动都是对该观点的论证，错误。D 项中的物竞天择理论与该解释无关，错误。

13.【考点解码】　语言风格题

【答案解析】　选 A。"数以十亿计""利用数据仓储、资源整合、知识挖掘、数据分析、文献计量学模型等相关技术""通过分面聚类、引文分析、知识关联分析等"，广告用词准确、细致。

14.【考点解码】　语句理解题

【答案解析】　选 B。由文中"刮目相看"形容惊喜，"刮目相看"的意思是指别人已有进步，不能再用老眼光去看他，可知对于城管队员的做法应是赞许的惊喜。

15.【考点解码】 细节理解题

【答案解析】 选D。此题为细节理解题，将选项与原文一一对应，A项，由"'人造蓝光'会激活对褪黑激素有抑制作用的内在光敏视网膜神经节细胞，从而干扰睡眠。该研究者建议睡前少用电子设备"可知A项表述错误；B项，由"最大的蓝光光源是日光""'人造蓝光'会激活对褪黑激素有抑制作用的内在光敏视网膜神经节细胞"可知B项表述不符合文意；C项，由"但在睡前佩戴三小时防蓝光眼镜，发现其晚间褪黑激素水平整体上升了大约58%"可知C项表述不符合文意；D项，由"睡前佩戴三小时防蓝光眼镜，发现其晚间褪黑激素水平整体上升了大约58%""志愿者感觉睡眠质量改善，入睡更快，整体睡眠时间延长"可知D项表述符合文意。

二、提升能力题

1.【考点解码】 主旨观点题

【答案解析】 选A。关键句:数字化最终目的是实现商品供应链的优化以及店内货架与商品摆放的人性化。只有A项紧抓"优化"和"人性化"进行阐述，是原文结论的同义转述。

2.【考点解码】 主旨观点题

【答案解析】 选C。原文"树匠心，就要坚守初心、执着专注，秉持赤子之心，摒弃浮躁喧嚣，在本职岗位上坐得住、做得好"和"关键是要做到专心专注、追求至精至善"是在强调对策，即如何树匠心。只有C项表述了树匠心的具体方法。

3.【考点解码】 句子填空题

【答案解析】 选C。横线处句子应起到承上启下的作用。由横线后文"人类也完全没必要拿自己的优势去跟人工智能的缺点比较"可知，所填句子应含有人工智能和人类进行比较的意思。四个选项中只有C项填入恰当。

4.【考点解码】 主旨观点题

【答案解析】 选B。关键句:齐普夫定律和信息论中的熵值概念可以很好地为分析外星信号服务。后文对如何利用齐普夫定律和信息论中的熵值概念进行分析，因此文段主要是说如何运用齐普夫定律和熵值概念来分析外星信号。只有B项与此相符合。

5.【考点解码】 主旨观点题

【答案解析】 选A。文段先提出说明对象"细胞如何组织它的'物流'"，再具体说明囊泡运输的工作原理。因此文段主要介绍的是细胞的物流模式——囊泡运输。

6.【考点解码】 承接叙述题

【答案解析】 选D。文段提出"语言和文学全部是人文主义性质的，而科学则纯粹属于自然界的"的观念是错误的，因此下文应对观点进行论述，即论述这一观念错误的原因。只有 D 项符合。

7.【考点解码】　主旨观点题

【答案解析】　选 B。原文是对金钱槭生长范围、习性、特点、稀少原因的说明。观点为"它们像大熊猫一样需要保护"。只有 B 项提及需要保护金钱槭。

8.【考点解码】　细节理解题

【答案解析】　选 C。A 项，原文并未对猫狗的听觉和嗅觉作对比，错误。B 项，原文可概括为猫狗是用不同的感官对环境做出反应，睡姿是为了保护最重要的器官，因此睡姿不同，所以错误。D 项，原文表明猫狗进入人类家庭后仍保持独特睡姿，但没有提及"不需要时刻保持警觉"，错误。

9.【考点解码】　句子填空题

【答案解析】　选 A。横线处为文段总起句。文段指出人工智能可以极大提高公共服务精准化水平，并显著提高社会治理的能力和水平。因此，文段意在说明人工智能对社会服务和社会治理起到的积极作用。B、C 两项没有涵盖全面，D 项未涉及人工智能对社会的影响。只有 A 项"社会建设"最恰当。

10.【考点解码】　标题添加题

【答案解析】　选 B。文段以"但"转折，指出我国科技领域仍然存在关键核心技术受制于人的问题，并且提出"实现关键技术自主可控"的对策。因此文段强调的是对策，标题要与此对策相符。只有 B 项符合。

11.【考点解码】　细节理解题

【答案解析】　选 C。关键句"适当地食用不饱和脂肪酸可以预防动脉硬化的发生，减轻动脉硬化的症状。""每天摄入大剂量鱼油虽能轻度降低血压，但如果剂量过大，则会刺激人体的肠胃道。"由此可知文段指出适当食用鱼油的好处，也说明了过量食用鱼油对人体的身体负担。

12.【考点解码】　细节理解题

【答案解析】　选 A。由"以此二者为前提，再辅以特定的精神需求……至少在被称之为'科学崛起'或'科学革命'的 17 世纪，科学还只是极少数人方能够消费得起的'瓷器活'。"可知，此二者指代上文中的闲逸，闲逸和精神需求的要求使得科学难在 17 世纪即特定年代普及。故 A 选项符合题意。"时间上的闲余"属于前提，"迎合时尚以示高贵、体面与教养"属于特定的精神需求，在文中两者没有直接关系，排除 B；只有闲逸且有精神需求的人从事与科学相关的工作，C 选项表述片面，排除 C；精神需求并不必然来源于宗教的感召或者是心灵的好奇，还有可能是"为了迎合时尚以示高贵、体面与教养"，排除 D。

13.【考点解码】　道理启示题

【答案解析】　选 A。文段开篇指出，当群体成员凝聚力很高时，有创意甚至更客观合理的观点则会遭到忽视或压制，这种情况可能会导致群体作出不合理甚至很糟糕的决策。

随后指出在网络民意表达过程中也存在类似问题，尾句通过"这样"对前文进行总结，引出结论，即大多数人所拥护的占优势的意见未必正确，网络民意并不能代表所有人的观点。故文段旨在强调网络民意并非均是合理、正确的，政府在管理过程中应注意区分辨别，对应 A 项。B 项，"网络民意表达不适合作为政府征求民意的渠道"表述过于绝对，排除 B；C 项，"网络空间匿名"文段未提及，无中生有，排除 C；D 项，"少说多听"文段未提及，且文段强调的是网络民意未必正确，而非强调政府不允许不同意见的存在，故偏离文段的中心，排除 D。

14.【考点解码】 语句理解题

【答案解析】 选 B。"笃信好学，守死善道"强调服从真理，要绝对笃信，还要好学。真理是不变的，不受时代环境的影响，不受区域环境的影响，也不受物质环境的影响。孟子的话是说真正的大丈夫，要有坚定的信念，不为荣华富贵所诱惑，不为贫贱困苦所改变，不为威胁暴力所屈服。荀子说的是长期保持宠信，处在被宠信的位置，终生不会被厌弃的办法。A 项，重要性没有体现；C 项，强调守信的是孔子；D 项，荀子不是强调做有骨气的人。

15.【考点解码】 语句理解题

【答案解析】 选 A。通过划横线部分的句子可知，在马文·明斯基眼中，我们相信会拥有强大的解决问题能力的程序，通过转折关联词"但"引出"在这些程序中，没有智能安坐"可知，在发展人工智能的过程中有问题存在，并不是一帆风顺、完美无瑕。由此，可知 A 项符合文意。

16.【考点解码】 主旨观点题

【答案解析】 选 C。分析文段，最后一句为文段的重点"在他们的关系中，他是在帮助学生和自己从意识的局限中解脱出来"，即教师与学生之间具有互助的作用，C 项符合文意。

17.【考点解码】 主旨观点题

【答案解析】 选 A。分析文段，文段的重点句为"但是"之后的内容，"上述神话的营造和传播，在许多情况下都只是人云亦云——如果仔细考察历年的《自然》杂志，就会发现实际情况有与上述想象大相径庭之处。"可见，作者并不赞同国内对于《自然》杂志的推崇，认为《自然》杂志并不真的如国内认知的一样。A 项符合文意。

18.【考点解码】 代词指代题

【答案解析】 选 D。定位原文，结合语境。文段考查的是指示代词的具体含义，根据"代词向前"原则，可知"这"指代的是"我国侵权责任法专门规定了医疗损害责任"。

19.【考点解码】 主旨观点题

【答案解析】 选 D。文段首先通过智珠寺引出寺院的历史痕迹在修复中被完整保留，再引入郭黛姮的话进一步论证作为文物的历史信息，包括文物曾经受到过的破坏和灾难在保护文化遗产时的重要性，D项符合文意。

20.【考点解码】　句子填空题

【答案解析】　选B。横线之前有"因此"一词，可知是对前文的总结。文段首先由今年城市争夺人才以发展，谈到如今人口红利正在消失，而人才是经济发展的重要驱动力，这些都是在说明人才对于城市发展的重要性，B项符合文意。

21.【考点解码】　主旨观点题

【答案解析】　选D。文段用一个问句"教育的焦虑为何愈演愈烈？"引出话题，从培训机构广告宣传到中小学生周末、假期的补课都在回答这个问题，即培训机构助推了家长的教育焦虑，D项符合文意。

22.【考点解码】　细节理解题

【答案解析】　选D。A项来源于"我们真的可以完全利用风能、太阳能等清洁能源发电吗？"；B项来源于"为了抵抗气候变化带来的环境失控，我们需要在21世纪中叶到来之前解决碳排放的问题"；C项来源于"我们需要在21世纪中叶到来之前解决碳排放的问题，这意味着必须早日放弃肮脏的化石燃料"；D项"核聚变技术则仍是一个遥远的梦想"概念偷换，遥远的梦想不等于终极梦想，不符合文意。

23.【考点解码】　细节理解题

【答案解析】　选C。由"海洋二号B卫星成功发射后，卫星获取的海风、海浪、海流、海温等海洋动力环境信息"可知A项符合文意，由"可进一步满足海洋业务需求并兼顾气象、减灾、水利等其他行业的应用需求，为国民经济建设和国防建设、海洋科学研究、全球气候变化提供数据产品支持，同时也将在国际对地观测体系中发挥重要作用，为我国积极参与全球治理提供技术支撑。"可知B项符合文意，由"该卫星将与后续发射的海洋二号C卫星和D卫星组成我国首个海洋动力环境卫星星座，可大幅提高海洋动力环境要素全球观测覆盖能力和时效性。"可知C项不符合文意，由"同时也将在国际对地观测体系中发挥重要作用"可知D项符合文意。

24.【考点解码】　细节理解题

【答案解析】　选B。由"是运用经济学的概念、分析方法及工具，把语言作为变量，不仅研究语言本身产生、发展、演化和变迁的规律和路径"可知A项符合文意，B项，文中阐述的是研究"语言在经济活动中的作用以及语言和经济活动之间的关系""并在此基础上，为语言教育、翻译等语言产业的发展及相关语言政策的制定提供建议"而不是语言政策对经济活动的影响，不符合文意。由"考察语言在经济活动中的作用以及语言和经济活动之间的关系，并在此基础上，为语言教育、翻译等语言产业的发展及相关语言政策的制定提供建议"可知C项符合文意。由"一门新兴的交叉学科""语言在经济活动中的作用""为语言教育、翻译等语言产业的发展及相关语言政策的制定提供建议"可知D项符合文意。

25.【考点解码】 句子填空题

【答案解析】 选B。横线位于段尾，由"因此"引导，可知横线处所填句子是对前文的总结概括。文段先引出"校园贷"，阐述了其危害，接着表明公安部门虽已将校园贷清除出校园，但并未绝迹，仍在危害社会。最后提出对策，大学生应吸取教训，加强自律，抵御诱惑，B项符合文意。A项为文段前文阐述的片面内容，不能概括文段重点，排除。C项"远离"过于笼统，表述不明确，排除。D项只说明了认识危害，没有概括根本之策是反省自身，排除。

26.【考点解码】 标题添加题

【答案解析】 选D。文段为总分结构。文段第一句话点明中心观点，"科学发展给人带来崭新的思维方式"，紧接着对观点进行举例说明，通过"比如""再比如"分别从大数据角度和日常生活中超弦理论角度强调了科学对人类思维的作用，证明了首句的观点，强调科学的发展给人类带来新的思维方式，观察选项，D项"科学之光点亮思维"是对中心句的同义替换，也就是本段的中心标题。

27.【考点解码】 承接叙述题

【答案解析】 选C。文段首先提出食品供给体系存在问题，紧接着对这一问题提出了解决办法，即要深入推进食品行业供给侧改革。文段最后通过"因此"引出总结，同时引出文段新话题，即构建一套先进的食品行业标准。接下来最有可能讲述的内容紧扣这一新话题，即要与食品行业标准有关，也就是如何构建食品行业标准。C项为这一内容的同义替换。

28.【考点解码】 主旨观点题

【答案解析】 选A。文段为并列结构。分别列举了"南京""徽州""宁波"三个地名均发生了变更，变更的根源在于统治者的好恶，有一定的政治根源。第二步，分析选项，A项"地名变迁背后的政治因素"是对文段三层并列的归纳。B、C、D项：三个选项均没有论及"地名变更"的话题。

29.【考点解码】 词句理解题

【答案解析】 选D。分析文段，传统文化的"正确打开方式"以故宫为例，这句话之前以及破折号"——"后为"正确打开方式"的具体阐述，即"在互联网上主打造物之美，兼顾攻略之实""从皇家私藏到国家所有，再到多层次、多渠道的社会共享""早已不再是'天下至宝，尽归帝王家'，而是更接近共有共享的理念"可找出关键词"互联网""共享"，观察选项，D项符合文意。

30.【考点解码】 代词指代题

【答案解析】 选B。找出"这"字在文段中的位置，分析文段可知，"这"是所在句子之前的内容，即"只有树立了这样的一种道德意识，人们才有可能在运用其在这一共同体中的权利时，感到所负有的对这个共同体的义务"，B项符合文意。

三、斩获高分题

1.【考点解码】 主旨观点题

【答案解析】 选 B。分析文段，文段为并列结构，关键句为"人的素质的现代化离不开接受现代化的教育"和"支撑人的生产方式现代化的基础则是现代职业教育的普及"，因此原文强调的是教育对城镇化的重要作用，对应 B 项。

2.【考点解码】 主旨观点题

【答案解析】 选 A。关键句"科学普及在人与自然，科学与社会的结合点上顽强生长"，只有 A 项将人与自然、科学与社会这两大科学普及得到发展的原因概括了进去。

3.【考点解码】 道理启示题

【答案解析】 选 B。文段讲述了一个故事，通过应聘者在考场上的反应说明了，只有在考场上不慌张、不焦躁、稳扎稳打的人才会被录取。故可知文段意在表明沉着、冷静的人才能成功，对应选项为 B。A 项，"有效沟通"无中生有，文段最终落脚点在于成功被录取，排除。C 项，"全局意识"指站在全局的角度看问题，与文段只需作答第 98 题的表意不同，故非文段叙述重点，排除。D 项，文段未对"注意细节"和"全局"作出比较，故无中生有，排除。

4.【考点解码】 细节理解题

【答案解析】 选 D。关键句：物体固有的频率与人自身的频率存在耦合关系，"美"是由不同类型波谱的频率与人的相互作用而产生的。意为审美涉及主客体两方面，二者存在相互作用的耦合关系，因此 D 项后半句"审美主体振动频率一致"正确，但是这并不能达到见义勇为得到社会认可的效果。

5.【考点解码】 句子填空题

【答案解析】 选 D。横线处为总结部分。原文"依托数字化，'数字敦煌'资源库在 2016 年上线"和"全球网友只需轻点鼠标，就可以免费 360 度漫游洞窟，足不出户便能近距离感受千年的文化"体现的是游客可以不受时间、空间上的限制随时随地感受敦煌文化。只有 D 项最符合。

6.【考点解码】 细节理解题

【答案解析】 选 D。A 项，表述归于绝对，原文中没有明确表达一定会收获更多快乐的语句，排除。B 项，因果关系是原文没有提及的，排除。C 项，由"变成一个十分陌生但很开心的自己"可知"成为一个自己都不认识的人"表述错误，排除。

7.【考点解码】 主旨观点题

【答案解析】 选 C。原文观点"我们都夸大了情商的作用，忽视了智商、实力、勤奋，以为只要玩转情商就能步步高升，其实不然。"原文没有对比智商情商孰优孰劣，也没有论述成功的具体条件是什么，只是在驳斥"情商决定论"这样的观点。

8.【考点解码】 主旨观点题

【答案解析】 选D。文段先阐述了我国在EAST方面取得的新成就，并且创造了世界纪录，接着对EAST进行了解释说明，并说EAST也被称为"人造太阳"。所以文段意在说明，我国在EAST方面取得的成就。D项符合文意。A项"势在必行"文段没有体现，B项文段只是说EAST发生核聚变可以产生清洁能源，且非文段重点，C项"短期内很难建成"文段并未提到。

9.【考点解码】 细节理解题

【答案解析】 选B。文段中提到的"法律要件缺失"是针对"民间借贷"这一融资方式而言的，并不是指文化产业的所有融资方式都缺乏必要的法律保障，排除A项。文中的"1％"是指文化产业贷款所占银行贷款总额的比例，而不是文化企业中采取贷款方式融资的比例，排除C项。整体规模小的是"风险投资"而不是"银行贷款"，排除D项。由"二是资本市场对企业的规模、收入稳定性、声誉有较高的要求"可知B项符合文意。

10.【考点解码】 承接叙述题

【答案解析】 选B。文段开头指出"人们对近代物理学的兴趣不断增长"，接着阐述许多人都了解了很多物理知识，"但最终读者会带着失望的心情走开，虽然这些事实确实很新奇，但它们也确实枯燥烦人"。为了解决读者觉得枯燥烦人的难题，引起读者的兴趣，作者最有可能给读者"介绍一部生动的科普著作"。

11.【考点解码】 标题添加题

【答案解析】 选B。根据转折词"但"前后内容提炼全文关键词"阅读"＋"手机"，再对比选项。A项，只有阅读，没有手机，故排除。C项，没有提到阅读，故排除。D项，只有阅读，故排除。B项，为文段中重点的总结概括。

12.【考点解码】 代词指代题

【答案解析】 选C。这是一道词语理解题。根据前后文小语境，"越俎代庖"中的"庖"的语境在前文，即"由企业根据总体设计和市场进行选择"。

第四章　篇　章　阅　读

第一节　夯实基础题

阅读下面的文章,回答问题。

在当今知识社会,学科门类越来越细化,各种专业术语层出不穷,各种学说流派、各种观点五花八门。社会知识总量的快速膨胀,带来了学科间的认知障碍,很难再出现通晓各门学问的宗师大家了。但学者以学问立身,并不主要看其涉猎学科领域、通晓概念术语的多少,而是看其是否具有稳定的价值系统,立言立行是否具有一以贯之的标准。

学者作为一个社会的文化传承者和文明守望者,未必一定要绝顶聪明,重要的是有着对真实知识的执着心,有着推己及人的学识修养,有着稳定的价值体系和价值标准,因而可以超然物外,成为社会评判是非曲直、真伪善恶的一把直尺。而这恰恰是精于利益算计、价值标准游移不定的"聪明人"做不来的。

是否保持价值标准的一致性,一方面不仅是学理的要求,也是学品的要求。学者"外察诸物,反求诸己",没有内心的澄明,反思自我的悟性不够,将会影响到对外部世界的审视能力,学业修为是很难登堂入室的,所谓"＿＿＿＿＿"。另一方面,即便学富五车,如果没有稳定的价值立场,所掌握的知识只能是浮萍飞絮,这样的人很容易趋炎附势,物化为权力和金钱的附庸。

学品如人品,评判学品高低,辨别人品优劣,是要听其言而观其行的,要从知与行是否具有一致性上,判断其价值系统的稳定性。知行能够统一,知识的修为和道德的完善就能够相得益彰;知行如果相悖,言行表里不一,秉持多重价值标准,势必造成道德取向的分裂。所以,有没有道德品行的自觉自律,对知识的态度是大不一样的。当学业失去了道德内化的意义,成为单纯牟利的知识工具时,离自欺欺人也就不远了。辨别学者的理论观点只有一个办法,就是看其能否保持价值标准的一致性,能够言行一致的就是真学,不能言行一致的就是伪学。

1. 作者认为当今难以出现宗师大家的原因不包括＿＿＿＿＿。

A. 学科划分细化　　　　　　　　　B. 学说流派多样

C. 知识总量膨胀　　　　　　　　　　D. 学者人浮于事

2. 填入第 3 段画横线处最恰当的一句是_____。

A. 学而不思则罔，思而不学则殆

B. 德之不修，虽学有道，其行不远

C. 非淡泊无以明志，非宁静无以致远

D. 博学之，审问之，慎思之，明辨之，笃行之

3. 作者眼中的"聪明人"具有下列哪一特征?_____。

A. 学得快也忘得快　　　　　　　　　B. 价值标准不统一

C. 对学业的理解空泛肤浅　　　　　　D. 经常在学术上追新求异

4. 作者最不可能赞同下列哪一说法?_____。

A. 学者要做到能说真话必须说真话

B. 知识分子是一个国家的良心

C. 学者需通晓各门学问才能传道授业解惑

D. 学者治学需要知行合一

5. 最适合作为本文标题的是_____。

A. 学者、学问与学品　　　　　　　　B. 学者、学问与学识

C. 学问、学识与学品　　　　　　　　D. 学者、学问与学业

阅读下面的文章，回答问题。

　　格陵兰年平均气温在 0 ℃以下，最低可达－70 ℃，冰雪覆盖面积占整个岛屿的 81％，这么寒冷的一个地方，实在与它绿意盎然的名字不相符（"格陵兰"意为"绿色土地"）。随着气候变暖，格陵兰的冰川逐渐融化，冰融水沿着冰川裂隙向下流动，形成深坑，就像一口口锅，称为冰川锅穴。这些锅穴大小不一，大的可达 10 米宽，上百米深，一直延伸到冰川底部，甚至形成冰川洞，可能导致整个冰川崩塌。

　　格陵兰无疑是地球变暖的"前线"。冰川对气候变化非常敏感，格陵兰可以作为地球上的一个气候指示器。北极的冰川储存着气候的信息，通过冰芯我们可以测定冰川的年龄及其形成过程，还可以得到相应历史年代的气温和降水资料。冰雪中含有三种不同的氧同位素，因此，如果在格陵兰的冰帽上打钻，测量冰芯中的每个冰层的氧-18 比例，就可以得知格陵兰每一年夏季和冬季的气温变化。

　　"从现有的可靠测量来看，格陵兰岛正快速消融。"丹麦自然历史博物馆研究员安德斯·波克这么认为。2011 年，他在哥本哈根北极研究所的档案中找到一些老旧飞行日志，其中有关于北极附近冰川的观察记录。几乎同一时间，丹麦国家调查局在清理地下室时发现一批旧图片，这些图片是极地探险家克努兹·拉斯穆森 1933 年到格陵兰进行第七次极地探险的记录。波克和同事将图像数字化，并用软件对比格陵兰岛东南部海岸线，查看其

中的不同之处。波克说,20世纪30年代冰川融化得比现在快,20世纪中叶出现了一个短暂的冷却期,这期间形成了新的冰层,但在2000年又开始加速融化。

"20世纪90年代,格陵兰岛的冰川差不多能达到平衡状态(即降雪和融化、冰裂相等),但现在的总质量亏损超过3 000亿吨/年。如果按照每人一年使用4万升水来计算,这是地球上人们一年的用水量。按现在的趋势看,这个数字还在上升。"波克认为,"从最新研究来看,海洋在冰川的消融中起着关键作用,暖流一经过已经破裂的冰川,大面积的融化就会发生,这和气温升高共同导致冰川融化。"

格陵兰气候变化几乎决定着当地以捕猎为生的土著的去留。岛上主要的陆地哺乳动物有北极熊、麝牛、驯鹿、北极狐、雪兔、貂和旅鼠。

附近水域中主要有海豹和鲸,它们过去是岛上因纽特人的主要食物来源。到了20世纪初期,海水温度上升使海豹几乎在格陵兰南部绝迹,后来气候转冷,大群海豹才又现身。而现在,因为浮冰融化,依赖浮冰捕食海豹的标志性动物——北极熊的生存也出现危机。

6. 下列判断与文意相符的是_____。

A. 格陵兰岛的实际情况与其名称含义不符

B. 20世纪以来格陵兰冰川一直在加速消融

C. 20多年前格陵兰冰川远未达到平衡状态

D. 冰川锅穴的存在是冰川崩溃的根本原因

7. 关于"格陵兰作为气候指示器",下列说法正确的是_____。

A. 测量格陵兰冰川可预测未来气候变化趋势

B. 格陵兰的冰帽中储存着最详尽的气候资料

C. 测量每个冰层的氧-18比例可分析气候变化

D. 观察冰川中的溶洞可以获得丰富的降水资料

8. 根据文意,文章接下来最可能呈现的是_____。

A. 如何阻止冰川日益消融的趋势　　B. 极地环境下动物们的生存状况

C. 分析全球变暖的最主要原因　　D. 因纽特人的起源和生活方式

9. 关于安德斯·波克,下列说法正确的是_____。

A. 认为洋流是冰川消融的关键因素　　B. 实地考察过格陵兰东南部海岸线

C. 进行过七次极地探险　　D. 在地下室发现了一些飞行日志

10. 下列最适合作为文章标题的是_____。

A. 格陵兰气候变迁史　　B. 极地生态环境管窥

C. 正在消融的格陵兰　　D. 正逐渐变暖的地球

阅读下面的文章,回答问题。

我们生活在一个复杂的世界,因此不得不努力将其简化。我们把周围的人归类为朋友或敌人，将他们的动机分成善意或恶意，并将事件的复杂根源归结为直接的原因。这些捷径帮助我们游弋于社会存在的复杂性之中，协助我们对自己和他人的行为后果进行预测，从而促进决策。但这种"思维模型"是一种简化策略，必然会出错。我们可以借助这种策略应对日常的挑战，但是由于它遗漏了很多细节，当我们处于已有的经验分类和解释都不太适用的环境时，简化策略就会_____。

然而，没有这些捷径，我们将会迷失或者瘫痪。我们既缺乏心智能力，也没有足够的知识去破译所有社会存在中因果关系的完整网络，所以我们的日常行为和反应必须基于不完整的、偶尔误导性的思维模型。

社会科学所能提供的最好"产品"实际上和这种思维模型也没有多大差别。社会科学家（特别是经济学家）使用简单的概念框架（即他们口中的"模型"）来分析世界，其优势在于能展现清晰的因果链条，从而使一个特定的预测可以明确构建在一个特定的假设之上。好的社会科学，会把我们未经检验的直觉转化成一个满是箭头的"地图"，有时候它会让我们看到，当那些直觉延伸到其逻辑结论时，结果可能出人意表。

全国通用型的理论框架，比如经济学家喜欢使用的阿罗-德布（Arrow-Debreu）一般均衡模型，是如此宏观而包罗万象，以致根本无法用于任何现实世界的解释或者预测。通常来说，有用的社会科学模型都是不含变量的简化模型。它们舍弃了许多细节而聚焦在某一特定背景下最为关联的方面，应用经济学家的数学模型就是最典型的例子。不管是否以固定模式存在，社会科学家就是靠把某项事件不断简化来谋生的。

不过，虽然简化对于解释一项事务来说必不可少，但它也可能会是一个陷阱。你很可能会固守一个模型，却未能意识到变化了的情境需要另一个完全不同的模型。

11. 文章第一段意在说明_____。

A. 人应该不断更新模型来认识复杂的世界

B. 人对于复杂世界的解释通常是模型化的

C. 思维如何帮助我们获得最优的生存策略

D. 人为什么总是会在复杂的世界中犯错

12. 文章第一段画线部分应填入的词语是_____。

A. 相得益彰   B. 事半功倍   C. 适得其反   D. 爱莫能助

13. 根据文意，"思维模型"会出错不是因为_____。

A. 以千差万别的个人经验为基础   B. 所应对的情境是复杂多变的

C. 舍弃了一些细节和变量   D. 据以得出的结论简单而直接

14. 关于社会科学家的"思维模型"，下列描述正确的是_____。

A. 因全面复杂而具有充分的解释力

B. 出于专业建构，不会出现愚蠢的错误

C. 具有前瞻性，不依赖人的直觉判断

D. 与一般人的思维模型一样依据简化策略

15. 下列成语中，最能反映本文所谈"思维模型"运用中的局限性的是_____。

A. 纸上谈兵　　　B. 揠苗助长　　　C. 掩耳盗铃　　　D. 因噎废食

第二节　提升能力题

阅读下面的文章，回答问题。

　　日常工作中，如果一件事发展得太过顺利，我们总会隐隐觉得有哪里不对，这样的直觉是有道理的。澳大利亚和法国的研究者们最近在某学术期刊上发表了一篇文章，说明了为什么当所有的证据都指向同一个结果时，它反而可能有问题。他们将此称之为"一致性悖论"。

　　研究者以证人指认犯人为例研究了一致性悖论，发现在辨认嫌疑人过程中，系统偏差可能来自多种心理偏差，如警方给证人展示照片的方式、证人自身的个人偏见等。而研究者发现，哪怕是细小的偏差都会对最终的整体结果产生极大影响。具体来讲，即使在1%的辨认过程中施加偏差，如暗示某人是犯人，最终当3个以上的证人意见一致时，他们的意见就不再可靠。有趣的是，如果_____，那么其他证人正确的概率反而会大大增加。

　　为什么会这样？可以用数学中的贝叶斯分析来说明。以扔硬币为例：如果我们有一枚硬币，扔到正面的概率为55%，而非普通硬币的50%，只要扔的次数足够多，就会发现正面向上多于反面向上的次数，进而发现这个硬币是有问题的。换句话说，当我们看到投掷结果中正面向上的次数显著多于反面向上时，就会意识到出问题的是硬币，而非概率定理。同样，根据概率定理，很多证人同时得到一致结论的可能性极低，所以更有可能的是系统出了差错。

　　在警方组织的嫌疑人指认中，指认同一个人有罪的证人数目越多，这个人真正有罪的概率就越大。然而，这只适用于没有任何系统偏差存在的理想情况。实际情况中，当指认同一个人为犯人的证人数目增加到一个值以后，该嫌疑人真正有罪的概率反而会下降，最终与随机指认毫无差别，且系统偏差越大，概率下降得越早。比方说，如果你让证人完成一项较为容易的任务，比如从一堆香蕉中找出一个苹果，所有人都几乎不会出错，多人结论一致的情况就可能出现，而指认犯人要比在一堆香蕉中找到苹果复杂得多。模拟显示，如果_____，他们认错人的概率会高达48%，在这种情况下，许多证人同时指认一个人为犯人的概率就相当低了；但如果_____，他们认错人的概率会大大降低，多个证人结论一致的情况出现的可能性也会提高。

　　在法律领域之外，一致性悖论还有很多用武之地，一个重要的应用就是加密技术。数据加密通常通过确认一个很大的数字是否为质数来进行，这个判断过程的错误率要达到非常低才行:低于2的负128次方才可以接受。在这一过程中,可能出现的系统差错就是计算机故障。大多数人都不会想到宇宙射线会导致电脑将一个合数误认为质数,毕竟这件事发生的概率只有10的负13次方——但要注意,这个概率要大于我们所要求的误差(2的负128次方),所以这类误差主导了整个过程的安全性。正因于此,加密协议所宣称的安全程度越高,实际的过程就越容易受计算机故障影响。

　　一致性悖论虽然听起来违背直觉,但研究者解释,一旦我们了解了足够的信息,就能理解它了。

　　1. 文中有3处画线部分,将以下3句依次填入,顺序正确的是_____。

　　① 每个证人都曾经被犯人劫持为人质

　　② 证人中有一个人与其他人的意见不合

　　③ 证人们都只在犯人逃走时匆匆瞥了一眼

　　A. ①②③　　　　B. ②③①　　　　C. ③①②　　　　D. ②①③

　　2. 如果要论证在指证嫌疑人的过程中不存在一致性悖论,则需要补充下列哪一组证明?_____。

　　① 所有证人都保持客观公正的态度

　　② 所有证人都在犯罪现场看到了嫌疑人

　　③ 该名嫌疑人在犯罪发生时的确在场

　　④ 该名嫌疑人曾经犯过同样的罪行

　　⑤ 所有照片都体现出了嫌疑人独有的外貌特征

　　⑥ 警察以同样方式对所有证人展示照片

　　A. ①②⑥　　　　B. ①④⑤　　　　C. ②③⑤　　　　D. ③④⑥

　　3. 第5段中"正因于此"的"此",指的是_____。

　　A. 加密技术判断过程的错误率并不可能达到2的负128次方

　　B. 除宇宙射线外,还有其他因素会引起计算机的系统误差

　　C. 上述加密技术的判断过程是在目前使用最为广泛的方法

　　D. 出现计算机故障的概率高于加密技术判断过程的错误率

　　4. 根据本文,下列哪种情况中可能存在一致性悖论?_____。

　　A. 检测站对某公司生产的所有新车及使用5年以上的旧车分别进行了尾气检测,检测结果为该公司生产的新车均达到尾气排放标准

　　B. 低空跳伞世界级选手辛普森有2 000次高空跳伞和1 400次低空跳伞的经历,但是,他的第1 401次低空跳伞,因降落伞未打开而以失败告终

　　C. 两个城市的两位彩民凭借机选票分享一等奖两注,这两张在同一分钟购买的彩票,不仅中大奖的那注号码一致,没中奖的两注机选号码也完全一致

　　D. 在欧洲殖民者发现澳大利亚的黑天鹅之前,欧洲人曾经认为天鹅都是白色的,后

来欧洲人登陆澳大利亚后，一上岸竟发现有黑色的天鹅

5. 根据本文，一致性悖论产生的根本原因在于_____。

A. 过程复杂　　　　B. 系统偏差　　　　C. 主观因素影响　　　D. 评价标准不唯一

阅读下面的文章，回答问题。

淮扬菜与鲁菜、川菜、粤菜并称为中国四大菜系。淮扬菜，始于春秋，兴于隋唐，盛于明清，素有"东南第一佳味，天下之至美"的美誉。淮扬菜系是淮安、扬州、镇江三地风味菜的总称；"淮"即淮菜，以淮安为代表；"扬"即扬菜，以扬州、镇江一带为代表。明清以后，淮菜和扬菜开始相互渗透、逐渐融合，并糅合南北风味于一炉，从而形成了统一的菜系。

古运河把海、黄、淮、江、钱五大水系贯通，立时将扬州提拔到全国烹饪人才、技艺、原料交流枢纽位置，北方的豆、麦、杂粮、油料南下，南方的粮、茶、果、盐、水产北上，统统会师在扬城。而隋炀帝三幸江都，将长安、洛阳的中原美食，随龙舟带进扬城隋宫，进而外传民间食肆。

扬州，因地处海上丝绸之路北上赴京的咽喉重地，至唐代，发展为东南经济中心。"万商落日船交尾，一市春风酒并垆"，扬州饮食市场被刺激得火爆了，厨艺精湛了。李白诗云："玉瓶沽美酒，衔杯大道间。"这一切因素，使淮扬菜发展到一个新高峰。

宋庆历八年春，一代文学巨匠欧阳修给扬州美食界带来福音。这位醉翁常携宾客举行平山堂伙宴，文章太守，挥毫万字，樽中看取美食文。此后，苏轼又至扬州，与四学士飞雪堆盘烩鱼腹，明珠论斗煮鸡头，开创了给淮扬菜系注入文学新鲜血液的先河。淮扬菜典雅俏丽的文人风格由此而起，其后经年不衰。

公元1125年，宋徽宗在金人入侵之际，仓皇南逃进了扬州城，"小市春灯煮百羊"，要吃要喝；时隔一年，徽钦被掳，高宗携社稷皇室四万人也逃进扬州城，"行在"玉烩金斋不空口，也要吃要喝！扬州城虽遭掠，但饮食业在亡国背景下得到畸形推动也是事实。

元明清时期，尤其是清康熙、乾隆盛世，淮扬菜进入了第二高潮。朱元璋对淮扬菜情有独钟，命扬厨专司内膳；从扬州起家的明成祖朱棣夺权登基以后，迁鼎北京，随宫北上的扬籍厨师多有其人，这是淮扬菜系进京扎根的正式记录。据《食在宫廷》介绍，清帝喜欢吃的菜有100多款，其中淮扬风味菜如红烧狮子头、清炒虾仁等达60多款。典型的例证，就是《红楼梦》作者曹雪芹的祖父曹寅在扬州任巡盐御史，每年都要贡献南味给清圣祖康熙，所谓"水落鱼虾常满市，湖多莲芡不论钱"。常年进贡不懈的是笋，因为康熙喜欢吃春笋，每次南下必食，曹寅多次进贡扬州燕来笋以博皇上"朕心大慰"。

中华人民共和国成立后，许多标志性事件的宴会都是淮扬菜唱主角：1949年开国大典首次盛宴、1999年50周年大庆宴会等，都是以淮扬菜为主。

后人评价淮扬菜，常用"贵"字。这应当与两淮盐商与河务官员豪甲天下的饮食消费

有关，这也是淮扬菜得以壮大的一大保障。徐谦芳《扬州风土记略》说:"扬州土著，多以盐务为生，习于浮华，精于肴馔，故扬州筵席各地驰名，而点心制法极精，汤包油糕尤擅名一时。"

6."万商落日船交尾，一市春风酒并垆"这句诗主要是为了说明当时的扬州_____。

　　A. 经济繁荣　　　　B. 人文荟萃　　　　C. 园林奢华　　　　D. 人口繁盛

7. 举欧阳修和苏轼的例子主要是为了彰显淮扬菜_____。

　　A. 历史悠久　　　　　　　　　　B. 非市井家宴

　　C. 有文化内涵　　　　　　　　　D. 能调众口，南北皆宜

8. 根据本文，使淮扬菜立足于北京的关键人物是_____。

　　A. 隋炀帝　　　　　B. 宋徽宗　　　　　C. 清圣祖　　　　　D. 明成祖

9. 根据本文，下列关于淮扬菜的说法正确的是_____。

　　A. 淮扬菜系形成于唐宋时期　　　　B. 来源于淮安、扬州两地风味菜

　　C. 淮盐业与淮扬菜发展密不可分　　D. 北宋战乱亦使淮扬菜得到发展

10. 本文主要介绍了淮扬菜的_____。

　　A. 皇室渊源　　　B. 发展历史　　　C. 主要特色　　　D. 代表菜品

阅读下面的文章，回答问题。

　　兵有长短，敌我一也。敢问:"吾之所长，吾出而用之，彼将不与吾校;吾之所短，吾蔽而置之，彼将强与吾角，奈何?"曰:"吾之所短，吾抗而暴之，使之疑而却;吾之所长，吾阴而养之，使之狎而堕其中。此用长短之术也。"

　　善用兵者，使之无所顾，有所恃。无所顾，则知死之不足惜;有所恃，则知不至于必败。尺箠当猛虎，奋呼而操击;徒手遇蜥蜴，变色而却步，人之情也。知此者，可以将矣。袒裼而案剑，则乌获不敢逼;冠胄衣甲，据兵而寝，则童子弯弓杀之矣。故善用兵者以形固。夫能以形固，则力有余矣。

11."善用兵者，使之无所顾，有所恃。"这句话的意思是_____。

　　A. 善于用兵的人，要使他自己无所顾忌，但有所依靠

　　B. 善于用兵的人，要使士兵无所顾忌，但有所依靠

　　C. 善于用兵之道，在于无所顾忌，有所畏惧

　　D. 善于用兵之道，使他无所顾忌，有所畏惧

12. 下列"之"的用法与其他三项不同的是_____。

　　A. 使之疑而却　　　　　　　　　B. 吾之所长

　　C. 此用长短之术也　　　　　　　D. 人之情也

13. 上文第一段的主要内容是_____。

视频解码

A. 论证扬长避短的重要性　　　　　B. 如何灵活运用长处和短处

C. 说明长处、短处可以相互转化　　D. 传授把短处转化为长处的方法

14. 上文第二段的主要内容是说明_____。

A. 用兵要随机应变　　　　　　　　B. 用兵要体恤士兵

C. 用兵要时刻警惕无所松懈　　　　D. 用兵要利用各种有利条件

阅读下面的文章，回答问题。

　　① 人类有五种基本的感觉功能，分别是视觉、听觉、触觉、突觉和味觉，这是没有争议的。但有人坚持认为人类还有一种神秘的"第六感"，可以感知貌似无形的物体。好莱坞甚至还拍摄过一部同名电影，声称有人可以见到死去的人，甚至可以和他们对话，这就不靠谱了。

　　② 不过，科学界确实有"第六感"一说，指的是人类对于自身空间位置的感觉，科学术语称为"本体感受"。这个第六感很难用简单通俗的语言加以描述，一来是因为这是关于自己身体的感觉，大家都见怪不怪了；二来这种感觉的形成机制较为复杂，需要动用全身的感觉器官来完成，不像其他五种感觉那样有专门的器官负责执行。

　　③ 从研究的角度看，任何一种生物性状，如果难以研究，那就试试去掉它，看看失去这种性状后的生物会有怎样的表现。天生缺乏第六感的人很难找，但美国国立卫生研究院的学者卡斯滕·伯内曼教授却有幸找到了两位。两人都是女性，一位 9 岁，另一位 19 岁。两人最初是因为髋关节、手指、脚趾和脊柱都存在不同程度的变形而引起医生注意的。伯内曼发现两人的临床表现极为相似，包括走路不稳、四肢动作不协调，等等，这说明她们很可能患上了同一种遗传疾病。

　　④ 伯内曼教授测量了两人的基因组序列，发现两人的 PIEZO2 基因均出现了变异，导致这一基因失去了活性。PIEZO2 基因早就有人研究过，它被认为和触觉的形成有关，小鼠体内也有一个类似的基因，研究人员曾经尝试把小鼠体内的 PIEZO2 基因敲除掉，看看结果怎样，谁知被敲除了 PIEZO2 基因的小鼠竟无一例外全都死亡，研究也无法进行下去。

　　⑤ 接下来的一系列测试结果更让人震惊。两个女孩在睁眼的情况下走路虽然不太稳，但不仔细看是看不出来的，但如果将两人的双眼蒙住，两人别说走路了，就连站都站不住，必须有人搀扶才不至于摔倒，在另一项测试中，研究人员让两人把手指先放在自己的鼻子尖，然后再伸出去触碰鼻尖前面不远处的物体，睁眼情况下两人都很容易完成这个动作；如果闭眼的话，正常人大都也能轻松地完成，但她们两个却完全不行，伸出去的手距离鼻尖前的物体相差极远。

　　⑥ 最后，研究人员把两个女孩的双眼蒙住，然后用手抓起两人的小臂，向上举或向下放，两位受试者居然分辨不清自己的小臂到底处于哪个位置，这说明_____。

⑦ 伯内曼教授将研究结果写成论文，发表在 2016 年 9 月 21 日出版的《新英格兰医学杂志》上。伯内曼认为这个 PIEZO2 基因就是科学界寻找已久的第六感基因。缺乏这个基因的人对于温度和刺痛的感觉都正常，但却缺乏触感导致其对于自己身体的空间位置没有任何概念。这样的人之所以脊柱和手指等处会出现弯曲变形的现象，原因就在于发育期间身体感觉不到骨骼的正确位置，最后只能乱长了。

⑧ 伯内曼教授在论文中指出，人类的很多动作其实都需要第六感，比如弹钢琴、打字和驾驶汽车时的换挡动作，都不必用眼睛去看，凭感觉就知道手应该往哪里放，在哪里用力，缺乏第六感的人是做不出这些动作的。伯内曼教授认为 PIEZO2 基因在人类群体中还存在不同的亚型，导致不同的人对于自己身体位置的感知能力存在差异，其结果就是有的人做动作时总显得非常笨拙，另外一些人却极为敏捷。这一点尤其值得广大中小学体育老师们注意，以后再遇到"笨拙"的学生不要轻易责骂，他们很可能天生缺乏这方面的能力。

15. 下面这段文字最适合放在文中的哪个位置？

奇妙的是，失去了这个基因的两位女孩不但活着，而且身体大致健康，这就引起了伯内曼教授极大的兴趣，进一步研究发现，两人的皮肤感觉功能都有问题，她们感觉不到震动的音叉，如果用软毛刷子轻轻刷过两人的手掌心，两人都感觉不到，但如果用软毛刷子轻轻刷过有汗毛的皮肤，两人虽然可以感觉得到，但却觉得像是有人拿小针扎似的，而不是像大多数人那样会有一种美好的感觉。

A. ③和④之间　　B. ④和⑤之间　　C. ⑤和⑥之间　　D. ⑦和⑧之间

16. 填入第⑥段中画横线部分最恰当的一句是_____。

A. 关节的严重变形影响了她们的方位感

B. 两人的小臂上居然没有任何神经知觉

C. 第六感的形成与视觉能力有着很大的关系

D. 两人对自己身体的空间位置没有任何感觉

17. 根据伯内曼的研究，缺乏第六感的人有可能轻松完成的事情是_____。

A. 不用看琴键也能弹钢琴

B. 经过练习掌握计算机盲打技术

C. 和正常人一样听到窗外鸟的叫声

D. 闭着眼睛将杯盖扣到手中的水杯上

18. 下列与 PIEZO2 基因有关的说法错误的是_____。

A. 并非人类特有的基因

B. 在人类群体中有不同的亚型

C. 突变可能导致人体部分骨骼变形

D. 会因胚胎发育过程中受损而出现变异

19. 下列哪项最适合做本文的标题_____。

A. "第六感"的基因证据

B. 寻找神秘的"第六感"

C. "第六感"是如何形成的

D. 破译"第六感"的遗传密码

阅读下面的文章，回答问题。

① 从前有一些研究表明，把年轻小鼠的血液注入老年小鼠体内，可以让老年小鼠返老还童，这给人一种提示，人类可以通过输入年轻人的血液来实现抗御衰老和延长寿命的愿望，尽管这种抗衰老的方式存在伦理问题，但在当时被视为一种突破。

② 最近又有新的研究表明，这种抗御衰老的方式可能只是梦想，而非理想。

③ 2016年11月22日，加州大学伯克利分校生物工程系副教授伊琳娜·康博伊的研究小组在《自然通讯》杂志网络版上发表了一项研究，结果显示，"年轻的血液"并不能成为逆转衰老的"有效药物"，但是在某些方面可能有益。

④ 康博伊等人的研究不同于此前的一些血液交换研究，而是在年轻小鼠和老年小鼠之间进行可控制变量的血液交换，也就是只能进行血液交换，不涉及其他物质的交换，例如刨除器官共享对换血效果的影响。

⑤ 康博伊研究小组采用一种新的由计算机控制的血液交换设备，血液交换仅通过年轻小鼠和老年小鼠颈静脉上的导管进行，不对两只小鼠做外科手术，用于实验的两只小鼠分别相当于人的20岁和80岁年龄，它们的体重都是30克，相互交换的血液量为150微升。大约在24小时后，随着血液的流动，两只小鼠相互交换的新血液就可以与原来体内的血液充分混合。

⑥ 5天之后，研究人员再对两只小鼠的生理状况进行细致观察。老年小鼠并不像过去的研究所描述的那样返老还童，而只是伤口愈合，伤疤更小了一些，同时有一小部分肌肉组织确实获得了再生能力，而且这种肌肉改善仅限于尚且年轻的那部分肌肉组织，但已经老化和纤维化的组织并未因为输入了一些年轻血液而获得机能的新生。除了肌肉组织外，输入了年轻血液的老年小鼠的肝脏组织也没有发生年轻化的改变。最明显的是大脑组织中负责记忆能力的海马体，研究人员没有观察到其中神经元有明显的再生。衡量衰老和年轻的一个重要标志是负责记忆功能的海马体是否有新的神经元生长，如果有，则记忆功能会改善，反之则记忆会衰退。记忆衰退是一个明显的衰老标志。根据这种情况，研究人员认为，_____。

⑦ 这项研究还有一个更为惊人的结果：输入了一些老年小鼠血液的年轻小鼠变得机能衰退。本来生机勃勃、身体健康的年轻小鼠在换血之后一下子进入了风烛残年，老态龙钟，身体各方面的机能和老年小鼠一样衰老。

⑧ 为什么康博伊等人的研究没有得出与过去其他研究一致或相似的结果？对此，康博伊的解释是，年轻的血液中并非含有能够逆转衰老的物质，而是年老的血液中含有一些抑制因子，这些抑制因子造成了生物体的机能衰退和老化现象。过去的研究观察到输入年

轻血液后，老年小鼠的肌肉和肝脏组织出现了些轻微的改善，可能是因为年轻的血液稀释了老年小鼠血液的浓度，使得抑制因子的作用也被削弱了。

⑨ 不过，康博伊等人的研究也有受质疑之处：一是年轻小鼠和老年小鼠交换的血液量可能并不足以改善双方的身体机能；二是交换血液后的时间比较短，还不足以反映出生物体的全面机能；三是康博伊指出的血液中的抑制因子是什么以及是如何起作用的，也并不清楚。因此，只有弄清抑制因子是什么和有什么机能，才能确认输入年轻血液的确不会让人返老还童。

⑩ 当然，如果能证实抑制因子及其作用，未来想要逆转衰老，就可以通过清除抑制因子的方法来实现，用不着输入年轻血液。

20. 关于康博伊研究小组的实验，下列说法正确的是_____。

A. 两只小鼠通过外科手术完成了换血实验

B. 新旧血液交换后需要 5 天才能充分混合

C. 老年小鼠的肝脏组织发生了年轻化改变

D. 换血实验对于年轻小鼠来说有更大影响

21. 填入第⑥段画横线部分最恰当的一句是_____。

A. 年轻血液可以使老年小鼠的大部分组织年轻化

B. 老年小鼠输入年轻血液对逆转衰老没多大作用

C. 输入年轻血液反而会加剧老年小鼠的记忆衰退

D. 老年小鼠的血液质量跟身体再生能力密切相关

22. 若在实验中观察到下列哪种现象，最能支持第⑦段中"惊人的结果"？

A. 年轻小鼠大脑海马体中的神经元没有出现再生

B. 年轻小鼠的食量和活动量保持不变

C. 年老小鼠的伤口愈合疤痕更小了一些

D. 年老小鼠肌肉组织有一小部分确实获得了再生能力

23. 下列哪项不是对康博伊研究小组的实验提出的质疑？_____。

A. 没有明确指出抑制因子的物质成分

B. 两只体重 30 克的小鼠交换了 150 微升血液

C. 在两只小鼠换血 5 天后得出了观察结果

D. 两只小鼠分别相当于人的 20 岁和 80 岁

24. 作者赞同下列哪种观点？_____。

A. 换血能让人返老还童

B. 抑制因子是否存在还需进一步证实

C. 康博伊研究小组的结论支持了主流观点

D. 康博伊研究小组的实验存在伦理问题

第三节 斩获高分题

阅读下面的文章,回答问题。

与自然主义相对峙的是理想主义。在理想派看来,自然并不全美,美与丑相对,先有比较后有美丑,美自身也有高下等差,艺术对于自然,应该披沙拣金,取长弃短。理想主义比自然主义较胜一筹,因为它虽不否认艺术模仿自然,却以为这种模仿并不是呆板的抄袭,须经过一番理想化。理想化有两种意义。一种是指凭着想象和情感,将自然事物重新加以组织、整理和融会贯通,使所得的艺术作品自成一种完整的有机体,其中部分与全体有普遍的必然的关联。因此,艺术作品虽自然而却又不是生糙的自然,它表现出艺术家的理想性格和创造力。就这个意义说,理想主义是对的,凡是艺术都带几分理想性,因为都带有几分创造性和表现性。这种见解发源于亚里士多德。他在《诗学》里说诗比历史更是"哲学的"(意思是说更真),因为历史只记载已然的个别的事物,诗则须表现必然的普遍的真理,前者是模仿殊相,后者是模仿共相。用近代语言来翻译,他的意思是说历史只记载自然界繁复错乱的现象,诗和艺术则更进一层把自然现象后面的原理,用具体的形式表现出来。

后人误解亚里士多德所说的"共相",以为"共相"就是"类型"(Type),于是理想主义的另一种意义就起来了,所谓"理想"(IDeA)就是"类型",类型就是最富于代表性的事物,"代表性"就是全类事物的共同性。依这一说,艺术所应该模仿的不是自然中任何事物而是类型。比如说画马,不能只着眼某一匹马,须把一切马的特征画出,使人看到所画的马便觉得一切的马都恰是这样。同理,艺术所表现的人物,都不应只能适合于某一时某一地,要使人随时随地都觉得它近情近理。如果"天下老鸦一般黑",你画老鸦就一定把它画成黑的;纵然你偶然遇到白的或灰的老鸦,也千万不要理会它,因为那不是"类型"。这种理想主义在各种艺术的古典时代最流行。比如希腊造型艺术表现人物大半都经过两重理想化。第一,它选择模型,就着重本来已合理想的人物,男子通常都是力士,女子通常都是美人。第二,在表现本来已合理想的形体时,希腊艺术家又加上一重理想化,把普遍的精要的提出,个别的琐细的丢开。他们的女神和力士大半都有一个共同的模样(即类型)。个性是古典艺术所不甚重视的。文艺复兴时代意大利画家受希腊影响甚深,所以他们所表现的男子也大半魁梧奇伟,女子也大半明媚窈窕。十七世纪以后,在希腊时代出于艺术家本能的,在假古典派作家便变成一种很鲜明的主义。在诗的方面如布瓦洛和蒲柏,在画的方面如雷诺阿和安格尔,在雕刻方面为温克尔曼,都主张艺术忽略个性而侧重类型。

理想派的艺术在很长一段时间内势力很大,不过从浪漫主义和写实主义兴起以后，它就逐渐消沉了。近代艺术所着重的不是类型而是个性。在近代学者看来，类型是科学和哲学对于具体事物加以抽象化的结果，实际上并不存在。艺术的使命在创造具体的形象，具体的形象都要有很明显的个性。一个模样可以套上一切人物时，就不能很精妥地适用于任何个别人物。许多人物的共同性，在古典派认为精要，在近代人看来，则不免粗浅、平凡、陈腐。鼻子是直的，眼睛是横的，这是古典派所谓"类型"。但是画家图容肖像，如果只把直鼻横眼一件平凡的事实表现出来，就不免千篇一律。画家的能事不在能把鼻子画得直、眼睛画得横，而在能表现每个直鼻子、横眼睛所以异于其他直鼻子、横眼睛。莎士比亚的夏洛克，莫里哀的阿尔巴贡，巴尔扎克的葛朗台，以及吴敬梓的严贡生都是守财奴，却各有各的本色特性，所以都很新鲜生动。如果艺术只模仿类型，则从莎士比亚创造夏洛克之后，一切文学家可以搁笔，不用再写守财奴了。

粗浅、平凡和陈腐都是艺术所切忌的。诗人维尼在《牧羊人的屋》里说："爱好你所永世不能见到两回的。"象征派诗人魏尔兰也说："不要颜色！只要毫厘之差的阴影！"

这些劝告在近代人心里已留下很深的印痕。在文艺趣味方面，人类心灵喜欢到精深微妙的境界去探险，从前人的"类型"和普遍性已经不能引人入胜了。

1. 根据本文可以推知，下列选项中符合作者对"自然主义"阐释的一项_____。

A. 自然主义认为艺术应当忠实地模仿自然

B. 自然主义认为自然都是美的，但美有高下之分

C. 自然主义侧重表现，而非再现

D. 自然主义表现个性，而非共性

2. 根据文意，下面关于"共相"和"类型"的说法，不恰当的一项是_____。

A. 共相是自然现象背后的原理；类型是富于代表性的事物

B. 类型和个性相对，类型是对具体事物的抽象

C. 共相和殊相相对，共相是必然的和普遍的

D. 古典艺术不重视类型，而重视共相

3. 下面关于理想主义的说法，不符合文意的一项是_____。

A. 理想主义和自然主义是完全相悖的

B. 理想主义可以指在艺术创作中将主观的想象与情感融入外部现实

C. 理想主义可以指在艺术创作中不表现具体的事物，而表现类型

D. 理想主义的艺术因为不重视个性和细节，在近代人看来粗浅、陈腐

4. 下列名人言谈中，符合近代以来艺术主张的一项是_____。

A. "我从来没有见过一座希腊女神的雕像，有一个血色鲜丽的英国姑娘的一半美。"

B. "小说的精神是复杂性。每部小说都在告诉读者:事情要比你想象的复杂。"

C. "你须去临摹，像一个傻子去临摹，像一个恭顺的奴隶去临摹你眼睛所看见的。"

D. "一部小说犹如一面在大街上走的镜子。"

阅读下面的文章，回答问题。

郑子产晨出，过东匠之闾，闻妇人之哭，抚其御①之手而听之。有间，遣吏执②而问之，则手绞其夫者也。异日，其御问曰："夫子何以知之？"子产曰："其声惧。凡人于其亲爱也，始病而忧，临死而惧，已死而哀。今哭已死，不哀而惧，是以知其有奸也。"

或曰：子产之治，不亦多事乎？奸必待耳目之所及而后知之，则郑国之得奸者寡矣。不任典成③之吏，不察参伍④之政，不明度量，特尽聪明劳智虑而已知奸，不亦无术乎？且夫物众而智寡，寡不胜众，智不足以遍知物，故则因物以治物。下众而上寡，寡众者，言君不足以遍知臣也，故因人以知人。是以形体不劳而事治，智虑不用而奸得。故宋人语曰："一雀过羿⑤，必得之，则羿诬矣。以天下为之罗，则雀不失矣。"夫知奸亦有大罗⑥，不失其一而已矣。不修其理。而以己之胸察为之弓矢，则子产诬矣。老子曰："以智治国，国之贼也。"其子产之谓矣。

注释：

① 御：车夫

② 执：抓捕

③ 典成：主掌诉讼案件

④ 参伍：错综比较，以为验证

⑤ 羿：古代传说中的神射手后羿

⑥ 罗：罗网

5. 子产抓获犯罪的妇人，依靠的是_____。

A. 车夫的建议　　　B. 心理推测　　　C. 调查研究　　　D. 历史经验

6. 作者对子产的评价是_____。

A. 聪明过头的人　　B. 自作聪明的人　　C. 国家的祸患　　　D. 能臣而非贤人

7. 本文引用后羿的例子是为了说明_____。

A. 个人才能再出众也不可能把所有事情都办好

B. 只有后羿这样的神人才能依靠个人力量来办好事情，一般官吏不可能到达这样的境界

C. 工欲善其事，必先利其器

D. 依靠一个后羿没有用，只有对天下人都加以训练才能办好事情

8. 作者要表达的一个核心观念是_____。

A. 依靠官吏的聪明才智来治国　　　　B. 依靠官吏尽忠职守来治国

C. 依靠制度选拔能吏来治国　　　　　D. 依靠法理规章来治国

第四节　考点解码及答案解析

一、夯实基础题

1.【考点解码】　细节理解题

【答案解析】　选D。由第一段"学科门类越来越细化，各种专业术语层出不穷，各种学说流派、各种观点五花八门。社会知识总量的快速膨胀，带来了学科间的认知障碍，很难再出现通晓各门学问的宗师大家了"可知，A、B、C三项都是当今难以出现宗师大家的原因。

2.【考点解码】　句子填空题

【答案解析】　选B。由"所谓"可知，横线句是对前文的概括。前文所说的是学者如果没有内心的澄明和自我反思的悟性，那么会影响到对外部世界的审视能力，其学业修为难以登堂入室。因此前文强调的是道德修为对学业能力的影响。只有B项强调的是德行对学问的影响。

3.【考点解码】　语句理解题

【答案解析】　选B。由第二段"这恰恰是精于利益算计、价值标准游移不定的'聪明人'做不来的"可知，作者眼中的"聪明人"价值标准不固定。

4.【考点解码】　主旨观点题

【答案解析】　选C。由第四段"辨别学者的理论观点只有一个办法，就是看其能否保持价值标准的一致性，能够言行一致的就是真学，不能言行一致的就是伪学"可知，A项是作者同意的。由第二段"学者作为一个社会的文化传承者和文明守望者……成为社会评判是非曲直、真伪善恶的一把直尺"可知，B项是作者同意的。由第一段"学者以学问立身，并不主要看其涉猎学科领域、通晓概念术语的多少，而是看其是否具有稳定的价值系统，立言立行是否具有一以贯之的标准"可知，作者不会赞同C项说法。由第四段可知，D项是作者同意的。

5.【考点解码】　标题添加题

【答案解析】　选A。第一段说明学者以学问立身，第二段说明学者与"聪明人"之间的不同，第三段强调学者的道德修为至关重要，第四段论述学品的重要性。因此原文是围绕学者、学品和学问三者进行论述的。

6.【考点解码】　细节理解题

【答案解析】　选A。由首段"这么寒冷的一个地方，实在与它绿意盎然的名字不相符（格陵兰意为绿色土地）。"可直接推出A为正确选项。

7.【考点解码】　语句理解题

【答案解析】　选 C。由"如果在格陵兰的冰帽上打钻，测量冰芯中的每个冰层的氧-18 比例，就可以得知格陵兰每一年夏季和冬季的气温变化。"可知，C 项符合题意；A、D 项文中未提及；B 项"最详尽"的表述过于绝对化。

8.【考点解码】　承接叙述题

【答案解析】　选 B。文章讲的是格陵兰的融化及其融化带来的影响。格陵兰属于极地环境，根据话题一致原则，B 项符合题意。

9.【考点解码】　细节理解题

【答案解析】　选 A。由文中"波克认为，从最新研究来看，海洋在冰川的消融中起着关键作用，暖流一经过已经破裂的冰川，大面积的融化就会发生，这和气温升高共同导致冰川融化。"可知，A 项符合题意；B 项文中未涉及；进行过七次极地探险的是克努兹·拉斯穆森，排除 C；在地下室发现了一些飞行日志的是丹麦国家调查局。

10.【考点解码】　标题添加题

【答案解析】　选 C。文章主要围绕格陵兰展开，排除 B、D 项；C 项"正在消融的格陵兰"更贴近文章主题。

11.【考点解码】　主旨观点题

【答案解析】　选 A。由文中"这种思维模型是一种简化策略，必然会出错。我们可以借助这种策略应对日常的挑战，但是由于它遗漏了很多细节，当我们处于已有的经验分类和解释都不太适用的环境时，简化策略就会_____。"可知，思维模型作为一种简化策略，我们可以借助这种策略应对日常的挑战，但它存在缺陷。因此，当我们处于已有的经验分类和解释都不太适用的环境时，应该不断更新模型来认识复杂的世界。A 项符合题意。B、C、D 项不符合题意。

12.【考点解码】　选词填空

【答案解析】　选 C。从上文可以推出，画线部分应该填入一个含有消极意义的词语，所以排除 A、B 项。由"但这种'思维模型'是一种简化策略，必然会出错。"可知，适得其反更加符合文意。

13.【考点解码】　细节理解题

【答案解析】　选 D。A 项，根据第一段"我们处于已有的经验分类和解释都不太适用的环境时"可知，思维模型以个人经验为基础，表述正确；B 项，根据第一段"我们生活在一个复杂的世界""事件的复杂根源""社会存在的复杂性"可知，情境是复杂多变的，表述正确；C 项，根据第一段"它遗漏了很多细节"可知，思维模型舍弃了一些细节，表述正确；D 项"结论简单而直接"仅是思维模型的特征，并非出错的原因，故表述错误。

14.【考点解码】　细节理解题

【答案解析】　选 D。由第三段中"社会科学所能提供的最好'产品'实际上和这种思维模型也没有多大差别。"可知，社会科学家的"思维模型"与一般人的思维模型一样依据简化策略。D项符合题意。A、B、C项文章均未涉及。

15.【考点解码】　细节理解题

【答案解析】　选A。由文章最后一段"你很可能会固守一个模型，却未能意识到变化了的情境需要另一个完全不同的模型。"可知，思维模型运用的局限性在于固守模型，而不能根据模型来制造另一个模型来适应变化了的情况，不能解决实际问题。词语"纸上谈兵"比喻空谈理论，不能解决实际问题，最符合题意。

二、提升能力题

1.【考点解码】　语句排序题

【答案解析】　选B。第一空，画横线部分为前文内容的另一种假设情况，即当证人中的某些人意见不一致时的假设，填入②最合适。第二空，前文提到当偏差为零或很小时，出现结论一致的可能性更大，而后文的结论为认错的概率会很高，因此画横线部分应体现偏差很大，填入③最合适。故第三空填入①。

2.【考点解码】　细节理解题

【答案解析】　选A。由第二段可知，系统性偏差会导致一致性悖论，并列举了警察展示照片的方式、证人自身的个人偏见的例子。因此在其他条件都一致的情况下，警察以同样的方式向证人展示犯罪嫌疑人的照片，且所有证人都没有自身个人偏见时，会使得认证过程中不存在一致性悖论。①、⑥可以作为补充证明，故排除B、C、D。

3.【考点解码】　代词指代题

【答案解析】　选D。"此"的前句为"这个概率要大于我们所要求的误差"，"概率"是指计算机发生故障的概率，"误差"是指加密技术判断过程中要求的错误率。因此只有D项符合。

4.【考点解码】　细节理解题

【答案解析】　选D。一致性悖论是指，当所有的证据都指向同一个结果时，它反而可能有问题。A项，没有指出旧车的检测结果，不存在一致性悖论。B项，跳伞失败只是一个事实，并没有体现一致性悖论。C项，购买彩票中奖仅仅是巧合，不存在所有证据指向同一结果的情况，排除。

5.【考点解码】　细节理解题

【答案解析】　选B。第二段以证人的心理偏差论述一致性悖论产生的原因，第三段以抛硬币的研究论述系统偏差可能产生一致性悖论，第四段进一步论述在有系统偏差的情况下会产生一致性悖论，第五段也说明计算机故障会产生一致性悖论。因此产生一致性悖论的根本原因在于系统偏差。

6.【考点解码】 语句理解题

【答案解析】 选A。诗句位于第三段。由诗句前文"扬州至唐代，发展为东南经济中心"可知，诗句是用来说明当时扬州的经济繁荣。

7.【考点解码】 细节理解题

【答案解析】 选C。第四段，由"文章太守，挥毫万字，樽中看取美食文"和"苏轼又至扬州，与四学士飞雪堆盘烩鱼腹，明珠论斗煮鸡头，开创了给淮扬菜系注入文学新鲜血液的先河"可知，举例是为了彰显淮扬菜的文化内涵。

8.【考点解码】 细节理解题

【答案解析】 选D。第六段，由"从扬州起家的明成祖朱棣夺权登基以后，迁鼎北京，随宫北上的扬籍厨师多有其人，这是淮扬菜系进京扎根的正式记录"可知，使淮扬菜立足于北京的关键人物是明成祖朱棣。

9.【考点解码】 细节理解题

【答案解析】 选D。由第一段"淮扬菜，始于春秋，兴于隋唐"可知，A项错误。由第一段"淮扬菜系是淮安、扬州、镇江三地风味菜的总称"可知，B项错误。由第八段"这应当与两淮盐商与河务官员豪甲天下的饮食消费有关，这也是淮扬菜得以壮大的一大保障"可知，C项错误。由第五段"扬州城虽遭掠，但饮食业在亡国背景下得到畸形推动也是事实"可知，D项说法正确。

10.【考点解码】 主旨观点题

【答案解析】 选B。原文第一段先介绍了淮扬菜的来源和形成历史，随后分别从隋、唐、宋、元明清、新中国成立后这几个历史阶段介绍淮扬菜的发展历史。因此原文主要介绍的是淮扬菜的发展历史。

11.【考点解码】 语句理解题

【答案解析】 选B。者，的人。顾，顾忌。恃，依靠。善于用兵的人，要使士兵无所顾忌，但有所依靠。

12.【考点解码】 语句理解题

【答案解析】 选A。A项"使之疑而却"，"之"指代"敌人"，为"代词"；B项"吾之所长"，"之"即"的"的意思，为"助词"；C项"此用长短之术也"，"之"即"的"的意思，为"助词"用法；D项"人之情也"，"之"即"的"的意思，为"助词"用法。

13.【考点解码】 主旨观点题

【答案解析】 选B。文段先问我运用优势，敌人却不与我较量；我隐蔽短处，敌人却竭力与我对抗，怎么办呢？之后给出了回答，我显露短处，使敌人心生疑虑而退却；我隐藏长处，使敌人轻敌而落入圈套。这就是灵活运用自己的长处和短处的方法，故文段重在说明长处和短处经过灵活使用，可以起到更好的效果。

14.【考点解码】 主旨观点题

【答案解析】　选 D。第二段尾句通过"故"引出观点，善于用兵打仗的人，利用各种条件来巩固自己，能够利用各种条件来巩固自己，那就威力无穷了，故文段强调善用各种有利条件能有效带兵作战。

15.【考点解码】　语句排序题

【答案解析】　选 B。题干中的这段文字首句出现了"这个基因"，故上文内容应提到一种基因，且是围绕"两个女孩"的实验继续展开论述，且"奇妙的是"进行转折，主要讲的是"失去了这个基因的两位女孩不但活着，而且身体大致健康"，前后形成对比，根据话题一致原则，前文提及"小鼠体内有类似的基因，敲除了基因的小鼠无一例外全都死亡了"，后文提及"接下来的一系列测试更让人震惊"引出更深层的测试，故应放在④和⑤之间，符合文段逻辑，B 项当选。③段、⑥段和⑦段均没有提到"基因"这一话题，且体现不出和这段文字前后的对比的语义，排除 A、C、D 三项。

16.【考点解码】　句子填空题

【答案解析】　选 D。横线出现在文章第六段尾句，需对前文内容进行总结。此段介绍了两位受试者分辨不清自己的小臂处于哪个位置，可知受试者对于自己的空间位置没有感觉，对应 D 项。且根据第七段"缺乏触感，导致其对于自己身体的空间位置没有任何概念"可知，D 项填入文段与下文内容衔接恰当，当选。A 项"关节的严重变形"对应文段第三段的内容，与第六段话题不一致，排除。

17.【考点解码】　细节理解题

【答案解析】　选 C。根据第七段可知，PIEZO2 基因是第六感基因，缺乏这种基因的人对温度和刺痛的感觉都正常，却缺乏触觉，A 项"弹钢琴"、B 项"盲打技术"、D 项"将杯盖扣到手中的水杯上"均与触觉有关，是缺乏第六感的人不可能轻松完成的，排除 A、B、D 三项。C 项"听到窗外鸟的叫声"与触觉无关，缺乏第六感的人能够轻松完成。

18.【考点解码】　细节理解题

【答案解析】　选 D。A 项，根据第四段"小鼠体内也有一个类似的基因"可知，PIEZO2 并非人类特有的基因，故表述正确，排除；B 项，根据第八段"PIEZO2 基因在人类群体中还存在不同的亚型"可知表述正确，排除；C 项，根据第三段"两人最初是因为髋关节、手指、脚趾和脊柱都存在不同程度的变形而引起医生注意的"、第四段"发现两人的 PIEZO2 基因均出现了变异"可知，PIEZO2 基因变异可能会导致人体部分骨骼变形，故表述正确，排除；D 项"因胚胎发育过程中受损而变异"无中生有，文段并未论述变异的原因，表述错误。

19.【考点解码】　标题添加题

【答案解析】　选 A。文段第一段引出"第六感"这一话题，第二段具体解释"第六感"，后文从第三段到第八段通过伯内曼教授的研究具体分析导致第六感的原因，即"PIEZO2 基因"，故文段重点强调的是"第六感"和"基因"之间的关联，对应 A 项。

20.【考点解码】　细节理解题

【答案解析】　选 D。根据第五段中"康博伊研究小组采用一种新的由计算机控制的血液交换设备，血液交换仅通过年轻小鼠和老年小鼠颈静脉上的导管进行，不对两只小鼠做外科手术。"可知，A 项"通过外科手术完成换血实验"表述错误，排除；根据第五段"大约在 24 小时后，随着血液的流动，两只小鼠相互交换的新血液就可以与原来体内的血液充分混合"可知，B 项"5 天才能充分混合"表述错误，排除；根据第六段"输入了年轻血液的老年小鼠的肝脏组织也没有发生年轻化的改变"可知，C 项"肝脏组织发生了年轻化变化"表述错误，排除；根据第七段"这项研究一个更为惊人的结果是，输入了一些老年小鼠血液的年轻小鼠变得机能衰退"可知，D 项"换血实验对于年轻小鼠来说有更大影响"表述正确。

21.【考点解码】　句子填空题

【答案解析】　选 B。横线出现在文段尾句，需要概括前文内容。文段首先指出老年小鼠并没有返老还童，只是疤痕小一些，一小部分肌肉组织获得再生能力，且仅限于尚且年轻的肌肉组织，随后通过"但"引出文段重点，强调老年小鼠的肝脏组织没有年轻化，且衡量衰老和年轻的重要标志海马体的神经元没有明显的再生，所以通过实验结果可知，灌入年轻血液对于老年小鼠返老还童来说没有太大的作用，对应 B 项。A 项"大部分组织年轻化"表述错误，文段说的是"小部分肌肉组织"，排除；C 项"加剧记忆衰退"表述错误，文段仅指出海马体的神经元没有明显的再生，未谈及记忆衰退，排除；D 项"身体再生能力"无中生有，文段没有提及，排除。

22.【考点解码】　细节理解题

【答案解析】　选 A。据文段可知，"惊人的结果"是输入老年小鼠血液的年轻小鼠变得机能衰退，根据上文"衡量衰老和年轻的一个重要标志是负责记忆功能的海马体是否有新的神经元生长"，所以如果想支持"机能衰退"这个结果，就需要证明海马体中神经元没有再生，对应 A 项。B 项，文段说年轻小鼠由生机勃勃变成老态龙钟，这与"活动量保持不变"的表述不符，且在文段中并未提及"食量和活动量"这一信息，无中生有，排除。C 项"疤痕更小"和 D 项"获得了再生能力"均为变年轻的表现，与文段结果"机能衰退"相悖，排除。

23.【考点解码】　细节理解题

【答案解析】　选 D。根据篇章可知，第 9 段提出了对康博伊研究小组的三点质疑，A 项对应质疑三"血液中的抑制因子是什么和有什么机能并不清楚"，表述正确；B 项对应质疑一"交换的血液量可能并不足以改善双方的身体机能"，表述正确；C 项对应质疑二"交换血液后的时间比较短"，表述正确。D 项未在文段中有相关表述，无中生有。

24.【考点解码】　主旨观点题

【答案解析】　选 B。A 项，根据作者第 10 段的总结性表述可知，作者认为，如果能证实存在抑制因子，则可以清除抑制因子逆转衰老，而不需要换血，故可知作者不认同换血，且根据康博伊小组的实验可知，换血并不能返老还童，排除；B 项，根据第 10 段表述"如果能证实抑制因子及其作用"的假设性表述可知，作者并不确定是否存在抑制因子，表述正确，当选；C 项，"康博伊等人的研究不同于此前的一些血液交换研究"可知，康博伊小组的结论与之前的主流观点不同，表述错误，排除；D 项，根据篇章第 1 段可知，存在伦理问题的是"抗衰老的方式"，而不是实验本身，故表述错误，排除。

三、斩获高分题

1.【考点解码】 细节理解题

【答案解析】 选 A。文章第一段"理想主义比自然主义较胜一筹，因为它虽不否认艺术模仿自然，却以为这种模仿并不是呆板的抄袭，须经过一番理想化。"可知 A 项符合文意"自然主义"的阐释。

2.【考点解码】 细节理解题

【答案解析】 选 D。由文章第二段"个性是古典艺术所不甚重视的""都主张艺术忽略个性而侧重类型"可知 D 项不符合文意。

3.【考点解码】 细节理解题

【答案解析】 选 A。"理想主义比自然主义较胜一筹，因为它虽不否认艺术模仿自然，却以为这种模仿并不是呆板的抄袭，"可知，理想主义和自然主义并不是完全相悖，A 项说法过于绝对，不符合文意。

4.【考点解码】 细节理解题

【答案解析】 选 A。由文段"近代艺术所着重的不是类型而是个性"可知，A 项强调个性美，符合文意。

5.【考点解码】 语句理解题

【答案解析】 选 B。根据文章第一段，郑相子产早晨出门，经过东匠闾时，听见有妇女在哭泣。子产按住车夫的手，示意停车，仔细听听。过了一会儿，子产派官吏把那个妇女抓来审问，她就是亲手绞死丈夫的人。另外一天，车夫问他说："您凭什么知道那妇女是凶手？"子产说："她的哭声显得恐惧。一般说来，大家对于亲爱的人，刚病时忧愁，临死时恐惧，既死后悲哀。现在她哭已死的丈夫，不是悲哀而是恐惧，所以知道她有奸情。"子产在失去丈夫的妇人的哭声中听到了恐惧而非哀伤，由此推测出她有奸情。

6.【考点解码】 细节理解题

【答案解析】 选 C。老子曰："以智治国，国之贼也。"其子产之谓矣。老子说，凭个人智慧治理国家，是国家的祸患。

7.【考点解码】 细节理解题

【答案解析】　选 A。举例子是为了证明观点。所以这道题本质是考查考生对文章观点的把握。结合最后一句，老子曰："以智治国，国之贼也。"其子产之谓矣。老子说，凭个人智慧治理国家，是国家的祸患。可知作者认为，不能全凭个人能力治理国家。应选 A。"且夫物众而智寡，寡不胜众，智不足以遍知物，故则因物以治物。"就是在说个人智力不足以了解所有事物，所以要利用事物来治理事物。

8.【考点解码】　主旨观点题

【答案解析】　选 D。文段开篇讲子产用心理推测的办法断案，后又指出该做法不妥。"且夫物众而智寡，寡不胜众，智不足以遍知物，故则因物以治物。下众而上寡，寡众者，言君不足以遍知臣也，故因人以知人。"强调要利用事物来治理事物，要依靠人来了解人。最后作者回扣开头，亮明观点：不整顿法制，而用自己的主观判断作为察奸的手段，那是子产在胡干。老子说："凭个人智慧治理国家，是国家的祸患。"大概就是说子产这种做法了。

第二部分

判断推理

第一章　图　形　推　理

第一节　夯实基础题

1. 把下面的六个平面图形分为两类，使每一类图形都有各自的共同特征或规律，分类正确的一项是_____。

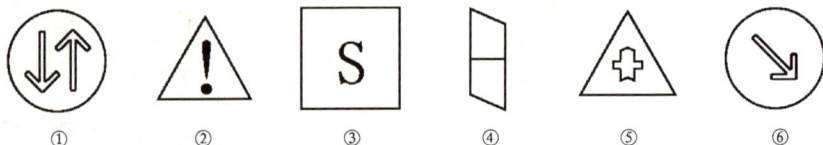

A. ①②⑤，③④⑥ 　　　　　B. ①③⑥，②④⑤

C. ①②④，③⑤⑥ 　　　　　D. ①③④，②⑤⑥

2. 从所给的四个选项中，选择最合适的一个填入问号处，使之呈现一定的规律性。_____

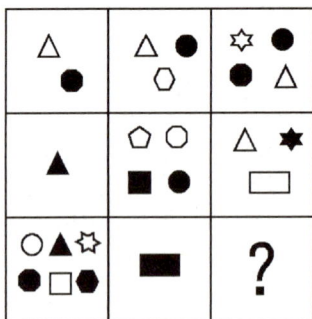

A. 　　B. 　　C. 　　D.

3. 从所给的四个选项中，选择最合适的一个填入问号处，使之呈现一定的规律性。_____

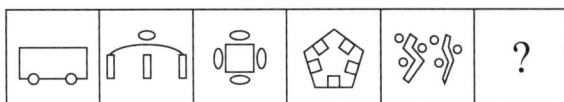

A.

B.

C.

D.

4. 下列哪个选项中的图形能够折叠成完整封闭的立体几何结构_____。

A.

B.

C.

D.

5. 从正方体中裁出如下图所示六个不同的三角形，将其分为两类，使每一类图形都有各自的共同特征或规律，分类正确的一项是_____。

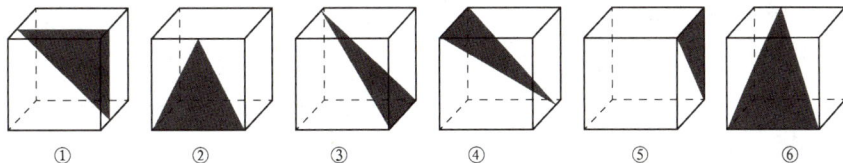

① ② ③ ④ ⑤ ⑥

A. ①②⑤，③④⑥　　　　　　B. ①⑤⑥，②③④

C. ①③⑤，②④⑥　　　　　　D. ①②④，③⑤⑥

6. 从所给的四个选项中，选择最恰当的一个填入问号处，使之呈现一定的规律性。_____

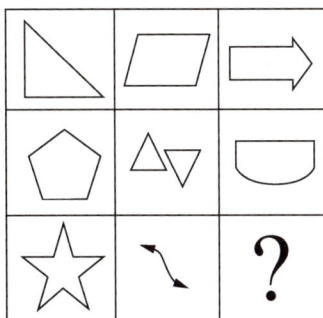

A.

B.

C.

D.

7. 从所给的四个选项中，选择最恰当的一个填入问号处，使之呈现一定的规律性。_____

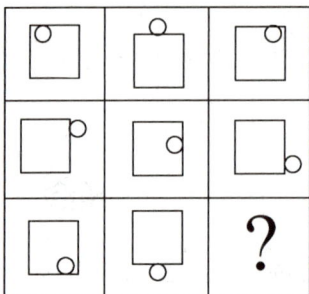

A. 　　B. 　　C. 　　D.

8. 把下面的六个图形分为两类，使每一类图形都有各自的共同特征或规律，分类正确的一项是_____。

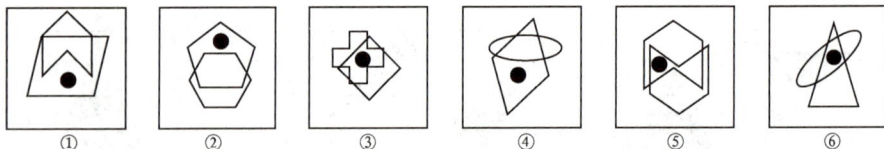

A. ①④⑤，②③⑥　　　　　　B. ①④⑥，②③⑤

C. ①②④，③⑤⑥　　　　　　D. ①⑤⑥，②③④

9. 把下面的六个图形分为两类，使每一类图形都有各自的共同特征或规律，分类正确的一项是_____。

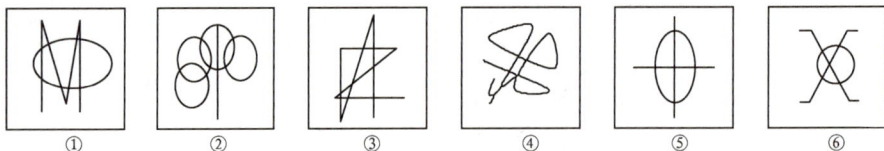

A. ①②③，④⑤⑥　　　　　　B. ①③④，②⑤⑥

C. ①②⑤，③④⑥　　　　　　D. ①④⑤，②③⑥

10. 请从所给的四个选项中，选择最合适的一个填入问号处，使之呈现一定的规律性。_____

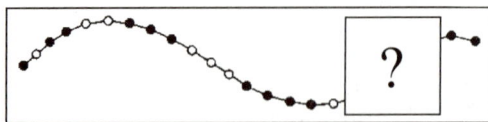

A. 　　B. 　　C. 　　D.

11. 请从所给的四个选项中，选择最合适的一个填入问号处，使之呈现一定的规律性。_____

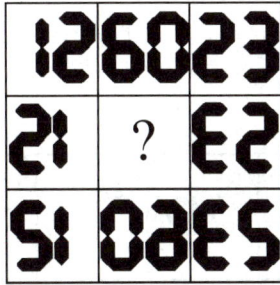

A. 90　　　B. 20　　　C. 06　　　D. 09

12. 请从所给的四个选项中，选择最合适的一个填入问号处，使之呈现一定的规律性。_____

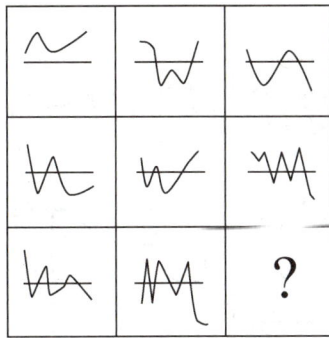

A. 　　　B. 　　　C. 　　　D.

13. 请从所给的四个选项中，选择最合适的一个填入问号处，使之呈现一定的规律性。_____

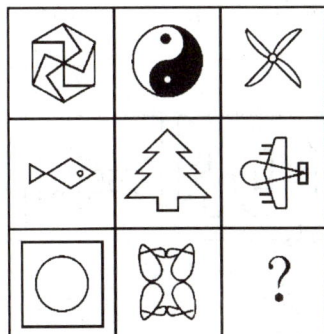

A. 　　B. 　　C. 　　D.

14. 从所给的四个选项中，选择最合适的一个填在问号处，使之呈现一定的规律性。_____

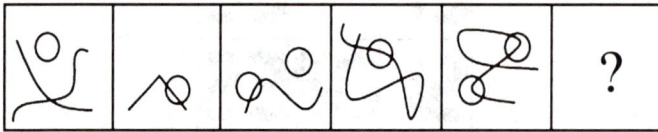

A. 　　B. 　　C. 　　D.

15. 从所给的四个选项中，选择最合适的一个填在问号处，使之呈现一定的规律性。_____

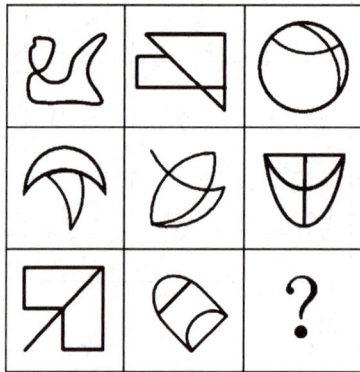

A. 　　B. 　　C. 　　D.

16. 把下面的六个图形分为两类，使每一类图形都有各自的共同特征或规律，分类正确的一项是_____。

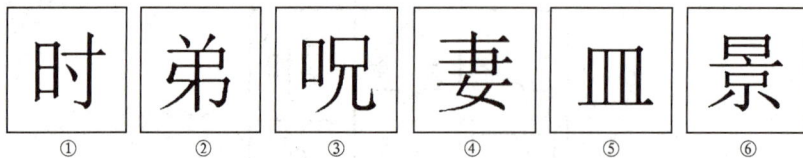

A. ①④⑥，②③⑤　　　　　　　B. ①③⑥，②④⑤

C. ①②③，④⑤⑥　　　　　　　D. ①②④，③⑤⑥

17. 请从所给的四个选项中，选择最合适的一个填入问号处，使之呈现一定的规律性。_____

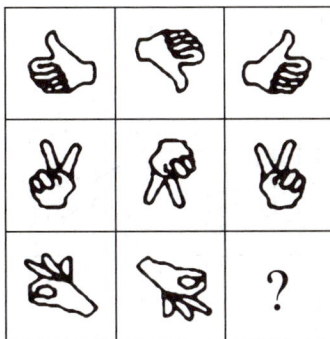

A. 　　B. 　　C. 　　D.

18. 请从所给的四个选项中，选择最合适的一个填入问号处，使之呈现一定的规律性。_____

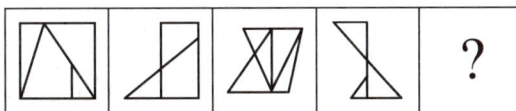

A. 　　B. 　　C. 　　D.

19. 从所给四个选项中，选择最适合的一个填入问号处，使之呈现一定的规律性。_____

A. 形　　　　　B. 94　　　　　C. 田　　　　　D. XY

20. 请从所给四个选项中选择一个最合适的选项填入问号处，使之呈现一定的规律性。_____

A. 　　B. 　　C. 　　D.

第二节 提升能力题

1. 从所给的四个选项中，选择最合适的一个填入问号处，使之呈现一定的规律性。_____

A.    B.   C.   D.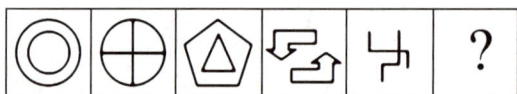

2. 从四个图中选出唯一的一项，填入问号处，使其呈现一定的规律性。_____

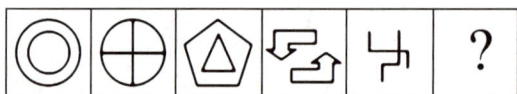

A. 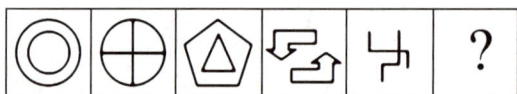   B.   C.   D.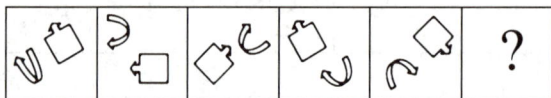

3. 从四个图中选出唯一的一项，填入问号处，使其呈现一定的规律性。_____

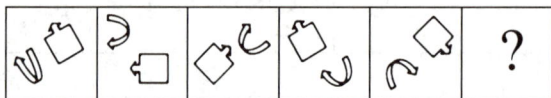

A. 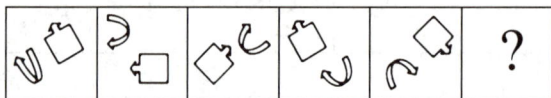   B.   C.   D.

4. 把下面的六个图形分为两类，使每一类图形都有各自的共同特征或规律，分类正确的一项是_____。

 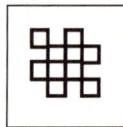    
　　①　　　　②　　　　③　　　　④　　　　⑤　　　　⑥

A. ①③④，②⑤⑥   B. ①⑤⑥，②③④
C. ①④⑤，②③⑥   D. ①③⑤，②④⑥

5. 请从所给的四个选项中，选择最合适的一个填入问号处，使之呈现一定的规律性。_____

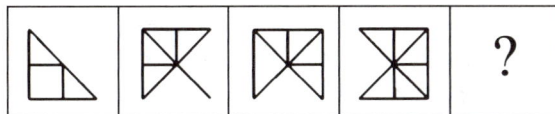

A.   B.   C.   D.

6. 把下面的六个图形分为两类，使每一类图形都有各自的共同特征或规律，分类正确的一项是_____。

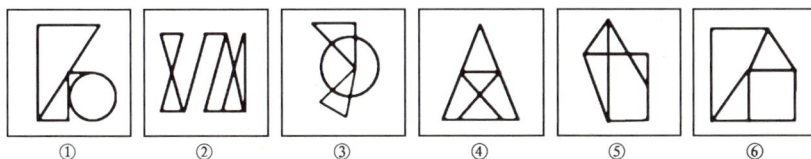

①   ②   ③   ④   ⑤   ⑥

A. ①③④，②⑤⑥   B. ①③⑤，②④⑥

C. ①②⑥，③④⑤   D. ①④⑥，②③⑤

7. 请从所给的四个选项中，选择最合适的一个填入问号处，使之呈现一定的规律性。_____

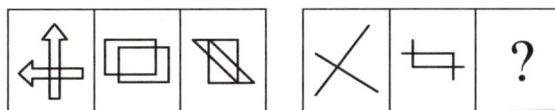

A.   B.   C.   D.

8. 请从所给的四个选项中，选择最合适的一个填入问号处，使之呈现一定的规律性。_____

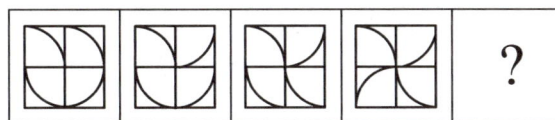

A.   B.   C.   D.

9. 请从所给的四个选项中，选择最合适的一个填入问号处，使之呈现一定的规律性。_____

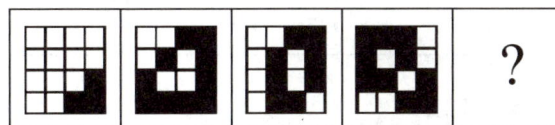

A. B. C. D.

10. 请从所给的四个选项中,选择最合适的一个填入问号处,使之呈现一定的规律性。_____

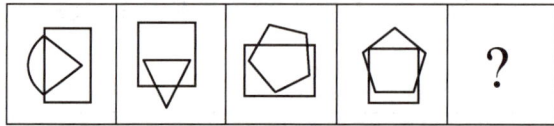

A. B. C. D.

11. 请从所给的四个选项中,选择最合适的一个填入问号处,使之呈现一定的规律性。_____

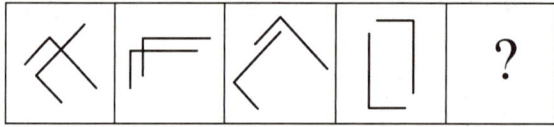

A. B. C. D.

12. 请从所给的四个选项中,选择最合适的一个填入问号处,使之呈现一定的规律性。_____

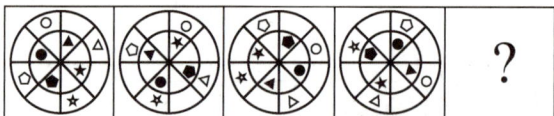

A. B. C. D.

13. 从所给四个选项中,选择最适合的一个填入问号处,使之呈现一定规律性。_____

| 口 | 土 | 目 | 木 | 由 | 丰 | 日 | ? |

A. 里 B. 中 C. 二 D. 月

14. 从所给四个选项中，选择最适合的一个填入问号处，使之呈现一定的规律性。_____

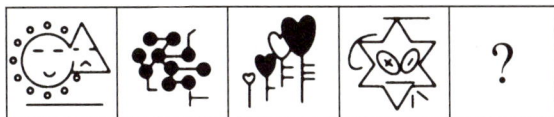

A. 　　B. 　　C. 　　D.

15. 从所给四个选项中，选择最合适的一个填入问号处，使之呈现一定的规律性。_____

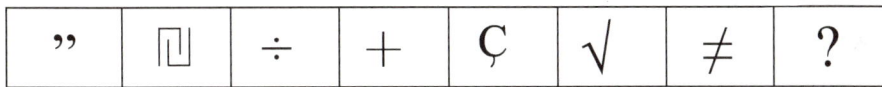

A. !　　　　B. @　　　　C. $　　　　D. &.

16. 下列选项中的图形不能折叠成完整封闭的立体几何结构的是_____。

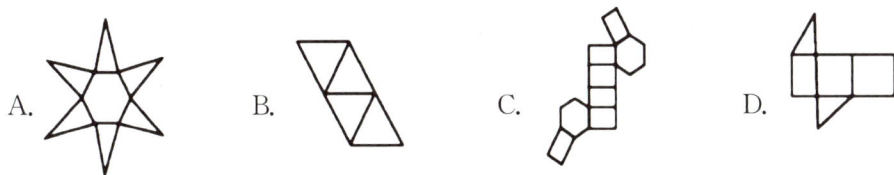

A. 　　B. 　　C. 　　D.

17. 从所给四个选项中，选出最合适的一个填入问号处，使之呈现一定的规律性。_____

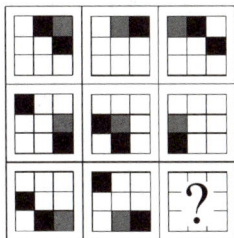

A. 　　B. 　　C. 　　D.

18. 从所给的四个选项中，选择最合适的一个填入问号处，使之呈现一定的规律性。_____

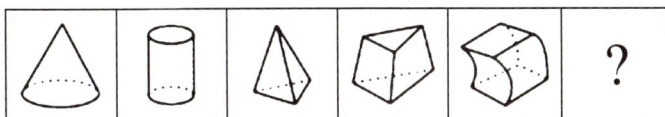

A.   B.   C.   D.

19. 把下面的六个图形分为两类，使每一类图形都有各自的共同特征或规律，分类正确的一项是_____。

① ② ③ ④ ⑤ ⑥

A. ①③⑥，②④⑤   B. ①③⑤，②④⑥

C. ①④⑥，②③⑤   D. ①②④，③⑤⑥

20. 从所给的四个选项中，选择最合适的一个填入问号处，使之呈现一定的规律性。_____

A.   B.   C.   D.

21. 从所给的四个选项中，选择最合适的一个填入问号处，使之呈现一定的规律性。_____

A.   B.   C.   D.

22. 从所给的四个选项中，选择最合适的一个填入问号处，使之呈现一定的规律性。_____

A.   B.   C.   D.

23. 从所给的四个选项中，选择最合适的一个填入问号处，使之呈现一定的规律

性。_____

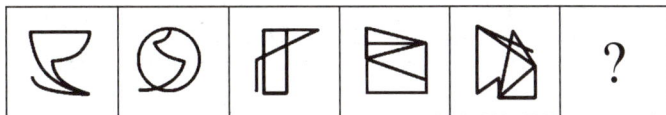

A. B. C. D.

24. 从所给的四个选项中，选择最合适的一个填入问号处，使之呈现一定的规律性。_____

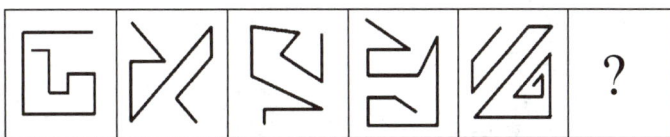

A. B. C. D.

25. 把下面的六个图形分为两类，使每一类图形都有各自的共同特征或规律，分类正确的一项是_____。

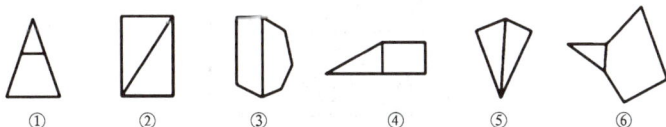

A. ①④⑥，②③⑤   B. ①②③，④⑤⑥
C. ①③⑥，②④⑤   D. ①③④，②⑤⑥

26. 从所给的四个选项中，选择最合适的一个填入问号处，使之呈现一定的规律性。_____

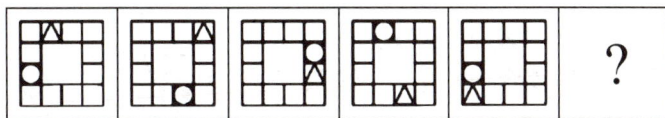

A. B. C. D.

27. 从所给的四个选项中，选择最合适的一个填入问号处，使之呈现一定的规律性。_____

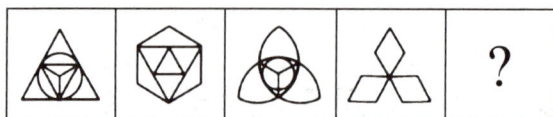

A. B. C. D.

28. 从所给的选项中，选择最合适的一个填入问号处，使之呈现一定的规律性。_____

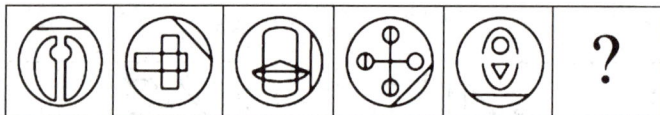

A. B. C. D.

29. 从所给的选项中，选择最合适的一个填入问号处，使之呈现一定的规律性。_____

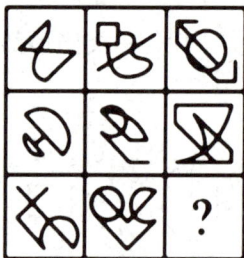

A. B. C. D.

30. 下边四个图形中，只有一个是由上边的四个图形拼合（只能通过上、下、左、右平移）而成的，请把它找出来。_____

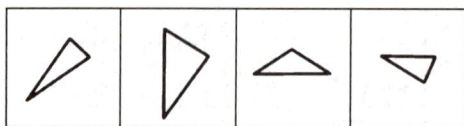

A. B. C. D.

31. 把下面六个图形分为两类，使每一类图形都有各自的共同特征或规律，分类正确的一组是_____。

A. ①③⑥，②④⑤　　　　　　B. ①②③，④⑤⑥

C. ①②④，③⑤⑥　　　　　　D. ①④⑤，②③⑥

32. 从所给的四个选项中，选择最合适的一个填入问号处，使之呈现一定的规律性。_____

视频解码

A. 　　　B. 　　　C. 　　　D.

33. 对左边的立体图形进行任意切割，右边哪一项不可能是该立体图形的截面？_____

34. 从所给的四个选项中，选择最合适的一项填入问号处，使之呈现一定的规律性。_____

A. 　　　B. 　　　C. 　　　D.

35. 从所给的四个选项中，选择最合适的一项，使之与题干图形具有相同的特征或规律性。_____

A. 　　　B. 　　　C. 　　　D.

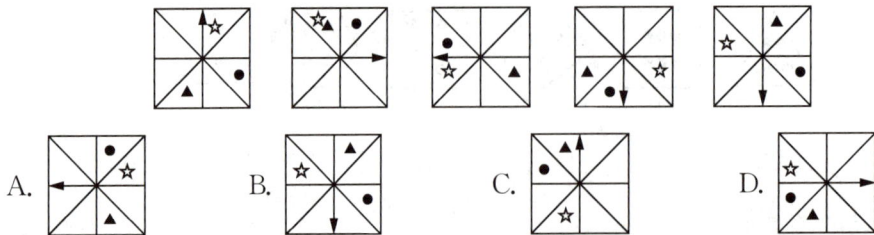

36. 从所给的四个选项中，选择最合适的一项填入问号处，使之与题干图形具有相同的特征或规律性。_____

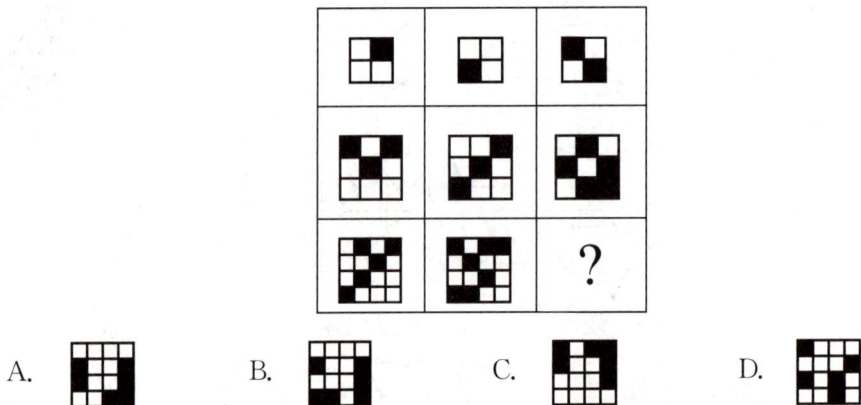

A. 　　B. 　　C. 　　D.

37. 从所给的四个选项中，选择最合适的一项，使之与题干图形具有相同的特征或规律性。_____

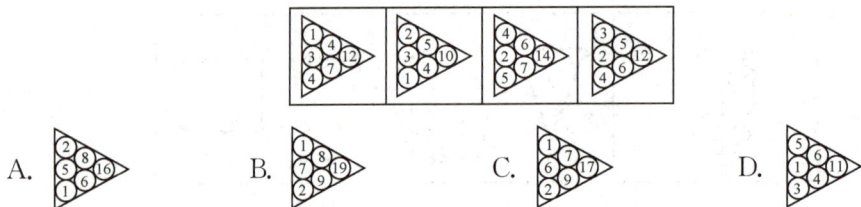

A. 　　B. 　　C. 　　D.

38. 从所给的四个选项中，选择最合适的一项填入问号处，使之呈现一定的规律性。_____

A.　　　　B.　　　　C.　　　　D.

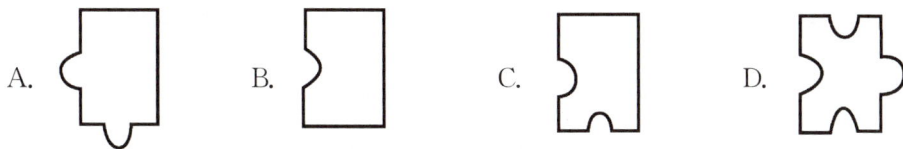

39. 从所给的四个选项中，选择最合适的一项填入问号处，使之呈现一定的规律性。_____

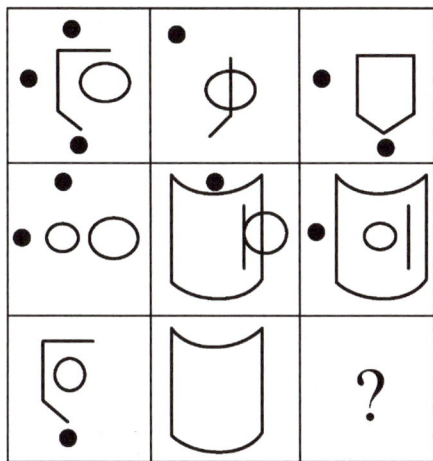

A.　　　　B.　　　　C.　　　　D.

40. 从所给的四个选项中，选择最合适的一项填入问号处，使之呈现一定的规律性。_____

A.　　　　B.　　　　C.　　　　D.

41. 从所给的四个选项中，选择最合适的一项填入问号处，使之呈现一定的规律性。_____

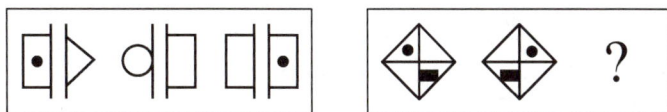

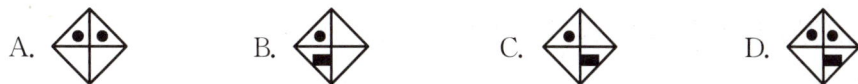

A.　　　　B.　　　　C.　　　　D.

42. 从所给的四个选项中，选择最合适的一项填入问号处，使之呈现一定的规律性。_____

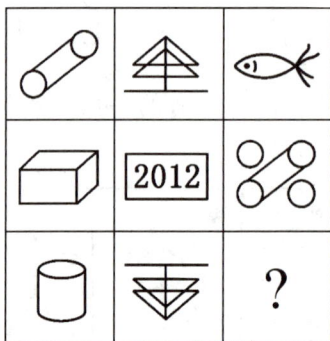

A. 　　　B. 　　　C. 　　　D.

43. 从所给的四个选项中，选择最合适的一项填入问号处，使之呈现一定的规律性。_____

A. 无　　　B. 忠　　　C. 走　　　D. 三

44. 从所给的四个选项中，选择最合适的一项填入问号处，使之呈现一定的规律性。_____

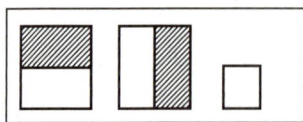

A. 　　　B. 　　　C. 　　　D.

45. 从所给的四个选项中，选择最合适的一项填入问号处，使之呈现一定的规律性。_____

A. 　　B. 　　C. 　　D.

46. 从所给的四个选项中，选择最合适的一项填入问号处，使之呈现一定的规律性。_____

A. 　　B. 　　C. 　　D.

47. 从所给的四个选项中，选择最合适的一项填入问题处，使之呈现一定的规律性。_____

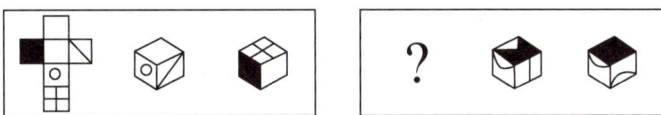

A. 　　B. 　　C. 　　D.

48. 从所给的四个选项中，选择最合适的一项填入问号处，使之呈现一定的规律性。_____

A. 　　B. 　　C. 　　D.

49. 把下面的六个图形分为两类，使每一类图形都有各自的共同特征或规律，分类正确的一项是。_____

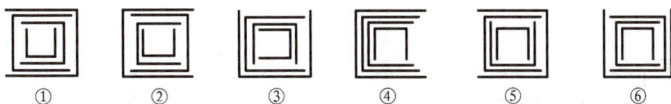

A. ①②④，③⑤⑥　　　　　　　　B. ①③④，②⑤⑥
C. ①④⑥，②③⑤　　　　　　　　D. ①③⑥，②④⑤

50. 把下面的六个图形分为两类，使每一类图形都有各自的共同特征或规律，分类正确的一项是。_____

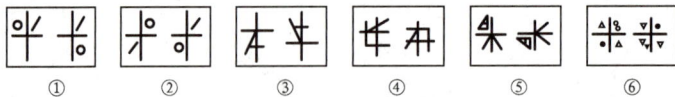

A. ①②③，④⑤⑥   B. ①④⑥，②③⑤

C. ①③④，②⑤⑥   D. ①③⑥，②④⑤

51. 从所给的四个选项中，选择最合适的一个填入问号处，使之呈现一定的规律性。_____

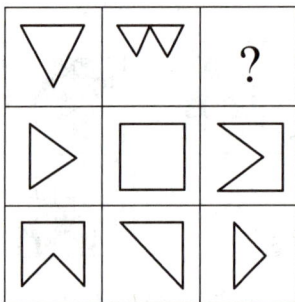

A.   B.   C.   D.

52. 从所给的四个选项中，选择最合适的一项，使之呈现一定的规律性。_____

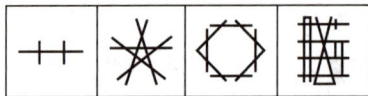

A.   B.   C.   D.

53. 从所给的四个选项中，选择最合适的一项，使之呈现一定的规律性。_____

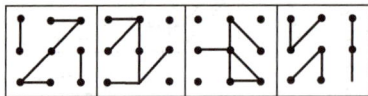

A.   B.   C.   D.

54. 从所给的四个选项中，选择最合适的一项填入问号处，使之呈现一定的规律性。_____

A.   B.   C.   D.

55. 从所给的四个选项中，选择最合适的一项填入问号处，使之呈现一定的规律性。_____

A.   B.   C.   D.

56. 从所给的四个选项中，选择最合适的一项填入问号处，使之呈现一定的规律性。_____

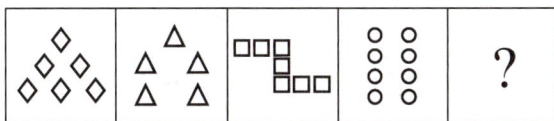

A.   B.   C.   D.

57. 从所给的四个选项中，选择最合适的一项填入问号处，使之呈现一定的规律性。_____

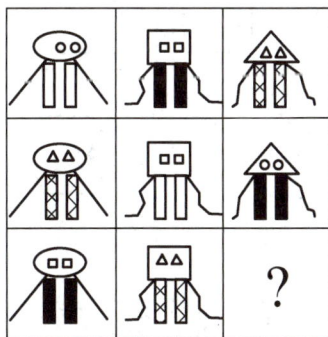

A.   B.   C.   D.

58. 从所给的四个选项中，选择最合适的一项填入问号处，使之呈现一定的规律性。_____

A.   B.   C.   D.

59. 左侧是一个正六面体纸盒拆开的外表面，选项中哪一个可以由它折叠而成？＿＿＿＿＿

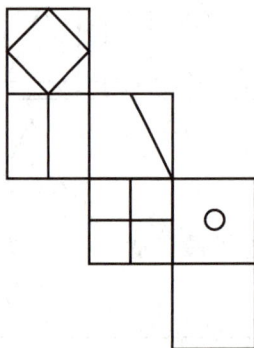

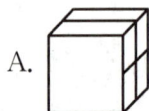

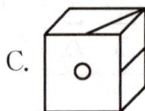

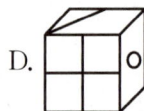

A.　　　　B.　　　　C.　　　　D.

60. 从所给的四个选项中，选择最合适的一项填入问号处，使之呈现一定的规律性。＿＿＿＿＿

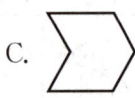

A.　　　　B.　　　　C.　　　　D.

第三节　斩获高分题

1. 从所给的四个选项中，选择最合适的一项填入问号处，使之呈现一定的规律性。＿＿＿＿＿

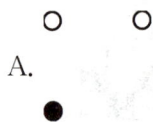

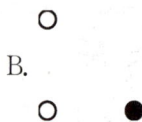

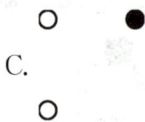

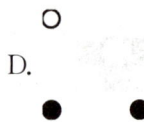

A.　　　　B.　　　　C.　　　　D.

2. 上边给定的是纸盒外表面的展开图，下边哪一项能由它折叠而成？请把它找出来。＿＿＿＿

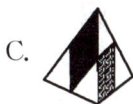

A.　　B.　　C.　　D.

3. 上边给定的是纸盒外表面的展开图，下边哪一项能由它折叠而成？请把它找出来。＿＿＿＿

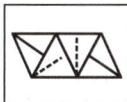

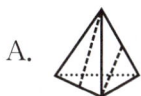

A.　　B.　　C.　　D.

4. 上边给定的是纸盒外表面的展开图，下边哪一项能由它折叠而成？＿＿＿＿

A.　　B.　　C.　　D.

5. 从所给的四个选项中，选择最合适的一项填入问号处，使之呈现一定的规律性。＿＿＿＿

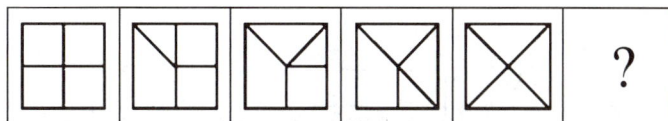

A.　　B.　　C.　　D.

6. 上边给定的是纸盒的外表面，下面哪一项能由它折叠而成？ _____

A.   B.   C.   D.

7. 从所给四个选项中，选择最合适的一项填入问号处，使之呈现一定的规律性。 _____

5121	—	7131	=	0
6966	—	8721	=	2
2022	—	2139	=	0
7442	—	1111	=	2
9312	—	3325	=	1
2889	—	1605	=	?

A. 1   B. 2   C. 3   D. 4

8. 上图是从圆台中挖出一个截面为正方形的长方体形成的立体图形，如果从任一面切开，以下哪一个不可能是该立体图形的截面？ _____

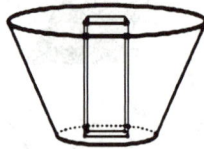

A.   B.   C.   D.

9. 正方体切掉一块后剩余部分如上图所示，下边哪一项是其切去部分的形状？ _____

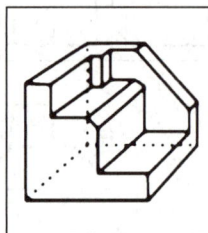

A.　　B.　　C.　　D.

10. 从所给的四个选项中，选择最合适的一项填入问号处，使之呈现一定的规律性。_____

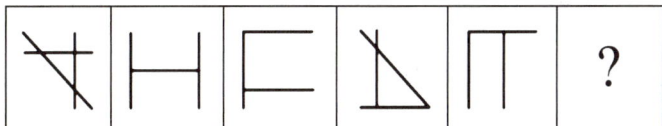

A.　　B.　　C.　　D.

11. 从所给的四个选项中，选择最合适的一项填入问号处，使之呈现一定的规律性。_____

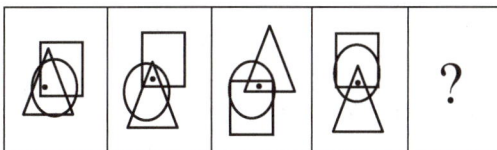

A.　　B.　　C.　　D.

12. 从所给的四个选项中，选择最合适的一项填入问号处，使之呈现一定的规律性。_____

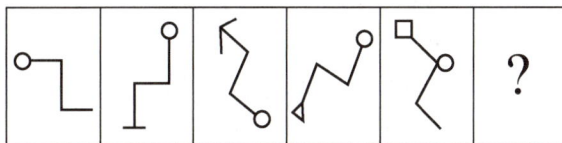

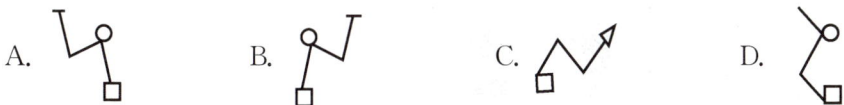

A.　　B.　　C.　　D.

13. 下面四个选项分别为立体图形的俯视图和左视图，均正确的是_____。

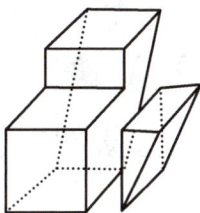

A.   B.

C.   D.

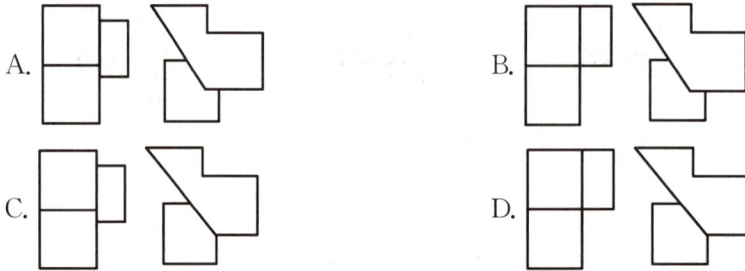

14. 上边给定的是纸盒外表面的展开图，下边哪一项能由它折叠而成？请把它找出来。_____

A.   B.   C.   D.

15. 上边给定的是纸盒外表面的展开图，下边哪一项能由它折叠而成？请把它找出来。_____

A.   B.   C.   D.

16. 从所给的四个选项中，选择最合适的一项填入问号处，使之呈现一定的规律性。_____

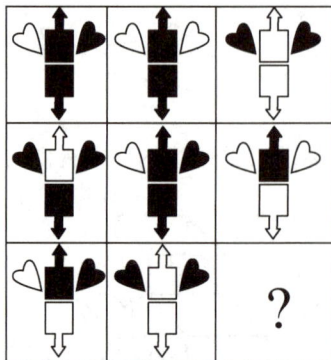

A. B. C. D.

17. 从所给的四个选项中，选择最合适的一项填入问号处，使之呈现一定的规律性。_____

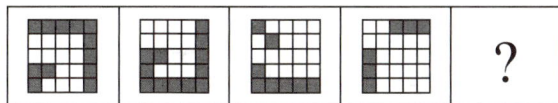

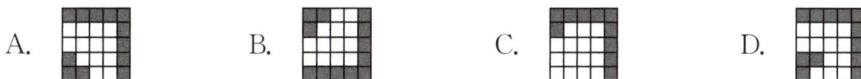

A. B. C. D.

18. 从所给的四个选项中，选择最合适的一项填入问号处，使之呈现一定的规律性。_____

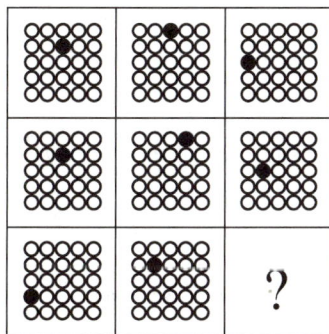

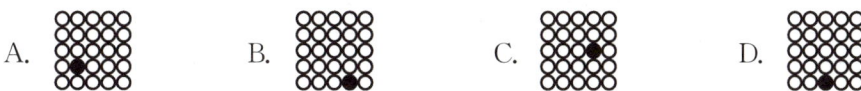

A. B. C. D.

19. 从所给的四个选项中，选择最合适的一项填入问号处，使之呈现一定的规律性。_____

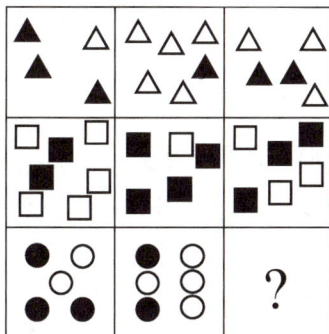

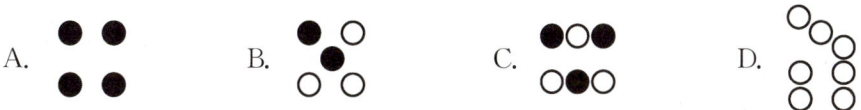

A. B. C. D.

20. 从所给的四个选项中，选择最合适的一项填入问号处，使之呈现一定的规律性。_____

A. 　　　　B. 　　　　C. 　　　　D.

第四节　考点解码及答案解析

一、夯实基础题

1.【考点解码】　属性类

【答案解析】　选 D。按规律分两类推理。①③④为中心对称图形，②⑤⑥为轴对称图形。

2.【考点解码】　数量类

【答案解析】　选 A。九宫格推理题型。忽略形状，九宫格中只有白色与黑色两种元素，并且黑色元素与白色元素的个数相等都是 12 个，按照两种元素个数相等的特点可确定答案。

3.【考点解码】　数量类

【答案解析】　选 B。类比推理题型。第一幅图有 2 个相同的小圆，第二幅图有 3 个相同的长方形，第三幅图有 4 个相同的椭圆，第四幅图有 5 个相同的小正方形，第五幅图有 6 个相同的小圆，那么第六幅图有 7 个相同的图形元素，相同的图形构成等差数列 2、3、4、5、6、(7)。

4.【考点解码】　立体图形

【答案解析】　选 B。立体图形组成推理题型。A 项，最下面一行是一个三角形，此处需要一个正方形才能折叠成封闭的几何体；B 项，可以折叠成一个封闭的七棱柱；C 项，中间只有五个正方形，而上下都是六边形，因此无法折叠成封闭的几何体；D 项，正方体有六个面，因此无法折叠成封闭的正方体。

5.【考点解码】　立体图形

【答案解析】　选 A。按规律分两类题型。①②⑤三幅图中的三角形面积相等，③④⑥三幅图中的三角形面积相等。

6.【考点解码】 属性类

【答案解析】 选C。九宫格推理题型。第一列都是轴对称图形，第二列都是中心对称图形，第三列上面两个都是轴对称图形，且只有一条对称轴。

7.【考点解码】 位置关系

【答案解析】 选D。九宫格推理题型。每行图形中的小圆按顺时针依次移动，每次移动正方形边长的三分之一左右，且位置内外交替。

8.【考点解码】 元素分布

【答案解析】 选C。图形按规律分为两类题型。①②④三幅图中黑点不在两个图形的公共部分上，③⑤⑥三幅图黑点在两个图形的公共部分上。

9.【考点解码】 属性类

【答案解析】 选A。图形按规律分为两类题型。①②③三幅图都是一笔画，④⑤⑥三幅图都是两笔画。

10.【考点解码】 数量类

【答案解析】 选D。黑圆的数量依次是1、2、3、4、?，构成公差为1的等差数列，所以问号处黑圆数量总数应为5，问号外面有2个黑圆，所以问号内有三个黑圆；白圆的数量依次是1、2、3、?，也构成公差为1的等差数列，所以问号处白圆总数应为4，问号外面有1个白圆，所以问号内有三个白圆。

11.【考点解码】 位置关系

【答案解析】 选D。九宫格推理题型。第一行旋转180°得到第二行，第二行上下翻折得到第三行。

12.【考点解码】 数量类

【答案解析】 选C。九宫格推理题型。第一行封闭区域个数依次为0、1、2，第二行封闭区域个数依次为2、3、4，第三行封闭区域个数依次为4、5、6。

13.【考点解码】 属性类

【答案解析】 选A。九宫格推理题型。第一行为中心对称图形，第二行为轴对称图形，第三行既是中心对称又是轴对称图形。

14.【考点解码】 数量类

【答案解析】 选C。类比推理题型。前五幅图中封闭区域的个数依次是1、2、3、4、5，构成公差为1的等差数列，所以下一幅图中有6个封闭区域。

15.【考点解码】 数量类

【答案解析】 选B。图形九宫格推理题型。每行三幅图中封闭区域的个数依次都是2、3、4。

16.【考点解码】 数量类

【答案解析】 选C。按规律分成两类推理题型。①②③中都有两个封闭区域，④⑤⑥中都有三个封闭区域。

17.【考点解码】　位置关系

【答案解析】　选 D。图形类比推理题型。前两幅图形中冒号右边图形均由冒号左边图形旋转 180°得到。

18.【考点解码】　数量类

【答案解析】　选 A。图形类比推理题型。前四幅图形中交点数均为 7。

19.【考点解码】　数量类

【答案解析】　选 A。图形类比推理题型。前六幅图中笔画数分别为 1、2、3、4、5、6，构成等差数列，则第七幅图笔画数为 7，所以选 A。

20.【考点解码】　位置关系

【答案解析】　选 A。九宫格推理题型。每行第一幅图旋转 180°得到第二幅图，每行第一幅图左右翻转得到第三幅图。

二、提升能力题

1.【考点解码】　属性类

【答案解析】　选 C。图形类比推理题型。前四幅图形中都含有三角形，可确定答案。

2.【考点解码】　属性类

【答案解析】　选 A。图形类比推理题型，前五幅图都是两笔画。

3.【考点解码】　元素分布

【答案解析】　选 C。图形类比推理题型。前五幅图中，两个图形的箭头都指向同一个方向，并且两个图形都在正方形的对角线上。

4.【考点解码】　考查属性类

【答案解析】　选 D。图形按规律分为两类题型。①③⑤三幅图中既有直线也有曲线，②④⑥三幅图中只有直线。

5.【考点解码】　位置关系

【答案解析】　选 B。前一幅图顺时针旋转 90°，再增加一条线即可得到后一幅图。

6.【考点解码】　属性类

【答案解析】　选 A。图形按规律分成两类推理题型。①③④都是一笔画，②⑤⑥都是两笔画。

7.【考点解码】　叠加关系

【答案解析】　选 A。图形对比推理题型。第一组每幅图形均由两个相同的图形叠加形成，第二组前两幅图形符合此规律。

8.【考点解码】　位置关系

【答案解析】　选 B。类比推理题型。第一幅图右上角的部分顺时针旋转 90°，其余三个部分位置不变即可得到第二幅图；第二幅图右下角的部分顺时针旋转 90°，其余三个部分位置不变即可得到第三幅图；第三幅图左下角的部分顺时针旋转 90°，其余三个部分位置不变即可得到第四幅图；按照此规律，第四幅图应该将左上角的部分顺时针旋转 90°，其余三个部分位置不变得到第五幅图。

9.【考点解码】　数量类

【答案解析】　选 D。类比推理题型。每幅图形中白色方块被分割成的部分数依次为 1、2、3、4、?，构成公差为 1 的等差数列，所以问号处白色方块应该被分为 5 部分。

10.【考点解码】　数量类

【答案解析】　选 C。前四幅图形都是由两个相交的图形组成，相交处线的数量依次为 3、4、5、6，构成公差为 1 的等差数列，因此问号处图形相交处线的数量应为 7。

11.【考点解码】　位置关系

【答案解析】　选 A。上一幅图形中两个 L 型部分分别顺时针及逆时针旋转 45° 得到下一幅图形。

12.【考点解码】　位置关系

【答案解析】　选 C。最外部圆环中四个元素每次顺时针旋转 1 格，内部圆中四个元素每次逆时针旋转两格。

13.【考点解码】　属性类

【答案解析】　选 C。类比推理题型。前七幅图封闭图形与无封闭图形交替出现，问号处应为无封闭图形。

14.【考点解码】　数量类

【答案解析】　选 D。类比推理题型。前四幅图中横线都是 6 条。

15.【考点解码】　属性类

【答案解析】　选 A。类比推理题型。前七个图形中都没有封闭区域。

16.【考点解码】　立体图形

【答案解析】　选 C。立体图形组合推理题型。A 项，能围成一个六棱锥，如图 1 所示；B 项，能围成一个三棱锥，如图 2 所示；C 项，不能围成一个封闭的几何体；D 项，能围成一个三棱柱，如图 3 所示。

图 1

图 2
　　　　图 3 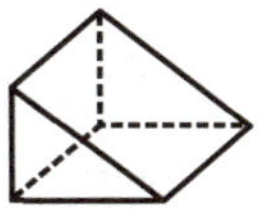

17.【考点解码】　位置关系

【答案解析】　选 C。每行中灰色正方形依次向左移动一格；黑色正方形分别依次顺时针和逆时针移动一格。

18.【考点解码】　数量类和立体图形

【答案解析】　选 D。每个立方体的面数为 2，3，4，5，6，(　　　)，所以选择有 7 个面的立方体。

19.【考点解码】　属性类

【答案解析】　选 C。①④⑥的封闭区域是由线相连接的，其余图形的封闭区域是直接连接的。

20.【考点解码】　数量类

【答案解析】　选择 D。数部分，第一幅图是 1 部分，第二幅图是 2 部分，第三幅图是 3 部分，第四幅图是 4 部分，那么下一幅图应该选 5 部分。

21.【考点解码】　属性类

【答案解析】　选 D。图形类比推理题型。题干中前四个图形每个图形都有两个封闭区域，且这两个区域形状不同。

22.【考点解码】　属性类

【答案解析】　选 D。第一组图形的封闭区域数都为 4，且都是三角形，那么第二组图形的封闭区域数应该都为 5，且都为四边形。只有图形 D 符合。

23.【考点解码】　属性类

【答案解析】　选 A。题干所给图形都是一笔画图形，只有图形 A 是一笔画图形。

24.【考点解码】　位置关系

【答案解析】　选 D。观察后发现，题干所给图形的起始线段和结束线段相互平行，且两个线段的走向相反。只有图形 D 满足这个条件。

25.【考点解码】　属性类

【答案解析】　选 A。看图形的分割线，①④⑥的分割线为图形中最短的线段，②③⑤的分割线为图形中最长的线段。

26.【考点解码】　位置关系

【答案解析】　选 C。圆圈按逆时针方向依次旋转三格，三角形按顺时针方向依次旋转两格。

27.【考点解码】　属性类

【答案解析】　选 B。每个图形都有三条对称轴。

28.【考点解码】　属性类及位置类

【答案解析】　选 D。前几幅图都可以看作内、外两部分，外部都是圆加线段，并且顺时针旋转 45°得到下一幅图的外部；内部图案都是轴对称图形，有一条对称轴方向分别是竖、横、竖、横、竖、(横)。

29.【考点解码】 数量类

【答案解析】 选 D。九宫格推理题型。第一行三幅图中，平行线组数依次为 1、2、3，第二行规律相同，依此规律，问号处应该有 3 组平行线，所以选 D。

30.【考点解码】 组合叠加类

【答案解析】 选 A。平面图形组合推理题型。根据线段等长重合原理，题干四部分组合后为 A 项对应图形，如右图所示。

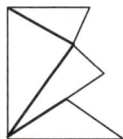

31.【考点解码】 数量类

【答案解析】 选 A。按规律分类题型。题干中各图内部黑点数量依次为 5、6、3、6、4、4；外框边数依次为 3、4、5、4、6、4。图①③⑥内部点数量加外框边数量都等于 8，图②④⑤内部点数量加外框边数量都等于 10。

32.【考点解码】 位置类

【答案解析】 选 A。九宫格推理题型。第一行，外圈四个点形成正方形轮廓，较长的线段在正方形轮廓上每次逆时针移动一个位置，较短的线段依次顺时针旋转 90°；第二行，外圈五个点形成正五边形轮廓，折线部分在外部五边形轮廓上每次逆时针移动一个位置，较短的线段依次顺时针旋转 72°；第三行，外圈六个点形成正六边形轮廓，折线部分在外部六边形轮廓上每次逆时针移动一个位置，较短的线段依次顺时针旋转 60°。

33.【考点解码】 立体图形

【答案解析】 选 D。将题干立体图形进行如下图 1-3 方式切割，能够得到选项 A、B、C 所示的截面图。

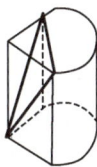 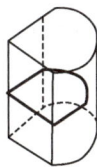 

图 1 图 2 图 3

34.【考点解码】 数量类

【答案解析】 选 C。图形的数量规律。第一组图形中的每个图形都是由 13 条线段构成的；第二组的前两个图形都是由 14 条线段构成的，选项中只有 C 项由 14 条线段构成。

35.【考点解码】 位置类

【答案解析】 选 A。从题干图形可知，含箭头的直线顺时针方向分别旋转 90°、180°、270°、360°，则备选项中应顺时针选择 450°；题干图形中▲顺时针方向旋转 3 格；●逆时针方向旋转 2 格；☆逆时针方向分别旋转 1 格、2 格、3 格、4 格，则备选项中应逆时针旋转 5 格。

36.【考点解码】 组合叠加类

【答案解析】　选A。观察前两行图形可知，第一个图形与第二个图形相加，白色＋白色变成黑色，其他叠加都是变成白色就得到第三个图形。第三行也应符合此规律。

37.【考点解码】　数量类

【答案解析】　选D。已知图形中第一列相邻的两个数字相加的和为第二列的数字，第二列数字相加之后再加1，就得到第三列数字，依此规律，只有D项符合。

38.【考点解码】　组合叠加类

【答案解析】　选B。解析:竖着看。每一列的第二、三个图形叠加，只有凸起的部分"填补"凹下的部分，单独凸起或凹下的部分保持不变，得到第一个图形。

39.【考点解码】　组合叠加类

【答案解析】　选D。每行前两个图形相加，去掉相同部分，得到第三个图形。

40.【考点解码】　位置类

【答案解析】　选B。间隔规律。奇数项的图形中间都是阴影，旁边的小三角阴影依逆时针方向每次间隔一个移动。B项符合规律。

41.【考点解码】　位置类及组合叠加类

【答案解析】　选A。每组图的第一个图的左半部分和第二个图的右半部分翻转后组合成第三个图。

42.【考点解码】　数量类

【答案解析】　选C。从行上来看，每行三个图形的封闭区域数相加都为10个。

43.【考点解码】　数量类

【答案解析】　选D。观察汉字结构发现，第一行的汉字都由一部分组成，第二行的汉字都由两部分组成，第三行的汉字都由三部分组成。

44.【考点解码】　属性类

【答案解析】　选A。第一组图形中，第三个图形只保留前两个图形中均为空白的部分；同理，问号处的图形应为前两个图形共同的空白部分。

45.【考点解码】　组合叠加类

【答案解析】　选A。本题的规律是"去同存异"，第二组图形中第一个图形要变为第三个图形，最下边缺少一条横线，所以首先排除C、D项；第三个图中最下边是由第一个图最下边的圆去掉上半圆得到的，所以问号处图形相同位置处应为一个上半圆。

46.【考点解码】　位置类

【答案解析】　选D。考查图形的移动规律。分别看每列小黑块的移动规律，第一组图形中，四列小黑块分别向上、向下、向上、向下移动一格；第二组图形中，四列小黑块分别向上、向下、向下、向下移动一格。

47.【考点解码】　立体图形

【答案解析】　选B。该题看似对比推理，实质上是折叠类题目，可用排除法快速求解。两个小圆弧是不会有交点的，排除 A 项；根据第二个图形中直线面和左侧面的位置关系排除 C 项；根据第二个图形中直线面和顶面的位置关系，排除 D 项。

48.【考点解码】 位置类及属性类

【答案解析】 选 D。每个图形中均有一个等腰梯形，考虑它和另一个图形的相对位置关系，梯形每次逆时针旋转 45°，问号处的等腰梯形应位于另一个图形的左边，排除 B、C；另一个图形都有水平对称轴，A 不符合。

49.【考点解码】 位置类

【答案解析】 选 A。图形的构成元素相同，只是排列方式不同，此时仅能考查图形的方位。本题规律为图形③⑤⑥中四部分的朝向都各不相同，图形①②④中均至少有两个部分的朝向相同。

50.【考点解码】 位置类

【答案解析】 选 C。每个图形中的两个小图形的组成元素相同。只是所处的位置不同。由此确定为旋转规律。图形②⑤⑥中第一个图通过旋转均可得到第二个图，图形①③④中第一个图通过旋转不能得到第二个图。

51.【考点解码】 组合叠加类

【答案解析】 选 C。从每行来看，图形构成相似，只是部分发生了变化，由此锁定叠加规律。每行前两个图形叠加，去同存异得到第三个图形。

52.【考点解码】 数量类

【答案解析】 选 A。此题各图形均是由线段构成的，第一、二个图形的线段条数相加等于第三个图形的线段条数，第二、三个图形线段条数相加等于第四个图形的线段条数。因此第五个图形的线段条数应为第三、四个图形线段条数的和，即为 21 条。

53.【考点解码】 数量类

【答案解析】 选 A。将每幅图中的 9 个点作为 2×2 小正方形的顶点，则左边 4 个图均包含 4 条小正方形边、2 条小正方形对角线，符合此条件的只有 A 选项。B 选项包含 3 条小正方形边、3 条小正方形对角线；C 选项包含 1 条小正方形对角线和 5 条小正方形边；D 选项包含 4 条小正方形对角线和 2 条小正方形边。

54.【考点解码】 位置类

【答案解析】 选 C。在第一组图形中，小三角形在大方块中依次顺时针移动 90°，且自身逆时针旋转 90°，小圆圈在大方块中依次逆时针移动 90°；第二组图形有类似规律，月牙每次顺时针移动，且自身逆时针旋转 90°，方块依次逆时针移动。

55.【考点解码】 数量类

【答案解析】 选 C。第一组三个图形中交点个数依次是 4、5、6，第二组前两个图形中交点个数依次为 5、6，因此第三个图中交点个数应该为 7。

56.【考点解码】 数量类及元素分布

【答案解析】　选 D。观察可知所给出的四个图形分别是不同形状、不同数目的图形，且有着不同的组合规律。已出现过圆形、三角形，排除 A、B 两项；已出现 6、5、7、8 个数，排除同样为 7 个的 C 项（或由封闭区间排除）。

57.【考点解码】　元素分布

【答案解析】　选 A。考查元素重组。九宫图中共有三种眼睛、三种头、三种胳膊、三种腿，每行的三个图形是上述元素重新组合而成。

58.【考点解码】　位置类

【答案解析】　选 D。题干的图形竖着看，前两列中黑色方块是依次向下移动一个小格，后两列中黑色方块是依次向上移动一个小格，根据这一规律，只有 D 符合。

59.【考点解码】　立体图形

【答案解析】　选 A。B 项根据"斜线面"与"方块面"的位置关系可以排除，C 项根据"竖线面"与"圆圈面"是相对面可排除，D 项使用"公共点向外发出的线条数"可排除。

60.【考点解码】　数量类

【答案解析】　选 D。第一段图形的曲线和直线的数量一起数，分别为 4、5、6；第二段遵循同样的规律，问号处应选择曲线与直线一共有 4 条的图形。

三、斩获高分题

1.【考点解码】组合叠加和位置关系

【答案解析】　选 B。图形对比推理题型。由于第二组图中"？"在中间，因此我们先观察第一组图中第一个图形和第三个图形是如何得到第二个图形的。第一组中第一个图与第三个图去同求异，然后再逆时针旋转 90°即可得到第二个图形；第二组规律相同。

2.【考点解码】　立体图形

【答案解析】　选 B。立体图形组合推理题型。A 项，含黑色菱形的面和含带点菱形的面没有公共边，因此该项错误。B 项，该项正确。C 项，黑色菱形和波浪线菱形没有公共点，因此该项错误。D 项，如果右侧面是含带点菱形的面，那么左侧面是含波浪线菱形的面，因此该项错误。

3.【考点解码】　立体图形

【答案解析】　选 D。立体图形组合推理题型。A 项，一条虚线应该垂直于两个含虚线面的公共边，因此该项错误。B 项，如果左侧面含实线，那么右侧面应该含虚线，因此该项错误。C 项，实线和虚线不会有公共点，因此该项错误。

4.【考点解码】　立体图形

【答案解析】　选 B。立体图形组合推理题型。A 项，黑色三角形面如果作为右侧面，那么左侧面应该为灰色三角形面，该项错误。B项，该项正确。C项，如果左侧面如该项所示，那么右侧面应该是黑色三角形面，该项错误。D项，如果左侧面如该项所示，那么右侧面应该是黑色三角形面，该项错误。

5.【考点解码】　位置关系

【答案解析】　选D。图形类比推理题型。前五幅图中的图形外围不变，第一幅图中内部左边的横线顺时针旋转45°得到第二幅图，第二幅图中内部上方的竖线顺时针旋转45°得到第三幅图，第三幅图中内部右边的横线顺时针旋转45°得到第四幅图，第四幅图中内部下方的竖线顺时针旋转45°得到第五幅图。依此规律，第五幅图左斜上方的线顺时针旋转45°得到第六幅图。

6.【考点解码】　立体图形

【答案解析】　选C。立体图形组合推理题型。如图，将题干中各小正方形编号。A项，黑扇形面与黑三角形面的公共边两侧为白色区域；而根据题干，无论是面4还是面5，与黑三角形面的公共边有一侧为黑色区域，因此该项错误。B项，同时出现面1和面3，而面3和面5是相对面，不可能同时出现，因此黑扇形面为面4，则上底面黑扇形面扇形的弧方向不对，应该向右上方，因此该项错误。C项，该项正确。D项，同时出现面4和面5，则两个黑扇形有一条边（半径）应该重合，而该项中没有，因此该项错误。

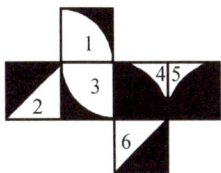

7.【考点解码】　属性类及数量类

【答案解析】　选C。其他推理题型。第一行两列数字的封闭区域都是0，因此相差为0；第二行两列数字的封闭区域分别为4、2，因此相差为2；第三行两列数字的封闭区域都是1，因此相差为0；第四行两列数字的封闭区域分别是2、0，因此相差为2；如此类推，第五行为1－0＝1；第六行为5－2＝3。

8.【考点解码】　立体图形

【答案解析】　选D。A、B、C三项对应的截法依次如图1、2、3；D项，如果有两个角时，必然会截到圆台的侧面，这样就会出现曲线，因此该项不能截出。

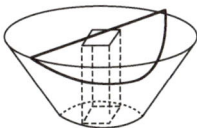　　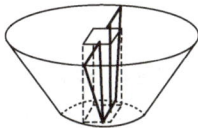　　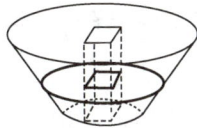

　　图1　　　　　　　　　图2　　　　　　　　　图3

9.【考点解码】　立体图形

【答案解析】　选B。两个长方体之间应该有长方形切面，底面切角应该与斜面切口同侧。

10.【考点解码】 位置关系

【答案解析】 选 A。题干所给图形中都含有一条水平直线和一条竖直直线,水平直线依次向下移动相等的距离,竖直直线依次向右移动相等的距离。

11.【考点解码】 位置关系

【答案解析】 选 B。观察图中小黑点位置,可知它均处在圆形、正方形、三角形三者重叠区域。

12.【考点解码】 位置关系

【答案解析】 选 B。曲线和直线数量一起计算,前五幅图中后一幅图比前一幅图多一条线,排除 C、D 两项;同时各图中折线部分都是由前一幅图经过旋转得到的,A 项,折线部分只能通过翻折得到,排除。

13.【考点解码】 立体图形

【答案解析】 选 D。如下图所示,a、b 在同一条竖直线,c、d 在同一条竖直线,因此俯视图和左视图也是。

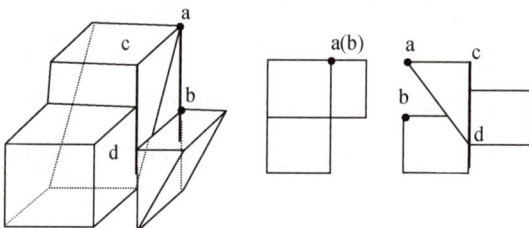

14.【考点解码】 立体图形

【答案解析】 选 A。如右图所示,将题干展开图中的四个面依次记为面 a、b、c、d。A 项,和题干展开图相符。B 项,面 a 中的阴影三角形和面 d 中的阴影三角形相邻,面 a 中的阴影三角形和空白三角形相邻,与题干展开图不相符。C 项,左侧面中的阴影三角形应该在上方,空白三角形应该在下方;右侧面的空白三角形应该在上方,阴影三角形应该在下方。D 项,面 a 中的阴影三角形较短的直角边与面 c 中的黑色三角形较短的直角边重合时,阴影部分应该在空白三角形的上方。

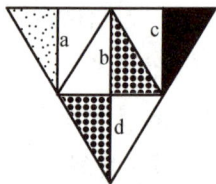

15.【考点解码】 立体图形

【答案解析】 选 B。如右图所示,将题干图形中四个三角形从上到下依次记为面 a、b、c、d。A 项,在题干展开图中箭头指向的边,折叠后应该是面 b 与面 d 的公共边,在该项中不是,排除该项。B 项,由展开图中面 a 和面 c 折叠而成。C 项,由面 b 和面 c 构成,但是题干展开图中面 c 中的线段与面 b 是没有公共点的,而该项却有公共点,两者不符,排除该项。D 项,由面 a 和面 d 构

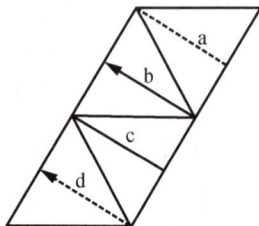

成，但是题干展开图中面 a 中的虚线段与面 d 是没有公共点的，而该项却有公共点，两者不符，排除该项。

16.【考点解码】　组合叠加类

【答案解析】　选 B。把图形分为两部分，左边的心字形和右边的剩余部分。右边的剩余部分无论横竖看都符合:黑＋白＝黑，黑＋黑＝白，白＋白＝黑;左边的心字形部分横竖规律都是:黑＋白＝白，黑＋黑＝白，白＋白＝黑。

17.【考点解码】　位置类

【答案解析】　选 D。第一个图形中有两部分阴影，面积较大的那部分阴影每次顺时针旋转 90°;面积较小的那部分阴影在竖直方向上移动一格，二者若重叠则变为空白。观察选项，没有上移一格的选项，所以小阴影位移不是单纯的上移。位移规律中，到达边框之后，还有可能原路返回或回到原点，选项中没有符合原路返回规则的选项，D 选项是回到原点规律。

18.【考点解码】　位置类

【答案解析】　选 D。每个图形都由 5 行 5 列的圆圈组成，从左到右、从上到下对其进行 1—25 编号，考虑黑点在每个图形中的位置。

8	3	11
8	4	12
16	7	?

每行来看,前两个数字之和等于第三个数字,即应选择黑点的位置是 23 的图形。

19.【考点解码】　数量类

【答案解析】　选 A。从元素种类去看，所有图形的元素种类均为 2，选项 B、C 都符合，无唯一确定答案，两项的区别是元素的数量，那从元素数量去看，第一行为 4,6,5，第二行为 7,5,6，第三行为 5,6,?。?处应为 4 或者 7 个元素，选项 B、C 不符合规律，但选项 A、D 无法确定，整体数量无法确定答案。考虑元素整体个数，元素替代一下，1 黑＝2 白。元素个数第一行为 7,7,7，第二行为 9,9,9，第三行为 8,8,?。第三行也应相同，?处应为 8，只有选项 A 符合，得到唯一确定答案。

20.【考点解码】　位置类

【答案解析】　选 B。第一组图外部与内部都有交点，第二组图内部和外部均没有交点。

第二章　定 义 判 断

第一节　夯实基础题

1. 消费滞后是指个人消费滞后于国家经济发展和个人家庭收入所应达到的平均消费水平。消费超前是指当下的收入水平不足以购买现在所需的产品或服务，以贷款、分期付款、预支等形式进行消费。

根据上述定义，下列属于消费超前的是_____。

A. 职员小王以信用卡支付的形式在网上订购了火车票

B. 大学生小李通过某借贷平台购买了某知名品牌电脑

C. 退休工人老张名下有商品房和汽车，但坚持只用老式的直板手机

D. 青年教师小刘有十万元定期存款未到期，向同事借了八万元买车

2. 绿色消费，也称可持续消费，是指一种以适度节制消费，避免或减少对环境的破坏，崇尚自然和保护生态等为特征的新型消费行为和过程。

根据上述定义，以下不属于绿色消费的是_____。

A. 尽量购买简装物品，减少包装浪费

B. 抵制一次性筷子，保护木材资源

C. 吃原生态珍稀野味，减少加工成本

D. 购买低耗能的电器，减少用电开支

3. 求医行为，是指人们在感到躯体不适或产生病感时寻求医疗帮助的行为。根据求医的决定是由谁做出的，可以分为主动求医、被动求医和强制求医。主动求医是指当个体产生不适感或病感时，自觉做出决定。被动求医指的是由病人的家属或他人做出求医的决定，病人配合就医。强制求医是指本人不愿求医，但因疾病对本人或社会人群健康构成危害而强行要求其就医。

根据上述定义，以下属于被动求医的是_____。

A. 老张的体检报告显示他有轻度脂肪肝，建议可进一步检查和治疗，老张拿到报告后很紧张，赶紧到医院去挂号

B. 小张牙疼好几天了，一直没有去医院治疗，直到牙疼引发面部肿胀，连张口吃饭都困难了，才不得不去牙科诊治

C. 刘阿姨最近无缘由地开始说自己没有用了，干脆死了更好，她不愿去医院看病，她的丈夫和儿女苦劝无果，只好硬带她去医院就诊

D. 中学生小梅放学回家，跟妈妈说今天拉肚子，上了五次厕所，除此之外没有别的不舒服，用不用去医院？妈妈决定带她去医院挂号

4. 侵犯行为简称侵犯，有时也可以称之为攻击行为，它是指个体违反了社会主流规范的、有动机的、伤害他人的行为。

根据上述定义，以下属于侵犯行为的是_____。

A. 加州某大学一名博士生闯入办公室，用枪击伤自己的导师

B. 某中学语文教师批评没有按时完成暑假作业的学生

C. 在一场冰球比赛中，甲方队员在抢球过程中不小心撞伤乙方队员

D. 在经过李某同意的情况下，王某将李某病中照片发到微信朋友圈

5. 家庭式迁移是指家庭成员以户为单位跟随主要生产要素离开原居住地迁往目标地的人口单向性流动现象。

根据上述定义，下列属于家庭式迁移的是_____。

A. 因工作调动，小王夫妇举家迁往工作城市

B. 老李夫妇常年在沿海城市打工，只有春节才能回老家和家人团聚

C. 老伴去世后，老刘被在澳门工作的独生女儿接到当地一家养老机构安度晚年

D. 老张一家结束多年的在外打工生活，回乡定居一段时间后，发现家乡适合搞养殖

6. 元刻板印象是指个体关于外群体成员对其所属群体所持刻板印象的信念。

根据上述定义，下列属于元刻板印象的是_____。

A. 二班的任课教师们一致认为贫困儿童小豪存在交流障碍

B. 经济学家们认为高房价影响 80 后夫妻生二孩意愿

C. 刘大夫认为如今的患者普遍不太信任医生

D. 南方人小刘认为北方人都比较耐冻

7. 关怀强迫症即一个人特别需要别人依赖自己，总是爱向别人提供别人不需要的关怀。并且，这种人还强迫别人接受自己的关怀，从而使别人不能独立，当别人依赖自己的时候，他就会感到满足，感到自己有价值。这种症状会压抑人的神经，并同时给身边的亲朋好友甚至一般的同事带来诸多不便。

根据上述定义，下列属于关怀强迫症的是_____。

A. 张某说："我一天没见到儿子就会发疯"

B. 李某连哄带骗让感冒的女儿吃下感冒药

C. 刘某从小学到大学期间都住自己家里

D.　王某在女儿就读的大学附近租房陪读

8.　组织学习，是指组织为了实现发展目标、提高核心竞争力而围绕信息或知识技能所采取的各种行动，是组织不断努力改变或重新设计自身以适应持续变化的环境的过程。

根据上述定义，以下属于组织学习的是_____。

A.　我国某大型国企派人学习科技课程

B.　李明为了晋升去参加周末管理课程

C.　某外企工作团队节假日去三亚度假

D.　某集团组织新进员工开展户外拓展

9.　情感广告是诉诸消费者的情绪或情感反应，传达商品带给他们的附加值或情绪满足的一种广告策略。这种情绪在消费者心目中的价值可能远远超出商品本身，从而使消费者形成积极的品牌态度。

根据上述定义，下列广告语不属于情感广告的是_____。

A.　某品牌饮料广告语："××可乐，中国人自己的可乐！"

B.　某品牌啤酒进入东南亚市场的广告语："好不好，家乡水。"

C.　某品牌纸尿裤广告语："宝宝天天好心情，妈妈一定更美丽。"

D.　某品牌润肤露广告语："为了肌肤柔美润舒，请使用××润肤露。"

10.　微商一般指以个人为单位的、利用 web3.0 时代所衍生的载体渠道，将传统方式与互联网结合，不存在区域限制，且可移动地实现销售渠道新突破的小型个体行为。

根据上述定义，以下属于微商的是_____。

A.　某大型化妆品公司在微信账号上销售商品，吸引了一大批消费者

B.　某眼镜店通过大力宣传吸引了许多年轻消费者进店购买

C.　李某开的饭店为周边居民提供电话预定上门送外卖的服务

D.　张某在市中心的服装店生意不错，他在微信上卖出的更多

11.　网络小说，是指由作者创作并首次在网络上发表，并以连载模式形成的小说。和传统小说相比，网络小说偏重于娱乐性和读者阅读时的体验。

根据上述定义，以下属于网络小说的是_____。

A.　小张将自己考研的坎坷经历写成文章发表在网上，很多考研的学生看过之后很受感动，转发次数上百万

B.　小黄根据姥姥讲的民间故事，写了长篇灵异小说发表在网站上，每日更新，小说完结后出版社主动与小黄联系，打算出版

C.　小金根据《西游记》绘制长篇连环画，每天在网上连载发表，受到很多网友的追捧

D.　小姜将生活中的不文明现象写成一篇微小说发表在网上，电视台编导与他联系，想把他的小说拍摄成文明宣传片

12. 电信诈骗，是指犯罪分子通过电话、网络和短信方式，发布虚假信息，设置骗局，对受害人实施远程、非接触式诈骗，诱使受害人给犯罪分子打款或转账，进行非法侵占他人财物的犯罪行为。

根据上述定义，以下不属于电信诈骗的是_____。

A. 王某在网上发起新房团购，承诺一千元定金可抵五万元房款，顾客缴纳定金之后才发现该楼盘已售罄，王某也消失了

B. 李某盗用正在出差的张先生的微信头像，冒充张先生给张太太发微信说遇到事故，骗走两万元

C. 张某谎称自己患上不治之症，伪造诊断书、编造假故事放在网上，通过众筹募集到三万元医药费

D. 李老太太打电话找保洁，家政公司派来的保洁员王某忽悠李老太太从王某丈夫的店里购买了数千元保健品

13. 环境移民，是指人类生存的自然环境和人居环境受到突发或渐进式的不利影响而产生的各种人口迁移行为，包括自愿的、非自愿的，事后被迫的、预先计划的，暂时的、永久性的，个体和家庭自发的、政府主导的移民类型。

根据上述定义，以下不属于环境移民的是_____。

A. 切尔诺贝利核污染区域居民集体撤离家园

B. 为了保护三江源地区而限制放牧后的生态移民

C. 安史之乱时期中原人民大量南迁

D. 元朝定都大都之后大量牧民南迁

14. 服务型公关是指组织以提供各种实惠服务为主，通过实际行动获取社会公众的了解和好评，从而建立组织良好形象的公共关系活动。

根据上述定义，下列属于服务型公关的是_____。

A. 某热水器厂家定期向用户发送热水器使用注意事项，每年为用户免费更换滤网

B. 某环保公司通过某电视节目宣布向灾区一次性提供价值5亿元人民币的救助物资

C. 某酒厂在电视黄金时段投放大量广告宣传其新产品

D. 某制药公司董事长就生产的某批次药品不合格一事向消费者公开道歉，并辞去相关职务

15. 消费痛点指消费者在使用或希望使用某商品时，认为存在特别令人不满意或令人感到麻烦的地方。

根据上述定义，下列不属于消费痛点的是_____。

A. 江女士特别注意美容，购买了某品牌护肤品，但她发现使用起来很不方便

B. 老马为了养生特地购买了海参，但他发现发制和烹煮特别耗费时间和精力

C. 小林家使用的抽油烟机效果很好，但清洗太复杂，每次都需专业人员登门

D. 谢女士买了一条心仪已久的裙子，但是穿上后周围的朋友都说不适合她，她感到很沮丧

16. 舌尖效应是指对于平时很熟悉的事物，人们就是一时想不起来，有一种话到口边却说不出来的感觉，在情绪紧张时尤其明显。

根据上述定义，下列属于舌尖效应的是_____。

A. 退休不久的老孙在街上看到过去同一办公室的同事，同事热情地与他打招呼，但老孙就是想不起同事的名字

B. 小王去一家广告公司应聘，面对招聘人员的提问，他沉着冷静，对答如流，但当招聘人员最后问他所期望的工资待遇时，他却难以启齿

C. 江先生平时聊天总能侃侃而谈，在一次相亲中他遇到一位心仪的女性，他一紧张反而变得笨嘴拙舌，不知如何与对方攀谈

D. 在一次数学考试中，小张遇到一道难题，他的大脑一片空白，心里很着急，但就是不知如何回答

第二节　提升能力题

1. 组织认同是指组织成员在行为或观念等诸方面与其所加入的组织具有一致性，觉得自己在组织中既有理性的契约和责任感，也有非理性的归属和依赖感，以及在这种心理基础上表现出的对组织活动尽心尽力的行为结果。

根据上述定义，下列选项不属于组织认同的是_____。

A. "我们要以共产党员的标准严格要求自己"

B. "公司面临困难的时候，我们要不离不弃"

C. "我要每时每刻自觉维护公司的良好形象"

D. "今日我以母校为傲，明日母校以我为荣"

2. 虚拟现实技术是指一种可以创建和体验虚拟世界的仿真系统，它利用计算机生成可交互的三维环境，向使用者提供视觉、听觉、触觉等感官的模拟，从而让人有身临其境之感，这是一种360度视角的沉浸式体验。

根据上述定义，下列选项属于虚拟现实技术运用的是_____。

A. 张三通过电脑与远在巴黎的父亲视频聊天，亲眼见到了埃菲尔铁塔

B. 李四用手机微信与妻子视频聊天，亲耳听到了儿子背诵古诗的声音

C. 刘五戴上特制头盔网购书桌，能够全方位地体验书桌摆进书房的效果

D. 王二用平板电脑看同学在西藏旅游的视频，感觉自己也到了布达拉宫

3. 时间感知扭曲是指对时间不正确的知觉。在生活中，受各种因素影响，人们对时

间的感知往往会不符合实际，有时候觉得时间过长，有时候觉得时间太短。许多原因都可以造成时间感知扭曲，现实中一场糟糕的表演会让人如坐针毡、觉得终场遥遥无期，与此相反的是，人们对于美好愉悦的时光总嫌太短。

根据上述定义，下列选项不符合时间感知扭曲的是_____。

A. 一日不见，如三月兮

B. 欢愉嫌夜短，寂寞恨更长

C. 孤馆，度日如年，风露渐变

D. 入春才七日，离家已二年

4. 同侪，指与自己在年龄、地位、兴趣等方面相近的平辈。同侪压力，指的是同侪取得的成就所带给自己的心理压力。

根据上述定义，以下事例中属于同侪压力的是_____。

A. 小明在考试时看到前面的一位同学夹带小抄，想报告给老师又担心被这个同学报复，只好装作没看见

B. 张远有几个大学同学跟他在同一家医院工作，他们都晋升了副高职称，可自己还是主治医师，很是焦急

C. 息影多年的影视明星吴某，看到影视圈里新秀云集，不免慨叹当年自己叱咤影坛的日子已一去不复返

D. 王力二十年前移民他国，现在看到国内经济形势一片大好，当年的不少熟人都已飞黄腾达，羡慕不已

5. 纯粹接触效应也被称为只看效应，是指个体接触一个刺激的次数越频繁，对该刺激就越喜欢的现象。纯粹接触效应是影响个体和社会偏好的一种非常简单但却是非常重要的方式。

根据上述定义，以下符合纯粹接触效应的是_____。

A. 小秦喜欢穿颜色鲜艳的衣服，张教授上课时常能注意到她。硕士研究生面试时，在条件类似的几个学生中，张教授最终选择了小秦

B. 小柯想给妈妈买一份营养品，面对琳琅满目的营养品，他选择了在电视上看到的那个以品质安全著称的品牌

C. 小芳经人介绍认识了高大帅气的小李，一见钟情，随着两人交往逐渐深入，小芳对小李越来越喜欢

D. 小霞看到自己喜欢的明星穿着某品牌的衣服，作为"铁杆粉丝"，她对这个品牌也越来越喜欢

6. 非职务发明是指发明人利用自己的时间、资金、设备等物质条件或技术条件完成的发明创造。非职务发明的专利申请权归发明人或设计人。

根据上述定义，以下属于非职务发明的是_____。

A. 时装设计师海燕在读到"道由白云尽，春与青溪长"时受到启发，设计了清溪系列的春装，该春装成为公司的明星产品

B. 老张是一名植物学家，农科院退休之后，归隐田间，摸索出大棚种植灵芝的先进技术

C. 建筑师小王是一名考古发烧友，假日里相约好友考古时，竟无意间发现明代古城墙遗址

D. 化学家马克对研究野生菌类充满兴趣，闲暇之余在深山发现了名贵菌株，并将其命名为马克菇

7. 生态系统反服务是指受损的自然生态系统，其结构和功能在人类主动干预保护措施实施下，逐步得到恢复，但同时其却对人类日常生活和生产活动产生的负面影响。

根据上述定义，下列不属于生态系统反服务的是＿＿＿＿＿＿＿＿。

A. 城市干道种植的大量法国梧桐，是诱发市民过敏性鼻炎的重要因素

B. 某地动物保护工作开展以来，猕猴数量剧增，它们常骚扰当地居民

C. 因禁止使用除草剂，农民不得不投入更大的人力成本来拔掉杂草

D. 某地修建水坝改善经济状况的同时，也使一部分历史遗迹遭到破坏

8. 确认偏差是指人一旦产生某个信念，就会努力寻找与它相符的例子，并无视那些不符的。

根据上述定义，下列属于确认偏差的是＿＿＿＿＿＿＿＿。

A. 小刚认为终有一天会天降横财，便痴迷于彩票，尽管从未中奖，他还是整日游手好闲，甚至贷款买彩票

B. 小东听到某个所谓的"预言家"断定自己会遭遇车祸后时常感到担忧，某天他突然发生车祸，于是他更相信那位"预言家"了

C. 尽管别人告诉小黄所有泡菜坛里的泡菜原料、泡制时间都一样，但小黄仍认为用黄色泡坛里的泡菜烹饪鱼香肉丝会更可口

D. 股票经理人告诉客户小明某股票会涨的同时又背着小明告诉其他客户该股票会跌，结果该股票大涨，从此小明对该经理人十分信任

9. 框架效应是指对于相同的事实信息，采用不同的表达方式，会使人产生不同的判断决策。一般来讲，在损失和收益面前，人们更倾向于关注损失。

根据上述定义，下列情形不存在框架效应的是＿＿＿＿＿＿＿＿。

A. 小红得悉"A 理财产品能获利 10％，而 B 理财产品有 85％的机会获利 200％"后，选择了投资 B 理财产品

B. 小坤得悉"甲客运站的客车车祸发生率仅为 0.001％，而乙客运站的客车平安送达率为 99.998％"后，选择了乘坐乙客运站的客车

C. 小明每天能得到一个面包，当被问"你吃了半个面包了，还吃吗"，他选择不吃；

而被问"还有半个面包，你吃吗"，他选择吃完

D. 某牛奶公司鉴于消费者对脂肪的抵触情绪，把所产牛奶产品相关描述从"含脂量3％"变为"脱脂量97％"，该公司销售业绩因此迅速上涨

10. 投资市场相反理论是指投资市场本身并不创造新的价值，没有增值，甚至可以说是减值。如果一个投资者在投资行动时同多数投资者相同，那么他一定不是获利最大的，因为不可能多人获利；要获得最大的利益，一定要同多数人的行动不一致。

根据上述定义，下列选项不符合投资市场相反理论的是_____。

A. "只要你和多数投资者意见相左，致富机会永远存在"

B. "在市场投资者爆满的时候，我们再离场"

C. "已经跌这么多了，该到底了"

D. "人弃我取，别人恐惧我贪婪"

11. 信息腐败指的是手中掌握有公共权力的人，借用自身的权力获得某些特殊信息，然后由自己或其代理人利用这些垄断信息从事某些牟利活动的一种违法乱纪行为。

根据上述定义，下列涉及信息腐败的是_____。

A. 市政府某局干部为了个人升迁，贿赂有关人员，多次修改个人档案信息

B. 某法学院教授为了将其负责的研究生班办成品牌，私自使用秘密窃取的某资格考试试卷对该班学生进行辅导

C. 省科技厅王处长离职后到某公司就职，他将自己研究的某项技术加以创新，为该公司开发出极具市场竞争力的新产品

D. 副区长龙某将工程招标报名情况、投标企业业绩要求、中标方式等秘密信息泄露给某投标企业，并收受该企业50余万元

12. 趋同进化是遗传学中的一个概念。指的是不同的物种在进化过程中，由于适应相似的环境而呈现出表型上的相似性。而趋异进化则相反，它是指同一物种在进化过程中，由于适应不同的环境而呈现出表型差异的现象。

根据上述定义，下列属于趋异进化的是_____。

A. 澳洲的袋食蚁兽与亚洲的穿山甲相比较，具有相似的生活方式和适于捕食白蚁的相似生理结构

B. 鲸、海豚等和鱼类的亲缘关系很远，前者是哺乳类，后者是鱼类，但由于都在水域中生活，体形都很相似

C. 欧亚大陆温带地区生活的鼹鼠、非洲南部的金毛鼹在分类上相距甚远，但它们的生存环境和生活方式相似，形态也相似

D. 更新世时期，冰川将一群棕熊从主群中分了出来，在北极环境下发展成与环境颜色一致、善于捕猎的白色北极熊。北极熊食肉，而其他棕熊以植物为主要食物

13. 经济文盲指的是被很多经济学名词弄得满头大汗不知其意的人们，他们的典型特

色是容易盲从，专家说啥信啥，缺乏独立思考，即使专家说错了他们也会继续相信。

根据上述定义，下列涉及经济文盲的是_____。

A. 某"专家"在其出版的书中宣扬"绿豆治百病大法"，引发市场绿豆涨价

B. 一天电视节目里某娱乐明星说低钠盐好处多，第二天一些超市的低钠盐被一抢而空

C. 为了通过某资格考试，小王死记硬背了"边际效益"等很多经济学名词，但是他并没有发现复习资料中其实有很多错误

D. 小王被《重金属攻略》一书中的"浮动盈亏"等概念弄糊涂了，但是看到书中宣传的重金属盈利前景，还是迅速参与了交易

14. 精准医疗是指以个体化医疗为基础，通过基因组、蛋白质组等技术，对大样本人群与特定疾病类型进行生物标记物的分析与鉴定、验证与应用，从而精确寻找到疾病的原因和治疗的靶点，最终实现对疾病和特定患者进行个性化精确治疗。

根据上述定义，下列选项不属于精准医疗的是_____。

A. 甲某罹患癌症，医生对其基因进行全面检测并确定治疗方案

B. 乙某近期反常头晕，医生询问症状后就给其开了非处方药物

C. 丙某在就医时称自己对某种药物过敏，医生根据其过敏情况设计用药方案

D. 丁某患失眠症到中医院就诊，医生据"同病异治，异病同治"的理念施治

15. 回弹效应是指通过技术进步提高能源使用效率，节约了能源消费，但技术进步的同时也会促进经济规模的扩大，对能源产生新的需求，从而部分甚至完全地抵消所节约的能源。

根据上述定义，下列选项可以有效控制回弹效应的是_____。

A. 发动机效率提升降低了行车成本，更多人选择以车代步

B. 厂商进一步提高能源效率，利润增加，生产出更多产品

C. 太阳能热水器热销，慢慢取代传统电热水器

D. 现在越来越多的消费者购买节能型家用电器

16. 绿色设计是指在整个产品周期内，着重考虑产品的环境属性，如可拆卸性、可回收性、可维护性、可重复利用性等，并将其作为设计目标，在满足环境保护条件的同时，保证产品的质量达到最优状态。

根据上述定义，下列选项符合绿色设计理念的是_____。

A. 迪拜太阳村巧摆太阳能收集器以实现日照时间最大化

B. 荷兰某化学品公司将健康环保作为公司重要的价值观

C. 巴西流行利用绿色植物代替砖、石、钢筋水泥来砌墙

D. 某学校将教室背景设计为浅绿色来保护孩子们的眼睛

17. 在决断之前，每个事物的价值在决策者心中大致相近，则难于决断其优劣；但在

作出选择之后，决策者对这些事物的态度评价就发生了改变。这种现象叫做决断后效应。

根据上述定义，下列现象属于决断后效应的是_____。

A. 某职员对自己的去留一筹莫展，一番考量之后他认为留下来要面对许多复杂关系，不如重新开创新天地

B. 某女士对各有优劣的两个品牌手机难以抉择，最后她从经济角度考虑选择其中一款，可到货后发现这款有色差

C. 某老师对选 A 还是 B 去参加比赛犹豫不决，班长建议选 B。事后，老师认为选 B 完全正确，因为 B 最终夺得冠军

D. 某学生填报志愿时对报甲大学还是乙大学犹豫不决，最后他听从老师建议选择了甲大学，从此觉得甲大学优于乙大学

18. 院墙外正义是指对于不涉及自身利益的不良行为往往表现得义正词严、充满正义；但是一旦涉及自身的利益，即使面对的是同样不良的行为，则往往采取完全不同的态度。

下列属于院墙外正义的是_____。

A. 小赵正在家中看书，从院子外边传来激烈的争吵声。他冲出去一看，原来是隔壁夫妻在吵架。他赶紧回家打电话，请居委会派人来调解

B. 张院长在学院会议上严厉批评个别老师上课迟到的现象，强调必须严肃处理。有人提起他上周迟到的事，他又补充了一句:凡事不能一概而论

C. 小陈担任部门经埋以前，也像其他员工一样经常抱怨公司管理措施过于严苛。现在，他已经逐渐理解了管理部门的良苦用心

D. 小李是某医学院大三学生，平时经常向周边的同学和朋友宣传义务献血的意义和好处，但自己却从来没有献过一次血

19. 文化焦虑是指在全球化和现代化进程中，基于传统文化受到外来文化的挤压而产生的迷惘、焦躁、失望、不自信等心理状态。

下列不属于文化焦虑的是_____。

A. 为应对西方文化的入侵，有些家长建议教育部门尽快制定相关政策，让包括四书五经在内的传统经典进入中小学课堂

B. 全国各地大大小小的城市中，随处可见"罗马广场""加州小镇"之类的包含外国地名的广场、小区和公园

C. 圣诞节、情人节、复活节现在越来越流行，不少传统节日却受到年轻人的冷落，部分学者呼吁尽快采取措施严格限制洋节日

D. 许多历史文化遗产及人文景观随着如火如荼的旧城改造而不断消失，越来越多的有识之士对此深感忧虑

第三节　斩获高分题

1. 水文节律是指湖泊水情周期性、有节律的变化。广义水文节律包括昼夜、月运、季节和年际节律。正常情况下，由于流域气候和下垫面等因素较稳定，湖泊多年平均水位趋于稳定数值即湖泊正常年平均水位。所以湖泊年际节律以干扰因素驱动的突变性和适应干扰后的阶段稳定性为特点，无渐变趋向；而昼夜节律对生态系统影响微弱。因此，狭义水文节律特指月运节律与季节节律。

根据上述定义，下列涉及狭义水文节律的是_____。

A. 鄱阳湖受降雨持续减少和来水减少双重影响，水面面积持续萎缩

B. 洪泽湖历史年均水温 16.3 ℃，最高水温在 9 月，最低水温在 1 月

C. 洞庭湖去年年降水量 1 560 毫米，其中 4—6 月降水约占全年一半

D. 巢湖流域年平均气温稳定在 15 ℃～16 ℃之间，有 200 天以上无霜期

2. 职业锚指当一个人不得不做出选择时，无论如何都不会放弃的职业中的那种至关重要的东西或价值观。技术职能型职业锚是指个体的整个职业发展，都围绕着他所擅长的一套特别的技术能力或特定的职业工作而发展。

根据上述定义，以下_____项符合技术职能型职业锚。

A. 小李获得计算机专业硕士学位后就职于一家游戏软件公司，做了一名软件工程师，因经常加班身体透支严重，索性辞职开了一家花店

B. 王大夫是一名神经外科专家，因其专业技能精湛，在业内享有较高声誉，被推选为院长，全职负责全院的行政管理工作

C. 小丽是一名专职演员，在多部电影中都有不错表现，但随着年龄增长遭遇事业瓶颈，遂决定息影，赴国外学习工商管理

D. 小张在厨师学校毕业之后，先是受雇于一家小型餐厅，开始时不受重用，后来潜心钻研新菜品大获赞誉，被猎头挖至五星级酒店，担任餐厅主厨

3. 在群体中，"搭便车"指的是个体在没有做任何事情的情况下，还从群体其他成员那里获益的现象。吸管效应指的是当个体发现群体有些成员享受"搭便车"的时候，个体就会减少努力的现象，即个体宁愿降低努力程度，同时承受回报降低的后果，也不愿意成为"吸管"被别人"搭便车"。

根据上述定义，以下属于吸管效应的是_____。

A. 小张爱干净，经常主动打扫宿舍卫生。不久后，他发现其他室友都不再打扫宿舍卫生。此后，即使觉得宿舍卫生状况令他不舒服，他也不再打扫了

B. 小刘所在公司以团队方式完成任务，完成任务后全体团队成员都会受到同等的奖

励。小刘觉得即使再努力也不会得到更多奖励，所以工作不那么努力

C. 团队比赛规则规定，团体最后一名的成绩就是团体的成绩，小方发现自己所在团队中有一名成员完成任务很慢，觉得自己的团队肯定赢不了，于是不再全力以赴

D. 小江是学生会宣传部成员，学生会组织全校学术论坛时，宣传部负责海报和画册设计，小江并不积极，他知道最后这些成果都会署名"学生会"，没有个人署名

4. 共享型领导指独立于组织正式的领导角色或层级结构，由组织内部成员主动参与的、一种自下而上的成员之间相互领导的非正式领导力团队过程模式。它不仅强调传统垂直领导行为或角色在成员之间的共享，如决策制定、共享结果、共担责任等，还强调成员之间的相互影响与相互协作，属于一种分布于成员之间的水平影响力。

根据上述定义，下列属于共享型领导的是_____。

A. 某高校辅导员新学期在某班级发起由全班同学轮流当班长的活动

B. 在公司项目组项目设计的过程中，小王主动承担了技术攻关任务

C. 为提高服务质量和办事效率，某部门将日常突发、应急事项从原来的几个科室流水处理，改由专人负责

D. 某研发部门为提高研发效率、发挥员工积极性而实行民主集中制，由员工共同行使权力、承担责任、分享利益

5. 似动是指在一定的时间和空间条件下，人们在静止的物体间看到了运动，或者在没有连续位移的地方，看到了连续位移。

根据上述定义，下列选项不属于似动现象的是_____。

A. 两岸青山相对出　　　　　　　　B. 坐地日行八万里

C. 郡邑浮前浦，波澜动远空　　　　D. 明月却多情，随人处处行

6. 投射性认同指一个人诱导他人以一种既定的方式来作出反应的行为模式。体现在人际关系中，往往是甲方把内心中"好"或"坏"的客体投射到乙方身上，认为乙方"好"或"坏"，而乙方又接受了这一投射幻想，于是就以甲方所设想的方式来对待甲方，然后甲方又进一步验证了自己的假设，认为乙方就是他所认为的那样的人。

根据上述定义，下列选项属于投射性认同的是_____。

A. 寒门亦可出贵子　　　　　　　　B. 严师方能出高徒

C. 虎父果然无犬子　　　　　　　　D. 慈母自古多败儿

7. 元素指自然界中一百多种基本的金属和非金属物质，它们由一种原子组成，其原子中的每一个核子具有同样数量的质子，用一般的化学方法不能使之分解，并且能构成一切物质。原子是化学反应不可再分的基本微粒，原子在化学反应中不可分割，但在物理状态中可以分割，由原子核和绕核运动的电子组成。分子由原子构成，是构成物质的一种基本粒子的名称，是单独存在、保持化学性质最小的粒子。

根据上述定义，下列选项正确的是_____。

A. 原子是构成物质的最小粒子

B. 空气由各种细小的原子构成

C. 具有不同数量质子的原子不是同一类元素

D. 一氧化碳分子（CO）由一个氧元素和一个碳元素构成

8. 间接正犯又称为间接实行犯，是指利用他人为道具而实施犯罪的实行行为，利用者通过支配被利用者的工具行为实现自己的犯罪意图。利用者与被利用者不构成共同犯罪。它包括以下两种情况：一是利用无刑事责任能力人犯罪；二是利用他人过失或不知情的行为犯罪。

根据上述定义，下列甲的行为属于间接正犯的是_____。

A. 甲挑唆乙和丙的关系，致使乙一怒之下将丙打成重伤。甲、乙、丙均为完全刑事责任能力人

B. 甲教唆精神病人乙用刀砍伤与其素有仇怨的丙。甲、丙为完全刑事责任能力人，乙为无刑事责任能力人

C. 甲派员工乙殴打一直欠钱不还的丙，并允诺给其好处，乙随后将丙打伤。甲、乙、丙均为完全刑事责任能力人

D. 甲让自己尚未成年的孩子乙诬告丙，未想到乙捏造的事实正是丙客观存在的事实。甲、丙为完全刑事责任能力人，乙为无刑事责任能力人

9. 不征税收入是指专门从事特定目的，从性质和根源上不属于营利性活动带来的经济利益，不负有纳税义务并且不作为应纳税所得额组成部分的收入，比如财政拨款、行政事业性收费等；免税收入是纳税人应税收入的重要组成部分，只是国家为了实现某些经济和社会目标，在特定时期或对特定项目取得的经济利益给予的税收优惠照顾，而在一定时期又有可能恢复征税的收入。

根据上述定义，下列说法错误的是_____。

A. 为鼓励高新技术企业自主创新，政府规定，在近两年内对这类企业研发产品的销售收入暂不收税，因此企业在研发产品上的销售收入属于免税收入

B. 某农产品企业获得了当地政府对农业加工产品的专项财政补贴，该补贴属于不征税收入

C. 国家规定，企业技术转让所得年净收入在 30 万元以下的，暂免征收所得税，因此这部分所得属于免税收入

D. 为鼓励纳税人积极购买国债，国家规定国债所得利息收入暂不计入应纳税所得额，不征收企业所得税，因此国债利息收入属于不征税收入

10. 前摄抑制是指先学习的材料对识记和回忆后学习的材料所产生的干扰作用；倒摄抑制是指后学习的材料对识记和回忆先学习的材料所产生的干扰作用。

根据上述定义，下列选项只包含倒摄抑制的是_____。

A. 背课文时发现中间段落往往是最难记住的

B. 一天中，人们一般在早晨和夜晚的记忆效果最佳

C. 学习英文字母后，之前学的拼音字母会读错

D. 头部受伤后，回忆不起来之前发生的事情

11. 刺激泛化是指条件作用的形成使有机体习得了对某一刺激做出特定反应的行为，因此也就可能对类似的刺激做出同样的行为反应。刺激分化是通过选择性强化和消退使有机体学会对条件刺激和与条件刺激相类似的刺激做出不同的行为反应。

根据上述定义，下列说法不正确的是＿＿＿＿＿＿＿。

A. "一朝被蛇咬，十年怕井绳"属于刺激泛化

B. "横看成岭侧成峰，远近高低各不同"属于刺激分化

C. 为突出品牌，厂家对包装进行独特设计，力图使顾客产生刺激分化

D. 某品牌牙膏创成名牌后，生产商将其生产的化妆品也以同品牌命名，利用的是顾客的刺激泛化

12. 幸存者偏差，又称为"生存者偏差"或"存活者偏差"，是一种常见的逻辑谬误，指的是只能看到经过某种筛选而产生的结果，而没有意识到筛选的过程，因此忽略了被筛选掉的关键信息。

根据上述定义，以下不符合幸存者偏差的是＿＿＿＿＿＿＿。

A. 某位互联网大亨是从大学退学创业成功的，很多人感叹，上大学没什么用，大学退学的人成功了，自己当老板，那么多大学毕业的人，还在给老板打工

B. 二战期间，军方专家根据从战斗中返航的飞机机翼和机尾位置中弹最多的特点，认为应该强化油箱和驾驶员舱位的装甲防护，才能降低被炮火击落的概率

C. 在国际钢琴大赛中荣获金奖的女孩说，她有今天的成绩，是由于父母从小严厉管教，逼她坚持弹琴。欣欣的妈妈想：只要坚持让欣欣每天练琴，她将来也会成为钢琴家

D. 王先生坚信"喝葡萄酒的人长寿"，因为他调查了身边很多长寿的老人，发现其中很多人经常饮用葡萄酒

13. 即发侵权，是指侵权活动开始之前，权利人有证据证明某行为很快就会构成对自己知识产权的侵犯，或该行为的正常延续必然构成侵权行为，权利人可依法予以起诉。

根据上述定义，以下事例可以以即发侵权进行起诉的是＿＿＿＿＿＿＿。

A. 知名乐队黑眼豆豆新出的专辑"夜空"正在大卖，同时，另一个知名度不高且取名为黑米果果的乐队也正抓紧制作名为"星空"的专辑

B. 小雪人形状的雪糕深受孩子们喜爱，最近市面上又出现一种形状非常相似的山寨小雪人雪糕

C. 小张是某软件开发公司的研发部经理，掌握该公司某项专利产品的核心技术，后来小张被另一公司高薪挖走，正在开发类似的产品

D. 小小读书郎的电子产品上市之后深受好评，另一家公司也紧跟着研发小小状元人机互动学习机

14. 暂予监外执行是指对被判处有期徒刑、拘役或无期徒刑的罪犯，在某些法定情形出现时，暂时不采取在监狱或看守所执行原判刑罚的一种变通执行方法。罪犯有下列情形之一的，可以暂予监外执行：（1）有严重疾病需要保外就医的；（2）怀孕或正在哺乳自己的婴儿的；（3）生活不能自理，适用暂予监外执行不致危害社会的。被判处无期徒刑的罪犯，只有在符合第二种情形时，才可以暂予监外执行。对适用保外就医可能有社会危险性的罪犯，或者自伤自残的罪犯，不得保外就医。

根据上述定义，下列罪犯最有可能适用暂予监外执行的是_____。

A. 罪犯甲（女）被判处有期徒刑，丈夫死亡，父母患重病，尚有三个3～8岁的未成年子女无人照看

B. 罪犯乙被判处有期徒刑，入监后对生活失去信心，自杀未果，危及生命

C. 罪犯丙被判处有期徒刑，服刑期间突发疾病，肢体瘫痪，生活不能自理

D. 罪犯丙（女）被判处死刑，判决生效后发现其已怀孕三个月

15. 认知失调是一个人在做出决定、采取行动或者接触到一些有违原先信念、情感或价值的信念后所体验到的冲突状态。当人们感到认知失调时，不协调的存在感将推动人们去努力减少不协调，除设法调整自身的行为或改变自己的态度外，人们还可以主动避开那些很可能使不协调增加的情境内外因素和信息因素。

根据上述定义，下列反映认知失调的是_____。

A. 小明参与了一个很无聊的活动，从中得到了很少的报酬

B. 推销员说服小红用相对高的价格买了自己不是很需要的厨具，几天后小红觉得自己非常喜欢这套厨具

C. 小王因为考试没考好被爸爸批评了，他回到自己房间后认真思考了原因，决定以后更加努力学习

D. 勤奋的小宇参加了很多课外班，这导致每次练习钢琴都会迟到，他对钢琴老师表示非常抱歉

第四节　考点解码及答案解析

一、夯实基础题

1.【考点解码】 多定义判断

【答案解析】 选 B。消费超前定义关键信息：当下收入不足以购买、以贷款、分期、

预支等形式消费。只有 B 项凸显出了大学生收入水平不足并且采用了借贷的形式付款，符合定义。

2.【考点解码】　单定义判断

【答案解析】　选 C。绿色消费定义关键信息"适度节制消费，避免或减少对环境的破坏，崇尚自然和保护生态"。A 项，减少包装浪费，符合上述定义。B 项，保护木材资源，符合上述定义。C 项，减少加工成本，与崇尚自然和保护生态无关，不符合定义。

3.【考点解码】　多定义判断

【答案解析】　选 D。被动求医定义关键信息"由病人的家属或他人做出求医的决定，病人配合就医"。A 项，老张主动挂号求医，属于主动求医，排除。B 项，小张不得不去牙科求医，也属于主动求医，排除。C 项，刘阿姨自己不愿意看病，由家属做出求医决定，属于强制求医，排除。

4.【考点解码】　单定义判断

【答案解析】　选 A。侵犯行为定义关键信息"违反社会主流规范的、有动机的、伤害他人的行为"。A 项，博士生闯入办公室，用枪击伤导师，符合定义。B 项，语文老师批评学生，没有违反社会主流规范，不符合定义。C 项，球员不小心撞伤另一球员，不是有意伤害行为，不符合定义。D 项，王某得到李某同意，没有违反社会主流规范，不符合定义。

5.【考点解码】　单定义判断

【答案解析】　选 A。家庭式迁移的定义要点"以户为单位""跟随主要生产要素""离开原居住地迁往目的地"。A 项，符合定义。B 项，老李夫妇过年回家团聚，并未离开原居地迁往目的地，排除。C 项，老刘被独生女儿接往养老机构，并非是以户为单位，排除。D 项，老张回乡定居，并未跟随生产要素迁移，先回乡后发现生产要素，排除。

6.【考点解码】　单定义判断

【答案解析】　选 C。元刻板印象定义要点"个体关于外群体成员对其所属群体所持刻板印象的信念"。A 项，任课教师们不是个体，排除。B 项，经济学家们不是个体，排除。C 项正确。D 项，小刘认为北方人耐冻，没有体现外群体（北方人）对其所属群体（南方人）的刻板印象，排除。

7.【考点解码】　单定义判断

【答案解析】　选 D。关键定义："向别人提供别人不需要的关怀，并强迫别人接受自己的关怀"和"需要别人依赖自己从而使别人不能独立"。D 项，王某女儿就读大学，显然已经有独立生活和学习的能力，但王某仍旧陪读，体现了关怀强迫症的定义。

8.【考点解码】　单定义判断

【答案解析】　选 A。组织学习的定义构成要件是"组织""实现发展目标、提高核心竞争力""围绕信息或知识技能所采取的各种行动"，A 项，符合定义。B 项，李明是个人，不符合定义构成要件"组织"。C 项，去三亚度假，不符合定义构成要件"围绕信息或知识技能所采取的各种行动。D项，开展户外拓展，不符合定义构成要件"围绕信息或知识技能所采取的各种行动"。

9.【考点解码】 单定义判断

【答案解析】 选D。情感广告的定义构成要件是"诉诸于消费者的情绪或情感反应""传达商品带给他们的附加值或情绪满足"。A、B、C三项均符合定义；D项，"肌肤柔美润舒"正是商品本身的价值，没有体现"附加值或情绪满足"，不符合定义构成要件"传达商品带给他们的附加值或情绪满足"，因此不符合定义。

10.【考点解码】 单定义判断

【答案解析】 选D。微商的定义构成要件是"以个人为单位""利用web3.0时代所衍生的载体""不存在区域限制"。A项，化妆品公司不是个人，不符合定义构成要件"以个人为单位"。B项，某眼镜店不是个人，不符合定义构成要件"以个人为单位"；同时通过大力宣传也没有体现定义构成要件"利用web3.0时代所衍生的载体"。C项，为周边居民提供服务，不符合定义构成要件"不存在区域限制"。D项符合定义。

11.【考点解码】 单定义判断

【答案解析】 选B。网络小说定义构成要件是"由作者创作并首次在网络上发表""以连载模式形成的小说""偏重于娱乐性和读者阅读时的体验"。A项，考研经历不是小说，不符合定义构成要件"以连载模式形成的小说"。B项，符合定义。C项，连环画不是小说，不符合定义构成要件"以连载模式形成的小说"。D项，一篇微小说不可能连载，不符合定义构成要件"以连载模式形成的小说"。

12.【考点解码】 单定义判断

【答案解析】 选D。电信诈骗的定义构成要件是"通过电话、网络和短信方式""远程、非接触式诈骗""诱使受害人给犯罪分子打款或转账""进行非法侵占他人财物"。

A、B、C三项都符合定义。D项，"家政公司派来的保洁员"不符合定义构成要件"通过电话、网络和短信方式"和"远程、非接触式诈骗"；同时，"购买了数千元保健品"不符合定义构成要件"诱使受害人给犯罪分子打款或转账"。

13.【考点解码】 单定义判断

【答案解析】 选D。环境移民的定义构成要件是"人类生存的自然环境和人居环境""突发或渐进性的不利影响""各种人口迁移行为"。A、B、C三项都符合定义。D项，蒙古族占领中原后，大量蒙古族牧民随政府（蒙古王庭）南迁，没有体现定义构成要件"人类生存的自然环境和人居环境"和"突发或渐进性的不利影响"。

14.【考点解码】 单定义判断

【答案解析】 选A。服务型公关的定义构成要件是"提供各种实惠服务""通过实际行动获取社会公众的了解和好评""建立组织良好形象"。A项，符合定义。B项，仅仅是提供救灾物资，没有体现定义构成要件"提供各种实惠服务"，因此不符合定义。C项，投放大量广告宣传其新产品，没有体现定义构成要件"提供各种实惠服务"，因此不符合定义。D项，向消费者公开道歉，并辞去相关职务，这些都仅仅是为了挽回公司的形象，没有体现定义构成要件"提供各种实惠服务"和"建立组织良好形象"，因此不符合定义。

15.【考点解码】　单定义判断

【答案解析】　选D。消费痛点的定义构成要件是"使用或希望使用某商品时""令人不满意或令人感到麻烦的地方"。A项中的"使用起来很不方便"、B项中的"特别耗费时间和精力"、C项中的"清洗太复杂"都是令人不满意或令人感到麻烦的地方，因此这三项均符合定义。D项，沮丧的原因是别人的评价，而不是因为裙子存在特别令人不满意或令人感到麻烦的地方，因此不符合定义。

16.【考点解码】　单定义判断

【答案解析】　选A。舌尖效应的定义构成要件是"平时很熟悉的事物""一时想不起来"。A项，符合定义。B项，到广告公司应聘，面对的应该是陌生的人或事物，不符合定义构成要件"平时很熟悉的事物"。C项，心仪的女性也应该是才认识的，不符合定义构成要件"平时很熟悉的事物"。D项，这道难题应该是才遇到的，不符合定义构成要件"平时很熟悉的事物"。

二、提升能力题

1.【考点解码】　单定义判断

【答案解析】　选D。D项中"母校"和"我"之间并不存在契约关系，并且"我"终究会从"母校"毕业即脱离母校，因此并不符合组织认同的基本定义。

2.【考点解码】　单定义判断

【答案解析】　选C。VR技术强调的是实现创建和体验虚拟世界，只有C项中全方位地体验并没有实际购买的书桌摆进书房的效果能够符合这一定义。

3.【考点解码】　单定义判断

【答案解析】　选D。时间感知扭曲定义的关键在于对时间不正确的知觉。D项说的是虽然入春只有七天，但是离开家已经有两年，表达的是对现实时间的准确认知，并不是对时间的不正确的知觉，所以不符合定义。

4.【考点解码】　单定义判断

【答案解析】　选B。同侪压力定义关键信息"平辈取得成就所带给自己的心理压力"。A项，同学带小抄不属于同辈取得的成就，排除。B项，大学同学属于平辈，平辈都晋升副高职称，给予了还是大学学生的张远心理压力，符合定义。

5.【考点解码】　单定义判断

【答案解析】　选A。纯粹接触效应定义关键信息"接触一个刺激的次数越频繁，对该刺激就越喜欢的现象"。A项，小秦喜欢颜色鲜艳的衣服，教授多次注意到她之后对其产生偏好，符合定义。小柯面对众多营养品广告的刺激，但看重安全性一点，并以此做出选择，不符合定义"接触一个刺激的次数越频繁，对该刺激就越喜欢的现象"，所以排除。C项，小芳对小李一见钟情，接触次数并不频繁，不符合定义。D项，小霞本身就对明星穿着的品牌产生偏好，不符合定义。

6.【考点解码】 单定义判断

【答案解析】 选B。非职务发明定义关键信息"利用自己的时间、资金、设备等物质条件或技术条件完成的发明创造"。A项，时装设计师设计时装是其工作本分之事，不符合定义。B项，老张退休后利用自己的时间、技术种植灵芝，符合定义。C项，小王发现遗址，并非发明创造，不符合定义。D项，马克发现菌株，并非发明创造，不符合定义。

7.【考点解码】 单定义判断

【答案解析】 选D。生态系统反服务的定义要点"对受损的自然生态系统结构实施保护，使其得到恢复"、"生态系统对人类日常生活和生产活动产生负面影响"。A项，种植大量法国梧桐诱发市民鼻炎，符合定义。B项，动物保护工作的开展，使得猕猴数量剧增，骚扰居民，符合定义。C项，禁止使用除草剂保护了生态，农民投入更大人力成本是对农民的生产活动产生负面影响，符合定义。

8.【考点解码】 单定义判断

【答案解析】 选C。确认偏差定义要点"人产生某一信念"、"寻找与其相符的例子，并无视那些不符的"。A项，小刚痴迷于每天买彩票，并没有体现他寻找与所产生信念相符的例子，排除。B项，没有体现小东无视与所产生信念不相符的例子，排除。D项，小明是在找到相符的例子后产生的信念，排除。

9.【考点解码】 单定义判断

【答案解析】 选A。框架效应定义要点"对于相同的事实信息，采用不同的表达方式，会使人产生不同的判断决策"。A项，A理财产品与B理财产品的信息，属于两种不同的事实信息，不符合定义。故B、C、D项都正确。

10.【考点解码】 单定义判断

【答案解析】 选C。定义关键信息：要获得最大的利益，一定要同多数人的行动不一致。C项，表明的是对股市行情的描述和预判，并没有说明和多数人的行为是否一致，不符合定义。

11.【考点解码】 单定义判断

【答案解析】 选D。信息腐败的定义构成要件是"手中掌握有公共权力的人""利用这些垄断信息从事某些牟利活动的一种违法乱纪行为"。A项，为了个人升迁不是从事某些牟利活动，不符合定义，该项排除。B项，法学院教授不符合定义构成要件"手中掌握有公共权力的人"，该项排除。C项，离职后将某项技术加以创新，不属于违法活动，该项排除。D项，龙某作为手中掌握有公共权力的人，将秘密信息泄露给投标企业从而牟利，符合信息腐败的定义。

12.【考点解码】　多定义判断

【答案解析】　选D。趋同进化的定义构成要件是"不同的物种在进化过程中""适应相似的环境而呈现出表型上的相似性"。趋异进化的定义构成要件是"同一物种在进化过程中""适应不同的环境而呈现出表型差异"。A项，澳洲的袋食蚁兽与亚洲的穿山甲是不同物种，符合趋同进化的定义，排除该项。B项，鲸、海豚等和鱼类是不同物种，符合趋同进化的定义，排除该项。C项，鼹鼠与金毛鼹是不同物种，符合趋同进化的定义，排除该项。D项，主群中一群棕熊在北极环境下发展成与环境颜色一致、善于捕猎的白色北极熊，其他棕熊以植物为主要食物，符合趋异进化的定义。

13.【考点解码】　单定义判断

【答案解析】　选D。经济文盲的定义构成要件是"被很多经济学名词弄得满头大汗不知其意""容易盲从，缺乏独立思考"。A项，没有涉及经济学名词，因此不符合经济文盲的定义，排除该项。B项，没有涉及经济学名词，因此不符合经济文盲的定义，排除该项。C项，小王死记硬背经济学名词，但没有发现复习资料中其实有很多错误，没有体现被很多经济学名词弄得满头大汗不知其意，以及盲目跟随，不符合经济文盲的定义，排除该项。D项，小王被《重金属攻略》一书中的"浮动盈亏"等概念弄糊涂，符合定义构成要件"被很多经济学名词弄得满头大汗不知其意"；看到书中宣传的重金属盈利前景，还是迅速参与了交易符合定义构成要件"容易盲从，缺乏独立思考"；因此该项符合定义。

14.【考点解码】　单定义判断

【答案解析】　选B。精准医疗的定义构成要件有"以个体化医疗为基础""通过基因组、蛋白质组等技术，对大样本人群与特定疾病类型进行生物标记物的分析与鉴定、验证与应用""精确寻找到疾病的原因和治疗的靶点""对疾病和特定患者进行个性化精确治疗"。A、C、D三项均符合定义；B项，"询问症状后就给其开了非处方药物"不符合定义构成要件"通过基因组、蛋白质组等技术，对大样本人群与特定疾病类型进行生物标记物的分析与鉴定、验证与应用"，因此不符合定义。

15.【考点解码】　单定义判断

【答案解析】　选C。回弹效应的定义构成要件"通过技术进步提高能源使用效率，节约了能源消费""促进经济规模的扩大，对能源产生新的需求""部分甚至完全地抵消所节约的能源"。A、B、D三项都符合回弹效应的定义。C项，太阳能热水器热销进而代替传统电热水器，不会导致"对能源产生新的需求"，这样就能有效控制回弹效应。

16.【考点解码】　单定义判断

【答案解析】　选C。绿色设计的定义构成要件是"产品周期内着重考虑产品的环境属性""将可拆卸性、可回收性、可维护性、可重复利用性等作为设计目标""满足环境保护条件的同时，保证产品的质量达到最优状态"。A项，"巧摆太阳能收集器"只是将产品位置变化，没有涉及产品的设计，不符合定义构成要件"将可拆卸性、可回收性、可维护性、可重复利用性等作为设计目标"，因此不符合定义。B项，"将健康环保作为公司重要的价值观"也没有涉及产品的设计，不符合定义构成要件"将可拆卸性、可回收性、可维护性、可重复利用性等作为设计目标"，因此不符合定义。C项，"利用绿色植物"体现了用"可拆卸性、可回收性、可维护性、可重复利用性"的环保材料代替传统建筑材料的设计目标和理念，符合定义。D项，只是改变教室的背景颜色，没有体现产品的可拆卸性、可回收性、可维护性、可重复利用性等，不符合定义构成要件"将可拆卸性、可回收性、可维护性、可重复利用性等作为设计目标"。

17.【考点解码】　单定义判断

【答案解析】　选D。决断后效应的定义构成要件是"作出选择之后决策者对这些事物的态度评价就发生了改变"。A、B、C三项都没有涉及做出选择后的态度变化，不符合定义。D项，选择前不能判断两所大学的优劣，选择后觉得甲优于乙，说明态度评价有改变，符合定义。

18.【考点解码】　单定义判断

【答案解析】　选B。院墙外正义定义构成要件是"不涉及自身利益的不良行为""表现得义正词严、充满正义""涉及自身的利益，即使面对的是同样不良的行为""采取完全不同的态度"。A项，没有涉及两种不同的态度，不符合定义。B项，张院长对他人和自身在同种事（迟到）是两种不同的态度，符合定义。C项，小陈虽然有不同的态度，但都没有涉及自身的利益，不符合定义。D项，没有献血不是不良行为，不符合定义。

19.【考点解码】　单定义判断

【答案解析】　选B。文化焦虑定义构成要件是"全球化和现代化进程中""传统文化受到外来文化的挤压""产生迷惘、焦躁、失望、不自信等心理状态"。A、C、D三项都符合定义。B项，仅仅是出现包含外国地名的广场、小区和公园，并没有体现定义构成要件"产生迷惘、焦躁、失望、不自信等心理状态"，不符合定义。

三、斩获高分题

1.【考点解码】　多定义判断

【答案解析】　选B。A项，鄱阳湖受降雨持续减少和来水减少双重影响，不符合"月运节律和季节节律"，不符合狭义水文节律，不符合定义，排除；B项，洪泽湖最高水温在9月，最低水温在1月，月份和季节不同水温也不同，符合"月运节律和季节节律"，符合狭义水文节律，符合定义，当选（水情指江河湖泊的状况、特征及地理意义，如流量、水位、流速、水温与冰情等，水温是水文测验的基本项目之一）；C项，只是给出洞庭湖去年的降水量，而其他年份的降水量情况、以及降水量是否存在"周期性、有节律的变化"，我们并不知晓，而且，洞庭湖 4～6 月降水约占全年一半，不符合"季节和年际节律"，不符合"月运节律和季节节律"，不符合狭义水文节律，不符合定义，排除；D 项，巢湖流域平均气温在 15 ℃～16 ℃之间，有 200 天以上无霜期，符合"季节和年际节律"，不符合"月运节律和季节节律"，不符合狭义水文节律，不符合定义，排除。

2.【考点解码】 多定义判断

【答案解析】 选 D。技术职能型职业锚定义关键信息"个体的整个职业发展都围绕着他所擅长的一套特别的技术能力或特定的职业工作"。A 项，小李是计算机专业，但是开了花店，职业发展没有围绕计算机技术，不符合定义。B 项，王大夫擅长神经外科，但是却负责行政管理，职业发展没有围绕神经外科，不符合定义。C 项，小丽是专职演员，后学习工商管理，职业发展没有围绕演员这个职业，不符合定义。

3.【考点解码】 单定义判断

【答案解析】 选 A。吸管效应定义关键信息：个体发现群体有些成员享受"搭便车"的时候，就会减少努力，即使需要承受回报降低的后果，也不愿意成为"吸管"被别人"搭便车"。A 项，室友因为小张一直打扫卫生就"搭便车"，因此小张即使觉得宿舍脏乱难忍，却也不打扫，即不愿成为"吸管"被室友"搭便车"，符合定义。B 项，没有出现"搭便车"的情况，不符合定义。C 项，队员没有"搭便车"现象，不符合定义。D 项，团队中没有出现"搭便车"情况，不符合定义。

4.【考点解码】 单定义判断

【答案解析】 选 D。共享型领导定义要点"独立于组织正式的领导角色或层级结构""组织内部成员主动参与的、自下而上的成员之间相互领导""分布于成员之间的水平影响力"。A 项，辅导员在班级发起由全班同学轮流当班长的活动，并非是组织内部成员主动参与、自下而上的成员之间相互领导，排除。B 项，承担技术攻关任务并未涉及成员间相互领导，排除。C 项，专人负责日常突发任务并未涉及成员之间相互领导，排除。

5.【考点解码】 单定义判断

【答案解析】 选 B。B 项，日行八万里的原因是地球自转，存在连续位移，但是人们没有看到位移，因此不符合似动的定义。

6.【考点解码】 单定义判断

【答案解析】 选 C。投射性认同的关键在于甲方对乙方的态度，经过乙方以甲方设想的样子反馈，甲方验证了自己的假设。因此只有"虎父果然无犬子"符合定义，即"不会生出一般的孩子"是对"出色的父亲"的验证。

7.【考点解码】 多定义判断

【答案解析】 选 C。元素定义的关键信息：由一种原子组成，其原子中的每一个核子具有同样数量的质子。原子定义的关键信息：化学反应不可再分的基本微粒，但在物理状态中可以分割，由原子核和围绕核运动的电子组成。分子定义的关键信息：由原子构成，是构成物质的一种基本粒子，是单独存在、保持化学性质最小的粒子。分析四个选项，只有C项正确，同一元素由一种原子组成，其原子中的每一个核子具有同样数量的质子，所以具有不同数量质子的原子不是同一元素，符合定义。

8.【考点解码】 单定义判断

【答案解析】 选B。间接正犯的定义构成要件是"利用他人为道具而实施犯罪的实行行为""利用者通过支配被利用者的工具行为实现自己的犯罪意图""利用者与被利用者不构成共同犯罪"。A项，甲只是挑唆乙和丙的关系，是否有伤害丙的意图不确定，不符合定义构成要件"利用者通过支配被利用者的工具行为实现自己的犯罪意图"，排除该项。B项，符合定义。C项，甲派员工乙，说明甲是主谋，即甲、乙共同犯罪，不符合定义构成要件"利用者与被利用者不构成共同犯罪"，排除该项。D项，乙捏造的事实正是丙客观存在的事实不符合定义构成要件"利用他人为道具而实施犯罪的实行行为"，排除该项。

9.【考点解码】 多定义判断

【答案解析】 选D。不征税收入定义构成要件是"专门从事特定目的，从性质和根源上不属于营利性活动带来的经济利益""不负有纳税义务并且不作为应纳税所得额组成部分的收入"。免税收入的定义构成要件是"在特定时期或对特定项目取得的经济利益给予的税收优惠照顾""在一定时期又有可能恢复征税的收入"。A项，对研发产品的销售收入暂不收税符合免税收入的定义，该项正确。B项，专项财政补贴是财政拨款，符合不征税收入定义，该项正确。C项，对企业技术转让所得暂免征收所得税符合免税收入的定义，该项正确。D项，国债利息收入暂免征收所得税，符合免税收入的定义，该项错误。

10.【考点解码】 多定义判断

【答案解析】 选C。前摄抑制的定义构成要件是"先学习的材料对识记和回忆后学习的材料所产生的干扰"。倒摄抑制的定义构成要件是"后学习的材料对识记和回忆先学习的材料所产生的干扰"。A项，中间段落难记，说明先学习和后学习的段落都对中间段落起到干扰，即前摄抑制、倒摄抑制都有，排除该项。B项，早晨的记忆效果最佳是因为没有前摄抑制；夜晚的记忆效果最佳是因为没有倒摄抑制；排除该项。C项，说明后学习的对先学习的有抑制，只包含了倒摄抑制。D项，头部受伤后，没有涉及先、后学习材料，不符合定义。

11.【考点解码】 多定义判断

【答案解析】 选B。刺激泛化的定义构成要件是"对类似的刺激做出同样的行为反应"；刺激分化的定义构成要件是"对条件刺激和与条件刺激相类似的刺激做出不同的行为反应"。A项，被蛇咬之后产生恐惧心理，对井绳这种类似蛇形的东西都恐惧，符合刺激泛化定义。B项，是指从不同的角度和远近看庐山，都有不同的景象，这里面没有涉及什么"刺激"，两种定义都不符合。C项，"独特设计"的目的就是让顾客区别和意识这种产品和其他产品的不同，即产生不同的反应，符合刺激分化定义。D项，一种产品已经出名，生产商想利用品牌效应，让顾客对同名的另一种产品也产生喜爱和购买倾向，符合刺激泛化定义。

12.【考点解码】 单定义判断

【答案解析】 选B。幸存者偏差的定义构成要件是"只能看到经过某种筛选而产生的结果""没有意识到筛选的过程""忽略被筛选掉的关键信息"。A、C、D三项都符合定义。B项，产生的结果（身边很多长寿的老人经常饮用葡萄酒）并没有经过筛选，是真实的结果，没有体现出对关键信息的忽略，不符合定义构成要件"没有意识到筛选的过程"和"忽略被筛选掉的关键信息"。

13.【考点解码】 单定义判断

【答案解析】 选C。即发侵权的定义构成要件是"侵权活动开始之前""权利人有证据证明某行为很快会构成对自己知识产权的侵犯""该行为的正常延续必然构成侵权行为"。A项，"夜空"与"星空"只是名称相似，因此黑米果果没有构成侵权行为，即该项不符合定义。B项，"最近市面上出现"说明已经发生，不符合定义构成要件"侵权活动开始之前"。C项，"正在开发类似的产品"符合定义构成要件"侵权活动开始之前"，另一公司正在研发类似产品，符合定义构成要件"该行为的正常延续必然构成侵权行为"，即该项符合定义。D项，小小状元人机互动学习机和小小读书郎是完全不同的产品，没有构成侵权，即该项不符合定义。

14.【考点解码】 单定义判断

【答案解析】 选C。每种情况都趋近于满足一种监外执行的情形，但是只有C项完全符合。A项"三个3—8岁的未成年子女无人照看"与类似条件"怀孕或正在哺乳自己的婴儿的"并不相符；B项明显错误，题干已说明"自伤自残的罪犯，不得保外就医"；C项符合；D项"被判处死刑"不符合大前提"被判处有期徒刑、拘役或无期徒刑的罪犯"。

15.【考点解码】 单定义判断

【答案解析】 选B。认知失调定义构成要件是"做出决定、采取行动或者接触到一些有违原先信念情感或价值的信念""冲突状态""调整自身的行为或改变自己的态度""主动避开那些很可能使不协调增加的情境内外因素和信息因素"。A项，没有体现"冲突状态"，也没有体现"调整自身的行为或改变自己的态度"，不符合定义，排除。B项，符合定义。C项，小王因为考试没考好被爸爸批评，没有体现"冲突状态"，不符合定义，排除。D项，小宇对迟到只是道歉，是否还有其他的主动改变不知道，不符合定义构成要件"主动避开那些很可能使不协调增加的情境内外因素和信息因素"，排除。

第三章　分析推理

第一节　夯实基础题

1. 研究发现，20岁到39岁的群体更热衷于使用智能手机中的运动类应用。最主要的原因在于该群体大部分都已经参加工作，且亚健康在该群体中较普遍，所以越来越多的白领和年轻人更注重身体健康；同时，年轻人肥胖率占比较高，而年轻人对美的追求远远超过中老年人，所以他们更在乎运动；此外，该年龄段的用户群体也更熟悉智能手机的操作。

以下哪项如果为真，最能削弱上述调研发现？＿＿＿＿＿＿

A. 许多年轻人沉迷于智能手机中的游戏

B. 许多年轻人长期加班，睡眠远远不足

C. 年轻人不坚持运动易引发亚健康问题

D. 当代年轻人营养过于丰富，体型偏胖

2. 有研究声称：癌细胞怕热，高体温可以抗癌。人体最容易罹癌的器官包括肺、胃、大肠、乳腺等都是体温较低的部位，心脏之类的"高温器官"不容易得癌症。因此，可以用运动、喝热水、泡澡等方法提高体温来抗癌。

以下哪项如果为真，最能反驳上述论断？＿＿＿＿＿＿

A. 受呼吸、饮食等影响，人的口腔温度一般比直肠温度低，而世界范围内直肠癌的发生率要高于口腔癌

B. 人的体温存在精准的调控机制，基本保持平稳状态，体内各个脏器之间并没有什么明显的温度差异

C. 热疗或许可以帮助放疗或一些化疗发挥更好的作用，但证明其可靠性的研究数据依然不足

D. 心脏很少发生恶性肿瘤，是因为这里的心肌细胞不再进行分裂增殖，而与温度高低无关

3. 有研究人员指出："有些职业，比如像写作、音乐创作、设计、策划、广告文案等，其从业人员的创意灵感往往出现在深夜。"

以下哪项如果为真，不能对该研究人员的观点提供支持？＿＿＿＿＿

A. 历史上那些最具创意头脑的人，有很多是"夜猫子"。比如席勒、福楼拜、普鲁斯特等人几乎一辈子都在深夜工作

B. 夜深人静时，忙碌紧张了一天的人们放松下来，大脑更能天马行空地发挥想象力，于是创意喷涌而出

C. 有研究者记录了150多位大作家和大艺术家的生活作息，其中按正常时间作息的占了大多数，只有26位是"夜猫子"

D. 音乐家对灵感的依赖非常强烈，一项针对美国音乐行业从业者的调查显示，"夜猫子"的比例达到90％以上

4. 青海湖的湟鱼是一种珍稀鱼类，但自20世纪50年代，人们开始大量捕捞湟鱼，导致湟鱼资源量由最初的32万吨，按平均每年0.4万吨的速度减少，至2013年，湟鱼资源量仅为6.8万吨。某专家认为，照此速度，青海湖的湟鱼再过十几年就会灭绝。

以下哪项如果为真，最能反驳该专家的观点？＿＿＿＿＿

A.《中国物种红色名录》已将湟鱼列为濒危物种，并采取多项措施进行了有效保护

B. 虽然一次性盗捕湟鱼50千克以上就会构成犯罪，但盗捕者仍在增加

C. 一条两斤左右的湟鱼能卖到上百元，这使很多捕鱼者把捕鱼目标瞄向湟鱼

D. 刚刚过去的一年，青海湖的湟鱼减少量为0.3万吨

5. 人工智能无所不在地潜藏、萌发、产生和应用于人们生活的各个方面和各个角落，凡有人类足迹和活动的地方，都可能出现人工智能。人工智能似乎必然会与人产生激烈的竞争，随后形成事实上出乎人的意志的结果——人工智能对人类造成威胁，并可能最终战胜人。

以下各项如果为真，最不能支持上述论证的是＿＿＿＿＿。

A. 人工智能可以发展出与人类完全冲突的自我意志

B. 会思考的人工智能机器可能会不断进化，从而摆脱人类控制

C. 以人工智能为基础的机器人可代替人类从事探测、排爆等危险工作

D. 无成本的复制和持续的演化能力是人工智能相对于人类智能的优势

6. 假设"如果张楠和林枫不是志愿者，那么杨梅是志愿者"是前提，"林枫是志愿者"为结论。

若要以上结论成立，需要补充的前提是＿＿＿＿＿。

A. 张楠是志愿者　　　　　　　　B. 杨梅不是志愿者

C. 杨梅和张楠都是志愿者　　　　D. 杨梅和张楠都不是志愿者

7. 法国某公园准备"聘请"一批乌鸦作为"保洁员"。但部分人也对这些"乌鸦保洁员"能否起到作用表示怀疑。

以下各项如果为真，最能支持这部分人怀疑的是＿＿＿＿＿。

A. "乌鸦保洁员"可能引起人们的好奇，导致公园游客剧增，从而产生更多的垃圾

B. 据调查，为了亲眼看见"乌鸦保洁员"如何拾捡垃圾，大部分游客有故意乱扔大量垃圾的倾向

C. 哪怕是经过训练的乌鸦，也依然保留着乱衔树枝、小石头的本能，而且饲养乌鸦本身也会产生垃圾

D. 经实验，受训的"乌鸦保洁员"每天只能拾捡极其有限的重量轻、体积小的垃圾，对公园的保洁作用几乎为零

8. 心理学家研究发现，一般情况下学生的注意力随着老师讲课时间的变化而变化。讲课开始时，学生的注意力逐步增强，中间有一段时间保持在较为理想的状态，随后学生的注意力开始分散。

以下哪项如果为真，最能削弱上述结论？_____

A. 老师经过适当安排能够获得足够注意力

B. 总有个别学生能够全程保持注意力集中

C. 兴趣是影响注意力能否集中的关键因素

D. 人能完全集中注意力的时间只有七秒钟

9. 婴儿的幼年特征可以唤起成年人的慈爱和养育之心，许多动物的外形和行为具有人类婴儿的特征。因此，人们容易被这样的动物所吸引，将它们养成宠物。

以下哪项如果为真，最能支持上述结论？_____

A. 很多空巢老人喜欢饲养宠物

B. 体态庞大且凶猛的动物很少成为宠物

C. 有的家庭在生育儿女后就不会再养宠物

D. 父母喜欢养宠物的，子女也喜欢养宠物

10. 目前，英国科学家提出一种观点，认为海绵这种没有大脑，甚至没有任何神经细胞，在地球生活了数亿年的动物在远古时代也曾经拥有神经细胞，但在随后的进化中放弃掉了。

如果以下各项为真，最能支持上述观点的是_____。

A. 海绵拥有打造神经系统所需要的基因，而对于海绵来说，无论是大脑还是简单的神经系统，都可能是"累赘"，是对能量的浪费

B. 现在研究发现，拥有复杂神经系统的栉水母，才是其他所有动物的"姊妹群"，是动物祖先的最佳代表

C. 已知年代最久远的拥有复杂大脑的动物出现时间远远早于海绵，它们拥有精密的类大脑结构，并拥有专门的神经网络

D. 一些寄生虫与它们的近亲相比，就因为寄生这种生活方式失去了复杂的神经系统；而海绵与它们的近亲相比，生活方式类似于寄生

11. 目前，有一种观点认为市面上以活性乳酸菌为卖点的酸奶其实很难补充乳酸菌，对肠道健康并没有什么益处。

以下各项如果为真，最能反驳这一观点的是＿＿＿＿＿。

A. 不管是常温酸奶还是冷藏酸奶，其中乳酸、钙及蛋白质等有益物质都得到了很好的保留

B. 现在市面上大部分酸奶都是常温型、添加型的，在制作过程中大部分乳酸菌都被杀死了，不能被称为"酸奶"

C. 酸奶中的蛋白质已经被乳酸菌凝冻化，因此很容易被吸收，这就减轻了肠胃消化负担

D. 酸奶食用后血糖反应比米饭馒头等主食都低，而血糖反应异常可能引起多种症状

12. 在学术交流会上，一位国外学者以没有遗迹、缺乏相应年代的文字记载而否定夏朝的存在。

以下各项如果为真，最能反驳这位国外学者的是＿＿＿＿＿。

A. 曾经外国考古界以同样的理由否定商朝的存在，但随着对甲骨文研究的加深和殷墟的发现，他们不得不改写对中国历史的记录

B. 与西方以石头为建筑材料、记录载体不同，我国古代多以木头为建筑材料、记录载体，此外我们还受到地质气候等影响，保存遗迹、文字等难度要更大

C. 我国有很多关于夏朝的记载和传说，春秋时候杞国人在当时就被认为是夏人后裔，《史记》也有关于夏后氏（夏朝国王）称号等的准确记载

D. 该学者和团队前不久在爱琴海某小岛发现了尚未明确年代的小型石头建筑，他们结合当地人口头传说故事就认定这是史书记载的某文明

13. 与意大利、德国等欧洲国家不同，美国被一些球迷称为"足球荒漠"，他们认为在美国，足球一直被视为边缘运动。

以下各项如果为真，最能反驳这一看法的是＿＿＿＿＿。

A. 美国足球队在世界杯等多项国际重大比赛上获得了傲人成绩，其在国际足联的排名有时甚至超过英格兰等传统足球强国

B. 美国足球联赛起步虽晚，但发展飞速，现在其联赛水平已经超过阿根廷、巴西等传统足球强国

C. 足球已经成为美国12—24岁年轻人的第二运动，其青少年足球人口绝对数量位居世界第一

D. 因为缺乏相应的足球文化土壤的培育，所以在美国从事足球运动的人都是真正热爱足球的人，没有复杂商业运作的足球运动更加纯粹

14. 在传统社会，社会能够提供的文化产品很少，公众的可选择性也很小，公众的兴趣爱好主动或被动地被聚拢到一起；进入现代社会，伴随着文化产业、网络和传媒的快速

发展，娱乐方式也从传统的人际直接互动转变为借助于机器的人际间接互动，甚至是人机互动。公众的选择范围在极大扩展的同时，公众因选择的多样性而出现大量分流，随之而来的是共同兴趣爱好的消逝。

以下各项如果为真，最能反驳上述论证的是_____。

A. 网络社会的来临彻底改变了人与人之间的互动模式

B. 借助于移动互联网，日常交往最多的人可能根本就不在身边

C. 现代技术突破了传统差序格局，人际关系不再以地域为基础

D. 社会组织可以通过搭建联络平台组织相关活动来培养兴趣爱好

15. 在过去的 12 个月中，某市新能源电动汽车的销售量明显上升。与之相伴随的是，电视、网络等媒体对新能源电动汽车的各种报道也越来越多。于是，有电动车销售商认为，新能源电动汽车销售量的提高主要得益于日益增多的媒体报道所起的宣传作用。

以下哪项如果为真，最能削弱该电动车销售商的观点？_____

A. 对新能源电动汽车进行报道的人中有不少是环保人士，他们喜欢宣传电动汽车

B. 有些消费者因为传统汽车摇号的中签率低而购买新能源电动汽车

C. 个别消费者购买新能源电动汽车，是因为能够获得政府补贴

D. 看过关于新能源电动汽车报道的人，几乎都不购买该类型汽车

16. 入室抢劫者 Q 或者是从窗户进入房间的，或者是从屋门进入房间的。经查实，Q 不是从屋门进入房间的，所以，他一定是从窗户进入房间的。

以下哪项与上述认证的结构最为相似？_____

A. 新近考古发掘的一幅字画要么是唐代的，要么是宋代的。经鉴定，这幅字画是唐代的，所以，它一定不是宋代的

B. 某晚午夜时分，天上最亮的星星或者是牛郎星，或者是织女星。经证实，该天上最亮的星星不是织女星，所以，一定是牛郎星

C. 如果一个数能被 8 整除，它就能被 4 整除。某个数 X 不能被 4 整除，所以，X 也不能被 8 整除

D. 小华通常上网或者是收发邮件，或者是 QQ 聊天，或者是打游戏。星期天下午她上网没有进行 QQ 聊天，所以，她一定收发邮件了

17. 约翰喜欢攀岩和射击运动。他的大学同学中没有一个既喜欢攀岩，又喜欢射击，但他所有的中学同学和大学同学都喜欢游泳。

若上述断定为真，以下哪项不可能为真？_____

A. 除攀岩和射击外，约翰也喜欢游泳

B. 约翰所有的同学都喜欢游泳

C. 约翰喜欢的所有运动，他有一半中学同学也都喜欢

D. 约翰喜欢的所有运动，他有一半大学同学也都喜欢

18. 某饭店宣布"新开发的排放油烟系统，虽然还未完成为期 6 个月的试验检验，但是至今并未发生故障，所以公司决定要安装在饭店后厨，毕竟这个系统可以更有效地解决油烟问题。"该饭店的主厨说："我们不能使用未完成试验的排放油烟系统，6 个月以后再说吧。"

以下哪项最能支持主厨的反对意见？ _____

A. 能更有效地处理油烟的新系统也可能存在新问题

B. 尽管新的排放油烟系统比以前的难操作，但有一些新能力

C. 新的排放油烟系统保修期更长，维修方便

D. 许多安全事故都是排放油烟系统造成的

19. 有研究调查了大学生食用泡菜、酸奶等发酵食品的情况和他们的社交焦虑症发病率，发现食用发酵食品可以显著减少社交焦虑症状的发生。可能原因在于发酵食品中含有能够促进消化吸收和改善肠道环境的益生菌，通过改善消化功能来促进情绪健康。

以下哪项如果为真，最能质疑上述研究结论？ _____

A. 社交焦虑的发病与个性、性别、年龄等也有关系

B. 不少情绪健康的大学生从来不吃泡菜、酸奶等发酵食品

C. 某国大学生的泡菜消费量和社交焦虑症发病率均全球第一

D. 不少出现考试焦虑或社交焦虑的学生都不同程度地存在腹泻症状

20. 雨果说："多建一所学校，就少建一座监狱。"马克·吐温说："你每关闭一所学校，你就必须开设一座监狱。"在他们看来，教育能够减少犯罪。有学者认为，近年来，随着教育的大规模扩大，学历程度越高，犯罪率越低。

以下哪项如果为真，最能反驳该学者的观点？ _____

A. 2015 年，某高校一名本科生杀死自己的母亲，事后潜逃

B. 学历越高的人，对各项法律条文规定就越了解，就越容易钻法律的空子，实施犯罪

C. 近年来，大部分犯罪为经济犯罪，高学历人群的犯罪率明显高于低学历人群

D. 文化水平低的人，对法律了解相对较少，而且通常低学历者的生存状况较差，更容易铤而走险

21. 面对家长们对于某小学装修已两月的教室存在甲醛超标的质疑，该小学校长回应道："所有的教室我都逐一去过，没有闻到异味，所以，甲醛不超标。"

以下哪项如果为真，最能反驳该小学校长的认证？ _____

A. 不同的人对于味道的感受不同，校长闻起来无异味并不代表事实上无异味

B. 某新房装修完工三个多月后，经正规检测，甲醛依然超标

C. 即使装修后无异味的房间，在装修后几月内通常都会有甲醛超标的可能

D. 甲醛是一种无色无味的气体，不能通过房间的味道来判断是否甲醛超标

22. 张女士特别爱美，多年来喜欢在冬天穿裙子以显示她婀娜多姿的身材。从去年冬天起，每到阴冷天，她都感觉到膝关节疼痛。后经医生诊断，她得了关节炎。于是张女士认为，阴冷天穿得少是导致关节炎的原因。

以下哪项如果为真，最能质疑张女士的观点？_____

A. 日本一些年轻女士喜欢冬天穿裙子，却并没有因为阴冷天穿得少而患上关节炎

B. 现代医学研究表明导致关节炎的根本原因是劳损、感染或创作，阴冷天穿得少关节炎易发作

C. 张女士的姐姐和她生活在一个城市，多年来也喜欢在冬天穿裙子，但没得关节炎

D. 阴冷天穿得多的人群中也有很多得了关节炎，而且以中老年人居多

23. 某机构为研究"轻断食"与人体健康的关系，招募一批志愿者做试验。志愿者分为两组，试验期6个月，饮食推荐量实行同一标准。第一组志愿者，每个月中有5天连续断食，第1天，热量摄入被减至推荐量的一半，后4天每日仅为推荐量的三分之一。第二组志愿者，在试验期中的每一天都正常饮食。试验结果显示，第一组志愿者的身体状况得到明显改善。由此研究人员得出结论："轻断食"使志愿者体内产生较多酮体，氧化应激和炎症标志物水平均有所下降。

以下哪项如果为真，最能削弱研究人员的结论？_____

A. 所招募志愿者的身体机能和应激反应等本身就有差异

B. 实行连续断食的某位志愿者的身体炎症得到较大缓解

C. 试验开始之前志愿者体检显示相关健康指标基本相似

D. 第二组的某位志愿者在试验结束后健康水平有所下降

24. 与传统的"汗水型"经济不同，创新是一种主要依靠人类智慧的创造性劳动。由于投入多、风险大、周期长、见效慢，创新并非是每个人自觉的行动，它需要强大的动力支持。如果有人可以通过资源炒作暴富，或者可以借权钱交易腐败发财，那么人们创新就不会有真正的动力。

根据以上概述，可以得出以下哪项？_____

A. 如果有人可以通过土地资源炒作暴富，就有人可以凭借权钱交易腐败发财

B. 如果没有人可以凭借权钱交易腐败发财，人们创新就会有真正的动力

C. 如果人们创新没有真正的动力，那么就有人可以通过土地资源炒作暴富

D. 如果人们创新具有真正的动力，那么没有人可以凭借权钱交易腐败发财

25. 经理:小张，这星期你怎么上班总是迟到？

小张:经理，不要只盯着我哟！小李有时比我到得还要晚！

以下哪项的对话方式与上述最为不同_____。

A. 丈夫:老婆，你有没有觉得最近你特别爱发火？妻子:你什么意思！你有没有觉得最近你特别爱唠叨？

B. 乘客:师傅,开车时你怎么还打手机啊? 司机:你乱嚷什么! 把我惹火了,一车人的安全你负责?

C. 老师:小明,你最近上课怎么老不注意听课? 学生:老师,我注意听讲了但是听不懂! 听不懂我怎么听?

D. 顾客:老板,你们卖的馄饨里怎么有股怪味呢? 老板:你是何居心! 你是哪家馄饨店派来的捣蛋鬼?

26. 俄国作家肖洛霍夫讲过一个故事:一只兔子没命地狂奔,路上遇到了狼。狼说:"你跑那么急干吗?"兔子说:"他们要逮住我,给我钉掌。"狼说:"他们要逮住钉掌的是骆驼,而不是你。"兔子说:"他们要是逮住我钉了掌,你看我还怎么证明自己不是骆驼。"

在这个故事中,兔子最担心的是_____。

A. 只要是骆驼,都要被钉掌

B. 即使不是骆驼,也可能会被钉掌

C. 如果被钉了掌,就一定是骆驼

D. 如果没有被钉掌,就不会是骆驼

27. 某小区里的居民具有乐于助人的良好风尚。在该小区里,凡帮助过老刘的人,老张都帮助过;一个人,只要有一人没帮助过他,老周就帮助过他。老王新搬来不久,还没有帮助过其他人。

根据以上陈述,可以得出以下哪项_____。

A. 老周没有帮助过老张　　　　　B. 老周没有帮助过老王

C. 老刘与老张互相帮助过　　　　D. 老张和老周互相帮助过

28. 有研究发现,那些每天坐着看电视和工作总计达 10 小时的女性,与每天通常坐8 小时的女性相比,患结肠癌的风险增加 8%,患子宫癌的风险增加 10%,而且无论研究对象在不坐时有多活跃,都不会影响这个结果。

由此可以推出_____。

A. 缺乏运动可能是某些癌症的首要病因

B. 久坐可能对女性健康造成不良的影响

C. 工作之余的体育锻炼可以强身健体

D. 上班族职业女性的身体健康状况堪忧

29. 英国一项研究发现,人只要在每餐饭前半小时喝一杯 500 毫升的水,并坚持 3 个月,体重就能减轻 2 至 4 千克,研究团队邀请了 84 位超重的成人,随机分成 2 组,其中41 位被要求在餐前喝 500 毫升水,另外 43 位则照常生活,3 个月后,团队发现三餐前喝水的人,平均体重下降了 4.3 千克;而餐前没喝水的人,平均体重只下降了 0.81 千克,研究人员说。没有喝水的那组人,"平均运动量"比餐前饮水的人更高,这说明餐前喝适当的水真能减肥。

下列哪项如果为真,最能支持上述结论?_____

A. 餐前喝水的那组人同时也注意控制饮食

B. 餐前没喝水的人中有的体重减轻了 4 千克

C. 除了餐前喝水,两组的其他情况都是一样的

D. 餐前没喝水的人就餐中会喝更多的汤和饮料

第二节　提升能力题

1. 多数家长的投入对子女学业投入具有显著的正向预测作用,家长投入程度随子女学段升高而降低,同时多数家长更注重在家辅导的投入,对子女参与社区及学校活动的投入较欠缺。而家长自主支持或控制的教养风格在家长投入与子女学业投入的关系中起调节作用,且部分通过子女学业心理需要的满足这一中介变量产生作用。

由此可以推出_____。

A. 家长的投入、教养风格必然会对子女的学业投入产生影响

B. 多数家长对子女教育投入的减少,意味着子女学段的升高

C. 家中学习环境的创设、形成和学校、社区间的联系呈反比关系

D. 子女学业心理需要的满足是影响其学业投入的内驱和首要因素

2. 信天翁属于鹱形目,有着管状的鼻子,嗅觉灵敏,经常为了觅食在外海上长距离飞行。那些漂浮在海上的塑料垃圾看起来并非美味,可信天翁为什么会吃下它们,并为此付出沉重代价呢?研究人员认为原因在于:对于信天翁而言,这些塑料垃圾闻起来"很好吃"。"美食信号"是一种名叫二甲基硫醚(DMS)的化学物质,这种气味物质在海洋浮游植物的作用下产生。

以下哪项如果为真,无法支持研究人员的观点?_____

A. 鹱形目鸟类当中有一部分物种常聚集在海洋浮游植物丰盛的地方

B. 误食塑料垃圾会导致海鸟行动不便、消化道阻塞,健康慢性受损

C. 实验证明在海中浸泡三周后的塑料样品上都检测到了 DMS 成分

D. 对 DMS 气味敏感的鹱形目鸟类可以探测到浓度极低的气味分子

3. 在抗生素大规模医用之前,耐药效果对细菌几乎没有意义,突变自身的有害效果更加重要。正常使用抗生素能杀死几乎所有的目标细菌,个别漏网之鱼通常也会被人体免疫系统消灭殆尽。其中一些细菌个体虽然已经带有耐药性的萌芽,但这些萌芽不足以抵御正常剂量抗生素,也会随着个体死去而消失。

由此可以推出_____。

A. 基因突变是耐药细菌泛滥成灾的根本原因

B. 细菌通过基因突变，来削弱抗生素的作用效果

C. 致病菌产生耐药性之后，抗生素将无法攻击病菌

D. 如果没有抗生素滥用，耐药性不会快速蔓延开来

4. 如今，基于互联网的新型科普方式层出不穷。浅阅读、视频直播以及游戏互动等方式，使得如今获取科学知识的渠道越来越多、门槛也越来越低。研究者认为，尽管"互联网＋科普"令科学知识的获取和传播方式发生了很大变化，但这不是对科普传播的一种颠覆，而是显示了公民科学素养的提升。

以下哪项如果为真，最能质疑研究者的观点？＿＿＿＿＿＿＿

A. 新闻应用、微博等资讯类媒体是用户了解科学热点事件的最主要渠道

B. 在许多科学热点事件的传播过程中，公众很难见到权威科学家的身影

C. 数据表明，用户普遍乐于通过图文资讯这样轻松愉悦的形式获取知识

D. 比起明星八卦，在社交媒体转发科普内容更能为转发者本人形象加分

5. 牙医在治疗龋齿时，先要去除牙齿龋坏的部分，再填充材料以修补缺损的牙体。但是，10％至15％的补牙会失败，且所用的填充物并不具备使牙齿自愈的功能，甚至还有副作用。有鉴于此，研究人员研发出一种用合成生物材料制成的填充物，可以刺激牙髓中干细胞的生长，修复受损部位。这种填充物能刺激干细胞的增殖，并分化成牙本质。如果未来补牙的填充物都用这样的再生材料制成，将降低补牙失败率，也可减少蛀牙患者治疗牙髓之苦。

由此可以推出＿＿＿＿＿＿＿。

A. 未来人们将不再患上蛀牙病

B. 未来人们将不再受龋齿困扰

C. 新研发的补牙填充物能刺激受损牙齿自愈

D. 新研发的补牙填充物能促进牙本质的生长

6. 在所有小说中，与《傲慢与偏见》比起来，小波更爱读《教父》；而他最爱读的小说是《福尔摩斯探案全集》，最不爱读的是《罪与罚》；与《傲慢与偏见》相比，小波更不爱读《飘》。

以下除哪项外，均可由上述陈述推出？＿＿＿＿＿＿＿

A. 比起《堂吉诃德》，小波更爱读《福尔摩斯探案全集》

B. 比起《飘》，小波更不爱读《罪与罚》

C. 比起《飘》，小波更爱读《教父》

D. 比起《傲慢与偏见》，小波更爱读《茶花女》

7. 蝙蝠体内携带大量的病毒，会给人类和其他动物造成致命危险，但蝙蝠自身仿佛不受这些病毒的影响，为什么呢？科学家认为这或许与蝙蝠是唯一一种能够飞行的哺乳动

物有关。蝙蝠在上亿年适应飞行的进化过程中，它们的很多系统发生了变化，包括防御和免疫系统。一般来说，人类和其他动物机体的免疫反应有助于身体抵御病毒，但对某种病毒的过度免疫反应又有可能引发严重疾病，而蝙蝠的免疫系统恰恰能在与病毒共生的过程中达到一种平衡。

以下推论中，正确的一项是_____。

A. 蝙蝠是一种最为古老的哺乳动物的物种，迄今有上亿年的进化历史

B. 蝙蝠机体的免疫系统会抵御病毒侵袭，又不会引发过度强烈的免疫反应

C. 蝙蝠作为一种古老的生物，已经进化出可以防御各种病毒的超级基因

D. 蝙蝠可以飞行是其能大规模广泛传播致命病毒的最重要的原因

8. 开车是一项有风险的交通行为，驾驶员行车时的心理、生理和行为特性对驾驶安全影响很大，往往决定着潜在事故是否可能发生。研究认为，女驾驶员对复杂交通环境的辨别能力低，且在应激环境下反应不如男性积极，对突发事件不能应付。此外，男女驾驶员还有显著的身体条件方面的差异，视野、体力、空间能力等方面，男女间的平均差距都相当明显。由此，有人提出，相比男司机，女司机确实更有"马路杀手"的一面，即更容易造成严重的交通事故。

以下各项如果为真，哪项不能驳斥上述观点？_____

A. 女司机造成重大事故的概率远低于男司机，女司机肇事事故中死亡人数约为男司机的1/50

B. 相比男司机，女司机拥有更为良好的驾驶习惯，也更加注重不要超速，有利于行车安全

C. 领取驾驶证的女司机数量虽多，但真正开车的人并不多，以北京为例，男女司机的比例为7∶3

D. 平均来说，同样里程的驾驶，男司机负全责的交通事故的发生率要远高于女司机

9. 马兰：因为赵老师的课讲得特别好，学生都很喜欢他，所以他有资格参加学校十佳教师评选。

李溪：因为赵老师曾上课迟到造成教学事故，他不是合格的教师。所以，他没有资格参加学校十佳教师评选。

李溪的论证使用了以下哪项作为前提？_____

Ⅰ. 有些课讲得好的老师发生过教学事故

Ⅱ. 凡有过教学事故的教师都不是合格教师

Ⅲ. 只有合格教师才有参评学校十佳教师的资格

A. 仅Ⅰ　　　　　B. 仅Ⅱ　　　　　C. 仅Ⅲ　　　　　D. Ⅱ和Ⅲ

10. 蛋黄含有较多的胆固醇，有的人害怕胆固醇高，不敢吃蛋黄。近期一篇涉及50万中国人、随访时长近9年的研究报告提出，每天吃鸡蛋的人比起那些基本不吃鸡蛋的

人，发生心血管疾病风险降低 11%，心血管疾病死亡风险降低 18%，尤其是出血性中风风险降低了 26%，相应的死亡风险则降低了 28%。考虑到脑中风是我国居民第一大死因，研究者提出，每天吃一个鸡蛋有利于心血管健康。

以下各项如果为真，哪项最能支持研究者的观点？ _____

A. 来自日本的一项涉及 4 万人的追踪研究中，每天吃鸡蛋的人比起不吃鸡蛋的人，全因死亡率低了 30%

B. 鸡蛋的营养十分丰富，钙、磷、铁、维生素 A、维生素 B 的含量都比较高

C. 食物摄入胆固醇并不等于血胆固醇水平，且鸡蛋中含有的卵磷脂能有效阻止胆固醇和脂肪在血管壁上的沉积

D. 每天吃鸡蛋的人，教育水平和家庭收入都更高，饮食更加健康，生活更自律，更有可能补充维生素

11. 某次足球比赛前，甲、乙、丙、丁四位运动员猜测他们的上场情况。

甲：我们四人都不会上场；

乙：我们中有人会上场；

丙：乙和丁至少有一人上场；

丁：我会上场。

四人中有两人猜测为真两人猜测为假，则以下哪项断定成立？ _____

A. 猜测为真的是乙和丙   B. 猜测为真的是甲和丁

C. 猜测为真的是甲和丙   D. 猜测为真的是乙和丁

12. 宣称植物有意识、有感情的人，通常会引用美国人巴克斯特的实验。巴克斯特将一台测谎仪连在一盆植物的叶子上。这台测谎仪的设计原理是人在撒谎时，由于紧张，皮肤会出汗，导致皮肤电阻降低，通过测定皮肤电阻的变化可辨别人的情绪，进而判断人是否在撒谎。巴克斯特报告说，实验中当主试想到"我要烧掉那片叶子"时，测谎仪反应剧烈，指针猛然摆到了仪表的顶端并显示出连续的激烈波动，测谎仪绘制出类似于人在极度恐惧时会出现的图形。巴克斯特由此宣称：植物是有感情的。

以下哪项如果为真，最能驳斥以上观点？ _____

A. 即使是巴克斯特也不能稳定地重复该实验，而巴克斯特对实验成功与失败的解释难以令人信服

B. 具有中枢神经系统的生物才有意识、有感情，植物没有任何神经系统

C. 巴克斯特所记录的测谎器曲线，可能是其他因素引起的，包括静电作用、房间里的机械振动、湿度的变化等

D. 巴克斯特的实验设计不够科学，没有对照组，也不符合客观、双盲等科学实验的必要条件

13. 从理论上说，如果不考虑其他因素，"体型大"和"寿命长"是动物容易罹患癌

症最合理的两个答案。因为"体型大"意味着组成身体的细胞数量更多，而"寿命长"意味着需要更多的新生细胞来更新换代；细胞越多，细胞分裂随机突变的概率就越高。

以下各项如果为真，最能质疑上述论证的是_____。

A. 小白鼠等寿命短的小动物易患癌症

B. 人类因吸烟而导致患癌症风险上升

C. 寿命长、体型庞大的象患癌症的概率很低

D. 海牛与蹄兔是近亲，体型相差悬殊，却都不易患癌症

14. 快速、持续、无法预测的竞争环境要求企业规模小，结构简化，同时要有足够的技术储备和抵抗资金风险的能力。目前解决这一矛盾的途径通常是建立全球范围内的"基于双赢原则"的虚拟企业。虚拟企业是企业间的一种动态联盟，参加虚拟企业的各成员企业有一定的自主权。当出现了市场机会，各加盟企业就组织在一起，共同开发并生产销售新产品，一旦发现该产品无利可图，便自动解散。因此，虚拟企业被认为是21世纪最有竞争力的企业运行模式。

以下哪项如果为真，最能支持上述观点？_____

A. 当今社会发达的现代信息技术和通信手段为各企业间的沟通提供了便利

B. 企业想在当前的竞争环境中生存发展扩大优势，需要一种新的运行模式

C. 虚拟企业中的任一加盟企业生产上出现问题都会中断整个生产链的运行

D. 虚拟企业可迅速集中最强设计加工与销售力量，实现对市场的快速反应

15. 长久以来，心理学家都支持"数学天赋论"：数学能力是人类自打娘胎里出来就有的能力，就连动物也有这种能力。他们认为存在一种天生的数学内核，通过自我慢慢发展，这种数学内核最后会"长"成我们所熟悉的一切数学能力。最近有反对者提出了不同的看法：数学能力没有天赋，只能是文化的产物。

以下哪项如果为真，最能支持反对者的看法？_____

A. 10—12个月的婴儿已经知道3个黑点和4个黑点是不一样的

B. 数学是大脑的产物，而大脑的生长模式早已由基因"预设"

C. 经过人为训练的大猩猩、海豚和大象等动物能处理数学问题

D. 绝大多数的原始部落的居民只能表示5以下甚至更少的数量

16. 近日，有动物实验研究发现，在正常饮食中加入一定剂量的苦瓜水提取物，可降低Ⅱ型糖尿病小鼠的高血糖。这是由于苦瓜中含有一种类似胰岛素的物质，能够降低血糖。有人据此认为，Ⅱ型糖尿病患者多吃苦瓜有助于降低血糖水平。

以下哪项如果为真，最能质疑上述论证？_____

A. 苦瓜含糖量低，对血糖的影响小

B. 日常食用的苦瓜中，苦瓜水提取物含量极少

C. 苦瓜水提取物可能会导致血清总蛋白轻微降低

D. 苦瓜水提取物对Ⅰ型糖尿病小鼠的血糖无显著影响

17. 近年来，一种儿童天赋基因检测在家长圈里流行起来。提供这种检测的公司声称，他们通过唾液获取儿童的基因，就能分析出儿童具有哪些"特长"，如音乐天赋、数学天赋、交际能力、长跑能力、抗压能力等，不少家长纷纷花高价为孩子做了这种检测，他们认为通过这种检测，可以有的放矢地去开发儿童的天赋和潜能，不再需要通过尝试过多的兴趣班来挖掘儿童的特长。

以下哪项如果为真，最能削弱上述家长的观点？＿＿＿＿＿

A. 有些教师也可以根据自身的经验有的放矢地开发儿童的天赋和潜能

B. 相比于儿童天赋基因检测，肥胖基因、癌症基因检测具有更强的科学依据

C. 天赋是多基因共同调控的结果，目前很难准确地界定哪些基因对哪些天赋有影响

D. 有的商家按全基因组检测收费，但只做单一或者某几个基因的检测，家长们很难区分出来

18. 东亚人看起来更谦虚，但心理学研究表明，和接受其他文化熏陶的人相比，他们也一样充满骄傲和自信。某研究团队招募了40名志愿者参与研究，其中一半来自东亚国家，剩下的来自西方国家。他们向这些志愿者展示大量正面和负面的词语，并询问他们哪些形容词适合自己。结果，志愿者们无论有什么样的文化背景，他们都倾向于用更多正面的形容词来描述自己，认为一些较为负面的特征不适合自己。研究者认为，这表明参与测试的人无论具有何种文化背景，他们同样都有美化自己的动机。

以下哪项如果为真，最能削弱上述论证？＿＿＿＿＿

A. 东亚人习惯负面评价自己，而西方人往往对自己的能力言过其实

B. 当志愿者被要求用正面词汇形容自己时，他们的反应都是一样的

C. 东亚人谦逊只是一种文化惯例，他们有着和西方人一样的自尊心

D. 研究发现，无论来自何种文化背景，志愿者们的脑电波都很相似

19. 据报道，国际上有不少科学家声称，在新西兰周围发现了一块名为"西兰洲"的新大陆，它符合大洲认定标准的全部要求，是世界第八大洲，相信在不久的将来，各国的地理课本将会被改写。

得出"各国的地理课本将会被改写"的结论必须基于的前提是＿＿＿＿＿。

A. 各国地理课本会因为"大陆""大洲"等相关知识内容变化而改写

B. 认定大洲的标准具有权威性，并且在课本发行前不会改变

C. 各国地理课本目前没有关于"世界第八大洲"的任何内容

D. 各国地理课本本身都有关于"大陆""大洲"等的内容

20. 英国"首席捕鼠官"虎斑猫拉里因为不勤于捕鼠，而被部分人以"未尽职工作"为由，要求下台，但同时一些媒体也发起支持行动，表示"权利义务不对等"。唐宁街（英国政府代称）没有任何理由让这位捕鼠官下课。

以下各项如果为真，最能支持媒体观点的是_____。

A. 调查显示，拉里任捕鼠官后，全国得到收养的流浪猫增加了 20%，拉里的任职起到了良好的社会示范作用

B. 拉里天生不善捕鼠，它被选为捕鼠官并未经过唐宁街工作人员仔细考察

C. 唐宁街并未支付拉里薪水，其口粮全部由唐宁街工作人员花费购买

D. 由于外形可爱、性格温顺，拉里经常被安排额外的外交接待任务

21. 某考生正在填报志愿，有法律、管理、经济、金融、审计和会计 6 个专业是考虑填报的专业，但是综合各方面因素，有如下的考虑：

如果填报法律专业，那么就不填报管理专业，但要填报会计专业；

只有不填报审计专业时，才填报金融或经济专业；

如果不填报经济专业，那么也不填报会计专业；

法律专业一直是自己想读的专业，一定要填。

由此可以推出该考生_____。

A. 填报了金融和经济专业

B. 管理专业和经济专业都没填报

C. 填报了法律专业，还填报了金融专业

D. 填报了会计专业，但没填报审计专业

22. 在大气层的自然状态下，自由落体会受到空气阻力的干扰。要排除这种干扰，就要创造一种真空环境。在伽利略所处的时代，人们无法用技术手段创造出真空环境。因此，伽利略只能在思维中撇开空气阻力的因素，设想真空中的落体运动，从而得出自由落体定律，推翻了亚里士多德关于落体的结论。

要使伽利略得出的自由落体定律成立，必须以以下哪项为前提？_____

A. 当时的人们都能进行同样的思维实验

B. 伽利略的思维实验符合真空状态的运动规律

C. 伽利略在比萨斜塔通过现实实验进行了验证

D. 伽利略设想了各种可能性

23. 在一次班会上，老师问大家："成功的心态应该是怎样的？"郑磊说："要不断地努力奋斗，活到老学到老。"刘连说："要保持知足的心态，肯定自己已经取得的成绩。"老师说："你们的观点都是好的，结合起来才准确：成功的心态既要不断努力，也要知足常乐。"

根据老师的说法不能推出的是_____。

A. 郑磊和刘连的观点都不全面

B. 一个具有知足常乐心态的人，可能是具有成功心态的人

C. 一个具有成功心态的人，必定是具有不断努力心态的人

D. 不断努力的心态和知足常乐的心态同等重要

24. 几乎所有的数学家都是这样：他们能够识别正确的证明以及不正确证明的无效之处，尽管他们无法定义一个证明的准确意义。

由此，可以推知以下哪项一定为真？_____

A. 能识别正确证明和不正确证明的人可能无法定义证明的准确意义

B. 有的数学家不能识别不正确证明的无效之处

C. 数学家都不能定义一个证明的准确意义

D. 有的数学家不识别正确的证明，但能识别不正确的证明

25. 如果向大气排放的 CO_2 累计超过 32 000 亿吨，那么到 21 世纪末，将升温控制在 20 ℃ 以内的门槛就守不住了。有科学家认为，为了达到将升温幅度控制在 20 ℃ 以内的目标，仅仅限制 CO_2 排放是不够的，必须在全球范围内大规模开展大气 CO_2 的回收行动，使大气污染程度得到有效控制和缓解。

若要使上述科学家的想法成立，最需要补充以下哪项作为前提？_____

A. 全球范围内普及关于气候变化的科学知识

B. 各国政府推出有效政策来控制 CO_2 排放量

C. 科学界整合资源来支持发展地球工程技术

D. 各地都建立能有效回收和储存 CO_2 的机制

26. 某科研机构提出潮湿的沙子是古埃及人在沙漠中搬运巨大石块和雕像的关键。研究人员指出，古埃及人将沉重的石块放上滑橇后，先在滑橇前铺设一层潮湿的沙子，再牵引它们，这种搬运方式起到了意想不到的效果。在实验中，研究人员使用流变仪测试沙子的硬度，以证实需要多少牵引力才能使一定数量的沙子变形，并在此基础上设计了牵引模型，从中发现将潮湿的沙子铺在滑橇前能更容易移动重物，而且沙子所含水分决定了沙子的硬度和牵引力。

如果以下哪项为真，最能支持上述结论？_____

A. 在一幅古埃及墓室壁画中，一名男子站在滑橇前方，似乎正在浇水

B. 滑橇牵引力与沙子硬度成反比，潮湿沙子的硬度是干燥沙子的两倍

C. 实验证明，铺设在滑橇前的潮湿沙子容易堆积，形成较大滑动阻力

D. 一个实验室版的埃及滑橇被成功建造，能够模拟古埃及工地的实况

27. 某学院共有 42 名员工，他们或者做教学科研工作，或者做行政工作。在该学院中，教授都不担任行政工作，而 30 岁以下的年轻博士都在做行政工作，学院中有不少人是从海外招聘来的，他们都具有博士学位。李明是该学院最年轻的教授，他只有 29 岁。

根据以上陈述，可以得出以下哪项_____。

A. 该学院从海外招聘来的博士大多是教授

B. 该学院从海外招聘来的博士都不做行政工作

C. 该学院教授大多是 30 岁以上的海外博士

D. 该学院有的教授不是从海外招聘来的

28. 据报道,与国外相比,中国河流的抗生素浓度较高,测量浓度最高达 7 560 纳克/升,平均也有 303 纳克/升,而意大利为 9 纳克/升,美国为 120 纳克/升,德国为 20 纳克/升。对此,有专家认为不足为虑。因为绝大多数抗生素对于致病细菌的最小抑制浓度都在 10 000 纳克/升以上,目前中国江河和土壤中检测的抗生素浓度都小于各种抗生素对病菌的最小抑制浓度。

以下哪项是上述专家所作论断的假设? _____

A. 抗生素浓度如果低于其对病菌的最小抑制浓度,病菌就不会产生抗药性

B. 很多病人就诊后,必须要使用更多的新一代抗生素才能控制感染和病情

C. 细菌如果具有抗药性,因细菌感染而导致的疾病就很难用抗生素治愈

D. 通过环境摄入的残留抗生素浓度高一些可能反而有利于维护人体健康

29. 甲、乙、丙、丁、戊 5 支足球队进行小组单循环赛。比赛规定,每队胜一场得 3 分,平一场得 1 分,负一场得 0 分;积分前两名出线。比赛结束后发现,没有积分相同的球队,乙队胜了 3 场,另一场负于甲队。

根据以上信息,可得出以下哪项_____。

A. 甲队一定出线   B. 乙队一定出线

C. 丙队一定出线   D. 戊队一定出线

30. 荷兰画家凡·高在一家精神病院里创作了著名的绘画作品《星空》。这幅画作中的"漩涡"引起了人们长期的争论,许多心理学家认为,"漩涡"是凡·高当时脆弱心理状态的延伸和表现。欧洲航天局近日发布了一幅根据"普朗克"卫星探测绘制的星空图,神奇的是,这幅图与《星空》有惊人的相似之处。有艺术家认为,自然的星空正是凡·高创作的灵感来源。

以下各项如果为真,则除了哪项均能支持上述艺术家的观点? _____

A. 凡·高的创作灵感一般均有明显的现实来源

B.《星空》的创作年代要远早于卫星绘制星空图的年代

C. 凡·高具有超越常人的视觉观察能力与想象能力

D. 卫星绘制的星空图和《星空》的画面大体是一致的

31. 人类排放温室气体导致北极冰川开始消融,海平面扩大。冰川可以反射 85% 的太阳光,而海水只反射 5% 的太阳光,越来越多的海水吸收更多能量,进一步加速冰川的消融。

以下哪一项中的因果关系与题干最为相同? _____

A. 商场为某名牌香水做推广和宣传,顾客购买几次后发现该香水香氛淡雅,持久清新,成为该品牌香水的忠实顾客

B. 英语考试在即,王强不得不每天早起诵读英语,早上空气清新,令人精神抖擞,

英语考试结束后，王强依然坚持早起

C. 张楠在爸爸的引荐下，认识了一些证券交易的客户，这个圈子的客户发展是滚雪球式的，张楠认识的客户越来越多

D. 使用新方法后，刘丹的平面几何成绩迅速提高，由于平面几何很多原理可用在立体几何中，刘丹的立体几何成绩也很快提高

32. 某研究所人员结构状况如下：所有女性都拥有博士学位，有的男博士有高级职称，但所里也存在既没有博士学位也没有高级职称的人员。

由此可以推出_____。

A. 有的男性没有高级职称
B. 有的女性有高级职称
C. 所有男性都拥有高级职称
D. 有的女性没有高级职称

33. 随着气候变化，肥料和供水导致了极大的能源和环境成本，如何让作物更好地吸收营养和水就显得极其重要。因此不少人认为只要增加植物根毛的长度，就可以更有效地吸收水和养分，从而提高作物产量。

下列哪项如果为真，最能削弱上述结论？_____

A. 实践证明，合理控制光照时间，并保证同一块田地间隔播种作物能极大地提高产量

B. 根毛的寿命很短，仅能存活 2～3 周便自行脱落，由于更新很快，植物的根部总能保持一个数量相对稳定的根毛区

C. 如果植株过于密集而养料不足，即使增加了根毛长度，也无法保证植物的营养供应

D. 根毛的长度与植物生长激素密切相关，当植物生长激素分泌旺盛时，根毛也变长；而生长激素分泌减少时，根毛也逐渐萎缩

34. 大脑受到有毒化学物质伤害会产生功能受损，进而导致帕金森症。研究显示，体内细胞色素 P450 水平低的人患帕金森症的可能性是体内 P450 水平正常的人的三倍。因而可以认为，P450 可以保护大脑免受有毒化学物质的损伤，进而预防帕金森症。

以下陈述如果为真，哪项最能质疑上述结论？_____

A. 有毒化学物质损伤大脑功能的同时也抑制人体产生 P450

B. 帕金森症患者除 P450 外的其他细胞色素水平也显著低于常人

C. 人工合成 P450 可以用于治疗帕金森症患者

D. 某些非细胞色素物质可有效对抗有害化学物质来预防帕金森症

35. 骨质疏松是一种骨钙质减少，骨脆性增加，易发骨折的疾病。现有的治疗手段比如使用雌激素或者降钙素有助于阻止进一步的骨质减少但不能增加骨头质量。氟化物被认为能增加骨质，给骨质疏松症患者注入氟化物会帮助他们的骨骼不容易折断。

以下哪项如果为真，能够削弱文中观点？_____

A. 大多数患骨质疏松症的人没有意识到注入氟化物可以增加骨质

B. 牙膏中常加入氟化物来起到坚固牙齿的作用

C. 氟化物注入健康人的体内会导致较强的副作用

D. 通过注入氟化物增加的骨质比正常的骨骼组织更加脆弱而缺少弹性

36. 澳大利亚研究人员称，桉树在吸收水分的同时，会将水中微量的金元素吸收进树体。通过分析桉树落叶中金的含量，可指示金矿的位置，不用钻探就能了解地表以下是否有矿藏。因此桉树探矿法对矿产勘探具有重要意义。

以下哪项如果为真，最能削弱上述结论？＿＿＿＿

A. 金矿一般都埋藏于砂石层之下，普通土壤层在砂石层上面，植物的根生长在土壤层

B. 澳洲西南部的新南威尔士州富含金矿，当地的桉树叶中含金量与其他地区并无显著差异

C. 桉树探矿法的实施周期较长，需要等待桉树成材之后才能有效

D. 澳洲西南部有大片的桉树林，澳洲最早发现的金矿也在那里

37. 一项研究显示，先让受试者参加消除某项偏见的学习，并给受试者播放与消除该偏见学习相关联的声音。之后，让受试者进入深度睡眠状态，同时重复播放那些相关联的声音，以重新激活消除该偏见的学习。结果发现，该偏见比睡眠前大大减少，且睡眠质量越高，偏见减少得越多。研究人员由此推测，睡眠干预可减少社会偏见与歧视。

以下哪项如果为真，最能支持上述论证？＿＿＿＿

A. 普通民众难以得到消除偏见学习的睡眠干预

B. 睡眠充足、睡眠质量高的人比其他人更不易产生偏见与歧视

C. 有身高歧视、相貌歧视的人经过睡眠干预后，歧视程度明显降低

D. 在接受睡眠干预的受试者中，有一部分并不存在明显的偏见或歧视

第三节　斩获高分题

1. 某国际古生物学研究团队最新报告称，在2.8亿年前生活在南非的正南龟是现代乌龟的祖先，它们是在二叠纪至三叠纪大规模物种灭绝事件中幸存下来的。当时，为了躲避严酷的自然环境，它们努力地向下挖洞，同时为保证前肢的挖掘动作足够有力，身体需要一个稳定的支撑，从而导致了肋骨不断加宽。由此可知，乌龟有壳是适应环境的表现，只不过不是为了保护，而是为了向地下挖洞。

上述结论的成立需要补充以下哪项作为前提？＿＿＿＿

A. 现代乌龟继承了正南龟善于挖洞的某些习性

B. 只有挖洞才能从大规模物种灭绝事件中幸存

C. 龟壳是由乌龟的肋骨逐渐加宽后进化而来的

D. 正南龟前肢足够有力因而并不需要龟壳保护

2. 自制力不仅关乎自我控制，还包括排除不相关刺激的干扰和坚持完成相关任务（即使是自己不喜欢的任务）的能力。自制力是稳定不变的，还是会被消耗的，学界各派的看法不一。心理学家把实验对象分为两组，让他们同场解决难题。一组解题时只能吃萝卜，另一组还可以吃饼干。结果只吃萝卜的这组坚持时间更短，因为他们在抵制饼干的诱惑的同时，消耗了自制力。他们由此得出结论：人们的自制力是有限的，过度使用会导致自制力下降。

上述结论的成立需要补充以下哪项作为前提？ _____

A. 实验对象对解决难题的兴趣不完全相同

B. 饼干和萝卜对实验对象的诱惑力不相同

C. 饼干和萝卜补充人体能量的效果不相同

D. 两组实验对象抗干扰的能力不完全相同

3. 75 年前一头驯鹿因感染炭疽死亡后尸体保存在北极圈附近的冻土中，不久前附近的一名男童因感染炭疽死亡。有科学家推测，全球变暖使得北极圈的"永久冻土"开始融化，炭疽杆菌因此卷土重来。同时，一些"古老病毒"比如天花和黑死病的病原体也可能埋藏在这些永久冻土中。科学家正为此极度担忧。

以下陈述如果为真，哪项最有助于为科学家解忧？ _____

A. 永久冻土是细菌长期保持活力的最理想场所，时间也许可以长达一百万年

B. 人类与细菌和病毒一直并存，如黑死病和天花，人类已进化出对抗它们的基因

C. 全球变暖让北半球国家变得更温暖，诸如疟疾等热带疾病开始发生于北半球

D. 如果病原体长时间没有接触到人类，那么我们的免疫系统对它不会有所防备

4. 秋冬时节感冒多发，预防感冒的小技巧很受关注。网上一直流传：放置一颗洋葱在房间里，可以预防感冒，因为洋葱挥发出的含硫化合物有抑菌抗癌的作用，可净化室内空气。因此，在室内放几个切去两端的洋葱，就可以有效预防感冒。

以下各项如果为真，哪项最能驳斥以上观点？ _____

A. 洋葱所含硫化物对肠道的细菌有一定抑制作用，但需要每天口服一定的量

B. 人类所患感冒中 70%～80% 的感冒是由病毒引起的，洋葱对病毒是没有抑制作用的

C. 实验证明，室内放置洋葱 1 小时后，室内细菌总数没有显著减少

D. 现有研究尚未发现食物可以有效吸附病菌和病毒

5. 若在一墓穴中发掘出墓主的印章和墓志铭，就能确定该墓穴是墓主的真墓。在西高穴大墓中，没有发掘出曹操的印章和墓志铭。故西高穴大墓不是真的曹操墓。

以下哪项的论证方式与题干最为类似？　_____

A. 若在墓穴中发现刻有"魏武王"之类字样的随葬品，就能说明那个墓穴是曹操的。在西高穴大墓中发现了刻有"魏武王常用格虎大戟"的石碑等随葬品。故该墓是曹操墓

B. 18岁的人还没有面对过社会上的问题，而任何没有面对过这些问题的人不能够进行投票。所以，18岁的人不能够进行投票

C. 只有持有深水合格证，才能进入深水池。高亮没有深水合格证，所以，他不能进入深水池

D. 如果我有翅膀，我就能飞翔。我没有翅膀，所以，我不能飞翔

6. 细胞因为发生了基因突变，出现不受控制地增殖分化，最终发展成为恶性肿瘤。在癌细胞表面存在着许多由突变基因编码的异常蛋白，按理说，这些异常蛋白应该被机体免疫系统及时识别，并引发免疫反应将癌细胞一举清除。然而，由于肿瘤细胞发展迅速、极善伪装，而且不断突变，面对凶猛机智的肿瘤细胞，原本强大的免疫细胞也显得有些"力不从心"，甚至还会对一些肿瘤细胞"视而不见"。在肿瘤微环境中形成的免疫抑制，更是让免疫系统陷入"瘫痪"。

根据上述信息，下列研究除哪项外，可能有助于研发有效的抗肿瘤药物？　_____

A. 研究人员对每位患者的肿瘤细胞和健康细胞的DNA进行测序，以鉴定出肿瘤特异性突变，并确定相关的异常蛋白

B. 科学家利用免疫疗法，试图改造对肿瘤细胞"不上心"的免疫T细胞，使其重返战场

C. 科学家将恶性肿瘤患者和健康人的生活方式、个性特征进行对照研究，找出诱发肿瘤发病的风险因素

D. 科学家利用小鼠进行试验，将提取的肿瘤异常蛋白作为疫苗注射入小鼠体内，激发并增强其免疫反应

7. 某学院今年继续执行出国资助计划，拟从刘老师、张老师、王老师、马老师、牛老师、周老师6位教师中选派几位出国访学。由于受到资助经费、学院学科发展需要、课程安排、各人访学地和访学时间等诸多因素限制，选拔时要符合如下条件：

(1) 刘老师是学院的后备学科带头人，此次必须得派出去。

(2) 如果选刘老师，那么周老师也要选，但不能选张老师。

(3) 只有牛老师选不上，王老师和马老师中才至少有1人能选上。

(4) 如果不选王老师，那么也不选周老师。

若以上陈述为真，下面哪项一定为真？　_____

A. 牛老师没选上，周老师选上了　　B. 刘老师选上了，马老师没选上

C. 王老师和马老师都选上了　　D. 王老师和牛老师都没选上

8. 有人认为，创造力和精神疾病是密不可分的。其理由是：尽管高智商是天才不可或

缺的要素，但是在仅当高智商与认知抑制解除相结合的情况下才能得到创造性天才。

以下各项如果为真，最能质疑上述观点的是_____。

A. 事实上，大部分杰出人物并没有表现出任何精神疾病症状

B. 长期封闭式治疗精神疾病反而可能降低患者的认知能力和创造力

C. 人生中的某些事件，如破产、失恋等，也能够提高人的创造潜能

D. 大部分拥有高智商的精神病患者并没有表现出自己是创造性天才

9. 超级高铁与大众的出行密切相关，它最吸引人之处，就是其运行速度远超轮轨式高铁列车，时速可达 600 至 1 200 千米，甚至有很多人断言能够达到 4 000 千米以上。这类超级高铁有一个共同的特点，就是列车须在密封的真空或者低气压管道中运行。具体而言就是通过抽取空气达到接近真空的低气压环境，采用气动悬浮或者磁悬浮驱动技术，让列车在全天候、无轮轨阻力、低空气阻力和低噪声模式下超高速运行。

以下各项如果为真，最能质疑超级高铁实现可能性的是_____。

A. 超级高铁在某些线路中无法实现低气压管道的密封

B. 在超级高铁运行的真空管道中维护设备将异常艰难和昂贵

C. 在真空或低气压管道中超级高铁的某些必要设备将无法使用

D. 超级高铁一旦出现失控将对乘客的人身安全带来可怕的后果

10. 鲨鱼一般都是肉食性的动物，但一些科学家称，他们在某海域发现了一种以植物作为食物重要组成部分的窄头双髻鲨鱼。

以下各项如果为真，最能支持这一发现的是_____。

A. 研究人员分析其胃内食物发现，一些窄头双髻鲨鱼的食物组成中有一半是植物

B. 以海草占比 90% 的特制饲料人工喂养的窄头双髻鲨鱼，在为期 3 周的实验时间内体重均有增长

C. 窄头双髻鲨鱼的血液中含有大量非自身合成的某种营养物质，在自然界中，仅海草含有少量的该物质

D. 研究发现窄头双髻鲨鱼的肠道里存在一种能对植物进行高效分解的酶，这种酶在其他鲨鱼肠道里并不存在

11. 某班分小组进行了摘草莓趣味比赛，甲、乙、丙 3 人分属 3 个小组。3 人摘得的草莓数量情况如下：甲和属于第 3 小组的那位摘得的数量不一样，丙比属于第 1 小组的那位摘得少，3 人中第 3 小组的那位比乙摘得多。

据此，将 3 人按摘得的草莓数量从多到少排列，正确的是_____。

A. 甲、乙、丙   B. 甲、丙、乙

C. 乙、甲、丙   D. 丙、甲、乙

12. 下列动物如果只能归属一种门类，并且满足以下条件_____。

(1) 如果动物 B 不是鸟，那么动物 A 是哺乳动物。

（2）或者动物 C 是哺乳动物，或者动物 A 是哺乳动物。

（3）如果动物 B 不是鸟，那么动物 D 不是鱼。

（4）或者动物 D 是鱼，或者动物 E 不是昆虫。

（5）如果动物 E 不是昆虫，那么动物 B 不是鸟

以下哪项如果为真，可以得出"动物 C 是哺乳动物"的结论？

A. 动物 B 不是鸟　　　　　　　　B. 动物 A 是哺乳动物

C. 动物 D 不是鱼　　　　　　　　D. 动物 E 是昆虫

13. 在大量的信息中容易迷失是人性的弱点。那些不管是有用的还是没用的，全都想要收集到的完美主义者，是不能很好地分析信息的。克服这一点的关键就是，养成明确的"目标意识"，尽可能瞄准自己想要的信息收集。为了防止主观臆断和先入为主，必须把信息的收集和判断这两个工作分开，如果信息的数量庞大，就要进行两次乃至多次的检验。

由此可以推出_____。

A. 不能很好地分析信息的人都是完美主义者

B. 养成明确的"目标意识"，才不容易在大量的信息中迷失

C. 把信息的收集和判断这两个工作分开，就能够防止主观臆断

D. 如果信息的数量不大，就不需要进行两次乃至多次的检验

14. 某研究小组汇集了 140 多种非人类灵长类动物脑量数据，以研究灵长类动物大脑体积比其他脊椎动物大得多的原因。在研究中，研究人员不仅考虑了灵长类动物的社会化因素，如种群规模、社会体系、交配系统等，还研究了它们的饮食习性，即它们是食叶、食果，抑或属于杂食动物。研究人员据此认为，饮食习性是灵长类动物大脑体积大的主要原因。

以下哪项如果为真，最能支持上述结论？_____

A. 灵长类动物的饮食习性对其体型发育有重要影响

B. 以往人们普遍接受的社会因素决定灵长类动物大脑体积的观点只是一种假说

C. 研究结果并没有显示出在同种灵长类动物中，水果或树叶摄入量与大脑体积之间存在联系

D. 在这 140 多种灵长类动物中，食果类动物的大脑体积，要明显大于食叶动物；杂食动物的大脑体积，也要大于食叶动物

15. 一个人如果是智者，那么他一定是一位谦虚的人；而一个人只有认识到自己的不足，他才会谦虚。但是，如果一个人听不进别人的意见，那么他就不会认识到自己的不足。

由此可以推出_____。

A. 一个人如果认识到自己的不足，他就是一位智者

B. 一个人如果听不进别人的意见，他就不是一位智者

C. 一个人如果听得进别人的意见，他就会认识到自己的不足

D. 一个人如果认识不到自己的不足，他一定听不进别人的意见

16. 高校食堂某窗口前有张明、李伟、王刚、赵曼、钱强5人在排队买菜。每人只买一份菜。已知：

(1) 要买红烧肉的人排在张明后面；

(2) 李伟仅排在要买芹菜炒香干的人前面；

(3) 王刚虽然排在队伍的第2位，但他还不知道要买什么；

(4) 赵曼一向吃素，今天她来得有点晚，排在了队伍的最后。

由此可以推出_____。

A. 李伟排在队伍的正中间位置　　B. 钱强排在队伍的正中间位置

C. 李伟不可能排在队伍的最前面　D. 张明不可能排在队伍的最前面

17. 研究人员在普遍使用的功能性磁共振成像技术（fMRI）专用软件中发现了算法错误。他们采集499名健康的人处于静息状态时的检查结果，发现其统计方法还需用真实呈现的病例加以验证。这意味着软件有时会错得离谱，就算大脑处于静止状态时也会显示有活动——软件显示出的活动是软件算法的产物，而非被研究大脑真的处于活跃状态。

以下哪项如果为真，最能支持上述结论？_____

A. 研究结论可以经fMRI获得有关数据并通过相关程序编译出来

B. fMRI能捕捉脑部血流变化，但无法有效显示大脑是否处于活跃状态

C. 目前普遍用来诊断脑部功能的fMRI软件的假阳性率达到70％以上

D. 只有30％经fMRI专用软件获得的结果会进行验证性试验并进一步确认

18. 甲、乙、丙三人大学毕业后选择从事各不相同的职业：教师、律师、工程师。其他同学做了如下猜测：

小李：甲是工程师，乙是教师。

小王：甲是教师，丙是工程师。

小方：甲是律师，乙是工程师。

后来证实，小李、小王和小方都只猜对了一半。那么，甲、乙、丙分别从事何种职业？_____

A. 甲是教师，乙是律师，丙是工程师　　B. 甲是工程师，乙是律师，丙是教师

C. 甲是律师，乙是工程师，丙是教师　　D. 甲是律师，乙是教师，丙是工程师

19. 如果央行允许人民币继续贬值，那么市场对于人民币贬值的预期就容易强化。如果市场形成较强的人民币贬值预期，大量的资金就会流出我国。资金流出我国，不仅会强化这种人民币的贬值预期，导致更多的资金流出我国，而且可能会导致我国资产价格全面下跌，继而可能引爆金融市场的区域性风险及系统性风险。这些都是我们不愿意看到且不允许出现的情况。

由此可以推出_____。

A. 货币持续贬值会导致资产全面下跌

B. 资金流失严重会出现货币贬值预期

C. 央行不会允许人民币继续贬值

D. 我国将重点着手干预资金外流

20. 四位球迷在某球赛的晋级赛开始之前对几个队伍的赛况进行预测，他们比较关注其中的两支球队，分别作了如下预测：

方某说：如果甲队不能晋级，那么乙队也不能晋级。

白某说：不管甲队能不能晋级，乙队都不能晋级。

夏某说：乙队能晋级，但甲队不能晋级。

邓某说：我看这几支球队都不能晋级。

比赛结果证明，四位球迷中只有一位的预测是正确的。

根据上述情况，以下哪项一定为真？ _____

A. 白某预测是正确的

B. 邓某预测是正确的

C. 如果甲队能够晋级，那么方某的预测是正确的

D. 如果甲队不能晋级，那么方某的预测是正确的

21. 某研究团队让两批测试者分别进入睡眠实验室里睡上一夜。第一批被安排睡得很晚，从而减少总睡眠时间；第二批被安排睡得早，但在睡眠过程中多次被吵醒。第二晚过后，结果就已经显现：第二批测试者的积极情绪受到严重影响。他们的精力水平较低，同情心和友善度等积极情绪指数有所下滑。部分研究者据此认为，被吵醒导致了测试者无法得到足够的慢波睡眠，而慢波睡眠是恢复精力感的关键，但也有研究者对此项研究的可信度提出质疑。

以下哪项如果为真，最能反驳质疑者？ _____

A. 第一批测试者积极情绪的指数下滑程度不太明显

B. 第二批测试者中大部分人长期以来情绪不够积极

C. 两批测试者的健康状况和心理素质原本就很接近

D. 两批测试者在参与睡眠实验前精力水平参差不齐

22. 有人认为"意象"是一个外来词，是英文"image"的译文，并把它和20世纪初的英美意象派诗歌联系起来。但其实，意象是中国古代文艺理论固有的概念和词语，并不是外来的东西。

以下各项如果为真，最能证明"意象"在我国的原生性的是_____。

A. 英美意象派所提倡的"image"是指运用想象、幻想、譬喻所构成的各种具体鲜明的、可以感知的诗歌形象，与中国的"意象"含义不相同

B. 很多主张把自己的情绪全部隐藏在意象背后，通过意象将它们暗示出来的英美意

象派诗人实际上是深受中国古代诗歌的影响

C. 我国古代诗歌诞生远远早于英美诗歌，我国古代的传说故事是很多英美意象派诗人创作的灵感来源

D. 意象在南朝《文心雕龙》等著作中有提及，它没有明确的涵义和一致用法，有的指意中之象，有的指意和象，有的接近于今天所说的艺术形象

23. 现有甲乙两艘船同时出发，同向行驶至某目的地。小明在甲船出发的瞬间开始从船头走向船尾，他出发时，甲、乙船头与目的地距离相等；当他走到船尾时，两艘船船尾与目的地距离相等；由此推理以下可能正确的是_____。

(1) 乙船比甲船长，行驶速度比甲船快；

(2) 甲船比乙船短，行驶速度比乙船快；

(3) 甲乙两船长度相等、行驶速度相同；

(4) 乙船比甲船短，行驶速度比甲船快；

(5) 甲船比乙船长，行驶速度比乙船快。

　　A. (1)(3)(4)　　　　B. (1)(2)(5)　　　　C. (3)(4)(5)　　　　D. (1)(3)(5)

24. 在美国，X 研究院的所有院士都反对人类食用转基因食品，而专门生产转基因玉米的 Y 公司，其所有领导层人员都认为转基因食品是安全的，提倡人们放心食用。一些大学教授兼任 Y 公司的领导。

假设以上陈述为真，则以下哪项是一定为真？_____

A. 有些大学教授是美国 X 研究院的院士

B. 有些研究院院士支持人类食用转基因食品

C. 一些大学教授支持人们食用转基因食品

D. 有些大学教授不支持人们食用转基因食品

25. 苗苗是某少儿舞蹈班学生，她喜欢民族舞。对于该舞蹈班学生，她们或者喜欢拉丁舞，或者喜欢芭蕾舞；喜欢民族舞的，则不喜欢芭蕾舞。

以下哪项如果为真，可推出苗苗喜欢街舞这一结论？_____

A. 舞蹈班有些喜欢拉丁舞的学生也喜欢街舞

B. 舞蹈班学生中，喜欢拉丁舞的都喜欢街舞

C. 舞蹈班学生喜欢的舞蹈只局限于民族舞、拉丁舞、芭蕾舞和街舞

D. 民族舞和街舞比芭蕾舞更容易

26. 近日来，由于南方持续降雨，导致很多人工养鱼池被淹。因此，有几位养鱼专家就鲫鱼和鲤鱼的价格走势进行预测

李强说：只有鲫鱼价格上涨，鲤鱼价格才会上涨；

孙振说：鲫鱼和鲤鱼的价格至少有一种会上涨；

王刚说：只有鲤鱼价格不上涨，鲫鱼价格才不上涨；并且如果鲤鱼价格不上涨，则鲫

鱼价格不上涨。

假如事实证明三位专家的预测均为真,则以下哪项必须为真?_____

A. 鲫鱼价格上涨,鲤鱼价格不上涨　　　　B. 鲫鱼价格不上涨,鲤鱼价格上涨

C. 鲫鱼和鲤鱼的价格都上涨　　　　　　　D. 鲫鱼和鲤鱼的价格都不上涨

27. 张导演在为联欢会的最后三个节目进行排序,相邻的节目不能属于同一种类。张导演要从三个小品节目、三个歌曲节目、三个舞蹈节目中进行选择。要排好最后这三个节目,还要满足如下条件:

如第一个节目是小品,则第二个节目是舞蹈;

如第二个节目是歌曲,则第一个节目是舞蹈;

如第三个节目是小品或者舞蹈,则第二个节目是歌曲。

请问以下哪项是节目安排的可能次序?_____

A. 节目一:小品　节目二:舞蹈　节目三:舞蹈

B. 节目一:小品　节目二:歌曲　节目三:舞蹈

C. 节目一:歌曲　节目二:小品　节目三:舞蹈

D. 节目一:舞蹈　节目二:小品　节目三:歌曲

28~29题基于以下题干:

某单位工会成立职工业余兴趣活动小组,分台球、乒乓球、羽毛球、登山四个小组。已知该单位的甲、乙、丙、丁、戊、己、庚7人每人各参加其中的两个小组,每个小组最少有其中的两人参加,最多有其中的5人参加。另外,还知道:

(1) 丁与戊的参加情况完全相同

(2) 己与庚的参加情况完全相同

(3) 如果甲参加台球组,则丁也会参加台球组

(4) 只有乙和丙参加乒乓球组

28. 如果登山组只有己和庚参加,则可以得出以下哪项?_____

A. 甲参加台球组、羽毛球组　　　　　　　B. 乙参加台球组、羽毛球组

C. 己参加台球组、登山组　　　　　　　　D. 庚参加羽毛球组、登山组

29. 如果乙与丁都没有参加台球组,则可以得出以下哪项?_____

A. 如果己参加台球组,则丙参加登山组

B. 如果庚参加台球组,则戊参加台球组

C. 如果甲参加羽毛球组,则庚参加登山组

D. 如果乙参加羽毛球组,则己参加登山组

30. 在摩天大楼里工作的人大多数都是白领阶层,英语水平四级以上是成为外企白领的必要条件,外企中只有白领阶层的办公地点设在摩天大楼里。

根据以上描述，以下哪项是不正确的？_____

A. 在摩天大楼里的白领不一定是在外企工作

B. 外企中英语水平四级以上的未必是白领

C. 英语水平四级以上的白领可能不在摩天大楼里工作

D. 外企中英语水平四级以下者可能在摩天大楼里工作

31. 众所周知，每个人的指纹都是不同的，指纹才是每个人独一无二的身份证，因此指纹常常用在案件侦破中。然而科学家的最新研究发现，随着机体老化，指纹纹路排列会发生不可逆转的变化，因此科学家得出结论：指纹不应该再用于案件侦破中。

以下哪项如果为真，最能质疑上述结论？_____

A. 指纹是目前案件侦破的最关键证据，许多重案犯是依靠指纹才被抓捕归案的

B. 除了指纹，每个人的DNA也是独一无二的且不会随着时间变化而发生改变

C. 除了纹路排列，指纹的其他几项指标也是指纹识别技术的重要依据

D. 指纹纹路排列发生变化有规律可循，这一规律是普遍适用的

32. 过去人们基于对月岩原子放射性衰变的测量认为，月球诞生在太阳系形成之后约3 000万到4 000万年之间。一项新的研究基于259台电脑对围绕太阳旋转的原行星盘演化过程的模拟，再现了小型天体在最终形成现有的岩态行星之前不断撞击和聚合的过程。该研究人员认为，大约在太阳系诞生之后约9 500万年，一颗巨大的小行星撞击地球，形成的碎片最后变成了月球。

以下哪项最能指出前后两种观点的分歧？_____

A. 关于月球形成时间，有两种不同的估算方法，一种基于放射性衰变测量，一种是基于计算机模拟

B. 关于月球形成过程，有两种不同的理论假说，一种基于月岩自然衰变，一种是原行星盘自然演化

C. 关于月球形成方式，有两种不同的模型解释，一种基于月球组成成分的测量，一种是小行星撞击

D. 关于月球与地球的演化，有两种不同的还原方法，一种基于月球现有成分的测量，一种是计算机模拟

33. 为了减少经营亏损，m快递公司的高管开会讨论通过提高价格来减少亏损的可行性。张副总经理在会上坦言，上一轮涨价也是为了减少亏损，但是价格上涨后，很多原来使用本公司快递的顾客转而投向没有涨价的其他快递公司，直接导致本公司的快递业务量明显下降。不仅没有扭亏为盈，反而使亏损进一步加剧。因此，如果再提高快递价格，本公司的亏损恐怕还是不会减少。

张副总经理的论证是基于下列_____项假设。

A. 价格上涨其实并不一定导致m快递公司的业务量减少

B. m 快递公司这次价格拟上涨的幅度与上一轮上涨幅度是一样的

C. 目前选择 m 快递公司的顾客可以选择不使用该公司的服务

D. 如果降低价格，将会吸引更多的人使用 m 快递公司的快递，而业务量的上升有助于减少亏损

34. 提高能源使用效率、鼓励能源灵活利用是英国减少温室气体排放政策的一个必要环节，它需要采用管理智能技术，包括通过智能表将能源使用信息从需求方或者客户发送到能源公司等，该信息可用于制定和实施更高效的能源使用条例。但英国消费者对此态度不一，因为该技术用于监控和支持能源高效率使用行为时，居民个人及家庭的能源数据不得不被动分享。所以，个人使用能源相关数据的被动分享有可能成为推广智能技术的主要障碍。

以下哪项如果为真，最能支持上述论证？ _____

A. 60％的被调查者表示，不愿意因数据被动分享而降低个人能源使用比例

B. 60％的被调查者认为，数据的被动分享大大增加个人隐私被侵犯的风险

C. 60％的被调查者表示，那些关心气候变化的人更可能接受数据被动分享

D. 60％的被调查者认为，数据不可能不被分享，否则智能技术不可能被应用

第四节　考点解码及答案解析

一、夯实基础题

1.【考点解码】 削弱型

【答案解析】 选 A。题干观点为 20 岁到 39 岁的群体更热衷于使用智能手机中的运动类应用，也就是说 20 岁到 39 岁的年轻人更热衷于运动。观察分析四个选项，A 项说明许多年轻人沉迷于游戏，并非更热衷于运动类应用，直接否定了观点，削弱了调研发现，符合题意。

2.【考点解码】 削弱型

【答案解析】 选 B。题干论点为可以提高体温抗癌；论据是癌细胞怕热，心脏等高温器官不易患癌。A 项，举反向论据，具有削弱作用；B 项，直接否定论点，说明患癌率与体温无关，具有削弱作用；C 项为不确定项，不具有削弱作用，排除；D 项削弱论据，另有他因，具有削弱作用。比较 A、B、C、D 四项，B 项直接否定论点，力度最强。

3.【考点解码】 削弱型

【答案解析】 选 C。题干观点为"有些职业，比如像写作、音乐创作、设计、策划、广告文案等，其从业人员的创意灵感往往出现在深夜"。A 项，指出最具创意头脑的人都

在深夜工作，支持了题干观点。B项，大脑在深夜更能发挥想象力，说明深夜有利于创意灵感出现，支持了题干观点。C项，150人中只有26人在深夜工作，说明大多数大作家和大艺术家的创意灵感不是在深夜出现，反驳了题干观点。

4.【考点解码】　削弱型

【答案解析】　选A。题干观点为"湟鱼按平均每年0.4万吨的速度减少，照此速度，青海湖的湟鱼再过十几年就会灭绝"。A项，将湟鱼列为濒危物种并采取措施保护后，可以有效防止湟鱼的灭绝，削弱了题干观点。B项，说明了捕杀湟鱼的人仍在增加，湟鱼只会减少，支持了题干观点。C项，指出了湟鱼减少的原因，补充论证了观点。D项，无法证明湟鱼可以摆脱灭绝的险境，无法削弱题干观点。

5.【考点解码】　削弱型

【答案解析】　选C。题干观点为人工智能似乎必然会与人产生激烈的竞争，对人类造成威胁，并可能最终战胜人。A项提到人工智能发展的自我意志可能和人类冲突，支持了观点。B项人工智能可能会摆脱人类控制，是对人类的威胁，支持了观点。C项，未体现人工智能对人类的威胁，不能支持观点。

6.【考点解码】　复言命题

【答案解析】　选D。要满足"林枫是志愿者"，就要满足"杨梅不是志愿者"，那么就要满足"或者张楠是志愿者，或者林枫是志愿者"。因此要得出"林枫是志愿者"就要否定另一个选项，即"张楠不是志愿者"。只有D项符合。

7.【考点解码】　一般加强

【答案解析】　选D。A项，更多垃圾的产生，不能说明乌鸦不能清理这些垃圾，不能支持。B项，游客故意乱扔大量垃圾不能说明乌鸦不能清理这些垃圾，不能支持。C项，只说明了有额外的垃圾会由于乌鸦本身产生，不能证明乌鸦不能清理这些垃圾，不能支持。D项，说明乌鸦清理的垃圾数量极其有限，直接指出保洁作用几乎为零，有力地支持了怀疑。

8.【考点解码】　削弱型

【答案解析】　选C。题干结论是：学生的注意力随着老师讲课时间的变化而变化。题干中没有提到该结论的论据。A项，是否能够获得足注意力与题干结论无关，为无关项。B项，强调的是个别学生，削弱力度有限。C项，强调注意力能否集中的关键因素是兴趣而不是时间，直接质疑题干结论。D项，完全集中注意力的时间只有七秒钟，这是支持题干的结论。

9.【考点解码】　一般加强

【答案解析】　选B。题干根据"婴儿的幼年特征可以唤起成年人的慈爱和养育之心，许多动物的外形和行为具有人类婴儿的特征"得出结论：人们容易被外形和行为具有人类婴儿的特征的动物所吸引，将它们养成宠物。结论强调的是外形和行为具有人类婴儿的特征的动物容易被作为宠物。A项，空巢老人喜欢饲养宠物，但是这些宠物无法确定是否具有人类婴儿的特征，因此不能支持题干结论。B项，体态庞大且凶猛的动物很少成为宠物，这是举出反例，说明只有那些体态较小且温顺的动物容易被作为宠物；增加论据，支持题干结论。C、D两项，均无法说明饲养宠物是因为这些宠物具有人类婴儿的特征，因此无法支持题干结论。

10.【考点解码】　一般加强

【答案解析】　选A。题干的结论是：海绵在远古时代也曾经拥有神经细胞，但在随后的进化中放弃掉了。题干没有论据。A项，海绵拥有打造神经系统所需基因，说明它存在拥有神经细胞的可能性，但是神经系统是"累赘"，所以存在放弃掉的可能性，能支持题干结论。B项，栉水母虽然拥有复杂神经系统，但它只是作为代表，其他动物是否具有栉水母的特征并不确定，因此无法支持题干结论。C项，比海绵更早且具备神经网络的动物与海绵是否具有相似性题干中并没有说明，因此无法支持题干结论。D项，生活方式仅仅是两者相似的一个方面，不能仅根据这点就使得海绵失去神经系统，这太武断，因此无法支持题干结论。

11.【考点解码】　削弱型

【答案解析】　选C。题干根据"市面上以活性乳酸菌为卖点的酸奶其实很难补充乳酸菌"得出结论：以活性乳酸菌为卖点的酸奶对肠道健康没什么益处。A项，酸奶中的乳酸得到很好保留，但是能否有效提供乳酸菌并没有体现，因此无法反驳题干结论。B项，酸奶中的乳酸菌被杀死，说明确实无法补充乳酸菌，加强了题干的论据，支持而不是反驳了题干结论。C项，由于添加乳酸菌使得蛋白质更容易吸收，减轻了肠胃消化的负担，因此乳酸菌的添加对肠道健康有益处，直接反驳了题干的结论。D项，酸奶是否含有乳酸菌没有说明，而且血糖引起的症状与肠道健康之间是否有关也不确定，因此无法反驳题干结论。

12.【考点解码】　削弱型

【答案解析】　选B。国外学者根据"没有遗迹、缺乏相应年代的文字记载"得出结论：夏朝不存在。A项，商朝被证实存在正是根据甲骨文这样的遗迹和文字，现在没有夏朝相应的遗迹和文字，因此不能证实夏朝是否存在，这恰恰支持了国外学者的结论。B项，说明我国古代遗迹、文字等保留难度大，只是很难找到而已，但是不能因为现阶段暂时没发现就否认它的存在，即没发现不能等同于不存在，否定了题干的论证过程，即反驳了国外学者的结论。C项，夏朝的记载和传说都是后人的记载，并不是夏朝当时就记载的，是否真实不明确，同时杞国后人被认为是夏人后裔，这种认为是否正确也不明确，因此该项无法反驳国外学者的结论。D项，与题干论证无关，题干讨论的是与夏朝有关的遗迹和记载的情况，因此该项是无关项，无法反驳国外学者的结论。

13.【考点解码】　削弱型

【答案解析】　选C。题干根据"美国被一些球迷称为足球荒漠"得出结论:在美国足球一直被视为边缘运动。A、B两项,成绩的好坏以及联赛水平高低都无法代表该国足球人口的多少,因此这两项无法反驳题干结论;C项,无论是"第二运动"还是"世界第一"都说明美国参与足球运动的人口较多,质疑题干的论据,反驳了题干的结论;D项,美国喜欢足球的人比较纯粹,但是究竟有多少人喜欢足球并不明确,因此该项无法反驳题干结论。

14.【考点解码】　削弱型

【答案解析】　选D。题干根据"现代社会文化产业等的发展,使得公众因选择的多样性而大量分流"得出结论:公众的共同兴趣爱好消逝。A项,网络带来了人与人之间的互动模式,加强题干的论据,支持了题干的结论;B项,也是网络的发展带来的人际交往形式的改变,加强题干的论据,支持了题干的结论;C项,也是对题干中网络和传媒发展引起的人际交往改变的加强,不能反驳题干结论;D项,补充反例说明还有其他的方法使得人们培养起共同兴趣爱好,直接反驳了题干结论。

15.【考点解码】　削弱型

【答案解析】　选D。题干根据"在过去的12个月中,某市新能源电动汽车的销售量明显上升。与之相伴随的是,电视、网络等媒体对新能源电动汽车的各种报道也越来越多"得出结论:新能源电动汽车销售量的提高主要得益于日益增多的媒体报道所起的宣传作用。A项,题干讨论的是媒体报道量与汽车销量的关系,与什么人及为什么进行报道无关;B项,新能源电动汽车销售量提高是由于传统汽车摇号的中签率低,这只是其中一个原因,但是否为主要原因不知道,因此该项虽能削弱题干结论,但是削弱效果有限;C项,明确是个别消费者,说明是个别现象,不能削弱题干结论;D项,说明新能源电动汽车销量提高与日益增多的媒体报道无关,直接削弱题干结论。

16.【考点解码】　相似结构

【答案解析】　选B。题干的推理形式是:或者A或者B,不是B那就是A;即有两种选择,排除一项即得到另一项。A项,推理形式为:或者A或者B,是A那就不是B;与题干推理形式不一致。B项,题干的推理形式是:或者A或者B,不是B那就是A;与题干推理形式一致。C项,题干的推理形式是:是A→是B,不是B→不是B,与题干推理形式不一致。D项,题干的推理形式是:或者A、或者B、或者C,不是B,就是A;与题干推理形式不一致。

17.【考点解码】　不可推出

【答案解析】　选D。逻辑直推题型。由题干可知:①约翰→攀岩且射击,②所有约翰的大学同学→非(攀岩且射击);③所有约翰的中学同学且大学同学→游泳。A项,题干没有涉及约翰是否喜欢游泳,因此该项无法判断;B项,题干只涉及中学和大学同学,其他学段的同学情况无法判断;C项,题干中③只是说明中学同学喜欢游泳,是否喜欢攀岩和射击无法确定，因此该项无法判断；D项，由题干②可知该项一定不可能为真。

18.【考点解码】 一般加强

【答案解析】 选A。题干中主厨根据"排放油烟系统未完成为期6个月的试验检验"得到的意见为：我们不能使用未完成试验的排放油烟系统，6个月以后再说吧。A项，解释了主厨认为还是不能使用的原因，就是新系统也可能存在新问题，能够支持题干中主厨的意见；B项，有新能力说明新系统可用，但是新系统又比原系统难操作说明新系统可用性值得商榷，因此该项不能支持主厨的意见，即便能支持效果也有限；C项，说明新的排放油烟系统有很多优点，是可用的，反驳了主厨的意见；D项，说明新系统可能有安全隐患，能够支持题干中主厨的意见，但是效果没有A项强，A项中的"新问题"就包含了安全隐患。

19.【考点解码】 削弱型

【答案解析】 选C。题干根据"发酵食品中含有能够促进消化吸收和改善肠道环境的益生菌，通过改善消化功能来促进情绪健康"得出结论：食用发酵食品可以显著减少社交焦虑症状的发生。A项，题干讨论的是食用发酵食品与社会焦虑的发病率之间的关系，因此该项与题干无关；B项，情绪健康的大学生从来不吃泡菜、酸奶等发酵食品，但不能说明吃泡菜、酸奶等发酵食品的人情绪就不健康，因此该项无法质疑题干结论；C项，泡菜消费量和社交焦虑症均为第一，通过反面论据说明食用发酵食品增加社交焦虑症状的发生，直接质疑了题干结论；D项，与题干无关，为无关项。

20.【考点解码】 削弱型

【答案解析】 选C。题干学者根据"学校与监狱个数的增减即教育能够减少犯罪"得出结论：近年来，随着教育的大规模扩大，学历程度越高，犯罪率越低。A项，是个案，而犯罪率是比值，两者之间无关，因此该项为无关项，不能反驳题干学者的观点；B项，只能说明学历高的人存在犯罪的可能性，与犯罪率高、低无关，不能反驳题干学者的观点；C项，经济犯罪是各种犯罪形式中的一种，而经济犯罪中高学历人群犯罪率高于低学历人群，通过反例说明高学历的犯罪率更高，直接反驳题干学者的观点；D项，说明学历程度低，越容易发生犯罪，从侧面支持了题干学者的观点。

21.【考点解码】 削弱型

【答案解析】 选D。题干根据"所有的教室我都逐一去过，没有闻到异味"得出结论：甲醛不超标。A项，异味和甲醛超标是两个不同概念，该项没说明异味和甲醛超标之间的关系，因此无法反驳题干校长的结论；B项，教室和某新房是两个不同主体，不能由此及彼，因此无法反驳题干校长的结论；C项，只是指出存在超标的可能性，对题干校长结论的反驳效果有限；D项，说明气味跟甲醛超标之间没有联系，即不能根据是否有异味来辨别甲醛是否超标，直接反驳题干校长的结论。

22.【考点解码】 削弱型

【答案解析】　选 B。题干张女士根据"多年来喜欢在冬天穿裙子，从去年冬天起，每到阴冷天，她都感觉到膝关节疼痛，后经医生诊断，她得了关节炎"得出结论:阴冷天穿得少是导致关节炎的原因。A、C 两项，都是举反例质疑题干的论据从而削弱题干结论;B项，指出得关节炎的根本原因是劳损、感染或创作，阴冷天只是在已经得病之后诱发关节炎发作的一个因素，直接质疑题干结论，效果强于 A、C 两项;D 项，题干讨论的是穿得少与是否得关节炎的关系，因此该项与题干无关。

23.【考点解码】　削弱型

【答案解析】　选 A。题干根据"对照试验结果显示轻断食一组志愿者的身体状况得到明显改善"得出结论:"轻断食"使志愿者体内产生较多酮体，氧化应激和炎症标志物水平均有所下降。A 项，说明试验的前提条件都不一致，必然导致试验结果有差异，直接质疑题干论据，也就削弱了题干结论;B 项，举例子加强论据，支持了题干论点;C 项，说明试验的前提条件相同，但结果有明显差异，加强论据，支持了题干结论;D 项，"某位"说明是个别现象，是个案，不能以偏概全，而且是正常饮食结束，与题干轻断食所得出的结论无关，因此不能削弱题干结论。

24.【考点解码】　结论

【答案解析】　选 D。由题干可知，创新是一种创造性劳动，它需要强大的动力支持，如果有捷径那就不会有真正动力，也就不会有创新。结合选项，都是围绕"动力"和"暴富、发财"，那么定位题干最后一句可知:土地资源炒作暴富或凭借权钱交易腐败发财⇒创新没有真正的动力。A 项，两个并列的前件无法互相推出;B 项，否定前件不一定能否定后件;C 项，肯定后件不一定能肯定前件;D 项，否定后件则一定能否定前件。

25.【考点解码】　一般评价

【答案解析】　选 C。题干中小张拿小李当挡箭牌，转移了经理的话题。A、B、D 三项都是拿其他问题当挡箭牌，从而转移话题，与题干相同;C 项，小明正面回应了老师的问题，没有转移话题。

26.【考点解码】　结论

【答案解析】　选 C。兔子的思维是:钉了掌就无法证明不是骆驼了，即钉了掌⇒是骆驼①。A 项，是①的逆命题，不一定成立，即肯定后件不一定能肯定前件;B 项，"可能"不符合逻辑推理的基本形式;C 项，成立;D 项，是①的否命题，不一定成立，即否定前件不一定能否定后件。

27.【考点解码】　排列组合

【答案解析】　选 D。由题干可知老王没有帮助过任何人，老周帮助过所有人，因此排除 A、B 两项;再根据"凡帮助过老刘的人，老张都帮助过"可知老张帮助过老周，即老张和老周互相帮助过。

28.【考点解码】　可推出型

【答案解析】 选B。A项，题干只是涉及久坐会导致女性患某些疾病的风险增加，并没有涉及患病的原因，因此该项不能得出；B项，题干主要涉及久坐会导致患某些疾病的风险增加，也就是说坐的时间越久得病的风险越大，表明久坐可能对女性健康造成不良影响，因此该项可以得出；C项，题干中没有涉及体育锻炼与强身健体的关系，因此该项不能得出；D项，题干中没有涉及女性健康状况，因此该项不能得出。

29.【考点解码】 一般加强

【答案解析】 选C。题干根据"餐前喝水的人比餐前没喝水的人平均体重下降得要多，且没有喝水的那组人"平均运动量"比餐前饮水的人更高"得出结论:餐前喝适当的水能减肥。A项，控制饮食说明可能是其他原因导致餐前喝水的人体重下降得更多，削弱了题干结论；B项，题干论据中说的是"平均体重"，是一般情况，个别人的体重是个案，个案不能代表一般情况，因此该项与题干结论无关；C项，说明两组对象初始条件相同，能够支持题干结论；D项，题干讨论的是餐前，因此该项与题干无关，是无关项，不能支持题干结论。

二、提升能力题

1.【考点解码】 可推出型

【答案解析】 选A。四个选项依次分析。A项，由"家长自主支持或控制的教养风格在家长投入与子女学业投入的关系中起调节作用"可知，该选项正确。B项，原文由"子女学段升高"推出"家长投入程度降低"，而该选项将因果关系颠倒，排除。C项，题干指出多数家长重视在家辅导的投入，对子女参加社区及学校活动的投入较为欠缺，两者之间不存在反比关系，排除。D项，题干并未提及子女学业心理需求的满足和学业投入的关系，没有直接证据可以推出"首要因素"，排除。

2.【考点解码】 一般加强型

【答案解析】 选B。观点:对于信天翁而言，这些塑料垃圾闻起来"很好吃"，是因为一种名叫二甲基硫醚（DMS）的化学物质，这种气味物质在海洋浮游植物的作用下产生。因此要选择的选项中没有提及DMS并且也没有提及海洋浮游植物。

3.【考点解码】 可推出型

【答案解析】 选D。四个选项依次分析，A项中的"根本原因"没有在原文中提及，排除。B项，原文没有提及细菌如何削弱抗生素的效果，排除。C项，由题干只能得出细菌产生耐药性是因为抗生素的滥用，而细菌产生耐药性后，抗生素对其的作用可能会减弱，但未必不能攻击，排除。

4.【考点解码】 削弱型

【答案解析】 选D。观点:"互联网＋科普"不是对科普传播的一种颠覆，而是显示了公民科学素养的提升。A项，只提到摄取信息的渠道，并没有表明科学素养是否提升，排除。B项，也没有提及科学素养是否提升，排除。C项，指出用户乐于运用何种形式获取知识，也没有提及科学素养是否提升，排除。

5.【考点解码】 可推出型

【答案解析】 选C。依次分析四个选线。A项，原文只提到未来补牙可以使用再生材料，降低补牙失败率，减少蛀牙患者的痛苦，排除。B项，理由同上，排除。C项，由"可以刺激牙髓中干细胞的生长，修复受损部位"可知正确。

6.【考点解码】 可推出型

【答案解析】 选D。A项可以推出，小波最爱读的小说是《福尔摩斯探案全集》。B项可以推出，小波最不爱读的是《罪与罚》。由"与《傲慢与偏见》比起来，小波更爱读《教父》"和"与《傲慢与偏见》相比，小波更不爱读《飘》"可知，C项可以推出。

7.【考点解码】 可推出型

【答案解析】 选B。A项，"最古老的哺乳动物物种"没有在原文中提及，无法推出。B项，由"而蝙蝠的免疫系统恰恰能在与病毒共生的过程中达到一种平衡"可知，蝙蝠机体的免疫系统能够和病毒共生达到平衡，既抵御病毒侵袭，又不会产生过度激烈的免疫反应，可以推出。

8.【考点解码】 削弱型

【答案解析】 选C。题干观点"相比男司机，女司机确实更有'马路杀手'的一面，即更容易造成严重的交通事故"。A项，说明男司机比女司机更容易造成严重的交通事故，反驳了题干观点。B项，女司机的良好驾驶习惯有利于行车安全，反驳了题干观点。C项，男女司机的数量比例与题干论述无关，不能反驳题干观点。

9.【考点解码】 前提假设型

【答案解析】 选D。李溪的论证思路为:造成教学事故→不是合格教师，不是合格教师→没有评选资格。Ⅰ，李溪没有提及讲课是否讲得好，排除。Ⅱ，在教学事故和不合格教师之间建立联系，是李溪论证的前提。Ⅲ，在不合格教师和没有选评资格之间建立联系，是李溪论证的前提。并且当且仅当Ⅱ和Ⅲ都成立时，李溪的论证才能成立。

10.【考点解码】 一般加强型

【答案解析】 选C。研究者观点"每天吃一个鸡蛋有利于心血管健康"。A项，未表明每天吃鸡蛋的人发生心血管疾病的死亡率是否降低，无法支持研究者观点。B项，列举了鸡蛋的丰富营养，与题干论证的心血管健康无关，无法支持研究者观点。C项，指出鸡蛋中的卵磷脂能够有效组织胆固醇和脂肪在血管壁上的沉积，可以预防心血管疾病，有力地支持了研究者的观点。

11.【考点解码】 排列组合

【答案解析】 选A。甲乙两人的说法对立，因此甲乙两人的说法一真一假。所以丙丁两人的说法也为一真一假。假设丙说法为真，丁说法为假，那么恰好满足乙和丙的说法为真，甲和丁的说法为假的情况。故猜测为真的是乙和丙。

12.【考点解码】 削弱型

【答案解析】 选B。论点"植物是有感情的"。A项，指出巴克斯特的实验不够科学，反驳了题干观点。B项，指出植物没有任何神经系统，直接反驳了题干观点。C项，举出其他因素的干扰原因，反驳了题干观点。D项，指出巴克斯特的实验不够科学，反驳了题干观点。A、C、D三项都指出实验不够科学，但是B项直接反驳题干论点，力度最强。

13.【考点解码】 削弱型

【答案解析】 选C。原文观点"'体型大'和'寿命长'是动物容易罹患癌症最合理的两个答案"。A项，小白鼠不能代表体型大和寿命长的动物，不能质疑观点。B项，吸烟属于其他因素，不能质疑观点。C项，直接说明体型大且寿命长的大象患癌概率低，有力地质疑了观点。D项，只能证明"体型大"的动物不易患癌，但没有证明"寿命长"的动物也不易患癌，故C项质疑水平最强。

14.【考点解码】 一般加强型

【答案解析】 选D。观点：虚拟企业被认为是21世纪最有竞争力的企业运行模式。A项，没有提及虚拟企业，排除。B项，提及了新的运行模式但是没有明确说明就是虚拟企业，排除。C项，指出虚拟企业存在的问题，与观点不符，排除。

15.【考点解码】 一般加强型

【答案解析】 选D。反对者看法：数学能力没有天赋，只能是文化的产物。A项，10～12个月婴儿就已经具备数学能力了，说明数学能力是一种天赋，削弱了反对者的看法。B项，指出数学是大脑的产物，大脑的生长模式早已由基因"预设"，也就是说数学能力是天生的，削弱了反对者的看法。C项，经过人为训练的大猩猩等动物能处理数学问题，但无法确定它们是不是原本就具备这种能力，无法说明数学能力是天赋还是文化的产物，不能支持反对者的看法。D项，表达的是原始部落居民缺少文化教育，而且天赋低下，只能表示5以下的数量，证明了数学能力确实是文化的产物，支持了反对者的看法。

16.【考点解码】 削弱型

【答案解析】 选B。题干根据"苦瓜中含有一种类似胰岛素的物质，能够降低血糖"得出结论：Ⅱ型糖尿病患者多吃苦瓜有助于降低血糖水平。A项，题干论证的是能否降血糖，与是否含糖无关，因此该项为无关项，排除。B项，日常食用的苦瓜中苦瓜水提取物含量极少，说明即便多吃苦瓜仍然无法得到足够量的苦瓜水，即无法降低血糖水平，质疑题干结论。C项，题干论证的是降血糖而不是降血清蛋白，因此该项为无关项，排除。D项，题干论证的是Ⅱ型糖尿病，与Ⅰ型糖尿病无关，因此该项为无关项，排除。

17.【考点解码】 削弱型

【答案解析】 选C。题干根据"检测的公司声称，他们通过唾液获取儿童的基因，就能分析出儿童具有哪些'特长'"得出结论:做了这种检测,可以有的放矢地去开发儿童的天赋和潜能,不再需要通过尝试过多的兴趣班来挖掘儿童的特长。A项,题干论证的是通过检测判断儿童的特长,因此该项与题干论证无关,排除该项。B项,题干论证的是儿童的才艺方面的特长,因此该项与题干论证无关,排除该项。C项,很难准确地界定哪些基因对哪些天赋有影响,说明这种天赋基因检测不科学、不可靠,质疑题干结论。D项,基因组检测收费与检测是否科学、可靠无关,该项为无关项,排除该项。

18.【考点解码】　削弱型

【答案解析】　选 A。题干根据"志愿者们无论有什么样的文化背景,他们都倾向于用更多正面的形容词来描述自己,认为一些较为负面的特征不适合自己"得出结论:参与测试的人无论具有何种文化背景,他们同样都有美化自己的动机。A项,东亚人习惯负面评价自己,说明东亚人没有美化自己的动机,削弱了题干结论。B项,与题干无关,为无关项。C项,东亚人与西方人具有一样的自尊心,说明他们可能都具有美化自己的动机,支持了题干结论。D项,与题干无关,为无关项。

19.【考点解码】　前提假设型

【答案解析】　选 A。题干根据"发现了一块名为西兰洲的新大陆,它符合大洲认定标准的全部要求,是世界第八大洲"得出结论:各国的地理课本将会被改写。新大洲的确认与地理课本之间要搭桥建立联系,如果地理课本中都没有相关的知识内容,那就无需改写;即便有相关内容,当出现新知识时怎么办也要明确。A项,说明地理课本中有"大陆""大洲"等相关知识内容,而且明确随相关知识内容变化而改写,属于搭桥的加强方式,能够作为题干结论前提;B项,无法说明地理课本中是否有关于"大陆""大洲"等相关知识内容,属于无关选项;C项,各国课本现在没有"世界第八大洲"相关内容,但出现新知识后是否会改变课本,并不确定,属于无关选项;D选项,各国课本虽然有关于"大陆""大洲"等的内容,但出现新知识后是否会改变课本,并不确定,属于无关选项。

20.【考点解码】　一般加强型

【答案解析】　选 C。题干中媒体根据"权利义务不对等"得出结论:唐宁街没有任何理由让这位捕鼠官下课。A项,拉里的社会示范作用与权利义务是否对等无关,因此该项是无关项,无法支持题干结论;B项,拉里不善捕鼠以及没有经过仔细考察,与权利义务是否对等无关,因此该项是无关项,无法支持题干结论;C项,拉里的义务是捕鼠,相对应的权利应是捕鼠所获得的报酬,发放薪酬的不是唐宁街,而是工作人员为拉里购买口粮,体现了权利义务不对等,支持了题干观点;D项,拉里被安排额外的接待任务,与权利义务是否对等无关,因此该项是无关项,无法支持题干结论。

21.【考点解码】　排列组合

【答案解析】　选 D。由题干可知:①填报法律→不填管理且填报会计;②填报金融或填报经济→不填审计;③不填经济→不填会计;④填报法律。由④再结合①可以得到:不填管理，但是填报会计；再根据③的逆否命题：会计→经济，即填报了经济；最后结合②可知不填审计。

22.【考点解码】 前提假设型

【答案解析】 选B。要使伽利略得出的自由落体定律成立就得添加一定的依据说明伽利略的思维正确。A项，"都能进行同样的思维实验"与伽利略的自由落体定律是否成立无关，因此该项是无关项；B项，伽利略的思维实验必定符合真空状态的运动规律，否则自由落体定律就不成立，添加了一个必要条件，能作为前提；C项，自由落体定律是在真空状态下成立的，是要排除空气阻力的干扰，而现实实验是有空气阻力的，所以用现实实验来验证自由落体定律，这是不科学的，不能作为前提；D项，真空状态只是众多可能性中的一种，那到底哪种可能性是对的无法判断，因此该项无法作为前提。

23.【考点解码】 不可推出型

【答案解析】 选D。由题干可知：成功的心态→不断努力且知足常乐。A项，题干明确有"你们的观点都是好的，结合起来才准确"，说明郑磊和刘连的观点都不全面，因此该项能推出；B项，"具有知足常乐心态"是对题干"不断努力且知足常乐"中一项的肯定，肯后可以推出来可能性的结论，因此该项能推出；C项，题干是"成功的心态→不断努力且知足常乐"，肯定前件必能肯定后件，因此该项能推出；D项，不断努力和知足常乐在题干中是并列关系，但两者之间孰重孰轻题干并没有涉及，因此该项无法判断，不能推出。

24.【考点解码】 结论型

【答案解析】 选A。题干中数学家有两个特点：①几乎所有的数学家能够识别正确的证明以及不正确证明的无效之处；②几乎所有的数学家无法定义一个证明的准确意义。A项，根据题干①②可知，该项可以推出；B、D两项，题干①指明"能识别正确的证明"与"能识别不正确的证明"之间的关系，没有涉及"能识别"与"不能识别"间的关系，即"正确的证明"与"不正确证明的无效之处"中，到底哪个不能识别或者两个都不能识别无法判断，因此这两项都无法判断；C项，根据题干②，题干指明是几乎所有的数学家，并不是所有的数学家，该项过于绝对，因此不能推出。

25.【考点解码】 前提假设型

【答案解析】 选D。科学家的观点是：为了达到将升温幅度控制在20 ℃以内的目标，仅仅限制CO_2排放是不够的，必须在全球范围内大规模开展大气CO_2的回收行动，使大气污染程度得到有效控制和缓解。这个观点的核心是：全球范围内大规模开展大气CO_2的回收行动，因此需要添加和补充的前提应该与"如何回收CO_2"有关。A、C两项与题干观点无关，都是无关项，不能作为假设前提；B项，科学家观点的重点是要控制回收而不是控制排放，因此该项也不能作为假设前提；D项，如果各地不能建立有效回收和储存CO_2的机制，那么就无法大规模开展回收行动，也就是科学家的观点不成立，因此要想大规模开展回收行动就必须有相应机制，即该项能作为假设前提。

26.【考点解码】 一般加强型

【答案解析】 选 B。题干根据"古埃及人将沉重的石块放上滑橇后，先在滑橇前铺设一层潮湿的沙子，再牵引它们，这种搬运方式起到了意想不到的效果"得出结论：潮湿的沙子是古埃及人在沙漠中搬运巨大石头和雕塑的关键。A 项，似乎在浇水，到底有没有浇水，不明确；另外这个滑橇是不是用来搬运巨大石头和雕塑也不明确，因此该项无法支持题干结论。B 项，说明滑橇在潮湿沙子上所需的牵引力较小，直接解释了题干结论，支持效果最好。C 项，潮湿的沙子容易堆积形成较大滑动阻力，这样不利于搬运巨大石头和雕塑，削弱题干结论。D 项，实验版的埃及滑橇能模拟古埃及工地的实况，效果如何不确定，因此无法支持题干结论。

27.【考点解码】 可推出型

【答案解析】 选 D。由题干可知：①教授⇒不担任行政工作，②30 岁以下的年轻博士⇒担任行政工作，③海外招聘⇒博士。已知李明是 29 岁的教授，根据①可知李明不做行政工作；再根据②的逆否等价命题"不担任行政工作⇒不是 30 岁以下的年轻博士"可知李明不是博士；再根据③的逆否等价命题"不是博士⇒不是海外招聘"可知李明不是海外招聘来的。

28.【考点解码】 前提假设型

【答案解析】 选 A。题干根据"目前中国江河和土壤中检测的抗生素浓度都小于各种抗生素对病菌的最小抑制浓度"得出结论"中国河流抗生素浓度高不足为虑"，论据与结论之间缺少必要的联系，即"为什么抗生素浓度小于各种抗生素对病菌的最小抑制浓度就能认为是安全的、不足为虑的"。A 项，在抗生素浓度和抗生素对病菌最小抑制浓度之间搭桥，将论据和结论有效联系起来，可以作为专家得出结论的前提；B、C、D 三项均与题干论述无关，因此无法作为专家得出结论的前提。

29.【考点解码】 可推出型

【答案解析】 选 B。因为是单循环赛，因此每队打了四场比赛，已知乙队赢了三场，只输给了甲队，即乙队赢了丙、丁、戊三队，也就是丙、丁、戊三队至少输了一场，又由于各队积分都不一样，所以这三支球队积分不可能比乙高，因此乙队必然出线。

30.【考点解码】 一般加强型

【答案解析】 选 B。题干艺术家的观点是：自然的星空正是凡·高创作的灵感来源。A、C、D 三项均可支持艺术家的观点；B 项，与凡·高创作的灵感来源无关，是无关选项。

31.【考点解码】 相似结构

【答案解析】 选 C。题干中冰川消融导致海水变多，海水越多吸收更多能量进一步加速冰川消融，即 A 导致 B，B 又进一步导致 A，A、B 之间互为因果关系。A 项，顾客购买香水多次后发现其特点成为忠实顾客，是否进一步促进该品牌香水的销售不知道，即有

A 导致 B，没有 B 导致 A，与题干因果关系不同；B 项，考试导致早起，但早起没有导致考试，即有 A 导致 B，没有 B 导致 A，与题干因果关系不同；C 项，张楠认识了一些客户，反过来然后越来越多的客户也认识了张楠，即有 A 导致 B，B 导致 A，与题干因果关系一致；D 项，新方法促使平面几何成绩提高，平面几何成绩提高又促使立体几何成绩提高，即 A 导致 B，B 导致 C，这是连续推出关系，与题干因果关系不同。

32.【考点解码】 复言命题

【答案解析】选 A。由题干可知：①女性⇒博士；②有的男博士⇒有高级职称；③有的人员⇒不是博士且没有高级职称，其中①可以用逆否等价进行推理，②③为"有的"句式，不能用逆否等价进行推理，可以利用"有的 S 是 M 等价于有的 M 是 S"进行推理。A 项，对①进行逆否，其逆否等价命题是：不是博士⇒不是女性，即没有博士学位且没有高级职称的人就一定是男性，因此可以推出有的没有高级职称的人是男性，反过来，利用"有的"进行推理可知，有的男性没有高级职称，因此该项可以推出；B 项，由①可知女性一定是博士，但从题干不能判断博士与高级职称之间存在什么关系，因此该项无法推出；C 项，题干中涉及男性的都是"有的男性"，"有的"不能代表"所有"，因此该项无法推出；D 项，理由与 B 项相同，也是无法推出。

33.【考点解码】 削弱型

【答案解析】选 C。题干的论点是：只要增加植物根毛的长度，就可以更有效地吸收水和养分，从而提高作物产量。A 项，是从另一个角度说明如何提高作物产量，与题干无关，因此不能削弱题干论点；B 项，只是说明植物根毛的寿命长短，与题干要说明的植物根毛的长短无关，也是无关项；C 项，指出在植株过于密集而养料不足的条件下，虽然增加了根毛长度但无法保证植物的营养供应，直接削弱论点；D 项，说明的是根毛的长度与植物生长激素密切相关，也与题干无关，为无关选项。

34.【考点解码】 削弱型

【答案解析】选 B。题干通过"体内细胞色素 P450 水平低的人患帕金森症的可能性是体内 P450 水平正常的人的三倍"得出结论"P450 可以保护大脑免受有毒化学物质的损伤，进而预防帕金森症"。A 项，"有毒化学物质损伤大脑功能的同时也抑制人体产生 P450"与"P450 可以保护大脑免受有毒化学物质的损伤"并不矛盾，因此不能质疑题干结论；B 项指出帕金森症患者与常人除了 P450 水平不同，还有其他细胞色素水平也不相同，即有可能是其他细胞色素影响患帕金森症的，质疑了题干结论的论据，也就质疑了题干结论；C 项，人工合成 P450 可以用于治疗帕金森症患者恰恰支持了题干结论；D 项，其他原因预防帕金森症与 P450 预防帕金森症并不矛盾，因此不能质疑题干结论。

35.【考点解码】 削弱型

【答案解析】 选 D。题干根据"氟化物被认为能增加骨质"得出结论"给骨质疏松症患者注入氟化物会帮助他们的骨骼不容易折断"。A 项，"患者没有意识到"与题干结论无关，因此该项不能削弱题干结论；B项，"牙齿"并非"骨骼"，氟化物可以坚固牙齿，但是不代表也能够坚固骨骼，因此该项不能削弱题干结论；C项，"较强的副作用"与题干结论"骨骼不容易折断"无关，因此该项不能削弱题干结论；D项，"骨骼组织更加脆弱而缺少弹性"说明骨骼更容易被折断，直接削弱了题干结论。

36.【考点解码】 削弱型

【答案解析】 选A。题干根据"桉树在吸收水分的同时，会将水中微量的金元素吸收进树体，通过分析桉树落叶中金的含量，可指示金矿的位置"得出结论"桉树探矿法对矿产勘探有重要意义"。A项，强调桉树的根与金矿分布在上下不同的位置，也就是说桉树的根吸收的水分中含金元素可能性不大，削弱了二者之间的联系，削弱题干论据，进而削弱了题干结论；B项，指出富含金矿的新南威尔士州的桉树叶中含金量与其他地区并无显著差异，也就是说在此地桉树探矿法无效，但是无法完全排除其他地方可以使用桉树探矿法的可能，因此该项有一定的削弱作用，但削弱力度较弱；C项，桉树探矿法的实施周期较长与桉树探矿法是否有效两者之间无关，因此该项不能削弱题干结论；D项，金矿发现的早晚与桉树探矿法是否有效两者之间无关，因此该项不能削弱题干结论。

37.【考点解码】 一般加强型

【答案解析】 选C。题干根据"受试者先参加消除偏见的学习，再经过深度睡眠后，偏见比睡眠前大大减少，且睡眠质量越高，偏见减少得越多"得出结论:睡眠干预可减少社会偏见与歧视。A项，没有得到睡眠干预与睡眠干预是否有效是完全不同的概念，该项与题干无关，为无关项，因此无法支持题干结论。B项，产生偏见与歧视与减少消除已有的偏见是完全不同的概念，该项与题干无关，为无关项，因此无法支持题干结论。C项，举例说明睡眠干预确实能减少某些社会偏见和歧视，加强了论据，因此能支持题干结论。D项，一部分受试者并无明显偏见歧视在某种程度上削弱了题干的论据，进而削弱了题干结论。

三、斩获高分题

1.【考点解码】 前提假设型

【答案解析】 选C。原文通过"乌龟在努力向下挖洞时，为了保证前肢的挖掘动作足够有力，身体需要一个稳定的支撑，从而导致了肋骨不断加宽"推导出"乌龟有壳是适应环境的表现，是为了向地下挖洞"的结论。论点和论据之间存在一定的跳跃，需要补充的论据需要在"乌龟肋骨不管加宽"和"乌龟有壳"之间建立联系。因此只有C项最合适。

2.【考点解码】 前提假设型

【答案解析】 选B。实验组为解题时只能吃萝卜，对照组为解题时可以吃萝卜还能吃饼干。实验结论为人的自制力是有限的，过度使用会导致自制力下降。因此在控制变量时必须保证萝卜和饼干对被试的诱惑力是不相同的，这样才能体现被试消耗了额外的自制力去抵制饼干的诱惑。

3.【考点解码】　削弱型

【答案解析】　选B。科学家的担忧为，全球变暖可能使得古老病毒从冻土中苏醒，例如天花和黑死病的病原体可能会重新卷土重来。A项，说明细菌在冻土中仍旧可以保持活力，那么当冻土融化后细菌能够卷土重来，加剧了科学家的忧虑，排除。B项，说明人类已经进化出对抗天花和黑死病的基因，科学家无需对此病的病原体卷土重来而担忧，有助于为科学家解忧。C项，热带疾病病原体并非埋藏在冻土中，排除。D项，指出我们的免疫系统可能已经不再防备埋藏在冻土中的病原体，加剧了科学家的忧虑，排除。

4.【考点解码】　削弱型

【答案解析】　选B。观点"在室内放几个切去两端的洋葱，就可以有效预防感冒"。A项，与题干论点无关，排除。B项，指出洋葱对病毒没有抑制作用，不能预防感冒，有力地反驳了题干观点。C项，虽然细菌没有显著减少，但是还是有减少，一定程度上支持了题干观点。D项，没有说明洋葱是否可以抑制感冒，不能反驳题干观点。

5.【考点解码】　相似结构

【答案解析】　选D。题干的论证方法为，充分条件假言命题通过否定前件推出否定后件的错误推理，即如果A，那么B；C不是A，所以C不是B。A项的论证方式为：如果A，那么B；C是A，所以C是B，是充分条件假言命题通过肯定前件推出肯定后件的正确推理，与题干不同。B项论证方法与A项相同。C项，论证方法为必要条件假言命题通过否定前件推出否定后件的正确推理，与题干不同。D项，论证方法为充分条件假言命题通过否定前件推出否定后件的错误推理，与题干相同。

6.【考点解码】　一般加强型

【答案解析】　选C。A项，找出肿瘤细胞基因突变的原因，有助于研发有效的抗肿瘤药物，排除。B项，解决了免疫细胞对肿瘤细胞的视而不见，有助于研发有效的抗肿瘤药物，排除。C项，找出了诱发肿瘤发病的风险因素，目的在于预防肿瘤，因此该项与题干论述无关。

7.【考点解码】　排列组合

【答案解析】　选A。因为刘老师一定要去，所以周老师也要去，张老师不能去。周老师要去，因此王老师与也要去。那么牛老师一定不能去，马老师去不去不确定。故只有A项表述符合上述结果。

8.【考点解码】　削弱型

【答案解析】　选D。原文观点：创造力和精神疾病密不可分。A项，杰出人物不一定就拥有创造力，未必是创造性天才，不能质疑观点。B项，没有指出长期治疗精神疾病的患者其创造力就高，是创造性天才，不能质疑观点。C项，没有说明创造力高和精神疾病的关系，不能质疑观点。

9.【考点解码】　削弱型

【答案解析】　选C。超级高铁的运行条件:在真空或低气压环境下,采用气动悬浮或者磁悬浮驱动技术让列车超高速运行。A项,指出某些线路无法实现管道封闭,质疑水平较弱。B项,指出维护设备昂贵和艰难,但没有指出超级高铁将无法实现,质疑水平较弱。C项,指出某些必要设备无法使用,将直接导致超级高铁无法实现,有力地质疑了超级高铁实现的可能性。D项,超级高铁的安全性与能否实现无关,质疑水平较弱。

10.【考点解码】　一般加强型

【答案解析】　选C。A项,只说明一些窄头双髻鲨鱼的食物中有植物,支持力度较弱。B项,人工饲料不能代表窄头双髻鲨鱼的原生食物来源,不能支持发现。C项,营养物质非自身合成,说明必须从外界获取,说明窄头双髻鲨鱼会食用海草并且用量较大,有力地支持了发现。D项,没有说明窄头双髻鲨鱼一定会使用这种酶,不能支持发现。

11.【考点解码】　排列组合

【答案解析】　选B。由"甲和属于第3小组的那位摘得的数量不一样"和"3人中第3小组的那位比乙摘得多"可知,甲、乙都不属于第三组,即丙在第三组。那么根据题意,丙摘得比乙多,比甲摘得少。因此三人排序为甲＞丙＞乙。

12.【考点解码】　复言命题

【答案解析】　选D。需要补充一个条件,得出"动物C是哺乳动物"。根据条件(2),要得到该条件,就要满足"动物A不是哺乳动物"。根据条件(1),则要满足"动物B是鸟"。再根据条件(3),则要满足"动物D是鱼"。再结合条件(4),则要满足"动物E是昆虫"。最后结合条件(5),则要满足"动物B是鸟"。故A、B、C错误。

13.【考点解码】　可推出型

【答案解析】　选B。逻辑直推题型。由题干可知:①完美主义者是不能很好地分析信息;②克服这一点的关键就是养成明确的"目标意识";③为防止主观臆断和先入为主,必须把信息的收集和判断这两个工作分开;④信息的数量庞大,就要进行两次乃至多次的检验。A项,是命题①的逆命题,但是肯后不能肯前,即逆命题不一定成立,排除该项。B项,是命题②的同义描述,可以得到。C项,是命题③的逆命题,但是肯后不能肯前,即逆命题不一定成立,排除该项。D项,是命题④的否命题,但是否前不能否后,即否命题不一定成立,排除该项。

14.【考点解码】　一般加强型

【答案解析】　选D。加强支持题型。题干根据"灵长类动物的社会化因素及它们的饮食习性"得出结论:饮食习性是灵长类动物大脑体积大的主要原因。A项,题干论证的是大脑体积,而不是体型发育,因此该项与题干无关,为无关项,排除。B项,题干结论是灵长类动物大脑体积大的主要原因是饮食习性而不是社会因素,因此该项不能支持题干结论,排除。C项,题干论据中提及的是"食叶、食果,抑或属于杂食",与摄入量无关,因此该项为无关项,排除。D 项,举例说明饮食习性对动物大脑体积的影响,增加论据,支持题干结论。

15.【考点解码】 复言命题

【答案解析】 选 B。由题干可知:①智者→谦虚的人;②谦虚的人→认识到自己的不足;③听不进别人的意见→不会认识到自己的不足。A 项,是②的逆命题,但是肯后不能肯前,即逆命题不一定成立,因此该项错误,排除该项。B 项,①的逆否等价命题为:不谦虚的人→不是智者;②的逆否等价命题是:不能认识到自己的不足→不是谦虚的人;再由③②①可得:听不进别人的意见→不会认识到自己的不足→不是谦虚的人→不是智者;即该项能够推出。C 项,是③的否命题,否前不一定能否后,即否命题不一定成立,因此该项错误,排除该项。D 项,是③的逆命题,但是肯后不能肯前,即逆命题不一定成立,因此该项错误,排除该项。

16.【考点解码】 排列组合

【答案解析】 选 C。由(1)可知,张明不买红烧肉;由(2)可知李伟不买芹菜炒香干,且在买芹菜炒香干的人前面;由(3)可知,王刚排在第 2 位,且不买红烧肉和芹菜炒香干;根据(2)和(3)可知,李伟不可能排在王刚的前面,即李伟不可能排第一位。

17.【考点解码】 一般加强型

【答案解析】 选 C。题干根据"大脑处于静止状态时也会显示有活动(软件显示出的活动是软件算法的产物,而非被研究大脑真的处于活跃状态)"得出结论"在 fMRI 专用软件中发现了算法错误"。A 项,数据编译是否有错误不明确,因此该项为无关项。B 项,由于无法有效显示大脑是否处于活跃状态,因此该项无法支持题干结论。C 项,fMRI 软件的假阳性率达到 70%以上,这是增加了新的论据,更加支持了题干结论。D 项,只是指出 30%的结果需要验证和确认,关键词是"需要",结果对错不明确,即 fMRI 专用软件是否有错误不明确,因此该项是无关项。

18.【考点解码】 排列组合

【答案解析】 选 D。根据"小李、小王和小方都只猜对了一半",使用代入排除法。A 项,小李的猜测全错,小王的猜测全对,小方的猜测全错,不符合题干要求,排除该项。B 项,小王的猜测全错,小方的猜测全错,不符合题干要求,排除该项。C 项,小李的猜测全错,小王的猜测全错,小方的猜测全对,不符合题干要求,排除该项。D 项,小李的猜测为"错、对",小王的猜测为"错、对",小方的猜测为"对、错",符合题干要求所以选 D。

19.【考点解码】 复言命题

【答案解析】 选 C。由题干可知:①"央行允许人民币继续贬值 贬值预期强化";②"较强的贬值预期 大量资金会流出我国";③"资金流出我国 强化贬值预期且更多资金流出我国且可能导致资产价格全面下降且可能引爆金融市场的风险";④我们不允许

"贬值预期且更多资金流出我国且可能导致资产价格全面下降且可能引爆金融市场的风险"这些情况出现。A项，根据②和③可以推出"货币持续贬值可能导致资产全面下降"，强调的是一种可能性，而非一定性，因此该项排除。B项，根据③可以推出"资金流失严重会强化货币贬值预期"，强调的是"强化"而不是"出现"，因此该项排除。C项，根据推理中"否后得否前"的规则及①②③④可知，我国不允许资金流出我国，即贬值预期不能强化，即不会允许人民币继续贬值，因此该项正确。D项，题干没有涉及是否干预资金外流，因此该项为无关项。

20.【考点解码】 复言命题
【答案解析】 选C。由题干可知：①方某：甲不能晋级→乙不能晋级，其逆否等价命题是乙能→甲能；②白某：乙不能晋级；③夏某：乙能且甲不能；④邓某：都不能。①与③是矛盾的，即①与③是一真一假。由于四位球迷中只有一位的预测是正确的，所以②和④都是假的。②为假，则乙队晋级了，排除A、B两项。D项，如果甲队不能晋级，那么方某的预测是正确的，则乙不能晋级，与前面得出的乙晋级矛盾，所以D项也错误，排除。

21.【考点解码】 削弱型
【答案解析】 选A。题干中的质疑者无任何依据质疑研究团队的结论：被吵醒导致测试者无法得到足够的慢波睡眠，而慢波睡眠是恢复精力感的关键。A项，第一批测试者的积极情绪指数下滑不太明显，而第二批测试者积极情绪受到严重影响，两者相互对比，说明被吵醒确实影响测试者的积极情绪，增加题干研究团队的论据，支持了研究团队的结论，可以反驳质疑者。B项，说明实验者情绪不够积极不一定是实验中被吵醒导致的，而是其本身长期如此，支持了质疑者，因此排除该项。C项，实验前两批测试者情况接近，实验后第二批精力感及积极情绪发生变化，但是第一批的结果题干没有涉及，因此无法将两批实验者对比，即无法反驳质疑者，因此该项排除。D项，题干实验结果都是测试者自身前后的精力水平变化，都是自身与自身比较，因此该项是无关项，因此排除。

22.【考点解码】 一般加强型
【答案解析】 选D。题干的结论是：意象是中国古代文艺理论固有的概念和词语，并不是外来的东西。该题要添加论据。A项，中外关于"意象"的含义不同并不能说明"意象"在中国的原生性，有可能在引进时理解发生偏差，也有可能就是中国固有的词语，因此该项不能证明"意象"在我国的原生性；B项，英美意象派诗人深受中国古代诗歌的影响，但是"意象"这个概念本身是否来源于中国古代诗歌并不明确，因此该项不能证明"意象"在我国的原生性；C项，我国古代诗歌早于英美诗歌以及作为英美意象派诗人创作的灵感来源，不能说明"意象"这一概念就是来自中国，因此该项不能证明"意象"在我国的原生性；D项，举例指出"意象"这个概念明确出现在南朝时期，比英美早得多，因此该项能证明"意象"在我国的原生性。

23.【考点解码】 排列组合

【答案解析】　选 D。①若乙船比甲船长，且出发时船头位置一致、一段时间后船尾位置一致，则乙船的行程比甲船多，即乙船比甲船快，正确，排除 C 项；②由①可知该项错误，排除 B 项；③A、D 两选项中都有，因此该项无需判断；④若乙船比甲船短，且出发时船头位置一致、一段时间后船尾位置一致，则甲船的行程比乙船多，即甲船比乙船快，错误，排除 A 项。

24.【考点解码】　可推出型

【答案解析】　选 C。由题干可知：①所有 X 研究院的院士→反对人类食用转基因食品；②所有 Y 公司领导层→提倡人类食用转基因食品；③有的大学教授→Y 公司领导层。A 项，由题干②③可知：有的大学教授→Y 公司领导层→提倡人类食用转基因食品，即有的大学教授→提倡人类食用转基因食品；①的逆否命题是：不反对人类食用转基因食品→没有一个是 X 研究院的院士；“有的不是”不能推出“有的是”，因此该项不能推出。B 项，题干只涉及 X 研究院的所有院士，对于其他研究院的院士的观点无法确定，因此该项无法推出。C 项，由题干②③可知：有的大学教授→Y 公司领导层→提倡人类食用转基因食品，即有的大学教授→提倡人类食用转基因食品，因此该项可以推出。D 项，由 C 项可知：有的大学教授赞成人类食用转基因食品，“有的支持”不能推出“有的不支持”，因此该项不能推出。

25.【考点解码】　前提假设型

【答案解析】　选 B。由题干可知：①苗苗喜欢民族舞；②喜欢拉丁舞或芭蕾舞；③喜欢民族舞→不喜欢芭蕾舞。题干中没有涉及街舞，因此要将街舞和题干中的某种舞蹈联系起来。首先排除 C、D 两项，这两项没有将街舞和任何一种舞蹈联系起来；由①③可知苗苗不喜欢芭蕾舞，再根据②可知，不喜欢芭蕾舞那必定喜欢拉丁舞，这样只要在拉丁舞和街舞直接建立联系即可。A 项，“有些”一词说明喜欢拉丁舞的不一定喜欢街舞，因此不能推得苗苗喜欢街舞；B 项，喜欢拉丁舞的都喜欢街舞可以推得苗苗喜欢街舞。

26.【考点解码】　前提假设型

【答案解析】　选 C。由题干可知：①李强：鲤鱼价格上涨→鲫鱼价格上涨；②孙振：鲫鱼价格上涨或鲤鱼价格上涨；③王刚：鲫鱼价格不上涨→鲤鱼价格不上涨；鲤鱼价格不上涨→鲫鱼价格不上涨。A 项若成立，则李强正确，孙振正确，王刚错误，不满足三位专家的预测均为真；B 项若成立，李强错误，孙振正确，王刚错误，不满足三位专家的预测均为真；C 项若成立，李强正确，孙振正确，王刚正确，满足三位专家的预测均为真；D 项若成立，李强正确，孙振错误，王刚正确，不满足三位专家的预测均为真。

27.【考点解码】　排列组合

【答案解析】　选 D。题干中三个条件是：①第一个节目是小品，则第二个节目是舞蹈；②第二个节目是歌曲，则第一个节目是舞蹈；③第三个节目是小品或者舞蹈，则第二个节目是歌曲。A 项，代入①正确，②正确，③错误，不满足三个条件均正确；B 项，代入

①错误，②错误，③正确，不满足三个条件均正确；C 项，代入①正确，②正确，③错误，不满足三个条件均正确；D 项，代入①正确，②正确，③正确，满足三个条件均正确。

28.【考点解码】　排列组合

【答案解析】　选 A。由题干（4）可知，乒乓球组里面只有乙、丙，如果登山组只有己、庚，那么其他人只能去参加台球组或者羽毛球组，再根据题干中的限制性条件：每人各参加两个小组，因此甲参加台球组、羽毛球组。

29.【考点解码】　排列组合

【答案解析】　选 D。由题干（4）可知，乒乓球组只有乙、丙，又因为乙与丁都没有参加台球组，即台球组不能有乙、丁，因此丁肯定在羽毛球组和登山组；根据题干（3）的逆否命题可知，丁不参加台球组，那么甲也不参加台球组，再由题干（1）可知，丁与戊完全一样，因此戊也不在台球组，所以甲、丁、戊都参加羽毛球组和登山组。又因为一组最多五人，己和庚情况又相同，所以一定参加台球组，A 项，丙不一定参加登山组，还可以参加羽毛球组；B 项，戊不可能参加台球组，前面已经分析了戊在羽毛球组和登山组；C 项，庚不一定参加登山组，还可以参加羽毛组。

30.【考点解码】　不可推出型

【答案解析】　选 D。由题干可知：①外企白领⇒英语水平四级以上；②在摩天大楼里工作的外企职员⇒外企白领。A 项，题干没有说白领都是外企的，只是说"在摩天大楼里工作的人大多数都是白领阶层"，所以在摩天大楼里工作的白领可能在外企，也可能不在外企，因此该项可以得出；B 项，①外企白领⇒英语水平四级以上的逆命题是：英语水平四级以上⇒外企白领，而原命题的逆命题不一定成立，即英语水平四级以上不一定就是外企白领，因此该项可以得出；C 项，题干主要涉及的是外企白领、英语水平四级以上、在摩天大楼里工作这三者间的关系，英语水平四级以上的白领工作地点并不明确，即英语水平四级以上的白领可能在摩天大楼里工作，也可能不在摩天大楼里工作，因此该项可以得出；D 项，①外企白领⇒英语水平四级以上的逆否等价命题是：外企中英语水平四级及以下者⇒不是外企白领；②在摩天大楼里工作的外企职员⇒外企白领的逆否等价命题是：不是外企白领⇒不在摩天大楼里工作；即外企中英语水平四级及以下者⇒不是外企白领⇒不在摩天大楼里工作，因此该项不能得出。

31.【考点解码】　削弱型

【答案解析】　选 D。题干通过"随着机体老化，指纹纹路排列会发生不可逆转的变化"得出结论"指纹不应该再用于案件侦破中"。A 项，指纹对于破案的关键性与其可靠性之间没有关系，不影响指纹是否应该用于案件侦破，因此不能质疑题干结论；B 项，DNA 的特性与指纹是否应该用于案件侦破没有关系，属于无关选项，因此不能质疑题干结论；C 项，指出指纹纹路排列只是指纹应用条件之一，降低了指纹应用中指纹纹路排列的作用,但题干结论指的是指纹而不是仅指指纹纹路(指纹纹路这一指标不能用,其他指标也许还能用),因此该项能够削弱题干论证,但削弱程度有限;D项,指出指纹纹路排列虽然发生变化但是有规律,也就是说虽有变化,但依然可行,与题干结论"不该应用"成明显对比,因此该项能够削弱题干论证,而且削弱程度更强。

32.【考点解码】 隐含条件

【答案解析】 选A。题干中关于月球诞生有两个观点,第一个观点是根据对月岩原子放射性衰变的测量得出的,在该观点中只涉及月球形成的时间,其他包括月球形成的方式、过程等都没有涉及;第二个观点是根据电脑对围绕太阳旋转的原行星盘演化过程的模拟得出的,在该观点中不仅涉及月球形成的时间,还涉及月球形成的方式、过程等;因此两种观点的分歧是月球形成时间及其估算方法。

33.【考点解码】 前提假设型

【答案解析】 选C。张副总经理的论证的前提是"上一轮涨价也是为了减少亏损,但是价格上涨后,很多原来使用本公司快递的顾客转而投向没有涨价的其他快递公司,直接导致本公司的快递业务量明显下降。不仅没有扭亏为盈,反而使亏损进一步加剧。"张副总经理论证的结论是"如果再提高快递价格,本公司的亏损恐怕还是不会减少。"张副总经理的前提就是上一次原来使用本公司快递的顾客在公司价格上涨后就转投其他快递公司使亏损进一步加剧,得到结论,这次亏损还是不会减少,一定补充一个前提就是目前选择m快递公司的顾客可以选择不使用该公司的服务。

34.【考点解码】 加强支持型

【答案解析】 选B。题干根据"智能技术会使得居民个人和家庭的能源数据被动分享"得出结论:个人使用能源数据的被动分享可能阻碍推广智能技术。A项,题干并没有提及降低个人能源使用比例问题,因此该项和题干无关,为无关项,不能支持题干结论;B项,解释了人们为什么不愿意被动分享个人能源数据,补充加强了论证,支持了题干论点;C项,关心气候变化的人有多少,占多大比例都不明确,因此无法判断,不能支持题干结论;D项,数据是否分享和它是否会阻碍智能技术推广是两个不同的话题,因此该项和题干无关,为无关项,不能支持题干结论。

第四章　类比推理

第一节　夯实基础题

1. 戏曲：唱、念、做、打（　　）

A. 京剧：生、旦、净、丑　　　　　　B. 情感：喜、怒、忧、乐

C. 中医：望、闻、问、切　　　　　　D. 相声：侯、马、常、苏

2. 挤眉：弄眼（　　）

A. 道听：途说　　　　　　　　　　　B. 抓耳：挠腮

C. 虎背：熊腰　　　　　　　　　　　D. 七上：八下

3. 桃：李（　　）

A. 桑：椹　　　　　　　　　　　　　B. 草莓：花

C. 橙：杏　　　　　　　　　　　　　D. 柠檬：椰子

4. 七进七出：赵云（　　）

A. 长驱直入：徐晃　　　　　　　　　B. 三顾茅庐：诸葛亮

C. 投鞭断流：吕蒙　　　　　　　　　D. 刮目相看：陆逊

5. 骑虎难下：跋前踬后（　　）

A. 进退维谷：势如破竹　　　　　　　B. 东施效颦：标新立异

C. 当机立断：筑室道谋　　　　　　　D. 白云苍狗：变化无常

6. 暗度陈仓：韩信（　　）

A. 草船借箭：刘备　　　　　　　　　B. 围魏救赵：孙膑

C. 萧规曹随：曹操　　　　　　　　　D. 闻鸡起舞：匡衡

7. 移动：跑步（　　）

A. 碰撞：疼痛　　　　　　　　　　　B. 恐惧：哭泣

C. 传播：创作　　　　　　　　　　　D. 刺激：反应

8. 饮料：橙汁：橙子（　　）

A. 粮食：稻米：小麦　　　　　　　　B. 纸杯：木材：森林

C. 食品：爆米花：玉米　　　　　　　D. 木材：板凳：家具

9. 李煜：恰似一江春水向东流：《虞美人》（　　　）

A. 李白：大珠小珠落玉盘：《长恨歌》

B. 白居易：仰天大笑出门去：《南陵别儿童入京》

C. 杜甫：落花时节又逢君：《江南逢李龟年》

D. 赵孟頫：犹抱琵琶半遮面：《琵琶行》

10. 横看成岭侧成峰：《题西林壁》：苏轼（　　　）

A. 床前明月光：《静夜思》：李绅

B. 锄禾日当午：《悯农》：李白

C. 青春做伴好还乡：《闻官军收河南河北》：杜甫

D. 清明时节雨纷纷：《清明》：白居易

第二节　提升能力题

1. 厨师：炒鱿鱼（　　　）

A. 法官：和稀泥　　　　　　　　　　B. 司机：开天窗

C. 脚夫：撂挑子　　　　　　　　　　D. 高手：摆擂台

2. 和：与：且（　　　）

A. 是：非：否　　　　　　　　　　　B. 好：佳：大

C. 初：始：终　　　　　　　　　　　D. 又：再：复

3. 研究生：大学生：辩论者（　　　）

A. 机枪：手枪：武器　　　　　　　　B. 芹菜：绿色植物：蔬菜

C. 鄱阳湖：湖泊：咸水湖　　　　　　D. 经理：企业家：高学历

4. 娱乐：评书（　　　）

A. 重量：天平　　　　　　　　　　　B. 半径：圆形

C. 即时：微博　　　　　　　　　　　D. 杂志：报纸

5. 黯然神伤：喜悦（　　　）

A. 深孚众望：信服　　　　　　　　　B. 莫衷一是：一致

C. 欣喜若狂：疯狂　　　　　　　　　D. 洁白无瑕：纯洁

6. 奇妙：深刻：体验（　　　）

A. 一鸣：惊讶：惊人　　　　　　　　B. 最终：崇高：理想

C. 深思：成熟：熟虑　　　　　　　　D. 海底：海狮：海洋

7. 米酒：米（　　　）

A. 咸：盐 　　　　　　　　　　　　　B. 赖氨酸：玉米

C. 首饰：金银 　　　　　　　　　　　D. 单词：字母

8. 历练对于（　　　）相当于磨砺对于（　　　）

A. 栉风沐雨　千锤百炼 　　　　　　　B. 波澜不惊　一鸣惊人

C. 处心积虑　百折不回 　　　　　　　D. 千辛万苦　九死一生

9. 重力对于（　　　）相当于（　　　）对于昼夜交替

A. 物体质量　月圆月缺 　　　　　　　B. 潮汐　地球公转

C. 地球　月球 　　　　　　　　　　　D. 自由落体　地球自转

10. 自然科学：化学：化学元素（　　　）

A. 人文科学：历史学：历史人物 　　　B. 物理学：生物物理学：光合作用

C. 社会学：汉语言：文学 　　　　　　D. 社会学：社会科学：社区

11. 素描：单色：绘画（　　　）

A. 色素：食品：添加剂 　　　　　　　B. 书签：阅读：工具

C. 变脸：表演：艺术 　　　　　　　　D. 新闻：纪实：文体

12. 前瞻：预见：回溯（　　　）

A. 深谋远虑：未雨绸缪：鼠目寸光

B. 标新立异：特立独行：循规蹈矩

C. 犬牙交错：参差不齐：顺理成章

D. 墨守成规：井然有序：纷乱如麻

13. 北风对于（　　　），相当于民歌对于（　　　）

A. 微风　合唱歌曲 　　　　　　　　　B. 飓风　陕北民歌

C. 南风　音乐体裁 　　　　　　　　　D. 风向　儿童歌曲

14. 教：学：教学（　　　）

A. 买：卖：买卖 　　　　　　　　　　B. 好：坏：好坏

C. 正：大：正大 　　　　　　　　　　D. 阴：暗：阴暗

15. 琴棋书画：经史子集（　　　）

A. 兵强马壮：闭关自守 　　　　　　　B. 悲欢离合：漂泊流浪

C. 衣帽鞋袜：冰清玉洁 　　　　　　　D. 鸟兽虫鱼：江河湖海

16. 盐：咸（　　　）

A. 花：香 　　　　　　　　　　　　　B. 丝：棉

C. 光：亮 　　　　　　　　　　　　　D. 墨：臭

17. 家父：父亲（　　　）

A. 老妪：老伴 　　　　　　　　　　　B. 鼻祖：祖宗

C. 作者：笔者 　　　　　　　　　　　D. 鄙人：自己

18. 蔚蓝：天空（　　　）

A. 伟大：祖国　　　　　　　　　　　B. 苍白：灰白

C. 树林：碧绿　　　　　　　　　　　D. 庄严：眼睛

19. 苦的：甜的（　　　）

A. 决定性的：谨慎的　　　　　　　　B. 简单的：简洁的

C. 有序的：默许的　　　　　　　　　D. 高兴的：伤心的

20. 百合：鲜花：花店（　　　）

A. 鲫鱼：动物：菜场　　　　　　　　B. 木材：树木：森林

C. 沙发：家具：客厅　　　　　　　　D. 衬衣：衣服：商场

21. 偷换概念：逻辑谬误（　　　）

A. 山谷风：海陆风　　　　　　　　　B. 蔗糖溶解：物理变化

C. 三角形：四边形　　　　　　　　　D. 调查方法：问卷调查

22. 重力对于滤水相当于（　　　）对于（　　　）

A. 镜子　反射　　B. 书本　知识　　C. 运动　惯性　　D. 质量　重力

23. 励精图治对于（　　　）相当于（　　　）对于错失良机

A. 治国安民　时不再来　　　　　　　B. 横征暴敛　千钧一发

C. 国富民强　瞻前顾后　　　　　　　D. 兢兢业业　争分夺秒

24. 新闻：采访（　　　）

A. 特技：特效　　　　　　　　　　　B. 电影：剪辑

C. 声音：图像　　　　　　　　　　　D. 分数：学生

25. 明镜：公正（　　　）

A. 蚍蜉：自不量力　　　　　　　　　B. 麒麟：祥瑞

C. 木马：病毒　　　　　　　　　　　D. 貔貅：军队

26. 地震：核试验（　　　）

A. 天灾：人祸　　　　　　　　　　　B. 辛迪加：垄断

C. 感冒：洗澡　　　　　　　　　　　D. 疾病：医生

27. 练习：训练（　　　）

A. 武断：果断　　　　　　　　　　　B. 好友：挚友

C. 情不自禁：不由自主　　　　　　　D. 广阔：宽阔

28. 红豆生南国，春来发几枝：王维（　　　）

A. 白日依山尽，黄河入海流：李白

B. 千山鸟飞绝，万径人踪灭：王之涣

C. 松下问童子，言师采药去：杜甫

D. 离离原上草，一岁一枯荣：白居易

29. 微软雅黑：字体（ ）

A. 宋体：楷体
B. 鸭嘴兽：哺乳动物
C. 土豆：地蛋
D. 蔬菜：白菜

30. 辞旧迎新：古往今来（ ）

A. 改朝换代：大同小异
B. 避实击虚：沉思默想
C. 丰功伟绩：拆东补西
D. 厚古薄今：避繁就简

第三节 斩获高分题

1. 佩刀：刀鞘（ ）

A. 墨：墨盒
B. 火箭：发射架
C. 毛笔：笔帽
D. 旅游鞋：旅行包

2. 森林：郁郁葱葱（ ）

A. 法庭：庄严肃穆
B. 校园：勤奋好学
C. 餐桌：饕餮大餐
D. 公园：嬉戏玩闹

3. 白驹过隙：秒表（ ）

A. 恩重如山：天平
B. 一线希望：皮尺
C. 一言九鼎：弹簧秤
D. 风驰电掣：测速仪

4. 坚若磐石对于（ ）相当于（ ）对于良心

A. 懦弱 金石为开
B. 意志 知恩图报
C. 信心 落井下石
D. 品质 铁石心肠

5. （ ）对于国家相当于免疫对于（ ）

A. 民族 脱敏
B. 人民 淋巴
C. 国防 生物
D. 阶级 疫苗

6. 木材：抽屉：收纳（ ）

A. 钢铁：剪刀：切割
B. 棉花：毛线：保暖
C. 城墙：石头：防御
D. 橡胶：气垫：缓冲

7. 言而有信：言而无信：承诺（ ）

A. 童叟无欺：明码实价：交易
B. 心满意足：贪心不足：满意
C. 言之凿凿：口说无凭：证据
D. 文思泉涌：搜索枯肠：知识

8. 红茶：发酵：保健（ ）

A. 丝绸：染色：收藏
B. 玉镯：磨制：装饰
C. 石油：蒸馏：燃烧
D. 中药：采摘：治病

9.（　　）对于大漠沙如雪，燕山月似钩，相当于夸张对（　　）

A. 借代　烽火连三月，家书抵万金　　　　B. 拟人　危楼高百尺，手可摘星辰

C. 比喻　白发三千丈，缘愁似个长　　　　D. 反问　本是同根生，相煎何太急

10. 交通：拥堵：治理（　　）

A. 生活：贫困：救济　　　　　　　　　　B. 食材：讲究：享用

C. 音乐：动感：聆听　　　　　　　　　　D. 健康：虚弱：保健

第四节　考点解码及答案解析

一、夯实基础题

1.【考点解码】　两项式

【答案解析】　选 C。题干考查并列关系。戏曲的表现手法是唱念做打，中医的诊断方法是望闻问切。A 项是京剧角色的划分，B 项是情感的种类，D 项是相声的门派。C 项与题干最对应。

2.【考点解码】　两项式

【答案解析】　选 B。题干考查动宾结构。挤眉和弄眼都是动宾结构，抓耳和挠腮也都是动宾结构。

3.【考点解码】　两项式

【答案解析】　选 C。题干桃和李都属于水果，是反对关系，并且偏旁是一样的，都是木字旁，其中第一个字是左右结构，第二个字是上下结构。只有 C 选项符合。

4.【考点解码】　两项式

【答案解析】　选 A。题干考查常识对应。七进七出来自赵云，长驱直入出自徐晃。所以正确答案为 A。B 项，刘备三次请诸葛亮出山，因此出自刘备；C 项出自苻坚；D 项出自吕蒙。

5.【考点解码】　两项式

【答案解析】　选 D。题干考查近义词。骑虎难下和跋前踬后都是指进退两难，白云苍狗和变化无常都是指物经常变化，没有规律性，难以捉摸。而 A、B、C 项中的两个词都是反义词。

6.【考点解码】　两项式

【答案解析】　选 B。题干考查对应关系，即典故的来源与主人公。A 为诸葛亮，周瑜。C 为萧何与曹参。D 为祖逖。

7.【考点解码】　两项式

【答案解析】　选 D。题干中，跑步必然需要移动，因此移动是跑步的必要条件，二者是条件对应关系。A 项，疼痛不一定需要碰撞，因此碰撞不是疼痛的必要条件，与题干逻辑关系不同。B 项，哭泣不一定需要恐惧，因此恐惧不是哭泣的必要条件，与题干逻辑关系不同。C 项，创作与传播没有明显的逻辑关系，与题干逻辑关系不同。D 项，反应必然需要刺激，因此刺激是反应的必要条件，二者是条件对应关系，与题干逻辑关系相同。

8.【考点解码】　三项式

【答案解析】　选 C。题干考查种属关系。橙汁是一种饮料，橙子是橙汁的原料。A 项稻米是一种粮食，但小麦和稻米是反对关系。B 项纸杯的原料是木材，位置顺序错误。C 项爆米花是一种食品，玉米是爆米花的原料。D 项板凳是一种家具，原料是木材，位置顺序错误。

9.【考点解码】　三项式

【答案解析】　选 C。题干考查对应关系。"恰似一江春水向东流"出自李煜的《虞美人》；A、D 两项，"大珠小珠落玉盘"和"犹抱琵琶半遮面"皆出自白居易的《琵琶行》；B 项"仰天大笑出门去"出自李白的《南陵别儿童入京》。

10.【考点解码】　三项式

【答案解析】　选 C。A 项中的诗句出自李白的《静夜思》，B 项中的诗句出自李绅的《悯农》，D 项中的诗句出自杜牧的《清明》，因此三项均不构成对应关系。C 项中的词语构成诗句、诗句标题、诗句作者的对应。

二、提升能力题

1.【考点解码】　两项式

【答案解析】　选 C。厨师是一种职业，炒鱿鱼一词是一语双关，既指烧制的一道菜，又指被开除。C 项，脚夫是一种职业，撂挑子一词是一语双关，既指不肯挑担子运货，又指丢下该负责的工作不管，与题干逻辑关系最为接近。

2.【考点解码】　三项式

【答案解析】　选 D。题干中，和、与、且都表示"同"的意思，三者是近义词关系。A 项，是和非是反义关系，与题干逻辑关系不同。B 项，佳和大不是近义词关系，与题干逻辑关系不同。C 项，始和终是反义词关系，与题干逻辑关系不同。D 项，又、再、复都表示重复的意思，三者是近义词关系，与题干逻辑关系相同。

3.【考点解码】　三项式

【答案解析】　选 B。研究生是大学生的一种，大学生和辩论者是交叉关系。芹菜是绿色植物的一种，绿色植物和蔬菜是交叉关系。

4.【考点解码】　两项式

【答案解析】 选C。评书具有娱乐性，微博具有即时性。

5.【考点解码】 两项式

【答案解析】 选B。黯然神伤形容因失意、沮丧而伤感的样子，与"喜悦"是反义关系。"莫衷一是"指大家看法不同，不能得出一致的结论，与"一致"是反义关系，答案为B。A项，"深孚众望"指使大家信服，符合大家的期望，与"信服"并非反义关系。C项，"欣喜若狂"形容高兴到了极点，好像快失去控制了，也指十分兴奋的样子，与"疯狂"并非反义关系。D项，"洁白无瑕"原指纯白无斑点的玉，现用来比喻没有缺点或污点，与"纯洁"为近义词关系。

6.【考点解码】 两项式

【答案解析】 选B。奇妙和"深刻"都可以修饰"体验"，与此相符的只有B项，"最终"和"崇高"都可以用来修饰理想。

7.【考点解码】 两项式

【答案解析】 选C。本题考查事物的来源。米酒是由米发酵而来，而首饰是由金银加工而来。A、B选项显然可以排除，D选项中单词是由字母组成的，构成组成关系。

8.【考点解码】 括号式

【答案解析】 选A。历练指经历世事，锻炼。"栉风沐雨"指在外面不顾风雨地辛苦奔波，二者意思相仿。"磨砺"意思是磨炼、锻炼，"千锤百炼"指经历多次艰苦斗争的锻炼和考验，都是锻炼、磨炼的意思，A项当选。B项，"波澜不惊"指局面平静、形势平稳，没有什么变化或曲折；"一鸣惊人"指平时没有突出的表现，一下子做出惊人的成绩。C项，"处心积虑"指费尽心机、想方设法；"百折不回"指意志坚强，无论受到多少次挫折，毫不动摇退缩。D项，"千辛万苦"指艰辛劳苦；九死一生指多次经历生死危险而幸存。这三项均与"历练""磨砺"无关，排除。

9.【考点解码】 括号式

【答案解析】 选D。A项，物体质量和重力是对应关系，月圆月缺和昼夜交替不是对应关系，排除A。B项，潮汐与重力无明显逻辑关系，地球公转与昼夜交替没有逻辑关系，排除B。C项，月球和昼夜交替没有关系，重力和地球也无明显逻辑关系，排除C。自由落体是由重力引起的，昼夜交替是由地球自转引起的。

10.【考点解码】 三项式

【答案解析】 选A。自然科学与化学属于包含关系的种属关系，化学属于自然科学的一种，化学和化学元素属于包含关系，化学包含化学元素。A项历史学属于人文科学的一门学科，历史学包含历史人物。B项物理学与生物物理学属于交叉学科。C项汉语言属于语言类学科，不属于社会学，且汉语言也涵盖不了文学。D项不能说社会科学包含社区。因此A项当选。

11.【考点解码】 三项式

【答案解析】 选 D。单色是素描的属性，素描是绘画的一种。D 项，纪实是新闻的一种属性，新闻属于一种文体，D 项当选。A 项食品不是色素的属性；B 项阅读不是书签的属性；C 项表演不是变脸的属性，均排除。

12.【考点解码】 三项式

【答案解析】 选 B。前瞻与预见都是向前看的，是互通的，回溯是向后的。B 项，标新立异与特立独行都有新的意思，而循规蹈矩指没有任何变动。A 项，深谋远虑指考虑长远。未雨绸缪指事先做好准备。鼠目寸光指见识短浅。C 项，犬牙交错比喻交界线很曲折，也指情况复杂。参差不齐，不整齐、水平不一。顺理成章指写文章或做事顺着条理就能做好。D 项，墨守成规指死抱着老规矩不放，不思改革进取。井然有序指有秩序，整齐不乱。纷乱如麻指交错杂乱像一团乱麻。

13.【考点解码】 括号式

【答案解析】 选 A。A 项，北风指从北方吹来的风，微风指微弱的风，前者是从风的方向描述，后者是从风的强劲程度描述，二者是交叉关系。民歌指的是具有某种民族风格的歌，合唱歌曲指多人演唱的歌曲，前者是从歌曲风格描述，后者是从演唱人数描述，二者也是交叉关系，前后逻辑关系相同。B 项，北风指从北方吹来的风；飓风，大西洋和北太平洋地区将强大而深厚的热带气旋称为飓风，也泛指狂风和任何热带气旋以及风力达 12 级的任何大风。二者是交叉关系。陕北民歌是民歌的一种，二者是种属关系，前后逻辑关系不同。C 项，北风和南风是并列关系。民歌是一种音乐体裁，二者是种属关系，前后逻辑关系不同。D 项，北风指从北方吹来的风，是从风向来描述，和风向是对应关系。儿童歌曲是为儿童创作的歌曲，和民歌是交叉关系，前后逻辑关系不同。

14.【考点解码】 三项式

【答案解析】 选 A。从词性分析，教、学属于动词，教、学组成教学，属于动词也属于名词。A 项买、卖属于动词，买、卖组成买卖一词，买卖属于动词也属于名词，A 项当选。B 项好、坏，C 项正、大，D 项阴、暗均属于形容词。排除 B、C、D 三项。

15.【考点解码】 两项式

【答案解析】 选 D。琴棋书画属于艺术的四大类，经史子集是中国古籍，按内容可区分为四大类。D 项鸟兽虫鱼与江河湖海也都有四类，关系一致，当选。A 项，兵强马壮提到的是兵马两项，闭关自守指封闭关口，数量不对应。B 项，悲欢离合指生活中的悲哀与欢乐，分离与团聚，为四种生活方式，漂泊流浪指生活没有着落，到处漂泊，属于一种生活方式，二者数量不对应。C 项，衣帽鞋袜属于四种穿戴用品，冰清玉洁是形容人品高尚、纯洁，做事光明磊落，二者数量不对应。

16.【考点解码】 两项式

【答案解析】 选 C。盐必然是咸的，光必然是亮的。食盐是咸的，不能说明化学中的盐类就是咸的，例如 $MgCl_2$、$CuSO_4$ 等就是苦的，尝不出咸味。很多盐有毒，勿尝！在类比中，注意比较选项选择答案。一般而言，90％以上接触到的盐是食盐，食盐必然是咸的，故认为属于必然属性。其他选项是或然属性。

17.【考点解码】　两项式

【答案解析】　选D。"家父"和"父亲"同指一个人。家父是对自己父亲的称呼，在"我"对别人说的话中出现；"鄙人"和"自己"同指一个人，鄙人是对自己的一种称呼，也在"我"和别人说话的语境中出现。

18.【考点解码】　两项式

【答案解析】　选A。题干蔚蓝的天空，属于语法结构中的偏正关系，而A项中伟大的祖国，属于偏正关系，而且顺序与题干一致。因此，本题答案为A选项。这道题，可能有的同学错选了C，C项我们发现它的顺序反了，与题干不一致，所以C项不正确，排除。D项庄严不能用来修饰眼睛，所以D不正确，排除。

19.【考点解码】　两项式

【答案解析】　选D。题干中的两个词是一组反义词，而"高兴的"和"伤心的"也构成了一组反义词，故选D。选项A、B、C明显不是反义词。

20.【考点解码】　两项式

【答案解析】　选D。百合是鲜花的一种，是包容关系中的种属关系，鲜花在花店售卖，是物品与售卖场所的对应关系。衬衣是衣服的一种，衣服在商场销售。因此本题正确答案为D。A项前两个词是种属关系，但后两个词没有逻辑关系；B项木材和树木是组成关系；C项沙发和家具是种属关系，但后两个词是物品与摆放位置的对应关系。

21.【考点解码】　两项式

【答案解析】　选B。偷换概念是一种逻辑谬误，二者是种属关系。A项，山谷风是由于山谷与其附近空气之间的热力差异而引起的风，海陆风是因海洋和陆地受热不均匀而在海岸附近形成的一种有日变化的风，二者是并列关系，与题干逻辑关系不同。B项，蔗糖溶解是一种物理变化，二者是种属关系，与题干逻辑关系相同。C项，三角形和四边形是不同的平面图形，两者是并列关系，与题干逻辑关系不同。D项，问卷调查是调查方法的一种，二者是种属关系，但两词顺序与题干相反，与题干逻辑关系不同。

22.【考点解码】　括号式

【答案解析】　选D。重力是导致滤水的原因，是因果关系。有质量才会有重力。因此本题答案为D项。A、B、C项均构不成因果关系。

23.【考点解码】　括号式

【答案解析】　选C。因为励精图治所以才国富民强，因为瞻前顾后所以才错失良机。因此本题答案为C项。A项前一组词可构成全同关系，后一组不是；B项前一组是反义词，后一组不是；D项前一组为对应关系，后一组不是。

24.【考点解码】　两项式

【答案解析】 选 B。采访新闻，剪辑电影，谓宾关系位置互换。因此本题答案为 B。A、C、D 项都不是谓宾关系，故排除。

25.【考点解码】 两项式

【答案解析】 选 B。明镜代表公正，麒麟象征祥瑞。因此本题正确答案为 B。A 项蚍蜉象征自不量力的人，而不是自不量力本身；C 项木马属于病毒的一种，是种属关系；D 项两词之间没有逻辑关系。

26.【考点解码】 两项式

【答案解析】 选 C。核试验可能引起地震，属于属性关系中的或然关系。洗澡可能引起感冒。因此本题正确答案为 C。A 项是并列关系，故排除。B 项辛迪加是垄断的一种形式，种属关系。故排除。D 项是对应关系，故排除。

27.【考点解码】 两项式

【答案解析】 选 B。题干中的练习和训练属于近义词，而且训练比练习的强度更大，更系统正规，因此，B 项中的好友和挚友符合其逻辑关系，挚友比好友的亲密程度更深。

28.【考点解码】 三项式

【答案解析】 选 D。诗句与其作者一一对应，A 项诗句对应的作者应该是王之涣，B 项对应的是柳宗元，C 项对应的是贾岛。

29.【考点解码】 两项式

【答案解析】 选 B。微软雅黑是字体的一种，种属关系。A 项是并列关系；B 项鸭嘴兽是哺乳动物的一种，种属关系；C 项是同一关系；D 项白菜是蔬菜的一种，但位置颠倒，不符合。

30.【考点解码】 两项式

【答案解析】 选 D。题干中，辞旧迎新是指庆贺新年的意思；古往今来是指从古到今，泛指很长一段时间。二者语义没有任何逻辑关系，考虑成语拆分。辞和迎、旧和新都是反义词；古和今、往和来也都是反义词，因此题干两词结构对应。A 项，改和换、朝和代都不是反义词，与题干逻辑关系不同。B 项，避和击、实和虚都是反义词；沉和默、思和想都不是反义词，与题干逻辑关系不同。C 项，丰和伟、功和绩都不是反义词，与题干逻辑关系不同。D 项，厚和薄、古和今都是反义词；避和就、繁和简也都是反义词；两词结构对应，与题干逻辑关系相同。

三、斩获高分题

1.【考点解码】 两项式

【答案解析】 选 C。刀鞘是用来携带佩刀的配套器物，佩刀可以随时从刀鞘里拿出、放入，可反复使用。C 项笔帽与毛笔配套，毛笔也可以随时从笔帽中拿出、放入，反复使用，C项当选。A项，墨和墨盒不可反复使用。B项，火箭固定在发射架上，火箭不能反复使用。D项，旅游鞋和旅行包属于两种旅行工具，不是配套使用关系。

2.【考点解码】 两项式

【答案解析】 选A。郁郁葱葱可以形容森林，A项庄严肃穆可以形容法庭，当选。B项，勤奋好学形容的是学生，不能是校园。C项，饕餮大餐指丰富的、大量的食物，不能形容餐桌，排除。D项，嬉戏玩闹指欢快地做游戏，形容的是人，不能是公园。

3.【考点解码】 两项式

【答案解析】 选D。白驹过隙比喻时间过得很快，秒表可以测量时间，二者都与时间有关。D项，风驰电掣形容非常迅速，像风吹电闪一样，测速仪可以测试速度，二者都与速度有关，与题干逻辑关系一致，当选。A项，恩重如山指恩情像高山一样厚重，形容恩义极为深重，而天平是衡量物体质量的仪器，二者无联系。B项，一线希望指一点微弱的希望，皮尺是测长度的工具，二者无联系。C项，一言九鼎指一句话就有九鼎重，比喻说话力量大，能起很大作用，而弹簧秤是测力大小的工具，二者没有联系。

4.【考点解码】 括号式

【答案解析】 选B。A项，金石为开和良心无明显逻辑关系，排除A。C项，坚若磐石与信心没有明显逻辑关系，排除。D项，坚若磐石与品质无明显逻辑关系，铁石心肠和良心也无关，排除D。坚若磐石形容有意志，知恩图报形容有良心。

5.【考点解码】 括号式

【答案解析】 选C。A项，民族与国家是包含关系，免疫和脱敏无明显逻辑关系，排除。B项，人民是国家的组成部分，免疫不是淋巴的组成部分，排除。D项，阶级是国家统治的工具，免疫不是疫苗的工具，排除。国防是国家的防御系统，免疫是生物的防御系统，所以选C。

6.【考点解码】 三项式

【答案解析】 选D。题干中，木材是抽屉的原材料，抽屉的功能是收纳物品。只有D项满足题干的逻辑:橡胶是气垫的原材料，气垫的功能是起缓冲作用。

7.【考点解码】 三项式

【答案解析】 选C。题干中，言而有信与言而无信是反义词，且与承诺的遵守与否对应，信守承诺就是言而有信，背弃承诺就是言而无信。只有C项满足题干的逻辑:言之凿凿与口说无凭是反义词，且与证据的有无对应，有证据就是言之凿凿，没有证据就是口说无凭。

8.【考点解码】 三项式

【答案解析】 选B。红茶是对茶叶进行发酵而制作成的，具有保健作用;玉镯是对玉石进行磨制而制作成的，具有装饰作用。A项，丝绸的主要作用不是收藏，排除。C项，石油是蒸馏的作用对象，而题干中红茶是发酵的成品，这一点与题干不同，且石油直接燃烧既污染环境又会造成浪费，实际生活中并不直接将石油作为燃料，排除。D项，中药分为植物药、动物药和矿物药，可见并不是所有中药的制作都需要采摘，排除。

9.【考点解码】 括号式

【答案解析】 选C。A项，"大漠沙如雪，燕山月似钩"是指在燕山大漠，明月如银钩，在月光照耀下，沙尘像雪片纷纷扬扬，运用了比喻的修辞手法，不是借代。"烽火连三月，家书抵万金"是指战火仍连续不断，多么盼望家中亲人的消息，这时的一封家信真是胜过"万金"，诗句运用了夸张的修辞手法，前后逻辑关系不一致。B项，"大漠沙如雪，燕山月似钩"运用了比喻的修辞手法，不是拟人。"危楼高百尺，手可摘星辰"是指山上寺院的高楼好像有一百尺那样高，人在楼上好像一伸手就可以摘下天上的星星。诗句运用了夸张的修辞手法，前后逻辑关系不同。C项，"大漠沙如雪，燕山月似钩"运用了比喻的修辞手法。"白发三千丈，缘愁似个长"是指白发长达三千丈，是因为愁才长得这样长，运用了夸张的修辞手法，前后逻辑关系相同。D项，"大漠沙如雪，燕山月似钩"运用了比喻的修辞手法，不是反问。"本是同根生，相煎何太急"用同根而生的萁和豆来比喻同父共母的兄弟，用萁煎其豆来比喻同胞骨肉的哥哥残害弟弟，运用了比喻的修辞手法，前后逻辑关系不同。

10.【考点解码】 三项式

【答案解析】 选A。题干逻辑关系是因果对应关系。因为交通拥堵，所以需要治理。A项，因为生活贫困，所以需要救济，当选。B项，食材讲究不是享用的原因，排除。C项，音乐动感不是聆听的原因，排除。D项，健康虚弱说不通，排除。

第五章 科学推理

第一节 夯实基础题

高频强化

1. 如图所示是日本庭院常见的一种装置——添水。装置原理十分简单，竹筒中间设置支架，上面注水，如果水满竹筒就会倒出来。倒出来后竹筒空了又会抬起来。下列关于该装置表述不正确的是_____。

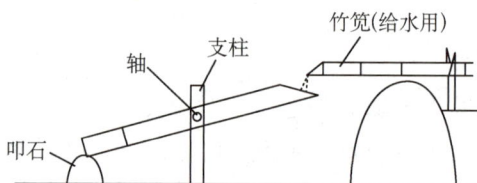

A. 装置的重心会在旋转轴附近往复运动

B. 装置重心超过轴向右一段距离后进入倒水阶段

C. 装置做往复运动的周期和注水速度有关，注水越快，周期越短

D. 装置做往复运动的周期和竹筒容积有关，容积越大，周期越短

2. 将气体溶于水有多种装置，如果是一种有毒气体，下列装置最合适的是_____。

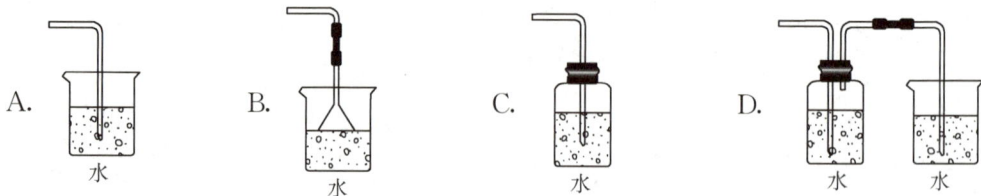

3. 从金属利用的历史来看，先是青铜器时代，而后是铁器时代，铝的利用是近百年的事。下列选项中，与金属利用的先后顺序相关度最高的是_____。

A. 地壳中金属的含量　　　　　　B. 金属冶炼的难易

C. 金属的导电性和延展性　　　　D. 金属制品的用途

4. 下列说法中正确的是_____。

A. 物体运动的速度越大，它受到的动力越大，惯性也越大

B. 骑自行车的人上坡前加紧蹬几下，这是为了增大惯性

C. 围绕地球匀速转动的卫星它的运动状态发生了改变

D. 若运动的物体不受任何力的作用，它的速度将慢慢变小，最终停下来

5. 过氧化氢（H_2O_2）的沸点比水高，但受热易分解。某试剂厂制得浓度 7%～8%的过氧化氢溶液，再浓缩成 30%的溶液时，可采用的适宜方法是＿＿＿＿。

A. 常压蒸馏

B. 减压蒸馏

C. 加压蒸馏

D. 加生石灰，常压蒸馏

6. 医院吸氧的氧气吸入器（图 2），其作用原理与图 1 类似，关于该装置，下列说法错误的是＿＿＿＿。

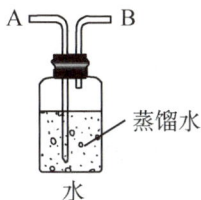
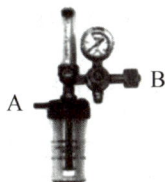

图 1　　　　　　　　图 2

A. 可以用来湿润氧气

B. B 导管连接氧气钢瓶

C. 可以用来观察输出氧气的流速

D. 可以用来观察是否有氧气输出

7. 一个容器中装满了水，三个体积相同的铁块、铜块和木块均浸没在水中（如图），下列选项中正确的是＿＿＿＿。

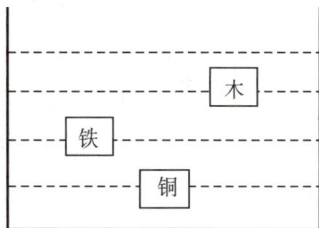

A. 铜块受到的浮力大于木块，因为其在水中沉没得更深

B. 铜的密度是 8.9×10^3 kg/m³，铁的密度是 7.9×10^3 kg/m³，铜块的浮力大于铁块

C. 铜块的重量大于木块，因此它受到的浮力要大于木块

D. 铁块和木块在水中受到的浮力是一样的

8. 如图所示，在光滑桌面上有一轻质弹簧，它的两端连接质量不等的两个小球，用两手挤小球，使弹簧被压缩而静止在桌面上，然后同时放手，在弹簧恢复原长的任意时刻，两小球的＿＿＿＿。

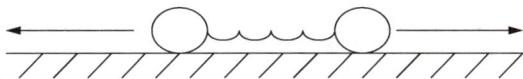

A. 动能相等

B. 动量大小相等

C. 速度大小相等

D. 加速度大小相等

9. 某人准备了两杯等量的水及一些块状冰糖与白糖粉末（两者成分均为蔗糖），做溶解速率与溶解度的实验。在 25 ℃时，他将相同质量的冰糖与白糖粉末分别加入两个杯子中，并以相同的速率不断搅拌，最后两个杯子中均有未溶解的糖。则下列糖的质量百分比浓度与搅拌时间的关系图，正确的是_____。

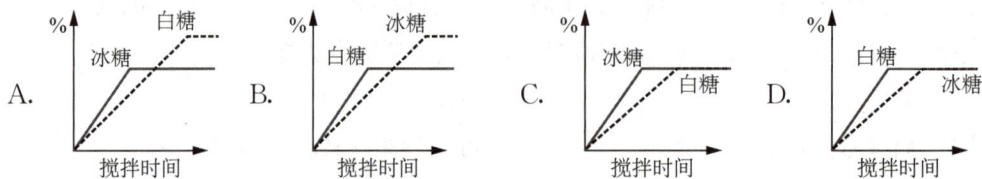

A.　B.　C.　D.

10. 小李的奶奶瘫痪在床，行动不便，小李让保姆住在他奶奶房间的隔壁房间，并且在两个房间各装了一个电铃，使任何一方按下电铃都能让对方的电铃发声。要实现这种功能，电铃应按如下_____种电路图所示安装。

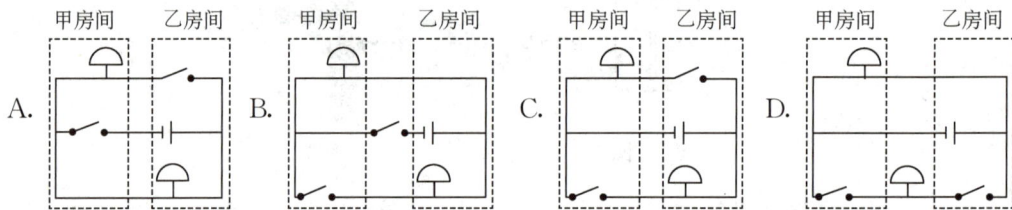

A.　B.　C.　D.

11. 导体的电阻与材料、长度和横截面积有关，要探索导体电阻与导体长度的关系，应选择以下_____组实验材料。

编号	材料	长度(m)	横截面积(mm²)
1	镍镉合金	1.5	2.0
2	镍镉合金	1.0	0.8
3	镍镉合金	2.5	2.0
4	镍铬合金	2.5	0.8
5	镍镉合金	1.0	2.0
6	镍镉合金	1.5	1.2
7	铂铑合金	1.0	0.8

A. 1、2、3　　　　B. 1、3、5　　　　C. 2、4、7　　　　D. 5、6、7

12. 甲、乙和丙去公园游玩，三个人分别乘坐三个热气球。甲看见楼房在下降，乙看见甲和丙都在下降，丙看见甲和乙都在上升。那么三人相对于地面的运动情况完全不可能的是_____。

A. 甲、乙和丙都在上升　　　　　　　B. 甲和乙在上升，丙在下降

C. 甲和乙在上升，丙静止　　　　　　D. 甲和丙在上升，乙在下降

13. 太阳光是由七种色光混合而成的，从物理角度来看，深色的东西对太阳光的辐射热吸收多，反射少；而浅色的东西则反射多，吸收少。下列说法中，不正确的是_____。

A. 锡纸可以隔热的原因是大量的光线和辐射热都被反射掉了

B. 白色的东西能够反射所有颜色的光线，因此看起来就是白色的

C. 在积雪上撒上炭黑有助于积雪的融化是因为炭黑更容易吸收太阳的辐射热

D. 红衣服呈现红色的原因是由于衣服吸收了太阳光中的红色光

14. 甲铁棒能吸引小磁针，乙铁棒能排斥小磁针，若甲、乙铁棒相互靠近，则两铁棒_____。

A. 一定互相吸引

B. 一定互相排斥

C. 可能无磁力的作用

D. 可能互相吸引，也可能排斥

15. 如图所示电路，闭合开关后，比较 a、b、c、d 四处电流的大小，其中正确的是_____。

A. $I_a = I_d$

B. $I_a < I_b$

C. $I_b > I_c$

D. $I_c = I_d$

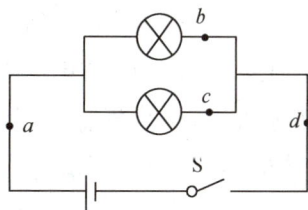

16. 一名摄影师要从侧面拍摄一辆以 54 km/h 行驶的汽车，成像不模糊的前提是底片上汽车的像移动的尺寸不大于 0.1 mm，已知底片上汽车长为 2 cm，实际汽车车身长 3 m，那么曝光时间至多为_____秒。

A. 1/1 000　　　　B. 1/500　　　　C. 1/250　　　　D. 1/125

17. 在某种核反应堆中，是靠熔化的钠来传递核燃烧产生的热量的。抽动液态钠的"泵"的传动部分不允许和钠接触，因此常使用一种称为"电磁泵"的机械。如图所示为这种泵的结构，N、S 为磁铁的两极，C 为在磁场中的耐热导管，熔融的钠从其中流过，v 为钠的流动方向，要使钠液加速，加在导管中钠液的电流方向应为_____。

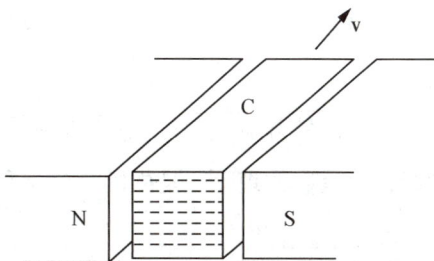

A. 由上流向下　　　　　　　　　　　B. 由下流向上

C. 逆着 v 的方向　　　　　　　　　　D. 顺着 v 的方向

18. 如图所示，把碗放在大锅内的水中蒸食物，假设碗中的汤和水的沸点一样都是 100 ℃，且碗中的汤吸收的热量全部来自周围的水，则下列关于水和汤沸腾的说法正确的是_____。

A. 水和汤同时沸腾

B. 水会沸腾，汤不会沸腾

C. 水先沸腾，汤后沸腾

D. 汤先沸腾，水后沸腾

19. 考古学中用同位素碳－14 测年法测量古生物的年代，碳－14 每隔一定的时间质量减少为原来的一半。如果以 m 表示碳－14 的质量，t 表示时间，碳－14 的初始质量为 M_0，那么碳－14 的质量 m 随时间 t 的变化规律是图_____。

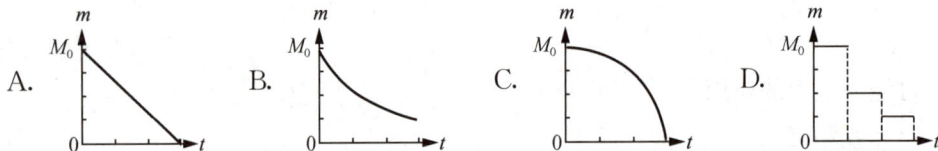

A.   B.   C.   D.

20. 已知电磁波遇到平滑的金属表面会像光遇到平面镜一样发生反射，反射过程中也遵循光的反射定律。如图所示，三块相互垂直的正方形薄金属平板可以组成最基本的角反射器。下面关于角反射器的特点和用途，说法不符合实际的是_____。

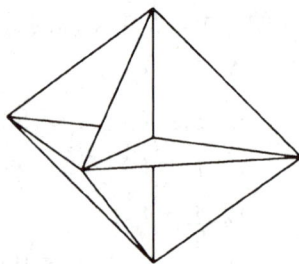

A. 角反射器会把电磁波沿着入射方向平行的直线反射回去

B. 角反射器可用来精确地测距

C. 角反射器会把电磁波沿各个不同方向反射回去

D. 救生艇悬挂角反射器是为让雷达能够尽快发现救生艇

第二节 提升能力题

1. 如图为 2008 年北京奥运会标志性场馆之一"水立方"，其建筑设计充分体现了"绿色奥运"的理念，是中国建筑节能环保的典范。下列对其屋面的部分设计解释不正确的是_____。

A. 在屋面上设计临时悬挂的隔噪网，可以减弱降雨时雨滴声造成的噪声

B. 屋顶上设立多个自然排风机，能让建筑空间中的热量散发出去

C. 采用 ETFE 膜结构屋面能保证场馆白天大部分时间采用自然光，是因为其透光

性好

　　D. 游泳池消耗的水大部分能从室内屋顶收集并反复使用，这是利用水的升华和液化形成的水循环

　　2. 水平台面上放置一装有某种液体的容器，将 A、B、C 三个重量一样的块体放入容器中，当该三个块体稳定后，发现 A 漂浮在液面上，B 悬浮在液体中，而 C 则沉到容器底部，那么下列说法中正确的是_____。

　　A. 如果三个块体都是空心的，则它们的体积可能相等

　　B. 如果三个块体的材料相同，则 A、B 一定是空心的

　　C. 如果三个块体都是空心的，则它们所受浮力的大小关系为 $F_A > F_B > F_C$

　　D. 如果三个块体都是实心的，则它们密度的大小关系为 $\rho_A > \rho_B > \rho_C$

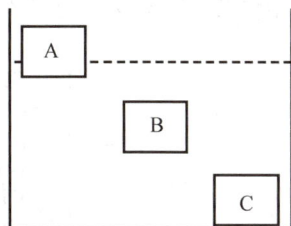

　　3. 我们知道地球带的是负电荷，如果在赤道上方有一竖直的避雷针，当有带正电荷的乌云经过避雷针上方时开始放电，那么地磁场对避雷针的作用力方向为_____。

　　A. 正东　　　　B. 正南　　　　C. 正西　　　　D. 正北

　　4. 如图所示，在水平台面上放置有一光滑斜面，倾角为 α，在斜面上某处放了一根垂直于纸面的直导线，在导线中通有垂直纸面向里的电流，图中 a 点在导线正下方，b 点与导线的连线与斜面垂直，c 点在点 a 左侧，d 点在 b 点右侧。现欲使导线静止在斜面上，下列措施可行的是_____。

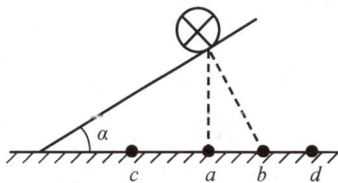

　　A. 在 a 处放置一电流方向垂直纸面向里的直导线

　　B. 在 b 处放置一电流方向垂直纸面向里的直导线

　　C. 在 c 处放置一电流方向垂直纸面向里的直导线

　　D. 在 d 处放置一电流方向垂直纸面向里的直导线

　　5. 毕业季来临之际，摄影师用单反相机给某毕业班的同学们拍完合照，随后要用同一台相机给每个学生拍单人照片，那么这时他应该_____。

　　A. 把相机离人近一些，同时镜头后缩

　　B. 把相机离人近一些，同时镜头前伸

　　C. 把相机离人远一些，同时镜头后缩

　　D. 把相机离人远一些，同时镜头前伸

　　6. 如图所示，重为 G 质量分布均匀的梯子斜搁在光滑的竖直墙面上，重为 Q 的人沿梯子从低端 A 处开始匀速向上走向顶端 B 处，整个过程梯子不滑动。则下列说法中正确的是_____。

A. 梯子对墙面的压力变大

B. 地面对梯子的支持力变小

C. 梯子对墙面的压力变小

D. 地面对梯子的支持力变大

7. 如图所示，匀速向东行驶的火车车厢中，光滑水平桌面上正中位置放有一个相对静止的小球。右下图是小球的俯视图，A 为初始位置，曲线为小球相对桌面的运动轨迹，可以判断_____。

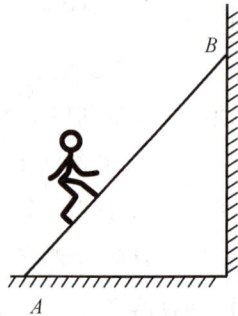

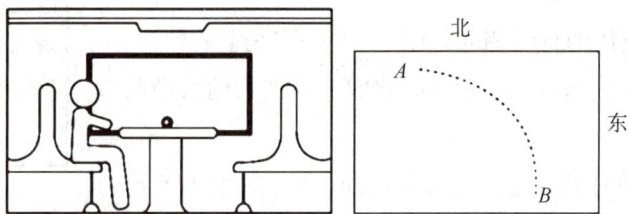

A. 火车向北减速转弯　　　　　B. 火车向西减速前进

C. 火车向东加速前进　　　　　D. 火车向南减速转弯

8. 某国研制出一种用超声波做子弹的枪，当超声波达到一定强度时就能有较强的攻击力，实际要阻挡这一武器的袭击，只要用薄薄的一层_____。

A. 半导体　　　　　　　　　　B. 磁性物质

C. 真空带　　　　　　　　　　D. 绝缘物质

9. "蹦极"是一种极富刺激性的游乐项目，如图所示为一根橡皮绳，一端系住人的腰部，另一端固定在跳台上。当人落至图中 A 点时，橡皮绳刚好被拉直，当人落至图中 B 点时，橡皮绳对人的拉力大小与人的重力大小相等，C 点是游戏者所能达到的最低点。在游戏者离开跳台到最低点的过程中，不计空气阻力，下列说法正确的是_____。

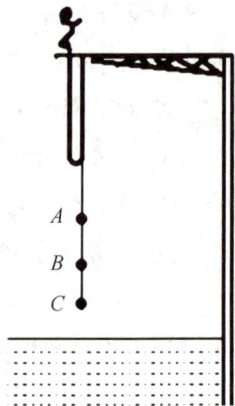

A. 游戏者的动能一直在增加

B. 游戏者到达 B 点时重力势能最小

C. 游戏者到达 B 点时动能最大

D. 游戏者在 C 点时的弹性势能最小

10. 如图所示为某人设计的一种机器，原理是这样的：在立柱上放一个强力磁铁 A，两槽 M 和 N 靠在立柱旁，上槽 M 的两端各有一个小孔，下槽 N 弯曲。如果在 B 处放一小铁球，它就会在强磁力作用下向上滚，滚到 C 时从小孔下落沿下槽 N 回到 B，开始往复运动，从而进行"永恒的运动"。

关于这种机器，下列说法正确的是_____。

A. 这种机器可以永恒运动，说明了永动机可以制造

B. 这种机器是可以制造的，并且小球在下滑时能源源不断地对外做功

C. 这种机器不能永恒运动，如果小球能从静止加速上升到 C 的话，它就不可能从 C 加速下滑到 B，并再次从 B 回到 C

D. 这种机器不能永恒运动，关键是因为摩擦阻力太大，要消耗能量

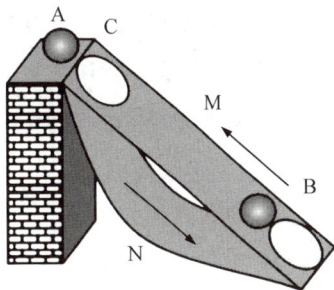

11. 普通的子弹射出后都绕自身的轴作高速旋转，为使子弹旋转，在枪膛内壁刻有螺旋形的槽。让子弹高速旋转，其目的主要是_____。

A. 旋转运动能使子弹更具穿透力，增大杀伤力

B. 旋转运动有助于减少空气阻力，使子弹飞行距离更长

C. 旋转运动能使子弹飞行速度更快

D. 旋转运动能使子弹沿弹道飞行更稳定

12. 如下图所示，三个相连的容器 A、B、C，容量都是 25 升。每个容器里都有 5 升水。如果有 45 升水慢慢倒入容器 A，待稳定后，容器 C 里会有_____升水。

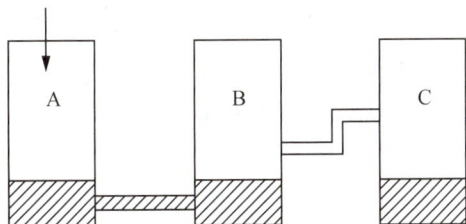

A. 20　　　　　　B. 15　　　　　　C. 10　　　　　　D. 5

13. 一台灯的插头在如图所示插座上，插座上有一个指示灯（相当于电阻很大的灯泡）。若插座开关和指示灯用 S_1、L_1 表示，台灯开关和灯泡用 S_2、L_2 表示。当断开或闭合 S_1、S_2 时，记录现象如下表。则符合事实的电路图是_____。

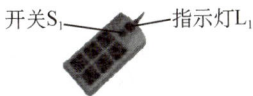

开关状态	插座指示灯(L_1)	台灯(L_2)
闭合S_1，断开S_2	亮	不亮
闭合S_2，断开S_1	不亮	不亮
S_1和S_2都闭合	亮	亮

14. 两反射镜面Ⅰ、Ⅱ成5°角放置，光线入射镜面Ⅰ的入射角为30°，然后在两个镜面中来回反射，则光线第一次从镜面Ⅰ上重新反射出来的出射角为_____。

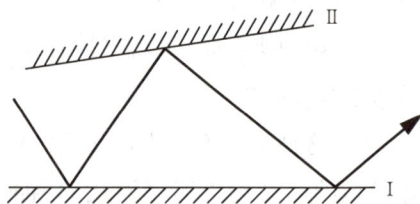

    A. 30°

    B. 40°

    C. 50°

    D. 60°

15. 电磁感应现象是闭合电路中的一部分导体做切割磁感线运动，该电路中产生感应电流的现象。下列四图中，能说明电磁感应现象的是_____。

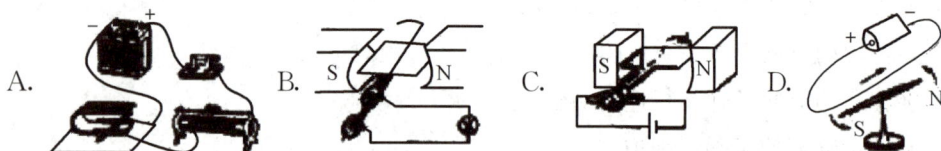

16. 汽车头灯灯碗用的是凹面镜，灯丝所发出的光经反射后成为一束平行光向前射出很远，这就产生远距离照明效果，即我们说的远光灯；灯丝所发出的光经反射后呈现发散状态，可以照到近处较大范围内的物体，这就是我们说的近光灯。如图所示是凹面镜示意图，f 代表焦距，则远光灯丝与近光灯丝分别位于_____。

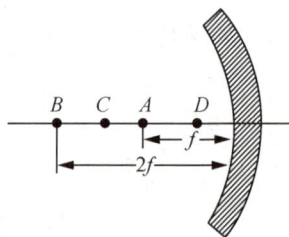

    A. A 处，D 处   B. B 处，A 处

    C. A 处，C 处   D. A 处，B 处

17. 如图所示，平面镜 OM 与 ON 垂直放置，在它们的角平分线上 P 点处，放有一个玻璃球灯，左半部分为浅色，右半部分为深色，在 P 点左侧较远的地方放有一架照相机，不考虑照相机本身在镜中的成像情况，拍出的照片中有_____。

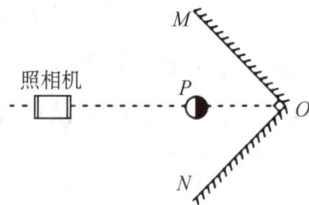

    A. 无数个球   B. 4 个球

    C. 3 个球   D. 2 个球

18. 同种物质内部相邻部分之间的相互吸引力叫内聚力，两种不同物质接触部分的相互吸引力叫附着力。在内聚力小于附着力的情况下，就会产生"浸润现象"。根据以上信息，下列说法正确的是_____。

    A. 雨衣不透水的原因是由于附着力大于内聚力

B. 经过防水剂处理的普通棉布可以大大提高水对棉布的附着力

C. 憎水玻璃是在普通玻璃上涂一层硅有机化合物药膜，可以大幅削弱水对玻璃的附着力

D. 下雨的时候，车前窗玻璃上的雨水会挡住司机的视线，说明水对玻璃的附着力小于内聚力

19. 如下图所示，一 U 型潜望镜，由两块平面镜组成，若用该潜望镜去观察一只台钟，看到的钟面上时刻为 7:25，那么此时的实际时刻是_____。

    A. 10:05　　　　　　B. 7:25　　　　　　C. 4:35　　　　　　D. 1:55

20. 当通过导体的电流不变时，电功率与导体电阻成正比；当导体两端电压不变时，电功率与电阻成反比。在一个 220 V 的电路中，甲、乙两只灯泡串联，它们的规格分别为 "220 V　60 W" 和 "220 V　30 W"，此时关于两灯泡亮度的说法正确的是_____。

    A. 甲灯更亮　　　　　　　　　　B. 两灯一样亮

    C. 乙灯更亮　　　　　　　　　　D. 两灯均可以正常发光

21. 家庭电路的供电线路由两根线组成:火线和零线。在正常情况下，零线与地之间没有电压，火线与地有 220 V 电压，为了安全用电，以下电路符合安装要求的是_____。

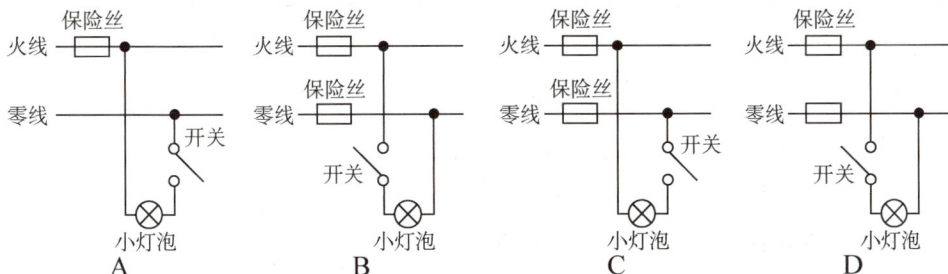

22. 小张放假回到农村，发现一个种子堆，好奇的小张把手伸到种子堆里，发现里面温度比较高，这主要是因为_____。

    A. 天气热　　　　B. 呼吸作用　　　　C. 光合作用　　　　D. 保温作用

23. 为增加汽车与地面的摩擦力，车轮胎表面都有凹凸不平的花纹，不同功能的车会安装不同类型的轮胎以应对不同的路面情况。根据以下轮胎印迹，_____轮胎更适合翻越雪地。

A.   B.   C.   D.

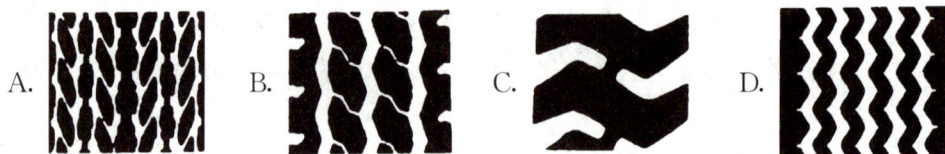

24. 如图所示是一条麦比乌斯带，它是将一条带子的两端扭转180°后粘合而成的。麦比乌斯带的概念被广泛地应用到了建筑、艺术、工业生产中。人们创造性地把传送带制成麦比乌斯带形状，这样做的主要目的是_____。

A. 使得传送物体的速度增加一倍

B. 实现双面传输，使传输物体的数量增加一倍

C. 使传输带的距离延长一倍

D. 使传输带的寿命延长一倍

25. 炎热的夏天开车行驶在高速公路上，常觉得公路远处似乎有水面，水面上还有汽车、电线杆等物体的倒影，但当车行驶至该处时，却发现不存在这样的水面。出现这种现象是因为_____。

A. 镜面反射   B. 漫反射   C. 直线传播   D. 折射

26. 物质的结构决定性质，微粒间的相互作用力越强，熔点越高。一些氧化物的熔点如下表所示：

氧化物	Li_2O	MgO	P_4O_6	SO_2	SiO_2
晶体类型	离子晶体	离子晶体	分子晶体	分子晶体	原子晶体
熔点/℃	1 570	2 800	23.8	−75.5	1 650

下列选项中,不能解释氧化物熔点存在差异的是_____。

A. 分子晶体中的作用力是相对较弱的分子间作用力

B. 离子晶体中的作用力是相对较强的离子键

C. 原子晶体中的作用力是相对较弱的共价键

D. Li_2O 中的离子键弱于 MgO 中的离子键

27. 物体做圆周运动需要一个指向圆心的力称为向心力，向心力只能改变物体的速度方向而不能改变速度大小。水从水箱经水管冲入排污沟，有三种设计方案，甲方案在转弯处用圆弧形弯管，乙方案在转弯处采用直管，丙方案是用直管从水箱直接连到排污沟，如图所示。如不计水管摩擦，且水箱内的水面距出水口高度相同，则冲入排污沟的水流速度_____。

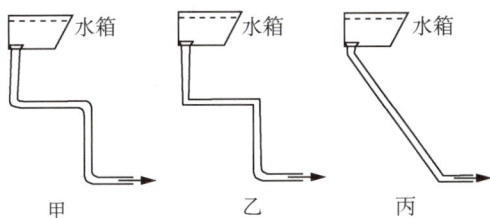

A. 甲最大

B. 乙最大

C. 丙最大

D. 三者速度一样大

28. 用一块凸透镜对着阳光,在透镜后面放一张白色纸屏,由于凸透镜对光线有会聚作用,纸屏上出现三个明暗不同的区域,如图所示。因阳光会聚中央区域最亮,其次是周围阳光直射的地方,两者之间有一个最暗的区域,那里既没有直射的阳光也没有折射的阳光。现将凸透镜换成一块对光线有发散作用的凹透镜,那么明暗区域可能变成图中的_____。

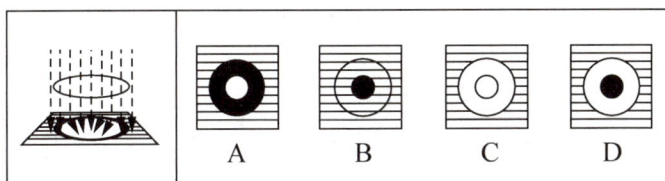

29. 将四个相同的灯泡和两个相同的电池以导线连接,其电路如图。若通过各灯泡的电流分别为 I_1、I_2、I_3 和 I_4,假设电池供应的电压稳定,并联电路 a、b 间的电压维持在定值,则下列电流关系正确的是_____。

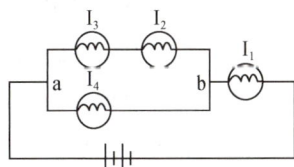

A. $I_1 = I_2 + I_3$

B. $I_2 = I_3$

C. $I_1 = I_2 + I_3 + I_4$

D. $I_2 = I_4$

30. 连接如图所示电路,研究串联电路中电流的特点。实验时电流表甲和乙的示数分别为 0.18 安和 0.16 安,造成两个电流表示数不同的原因可能是_____。

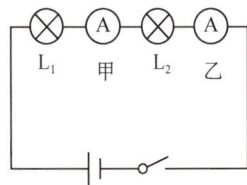

A. 电流表的缘故

B. 灯泡 L_1 和 L_2 的电阻不同

C. 导线有电阻

D. 灯泡 L_1 和 L_2 在电路中的位置

31. 如图所示是某电子秤的结构示意图,其中 P 是一个可以紧贴 AB 滑动的金属滑片,S 为自动控制开关。闭合开关 S,秤盘内不放物体时,电子秤刻度表示数为 0;在秤盘内放入物体时,就可以从电子秤刻度表上读出该物体的质量;当被测物体的质量超过电子秤量程时,开关 S 自动断开,电子秤无示数。则下列判断正确的是_____。

A. 电子秤的刻度表是一个电流表，它的示数越小说明所称物体质量越大

B. 电子秤的刻度表是一个电压表，它的示数越大说明所称物体质量越大

C. 电子秤的 AB 部分是一个滑动变阻器，且 A 端为绝缘体

D. 电子秤所称物体的质量越大，消耗的电能越少

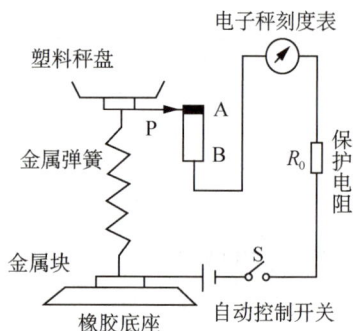

32. 如果一个物件在 X 点上从飞机上抛出，物件应呈的轨迹是_____。

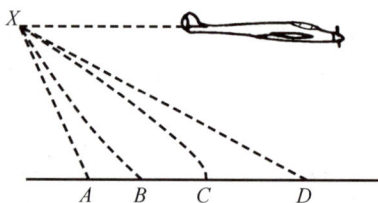

33. 如图所示，让质量相同的物体沿高度相同、倾角不同的斜面从顶端运动到底端，下列说法正确的是_____。

A. 甲图中重力做的功最多

B. 乙图中重力做的功最多

C. 丙图中重力做的功最多

D. 重力做的功一样多

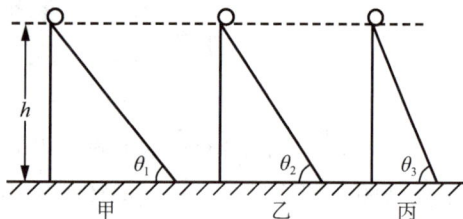

34. 如图甲所示，小明用弹簧测力计用沿水平方向的力拉木块在水平桌面上匀速滑动，图乙是他两次在同一桌面拉动同一木块得到的距离随时间变化的图像。下列说法正确的是_____。

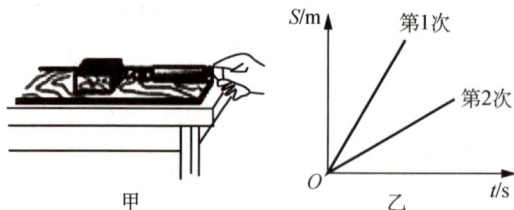

A. 木块第 1 次受到的拉力较大

B. 木块两次运动时受到的摩擦力相等

C. 木块在两次运动时的机械能相等

D. 两次运动时拉力对木块做功的功率一样大

35. 烧杯内盛有 0 摄氏度的水，一块 0 摄氏度的冰浮在水面上，水面正好在杯口处，

最后冰全部溶化成 0 摄氏度的水，在这过程中_____。

A. 无水溢出杯口，最终水面下降　　　B. 无水溢出杯口，水面在杯口处

C. 有水溢出杯口，水面在杯口处　　　D. 有水溢出杯口，最终水面下降

36. 如图所示，水平桌面上摆着一台杠杆，杠杆的左边悬挂着三个砝码，此时，如果在杠杆右边的相同位置施加一个向下的拉力，以保证杠杆的平衡，那么，拉力在图示竖直平面内从左往右沿逆时针旋转的过程中，拉力的大小变化是_____。（F 表示拉力的大小，t 表示从左往右逆时针旋转的时间。）

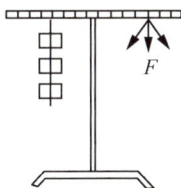

37. 质量为 m 的小球，用长为 $2l$ 的线悬挂在 O 点，在 O 点正下方 l 处有一光滑的钉子 O'，把小球拉到与 O' 在同一水平面的位置，摆线被钉子挡住，如图所示，将小球从静止释放。当球第一次通过最低点 P 时，以下说法错误的是_____。

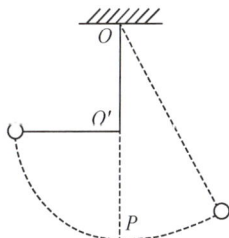

A. 小球加速度突然减小

B. 小球速率突然减小

C. 小球的向心加速度突然减小

D. 摆线上的张力突然减小

38. 如图是 A、B 两个质点做直线运动的位移–时间图像，则_____。

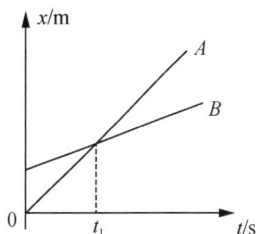

A. 在运动过程中，A 质点总比 B 质点运动得快

B. 在 0 到 t_1 这段时间内，两质点的位移相同

C. 当 $t=t_1$ 时，两质点的速度相等

D. 当 $t=t_1$ 时，A、B 两质点的加速度都大于零

39. 如图所示，将木块放在压缩了的弹簧旁，释放弹簧，木块沿着水平地面向右运动，离开弹簧后，木块运动一段距离后停了下来。下列说法正确的是_____。

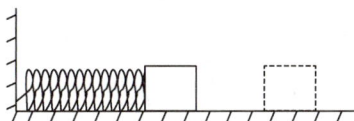

A. 木块在离开弹簧后的运动过程中，所受摩擦力不变

B. 木块对弹簧的弹力使木块由静止开始运动

C. 木块所受摩擦力不会改变木块的运动状态

D. 木块最终停止运动是因为失去了弹力的作用

40. 如图所示,轻弹簧上端与一质量为 m_1 的木块 1 相连,下端与另一质量为 m_2 的木块 2 相连,整个系统置于水平放置的光滑木板上,并处于静止状态。现将木板沿水平方向突然抽出,设抽出后的瞬间,木块 1、2 的加速度大小分别为 a_1、a_2,重力加速度大小为 g,则有_____。

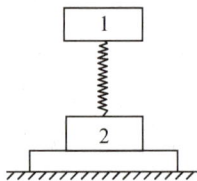

A. $a_1=g$,$a_2=g$

B. $a_1=0$,$a_2=g$

C. $a_1=0$,$a_2=\dfrac{m_1+m_2}{m_2}g$

D. $a_1=g$,$a_2=\dfrac{m_1+m_2}{m_2}g$

第三节 斩获高分题

1. 三盏灯泡 L_1(110 V 100 W),L_2(110 V 40 W) 和 L_3(110 V 25 W),电源所能提供的电压为 220 V,在图示的四个电路中,能通过调节变阻器 R 使电路中各灯泡均能够正常发光且最省电的一种电路是_____。

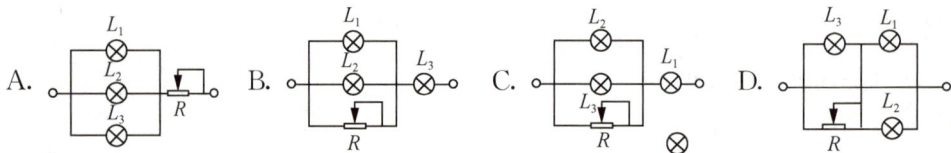

2. 如图所示,一皮球从粗糙的曲线形坡面的点开始无初速度地向下滚动,由于摩擦力作用,皮球滚到 b 点后开始折返到 c 点,已知 a、b 两点的高差为 h_1,b、c 两点的高差为 h_2,那么_____。

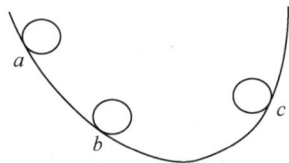

A. $h_1=h_2$

B. $h_1<h_2$

C. $h_1>h_2$

D. h_1、h_2 大小关系不确定

3. 某司机驾车在如右图所示的路面上前行,已知 AB 段为下凹路段,BC 段是上凸路段,当汽车依次经过 M、N、O、P(M 为最低点,P 为最高点)四点时对路面的压力分别为 F_M、F_N、F_O、F_P,汽车重力为 G,前进过程中速率保持不变,那么下列关系式一定成立的是_____。

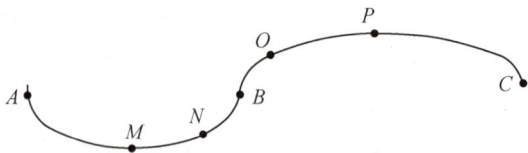

A. $F_M \geqslant G$　　　　　　　　　B. $F_N > G$

C. $F_O < G$　　　　　　　　　D. $F_P > G$

4. 如图所示，闭合开关，将滑动变阻器的滑片 P 向右移动时，弹簧测力计的示数变小，则下列分析正确的是_____。

A. 电磁铁的上端为 S 极

B. 电源左端为"＋"极

C. 抽去铁芯，弹簧测力计示数增大

D. 断开开关，弹簧测力计示数为零

5. 质量为 m 的球从高处由静止开始下落，已知球所受的空气阻力与速度大小成正比，下列图像分别描述了球下落过程中加速度 a、速度 v 随时间 t 的变化关系和动能 E_k、机械能 E 随下落位移 h 的变化关系，其中可能正确的是_____。

A. 　　　　B. 　　　　C. 　　　　D.

6. 武警战士小东在野外实战训练时，需要从离地 3 米的窗台跳下，当他两脚着地的瞬间，膝盖马上弯曲，使身体的重心又下降了 0.5 米，从而缓冲地面对身体的作用力，那么该作用力估计为_____。

A. 自身所受重力的 4 倍　　　　B. 自身所受重力的 6 倍

C. 自身所受重力的 7 倍　　　　D. 自身所受重力的 10 倍

7. 无线充电，又称为非接触式感应充电，是利用磁场共振原理，由供电设备（充电器）将能量传送至用电的装置，两者之间不用电线连接，因此充电器及用电的装置都可以做到无导电接点外露。下列有关无线充电的说法，错误的是_____。

A. 相对于有线充电来说，无线充电能源转换一次性获得，电能损失小，节能环保

B. 利用无线充电的设备，可以显著减少设备磨损

C. 无线充电技术要求高、价格贵是现阶段不能普及的主要原因

D. 无线传输距离越远，无用功的耗损也就会越大

8. 偏振光是具有一定振动方向的光，自然光在玻璃、水面等表面反射时，反射光可视为偏振光。偏振片中存在着某种特征性的方向，叫作透振方向，偏振片只允许平行于透振方向的振动通过，同时吸收垂直于该方向振动的光。在拍摄表面光滑的物体，如玻璃器皿、水面时为使影像清晰，我们都需要调节镜头前偏振片，其目的是_____。

A. 使偏振片透振方向与反射光的振动方向垂直，减弱反射光

B. 使偏振片透振方向与反射光的振动方向垂直，增强反射光

C. 使偏振片透振方向与反射光的振动方向平行，减弱反射光

D. 使偏振片透振方向与反射光的振动方向平行，增强反射光

9. 下列各装置中，能构成原电池的是_____。

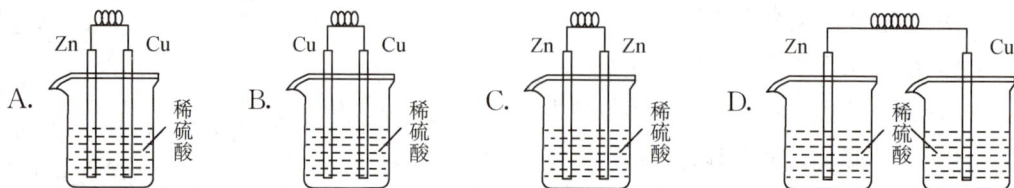

10. 如图所示，条形磁铁放在水平桌面上，在其正中央的上方固定一根长直导线与磁铁垂直，给导线通以垂直纸面向里的电流，则_____。

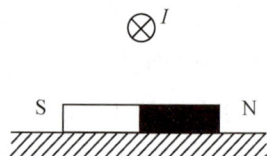

　A. 磁铁对桌面压力增加且不受桌面的摩擦力作用

　B. 磁铁对桌面压力增加且受到桌面的摩擦力作用

　C. 磁铁对桌面压力减小且不受桌面的摩擦力作用

　D. 磁铁对桌面压力减小且受到桌面的摩擦力作用

11. 民用客机机舱的紧急出口气囊是一条连接地面的斜面，为安全考虑设计者要计算乘客着地时的速度和动能。乘客的质量各有不同，假设所有乘客与气囊的动摩擦因素相同，那么下面说法正确的是_____。

　A. 质量越大下滑速度越大，动能也越大

　B. 质量越大下滑速度越大，但动能不一定大

　C. 下滑速度、动能与质量大小无关，速度和动能都一样大

　D. 下滑速度与质量大小无关所以一样大，但质量大的人动能较大

12. 如图所示为铁路的输电线悬挂在钢缆上的方式。钢缆的 A 端固定在电杆上，B 端通过滑轮组连接在电杆 C 上。配重 D 是 n 个混凝土圆盘，每个盘的质量是 m。根据以上信息判断下列说法正确的是_____。

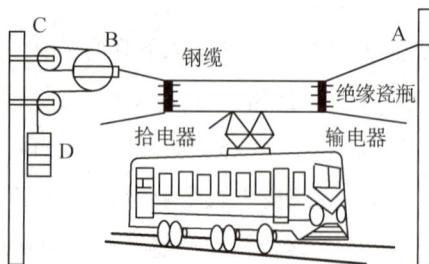

　A. B 处使用滑轮组是为了保证输电线的高度变化时钢缆始终保持张紧状态

　B. B 处使用滑轮组是为了省力

　C. 不考虑钢缆和滑轮质量，钢缆在 B 端受的拉力 $F=nmg$

　D. 不考虑钢缆和滑轮质量，钢缆在 B 端受的拉力 $F=6nmg$

13. 物理学家做了一个有趣的实验：在双缝干涉实验中，在光屏处放上照相底片，若

减弱光流的强度，使光子只能一个一个地通过狭缝。实验表明，如果曝光时间不太长，底片上只能出现一些不规则的点；如果曝光时间足够长，底片上就会出现规则的干涉条纹。对这个实验结果的认识不正确的是_____。

    A. 单个光子的运动没有确定的轨道

    B. 只有大量光子的行为才表现出波动性

    C. 干涉条纹中明亮的部分是光子到达机会较多的地方

    D. 曝光时间不长时，光的能量小，底片上的条纹看不清楚，故出现不规则的点

14. 某同学将轻质不可伸长的晾衣绳两端分别固定在竖直杆 M、N 上的 a、b 两点，将衣架挂在绳上晾晒衣物，衣架挂钩可视为光滑。晾晒一件短袖 T 恤时，衣架静止于如图位置。当晾晒一件厚滑雪衫时，该同学担心晾衣绳可能会断，为防止绳断，他应该_____。

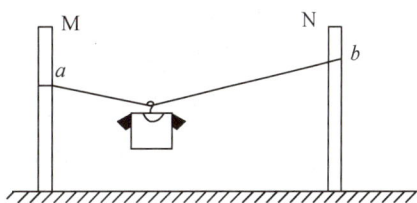

    A. 将绳的右端固定点 b 略向上移   B. 将绳的右端固定点 b 略向下移

    C. 换一根略短的晾衣绳   D. 换一根略长的晾衣绳

15. 下列四幅图中，属于近视眼成像原理和远视眼矫正方法的分别是_____。

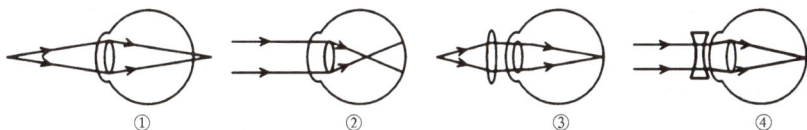

    A. ①和③   B. ②和③   C. ②和④   D. ①和④

16. 半潜船是专门从事运输大型海上石油钻井平台、大型舰船、潜艇等超长超重而又无法分割吊运的超大型设备的船舶。其工作流程分列如下：①将货物移到装货甲板上；②开启压载水舱的通海阀门，注入适量水；③启动大型空压机往压载水舱注入适量空气；④船舶实现上浮；⑤将货物运走。则下面排序正确的是_____。

    A. ①②③④⑤   B. ②①③④⑤   C. ②④①③⑤   D. ③①②④⑤

17. 如图是常见的剪式千斤顶，当摇动把手时，螺纹轴就能迫使千斤顶的两臂靠拢，从而将物体顶起。若千斤顶两臂间的初始夹角为 120°，物体重量保持不变，则下列关于两臂受到的压力大小说法正确的是_____。

    A. 两臂受到的压力随夹角的减小而减小，且一定小于物体的重力

    B. 两臂受到的压力随夹角的减小先减小后增大，且在 90°时压力最小

    C. 两臂受到的压力随夹角的减小而增大，但不可能大于物体的重力

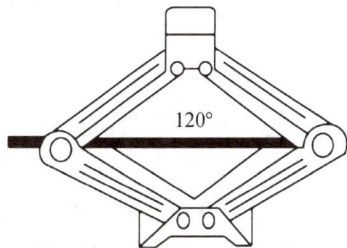

D. 两臂受到的压力随夹角的减小先增大后减小，最大值不会超过物体的重力

18. 如图所示，在已接地的电路上，有甲、乙、丙三个可为通路或断路的接点。若人站在地上，而手触到金属外壳形成通路，则当此三个接点为下列_____种情况时，此人会有触电的危险。

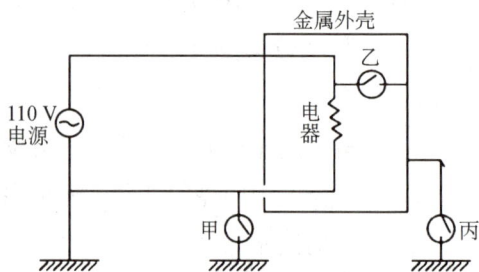

A. 接点甲断路，接点乙通路，接点丙断路

B. 接点甲通路，接点乙通路，接点丙通路

C. 接点甲断路，接点乙断路，接点丙通路

D. 接点甲通路，接点乙断路，接点丙断路

19. 地球是一个巨大的磁体，它的磁场分布情况与一个条形磁铁的磁场分布情况相似。地理南极相当于条形磁铁的N极，地理北极相当于条形磁铁的S极，那么上海上空的磁场方向是_____。

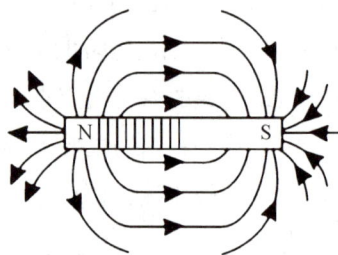

A. 由南至北斜向下沉

B. 由南至北斜向上升

C. 由北至南斜向下沉

D. 由北至南斜向上升

20. 如图所示电路，电源电压恒定，R_0 为定值电阻，R 为滑动变阻器。闭合开关S后，在滑动变阻器滑片P向左滑动的过程中_____。

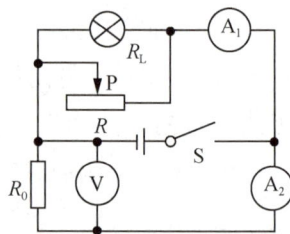

A. 电流表 A_1 的示数变小

B. 电流表 A_2 的示数变大

C. 电压表 V 的示数变小

D. 电灯的亮度变暗

第四节　考点解码及答案解析

一、夯实基础题

1.【考点解码】 力学

【答案解析】 选D。从开始注水时，水由于重力慢慢流到竹筒左侧的底部，因此重心靠左，随着竹筒内水量的变多，重心逐渐变高，并且向右移动，水满时，重心在轴右侧一

定距离,竹筒将克服摩擦力缓慢做顺时针转动,将水倒出,此时,竹筒变空,重心回到轴左侧,竹筒逆时针抬起。注水速度越快,整个装置的重心变化越快,往复运动越快,周期越短;竹筒容积越大,注水时,水满所需要的水量就越多,往复运动越慢,周期越长。本题为选非题,故正确答案为 D。

2.【考点解码】 化学

【答案解析】 选 D。因为是有毒气体,所以需要防止毒气泄漏。A 项,烧杯敞口,有毒气体若未充分溶解会散发到空气中,造成危害,错误;B 项,倒扣漏斗虽然可以防止倒吸,同时增加了气体与水的接触面,但是烧杯敞口,可能导致未充分溶解的有毒气体散发到空气中,造成危害,错误;C 项,装置封闭,玻璃管中气体无法排除,水只能溶解少量气体,错误;D 项,第一次未溶解气体通入到敞口烧杯内,会进行再次溶解,能使有毒气体充分溶于水,正确。

3.【考点解码】 化学

【答案解析】 选 B。金属的冶炼,最难突破的就是技术,而金属活动性越强,金属的冶炼越难,冶炼技术要求越高;铜、铁、铝三种金属活动性由强到弱的顺序为:铝＞铁＞铜;因而人类早期只能使用较容易冶炼的铜,随后才是铁,最后是铝。

4.【考点解码】 运动学

【答案解析】 选 C。A、B 项惯性大小只与质量有关,D 项物体不受任何力的作用应保持原来的运动状态不变,C 项匀速圆周运动的运动状态是发生变化的,因为运动方向在变。

5.【考点解码】 化学

【答案解析】 选 B。因为过氧化氢的沸点比水高,受热易分解,所以应该避免加热,常压、加压蒸馏,均需加热,故 A 项、C 项错误。生石灰与水反应会放出大量的热,会使过氧化氢分解,故 D 项错误。适宜方法应为减压蒸馏,减压可降低水的沸点,使水在较低温度下沸腾并汽化,得到浓缩的过氧化氢溶液,B 项正确。

6.【考点解码】 物理学

【答案解析】 选 B。由于氧气微溶于水,从氧气钢瓶中输出氧气,经过 A 导管,进入蒸馏水中,产生气泡,氧气从导管 B 出,在这个过程中,氧气被湿润。从气泡的有无、气泡产生的速度可以观察输出氧气的流速和是否有氧气输出。本题为选非题,故正确答案为 B。

7.【考点解码】 力学

【答案解析】 选 D。物体在水中受到的浮力 $F = \rho_水 \, g V_排$,由于三个物块均浸没在水中,且体积相等,则三个物块排开水的体积 $V_排$ 也相等,即三个物块所受浮力相等。

8.【考点解码】 力学

【答案解析】 选 B。放手后两个小球和弹簧构成一个受到的合外力为零的系统,这个系统动量守恒，因此两个小球的动量大小相等，方向相反。

9.【考点解码】 化学

【答案解析】 选D。白糖和冰糖成分一样，并最终都有未溶解的糖，说明最后两种溶液均饱和，浓度相等，排除A、B项。冰糖呈块状，白糖呈粉末状，因为粉末接触面积更大，所以前者溶解速度慢于后者，D项正确。

10.【考点解码】 电学

【答案解析】 选C。A项，甲房间开关影响乙房间，乙房间开关影响甲、乙两房间；B项，乙房间无开关；D项，乙房间无电铃，且甲房间的电铃一直响。

11.【考点解码】 电学

【答案解析】 选B。由于导体的电阻与材料、长度和横截面积有关，要探究导体电阻与导体长度的关系，需要让实验材料的其他量保持一致，即各导体的材料和横截面积要一致，满足这一条件的只有1、3、5。

12.【考点解码】 运动学

【答案解析】 选D。根据相对运动原理，甲看见楼房在下降，而楼房实际上是不动的，则说明甲在上升；乙看见甲在下降，说明乙在上升，且上升速度比甲快；丙看见甲和乙都在上升，说明丙可能在上升，但上升速度比甲和乙慢，也可能静止或是在下降。

13.【考点解码】 光学

【答案解析】 选D。红色衣服呈现红色是由于衣服吸收了其他颜色的光，反射了太阳光中的红色光，而不是吸收了红色光。

14.【考点解码】 磁学

【答案解析】 选D。用甲去靠近小磁针，甲能吸引小磁针，说明甲可能没有磁性，也可能具有的磁性和小磁针靠近的磁极的磁性相反；乙能排斥小磁针，说明乙一定有磁性，且和小磁针靠近的磁极的磁性相同。由于小磁针有两个不同的磁极，从题意无法确定铁棒磁性，所以甲、乙铁棒相互靠近，可能相互吸引，也可能相互排斥。故选D。

15.【考点解码】 电学

【答案解析】 选A。由图可知，a、d在并联电路的干路上，b、c分别在两支路上。由并联电路中电流的特点可知，干路中的电流等于各支路电流之和，所以A选项的关系正确。

16.【考点解码】 运动学

【答案解析】 选A。汽车速度 $v=54$ km/h$=54\,000$ m/$(60\times60$ s$)=15$ m/s。汽车的实际长度与成像之间的比例为 3 m：2 cm$=150$：1，则底片上汽车的像移动的尺寸不大于 0.1 mm，所对应的实际距离 $S=0.1$ mm$\times150=0.015$ m。故曝光的时间 $t=S/v=0.015$ m/15 m/s$=(1/1\,000)$ s。

17.【考点解码】 电磁学

【答案解析】　选 B。结合题干图形，钠的流动方向向内，要使钠液加速，需安培力向内，磁场方向由 N 至 S 向右。根据左手定则，电流方向应由下向上，B 项满足。

18.【考点解码】　热学

【答案解析】　选 B。液体沸腾需要达到沸点且继续吸热。开始汤和水都会吸热升温，当水达到沸点 100 ℃时，继续吸热，沸腾起来，但温度不再升高；此时碗中的汤也会达到沸点 100 ℃，但由于碗中的汤与大锅中水的温度相同，不能继续吸热，因而碗中的汤不会沸腾。

19.【考点解码】　物理学

【答案解析】　选 B。若碳-14 每隔时间 T 衰减为原来的一半，则碳-14 衰减规律满足 $m = M_0 (1/2)^{t/T}$。随着 t 的增长，m 越来越小，且变化越来越慢，结合选项，B 项较为符合。

20.【考点解码】　电磁学

【答案解析】　选 C。由于角反射器的特点，无论电磁波从哪个角度射向角反射器，反射波最终都会沿与入射方向平行的直线返回，并不会沿各个不同方向反射回去。角反射器主要应用在测距、警示、军事、船舶遇险救生等领域。本题为选非题，故正确答案为 C。

二、提升能力题

1.【考点解码】　物理

【答案解析】　选 D。选非题，A 项在屋面上设计临时悬挂的隔噪网，是为了减弱降雨时雨滴声造成的噪声，故 A 项正确。B 项屋顶上设立多个自然排风机，目的是让建筑空间中的热量散发出去，故 B 项正确。C 项用 ETFE 膜结构屋面能保证场馆白天大部分时间采用自然光，是因为其透光性好，故 C 项正确。D 项泳池消耗的水大部分能从室内屋顶收集并反复使用，这是利用水的液化和汽化。（注：升华由固态直接转化为气态。）

2.【考点解码】　力学

【答案解析】　选 B。A 项，若它们的体积相等，则 B、C 排开液体体积相同，即 B、C 所受浮力相等，同时题干说 B、C 重量一样，则两者在液体中的位置也应该相同，因此该项错误。B 项，三个块体材料相同，而 C 是沉到容器底部的，说明其平均密度大于液体密度，而 A 是漂浮，则说明 A 的平均密度小于液体密度，B 物体悬浮，则说明 B 的平均密度等于液体密度。由此可知 A、B 物体的平均密度小于 C 物体，材料相同重量相同的情况下，A、B 一定是空心的，B 项正确。C 项，物体悬浮和漂浮所受的浮力大小都等于其重力，由重力相等得浮力的大小关系为 $F_A = F_B$，C 项错误。D 项，都是实心的情况下，根据沉浮状态可以判定 $\rho_A < \rho_B < \rho_C$。

3.【考点解码】　电磁学

【答案解析】　选 A。

根据题干要求地磁场对避雷针的作用力方向，则要使用左手定则来判断受力方向。当乌云经过避雷针上方开始放电时会产生电流，电流方向由正电荷流向负电荷，也就是指向地心。而地磁场的方向是由地理南极指向地理北极。使用左手定则，让磁感线穿入手心，四指指向电流方向，那么大拇指的方向就是受力方向，由图中可知，大拇指所指方向为正东。所以地磁场对避雷针的作用力方向为正东。

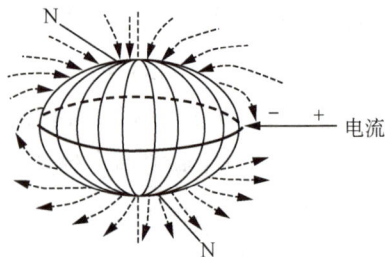

4.【考点解码】　电磁学

【答案解析】　选 D。根据右手定则和左手定则，在 a、b、c、d 四处放置电流方向垂直向里的直导线，两根同向电流的导线会在电流产生的磁场影响下，相互吸引。若在 a、b、c 处放置导线，则斜面上导线在斜面方向无向上的力或分力，不可能静止；若在 d 处放置导线，则斜面上导线受磁场对导线指向 d 的力，存在斜面方向向上的分力，可能静止。

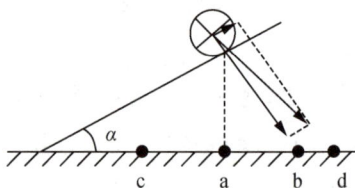

5.【考点解码】　光学

【答案解析】　选 B。从班级合照转向单人照，则拍照视野由大变小，根据常识，相机要离人近一些，排除 C、D 项。再由透镜公式：$1/S + 1/S' = 1/f$，S 变小，为保证成像清晰，S' 要变大，镜头离胶片更远，如图所示，应该是镜头前伸。

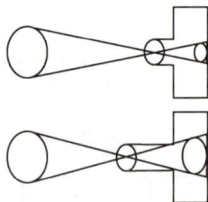

6.【考点解码】　力学

【答案解析】　选 A。将梯子看成轻质杠杆，A 点为支点，将人的重力看成动力，人到 A 点的距离是动力臂，墙对梯子的支持力看成阻力，AB 是阻力臂。随着人向上走，动力不变，但动力臂变大，而阻力臂不变，"从低端 A 处开始匀速向上走向顶端 B 处，整个过程梯子不滑动"，说明一直处于平衡状态，依据杠杆原理可知，阻力变大（墙对梯子的支持力变大），梯子对墙面的压力也变大。

7.【考点解码】　运动学

【答案解析】　选 A。光滑水平桌面，说明忽略摩擦力。列车匀速向东行驶，小球静止于桌面正中，即小球和列车速度方向保持一致。当列车的运动状态改变时，小球要保持原有运动状态（速度和方向），会和列车运动状态相反，说明列车相对小球向西北方向运动。向西说明列车速度比小球速度小，即减速；向北说明列车是向北转弯。

8.【考点解码】　声学

【答案解析】　选 C。如果没有传播介质声波就不会传播，因此制造一个真空带即可。这题考查物理学中的超声波。

9.【考点解码】 物理学

【答案解析】 选 C。游戏者从跳台到 A 点过程中是自由落体运动，速度逐渐增大，到达 B 点过程中由于橡皮绳拉力小于人的重力，因此还是有一个向下的逐渐减小的加速度，即速度仍是增大，到达 B 点时加速度为 0，此时速度最大，即动能最大；然后橡皮绳拉力大于人的重力，有一个向上的加速度，人的速度逐渐减小，到 C 点时为 0。考查物理学中机械能量守恒和牛顿第二定律。

10.【考点解码】 物理学

【答案解析】 选 C。能量守恒定律:能量既不会凭空产生，也不会凭空消失，它只能从一种形式转化为其他形式，或者从一个物体转移到另一个物体，在转化或转移的过程中，能量的总量保持不变。而题干中设计的这种机器，在小球的往复运动中凭空产生了能量，因此这种机器的设计违背了能量守恒定律，是不可能制造成功的，故 A、B 两项说法错误。如果小球能从静止加速上升到 C 的话，说明这种机器产生的摩擦阻力并不大，不足以阻碍小球的运动，而强磁力的作用一直存在，那么小球就不可能从 C 加速下滑到 B，所以排除 D 项。

11.【考点解码】 运动学

【答案解析】 选 D。子弹脱离枪膛后，在空中高速旋转，旋转使得子弹具有初始角动量，由于角动量守恒，使得子弹在旋转过程中始终按照旋转的轴的轨迹飞行，这样子弹不易偏离弹道方向，即弹道飞行更稳定。

12.【考点解码】 连通器

【答案解析】 选 A。考查连通器原理。连通器，是液面以下相互连通的两个或几个容器。盛有相同液体、液面上压力相等的连通器，其液面高度相等。原来每个容器各有 5 升水，共 15 升，又倒入 45 升，最终三个容器共有水 45＋15＝60（升）。发现 4 个选项中，只有 D 是 5 升，假设 D 正确，那意味着没有水从第二个容器流入最后一个容器。所以第一个、第二个容器共 60－5＝55（升），而每个容器容量是 25 升，前两个容器最多是 25＋25＝50（升），装不下 55，D 错误。所以一定有水流入最后一个容器，共 60 升，最后液面高度相等，每个容器 60÷3＝20（升）。最后一个容器有 20 升水，选 A。

13.【考点解码】 电学

【答案解析】 选 C。由题中表格内容可知，只要 S_1、S_2 不同时闭合，台灯就不亮，所以 S_1、S_2 和台灯 L_2 必须在同一条通路上，即这三个不能是并联关系，所以排除 B、D 项。此时分析 A 项，A 项 S_1、L_1、S_2、L_2 在同一条通路上，这样只要有一个开关（S_1 或者 S_2）是断开的，插座指示灯就不亮，这与表中记录的现象不符，所以 A 项的电路图不符合事实。同理，分析 C 项的电路图可知，C 项是正确的。

14.【考点解码】 光学

【答案解析】　选 B。如图，分别过 A、B、C 点作镜面的法线，由题可知，A 点的反射角为 30°，又 I 与 II 夹角为 5°，所以 A 点法线与 II 的夹角∠ADB 为 95°，则 A 点反射线与 II 夹角∠ABD 为 55°，由此可得 B 处入射角∠ABE ＝反射角∠EBC＝35°，故∠BCE 为 50°，∠BCG 与出射角相等，为 40°。

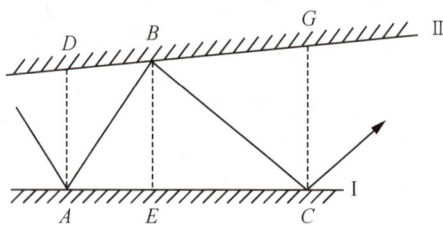

15.【考点解码】　电磁学

【答案解析】　选 B。产生电磁感应现象的条件是：（1）导体是闭合电路的一部分；（2）导体做切割磁感线运动。根据此条件判断各个选项。A 项是研究磁场对通电导体的力的作用的实验，不属于电磁感应现象；B 项是发电机模型，利用电磁感应产生电能，符合题意；C 项是电动机模型，不符合题意；D 项是奥斯特实验，说明电流周围存在磁场，不符合题意。

16.【考点解码】　光学

【答案解析】　选 A。近光灯在其焦点以内（小于 f），发出的光呈现发散状态，可以照到近处较大范围内的物体；远光灯在其焦点上，发出的光会平行射出，光线较为集中，亮度较大，可以照到很远的物体。

17.【考点解码】　光学

【答案解析】　选 C。如右图所示，由于平面镜 OM 和 ON 垂直，所以玻璃球灯在平面镜 OM 和 ON 中有像 A、B、C，但是 C 被 P 遮挡，不会被相机拍到，因此加上玻璃球灯本身一共得到三个像。

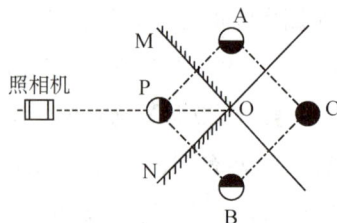

18.【考点解码】　力学

【答案解析】　选 C。对于水而言，浸润的表现就是透水或被水吸附，与之相反的是防水。前者要求附着力大（大于内聚力），后者要求附着力小（小于内聚力）。据此可以判定出 A 项应为"小于"，B 项应为"降低"，D 项应为"大于"。

19.【考点解码】　光学

【答案解析】　选 D。由右图可知，在 U 型潜望镜中观察到的物体的图像与原物体大小相等，方向左右颠倒、上下颠倒，因此图中显示的时间是实际时间经过左右翻转又上下翻转得到的，只有 1∶55 满足条件。

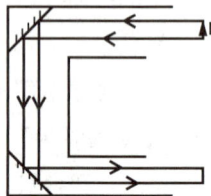

20.【考点解码】　电学

【答案解析】　选 C。甲、乙两只灯泡的规格分别为"220 V　60 W"和"220 V 30 W"，即甲灯泡的额定功率大于乙灯泡的额定功率。由题干可知，当导体两端电压不变时，电功率与电阻成反比，因此甲灯泡的电阻小于乙灯泡的电阻。因为甲、乙两只灯泡串联，所以通过它们的电流相同，由当通过导体的电流不变时，电功率与导体电阻 $W=I^2R$ 成正比可知，电阻大的灯泡在这个串联电路中的实际功率更大，即甲灯泡的实际功率小于乙灯泡的实际功率，也就是在这个串联电路中，乙灯泡的实际功率更接近其额定功率，因此乙灯泡更亮一些。

21.【考点解码】　电学

【答案解析】　选 D。为了安全用电，当开关关闭时用电器应全部断电，所以开关应接在火线和用电器之间，由此排除 A、C 两项；保险丝应接在火线上，如要在火线和零线上各接一根保险丝，则电路超载时有可能零线上的保险丝熔断，而火线上的保险丝未熔断，那么此时电器虽不能工作但仍带电，极易发生触电事故，因此不能在火线和零线上各接一根保险丝，由此排除 B 项。D 项中的电路符合安全用电的要求。

22.【考点解码】　生物学

【答案解析】　选 B。生物体内的有机物在细胞内经过一系列的氧化分解，最终生成二氧化碳、水或其他产物，并且释放出能量的总过程，叫做呼吸作用。它是所有的动物和植物都具有的一项生命活动。题干中发现种子堆里面温度比较高是因为种子进行了呼吸作用，释放的热量储存在种子堆里。种子不能进行光合作用，天气热和保温也并不是导致种子堆里面温度高的主要原因。

23.【考点解码】　力学

【答案解析】　选 A。翻越雪地时，为了加强排水和压雪的能力，应选择排水槽更多、更深的轮胎；此外，为了提升轮胎的吸水能力以及抓地力，应选择有细缝花纹的轮胎。结合选项可知，符合上述特点的轮胎只有 A 选项。

24.【考点解码】　物理学

【答案解析】　选 D。麦比乌斯带只存在一个面，它的这一奇妙特性使它被广泛地应用到了建筑、艺术、工业生产中。人们创造性地把传送带制成麦比乌斯带形状，从而使得整条传送带环面各处均匀地承受磨损，避免了普通传送带单面受损的情况，使传送带的寿命延长了整整一倍。

25.【考点解码】　光学

【答案解析】　选 D。柏油马路因路面颜色深，夏天在灼热阳光照射下吸热能力强，会在路面上空形成上层空气冷、密度大，而下层空气热、密度小的分布特征，那么从路面向上空气的折射率逐渐增大，从远处物体斜射向路面的光线进入折射率逐渐减小的热空气层被折射后，其折射角大于入射角，且入射角和折射角均逐渐增大，使传播方向总要向上偏一些。人眼逆着折射光线看去，看到的是物体形成的虚像，从而会出现题干中所述的现象。

26.【考点解码】　化学

【答案解析】　选 C。原子晶体中的作用力是相对较强的离子键。这题考查化学中的熔点。

27.【考点解码】 物理学

【答案解析】 选A。水从水箱进入排污管的过程中竖直方向只受重力的作用，由于不计摩擦力，所以水平方向不受摩擦力的作用，水平方向做匀速运动。对于甲的向心力只改变速度的方向不改变速度的大小，而乙、丙中由于不存在圆周运动，因此转弯处管壁会对水流造成阻碍，管壁给水流一定反冲量，使其失去一部分动量，速度减小。三种情况下竖直方向距离相同，因此在重力作用下的末速度甲最大。

28.【考点解码】 光学

【答案解析】 选D。凹透镜发散光线，周围形成的是亮的光圈，是由于部分散射光与直射光重叠，中间是区域光线最暗的，只有散射光，最外边是阳光直射的光线。

29.【考点解码】 电学

【答案解析】 选B。串联电路中各处电流相等，并联电路中干路电流等于各支路电流之和，所以 $I_2=I_3$，$I_1=I_2+I_4$，因此B项正确，C项不正确。由于灯泡都是相同的，并联电路a、b间的电压稳定，而支路电流由电阻大小决定，则 $I_3=I_2\neq I_4$，因此A、D项都错误。

30.【考点解码】 电学

【答案解析】 选A。由电路图可知，两灯和两电流表串联接入电路，根据串联电路的电流特点，电路中各处的电流相等；而实验时电流表甲和乙的示数分别为 0.18 安和 0.16 安，图中造成两个电流表示数不同的原因可能是两个电流表的读数误差或指针未调零。

31.【考点解码】 电学

【答案解析】 选C。A项电子秤刻度盘串联在电路中，电子秤刻度盘应该是电流表，当盘中放入物体越大，连入电路的电阻越小，电源电压不变时，连入电路的电阻越小，电流越大，不符合题意。B项电子秤刻度盘串联在电路中，电子秤刻度盘应该是电流表，不符合题意。C项P和金属片AB构成了一个滑动变阻器，闭合开关S，秤盘内不放物体时，滑片在A端，电子秤刻度表示数为0，说明电路是断路，A端是绝缘体，符合题意。D项根据电能公式 $W=UIT$，消耗电能的多少除了与电压、电流的大小有关外，还与工作的时间有关系，因此，根据所称物体的质量大小来判断消耗电能的多少是片面的，不符合题意。

32.【考点解码】 运动学

【答案解析】 选C。当飞机从 X 点抛出一物体时，该物体在水平方向上有一个与飞机速度相同的速度，垂直向下是自由落体运动，则该物体的运动轨迹一定是一个抛物线，只有C项的轨迹符合。

33.【考点解码】 做功

【答案解析】　选 D。据重力做功与路径无关，只取决于斜面的高度差，故重力做的功一样多。或者重力做功只与重力和重力方向运动的位移有关，现在斜面高度相同，所以做功相等。

34.【考点解码】　力学

【答案解析】　选 B。A 项，木块两次都进行匀速直线运动，拉力等于滑动摩擦力，滑动摩擦力相等，拉力相等，不符合题意。B 项，木块两次运动时压力不变，接触面粗糙程度不变，滑动摩擦力不变，符合题意。C 项，木块运动时没有发生弹性形变，不考虑弹性势能。木块运动过程中，质量不变，高度没有发生变化，重力势能不变。速度不同，动能不同，机械能不同，不符合题意。D 项，两次的拉力相等，第 2 次速度减小，根据 $P = Fv$，拉力功率减小，不符合题意。

35.【考点解码】　浮力

【答案解析】　选 B。冰浮在水面，所受重力与所受浮力相等，而冰所受浮力又等于冰所排开的水的重力，故冰的重力与冰所排开的水的重力相等，即质量也相等。冰溶化后成为质量体积相等的水，故水面不会上升或下降。

36.【考点解码】　力学

【答案解析】　选 A。F 从左到右的过程中，原点到力的作用线的垂直距离 Z（即力 F 的力臂）先变大，至 F 与杠杆垂直时最大，然后变小。由于杠杆一直处于平衡状态，则力矩（力 F 与其力臂的乘积）一直不变，F 与其力臂成反比，即 F 先变小后变大。

37.【考点解码】　运动学

【答案解析】　选 B。B 项小球第一次通过最低点时，小球的速率不变，故 B 错误。A 项根据圆周运动 $a = v^2/r$ 可知，半径变大，则向心加速度突然减小，因为瞬间小球的切向加速度不变，则小球的加速度突然减小，故 A、C 项正确。D 项根据 $T - mg = mv^2/r$ 可得，$T = mg + mv^2/r$，半径变小，则张力突然减小，故 D 项正确。

38.【考点解码】　运动学

【答案解析】　选 A。A 项位移-时间图线的斜率等于速度，由图看出，A 图线的斜率大于 B 图线的斜率，则 A 的速度大于 B 的速度，故 A 正确。B 项物体的位移等于纵坐标的变化量，在时间 0 到 t_1，A 的位移大于 B 的位移，故 B 项错误。C 项 $t = t_1$ 时，两质点的位移相等，到达同一位置相遇，A 的速度仍大于 B 的速度，故 C 项错误。D 项两物体均做匀速直线运动，加速度都等于零，故 D 项错误。

39.【考点解码】　力学

【答案解析】　选 A。A 项木块受到的摩擦力始终向左，正确；B 项表述错误，应为"弹簧对木块的弹力以及摩擦力"使木块由静止开始运动；C 项摩擦改变了木块的运动状态，错误；D 项木块最终停止与弹力无关。

40.【考点解码】　运动学

【答案解析】　选 C。在抽出木板的瞬间，弹簧对木块 1 的支持力和对木块 2 的压力并未改变。木块 1 受重力和支持力，$m_1g=F$，$a_1=0$。木块 2 受重力和压力，根据牛顿第二定律得 $a_2=\dfrac{m_1+m_2}{m_2}g$，选项 C 正确。

三、斩获高分题

1.【考点解码】　电磁学

【答案解析】　选 C。根据额定电压和额定功率，由公式分析三个灯电阻关系，分析三个灯都正常发光时电路的总功率，再确定哪个电路能够使三个灯正常发光且最省电。

根据题干，三盏灯泡的额定电压相同，由公式 $P=\dfrac{U^2}{R}$ 分析可知 $R_{L_1}<R_{L_2}<R_{L_3}$。根据串并联特点，由于 A 项的总电阻小于 C 项的总电阻，根据 $P=\dfrac{U^2}{R}$ 可知，A 项总功率大于 C 项，因此 A 项排除。B 项，L_1、L_2 并联总电阻小于 R_{L_1}，也就小于 R_{L_3}，则 L_3 上电压大于 110 V，L_3 会烧坏，因此 B 项排除。C 项，调节 R，能使 L_1 与 R、L_2 和 L_3 并联的电阻相等，电压都等于 110 V，即能使三个灯都正常发光，电路消耗的总功率为 $2\times$ 100 W＝200 W。D 项，调节 R，能使两个并联总电阻相等，电压相等，都能使三个灯正常发光，电路消耗的总功率为 2(100＋40) W＝280 W。

可见，灯泡均能够正常发光且最省电的一种电路是 C。

2.【考点解码】　运动学

【答案解析】　选 C。根据题干描述的运动过程，可将本题分成两个过程，两个过程遵循能量守恒定律。

过程一：从 a 点开始，到 b 点结束，h_1 为 a 和 b 的高度差。皮球在 a 点的所有能量是它的重力势能 $E_{Pa}=mgh_a$（式①），运动到 b 点的所有能量是它的重力势能 $E_{Pb}=mgh_b$（式②）；从 a 到 b 能量减少，减少的能量即为皮球从 a 运动到 b 摩擦力所做的功 $W_{f1}=mg(h_a-h_b)$（式③）。

过程二：同理 $W_{f2}=mg(h_b-h_c)$（式④）。故，比较③和④大小，即可理解为比较高度差的大小，此处可简单理解为：因为过程一比过程二多走了 ab 这段路，所以过程一摩擦力所做的功比较大，所以：$W_{f1}>W_{f2}$（式⑤）。将③④代入⑤可得 $h_1>h_2$，故正确答案为 C。

或者根据生活常识可知，皮球在两个斜坡上来回运动，都是高度逐渐下降，直到静止在坡底，所以选 C。

3.【考点解码】　力学

【答案解析】　选 C。本题小车在弧形路面行走，故在受力分析时一定要考虑指向圆心的向心力。

A 选项，如果车在 M 点，则车受向下的重力以及向上的支持力，两者合力提供向心力。由于小车速率保持不变，向心力不为 0，则支持力 F_M 必须大于重力从而提供支持力，即 $F_M > G$，取不到相等的情况，A 错误。

B 选项，在 N 点，汽车受重力，斜向上指向圆心的支持力 F_N，将重力分解，沿着支持力反方向 $G\sin\theta$ 和与之垂直的斜向下方向 $G\cos\theta$（由于汽车匀速，$G\sin\theta$ 与摩擦力平衡在此不作考虑）。F_N 与 $G\sin\theta$ 的合力共同提供向心力，$F_N > G\sin\theta$，但由于向心力未知，F_N 与 G 的大小关系未知，B 错误。

同理，汽车在 O 点时，重力分力 $G\sin\theta$ 与 F_O 提供向心力，此情况圆心在斜面下方，故 $G\sin\theta > F_O$，则 $G > F_O$，C 正确。

D 选项，汽车在 P 点，由重力 G 和支持力 F_P 提供向心力，则 $G > F_P$，D 错误。

各选项的受力分析图如下图所示：

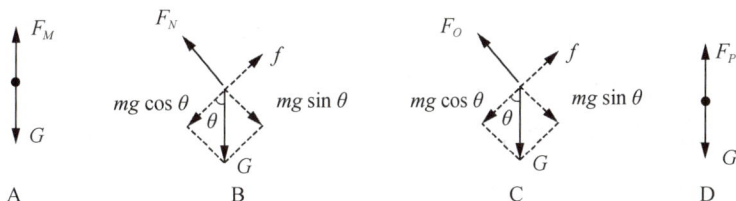

4.【考点解码】　电磁学

【答案解析】　选 C。滑动变阻器的滑片 P 向右移动时，电路中的电阻变小，则电路中的电流变大，从而可以确定电磁铁的磁性变强；而磁体的下端为 N 极，并且弹簧测力计的示数变小，因为异名磁极相互吸引、同名磁极相互排斥，所以电磁铁的上端为 N 极，A 项不符合题意。

因为电磁铁的上端为 N 极，下端为 S 极，由安培定则可知，电流由电磁铁的下端流入，则电源右侧为正极，左端为负极，故 B 项不符合题意。

因为抽去铁芯后，电磁铁的磁性变弱，而电磁铁的上端为 N 极，并且同名磁极相互排斥，所以对条形磁铁的排斥力减小，弹簧测力计的示数将变大，故 C 项符合题意。

断开开关，电路中没有电流，所以电磁铁无磁性，即电磁铁对条形磁铁既不吸引也不排斥，但条形磁体有重力，故弹簧测力计有示数，故 D 项不符合题意。

5.【考点解码】　运动学

【答案解析】　选 D。

A 项，已知球所受的空气阻力与速度大小成正比，即 $F = kv$，根据牛顿第二定律得 $a = (mg - F)/m$（式①），开始时 v 比较小，$mg > kv$，球向下加速，当 v 逐渐增大，则 a

减小，即球做加速度逐渐减小的加速运动，又 $v=at$（式 ②），①② 整理得：$a=\dfrac{g}{1+\dfrac{kt}{m}}$，可

见 a 不是均匀减小，故 A 错误。

B 项，由前面分析知球做加速度逐渐减小的加速运动，直至为 0，其斜率应该逐渐减小到 0，最终变为匀速运动，即最后一段图像为平行于横轴的直线，故 B 错误。

C 项，由动能定理 $mgh-Fh=E_k$ 得 $E_k=(mg-F)h$，由于 v 是变化的，故 E_k-h 不是线性关系，C 错误。

D 项，机械能的变化量等于克服阻力做的功，v 逐渐增大，则 F 逐渐增大，即 $E-h$ 图像的斜率逐渐变大，故 D 正确。

6.【考点解码】 运动学

【答案解析】 选 C。武警战士小东从离地 3 米的窗台跳下，当他两脚着地的瞬间，膝盖马上弯曲，使身体的重心又下降了 0.5 米，重心下降的距离为 3+0.5=3.5 米，所以重力势能 E_p 转化成动能 E_k，有 $E_p=E_k=mgh=3.5mg$（式 ①）。

根据能量守恒定律，动能（E_k）在人接触地面静止后变为 0，故其全部转化为地面对身体的作用所做的功 W，所以有 $W=E_k=3.5mg$（式 ②）。

假设人从接触地面开始地面对身体的作用力恒为 F，根据题干知，人在接触地面后重心下降了 $S=0.5$ m，所以有 $W=F\times S=0.5F$（式 ③）。

联立②③，$W=3.5mg=0.5F$，所以 $F=7mg=7G$，该作用力 F 估计为自身重力的 7 倍。

故正确答案为 C。

7.【考点解码】 电磁学

【答案解析】 选 A。"能源转换一次性获得，电能损失小，节能环保"是有线充电技术的优点之一，而无线充电技术本身实现的是二次能源转换，电磁的空间磁损率较大，故 A 项说法错误。利用无线磁电感应充电的设备可做到隐形，设备磨损率低，应用范围广，公共充电区域面积相对减小，故 B 项说法正确。由于无线充电技术要求高、价格贵，因此目前无线充电技术难以进一步普及，C 项说法正确。无线充电技术因实现远距离大功率无线磁电转换，所以设备的耗能较高；又因其采取无线传输，所以磁能的无用功耗损会随着无线充电设备的功率增高而上升，故 D 项说法正确。

8.【考点解码】 光学

【答案解析】 选 A。被照明的光滑物体表面会形成强烈耀斑，导致照片模糊。利用偏振片吸收掉亮斑处所反射的光即可。因此只要令摄影镜头前偏振镜的偏振方向与反射光的偏振方向彼此垂直（或夹几十度角），就可全部吸收（或部分减弱）亮斑处所反射的偏振光。而被摄主体非亮斑部位因亮斑被削弱，从而在感光胶片上结成清晰影像。此题抓住减

弱光线这一点即可完成答题。

9.【考点解码】　化学

【答案解析】　选 A。原电池反应属于氧化还原反应，但区别于一般的氧化还原反应的是，电子转移不是通过氧化剂和还原剂之间的有效碰撞完成的，而是还原剂在负极上失电子发生氧化反应，电子通过外电路输送到正极上，氧化剂在正极上得电子发生还原反应，从而完成还原剂和氧化剂之间电子的转移。两极之间溶液中离子的定向移动和外部导线中电子的定向移动构成了闭合回路，使两个电极反应不断进行，发生有序的电子转移过程，产生电流，实现化学能向电能的转化。构成原电池的条件：（1）原电池的两极必须由两种不同活泼性的物质组成，一种充当氧化剂，另一种充当还原剂；（2）两极必须浸泡在酸性溶液之中（提供化学反应环境等）；（3）必须形成闭合回路；（4）产生易溶物质，可以继续反应。B 项和 C 项错在两极为同种金属，D 项错在无法形成回路，电路不通。因此答案为 A。

10.【考点解码】　磁力学

【答案解析】　选 A。（1）磁铁的磁感线在它的外部是从 N 极到 S 极，因为长直导线在磁铁的中央上方，所以此处的磁感线是水平的，电流的方向垂直与纸面向里，根据左手定则，导线受磁铁给的"安培力"方向竖直向上，如右图所示。

（2）长直导线是固定不动的，根据物体间力的作用是相互的，导线给磁铁的反作用力方向就是竖直向下的；因此，磁铁对水平桌面的压力除了重力之外还有通电导线的作用力，压力是增大的；因为这两个力的方向都是竖直向下的，所以磁铁不会发生相对运动，也就不会产生摩擦力。

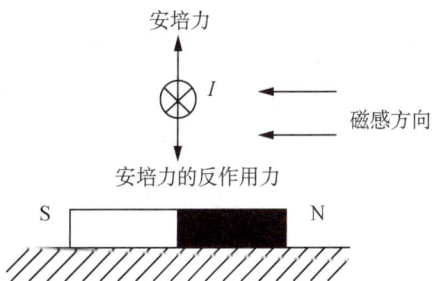

11.【考点解码】　力学

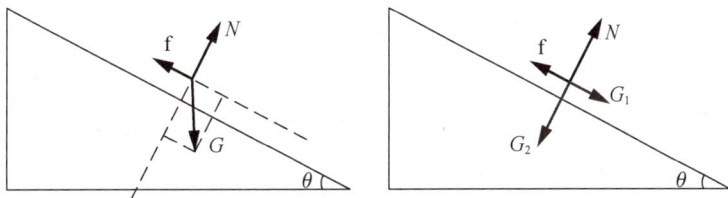

【答案解析】　选 D。做受力分析，气囊上的人受到竖直向下的重力 $G = mg$，将重力沿着斜面方向和垂直于斜面方向分解，沿着斜面方向的分力 $G_1 = mg\sin\theta$，垂直于斜面方向的分力 $G_2 = mg\cos\theta$，因此给斜面的压力为 $F_N = G_2$，所以斜面能提供的动摩擦力为 $f = \mu F_N = \mu mg\cos\theta$。下滑时，斜面方向乘客受到沿斜面向下的 G_1 和沿斜面方向向上的 f，斜

面方向合力 $F = G_1 - f = mg\sin\theta - \mu mg\cos\theta$，所以加速度 $a = (mg\sin\theta - \mu mg\cos\theta)/m = g\sin\theta - \mu g\cos\theta$。由于所有乘客与气囊的动摩擦因素 μ 相同，所以加速度与质量无关，所有乘客下滑加速度相同，下滑速度相同。由此排除 A、B 两项。由于动能 $E_k = 1/2\ mv^2$，所以质量大的人动能较大。

12.【考点解码】 力学

【答案解析】 选 A。因每个混凝土圆盘的质量为 m，配重 D 的重力 $G_D = nmg$。结合题干图形可知，滑轮 B 为动滑轮，与之相连的绳子段数是 3。作用在钢缆自由端的拉力为配重 D 的重力。根据滑轮组省力公式可得，$G_D = 1/3F_B$。故作用在 B 端钢缆的拉力 $F_B = 3G = 3nmg$。由此排除 C、D 两项。在 B 处使用滑轮组不仅仅是为了省力，最重要的是机车运行中，拾电器会把输电线向上托起，使用滑轮组可以保证输电线的高度变化时钢缆始终保持张紧状态，如果悬线松弛，输电线将左右摇摆，有可能脱离拾电器造成断电。

13.【考点解码】 光学

【答案解析】 选 B。光波是概率波，光子在空间传播时，没有经典意义的轨道，无法预测它在空间的确定位置，但光子在空间各点出现的概率，可以用波动规律来描述。单个光子的落点无法预测，所以曝光时间不太长，底片上只能出现一些不规则的点，但是到达亮条纹区域的概率会大于到达暗条纹区域的概率。如果曝光时间足够长，底片上就会出现规则的干涉条纹。A 项，单个光子在空间中的位置是不确定的，而且光子在空间运动轨迹也是不确定的，正确；B 项，波动性是光子固有的性质，与光子数量无关，错误；C 项，光子到达亮条纹的概率会大于到达暗条纹的概率，因而曝光时间足够长，光子到达的多的区域表现为亮条纹，而光子到达的少的区域表现为暗条纹，正确；D 项，曝光时间不太长时，底片上出现的光点密集度太低，明暗区分不明显，故出现不规则的点，正确。

14.【考点解码】 力学

【答案解析】 选 D。如右图所示，左右两个绳子关于竖直方向是对称的，与竖直方向夹角是相等的。设绳子的总长度为 S，两杆之间的距离为 L，则 $S\cos\theta = L$。当绳子右端上移或者下移时，S 与 L 均不变，则 θ 角度不变，左右两个绳子的合力与衣服的重力等大反向，因 θ 角度不变，所以绳子的拉力不变，A 项与 B 项错误；当换一根略短的晾衣绳，S 减小，因 L 不变，则 θ 角度变小，左右两个绳子拉力 F 的合力与衣服的重力等大反向，$2F\sin\theta = G$，$F = G/2\sin\theta$，则绳子的拉力增大，绳子更容易断，C 项错误；当换一根略长的晾衣绳，S 变大，因 L 不变，则 θ 角度变大，绳子的拉力减小，可防止绳断，D 项正确。

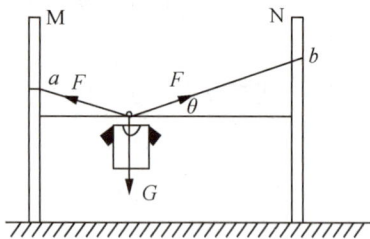

15.【考点解码】 光学

【答案解析】 选 B。光学原理透镜的应用。近视眼的成因是晶状体太厚，折光能力太强，远处物体反射来的光线通过晶状体折射后形成的物像，就会落在视网膜前方。其矫正方法是佩戴用凹透镜做成的近视眼镜，凹透镜对光线起发散作用，远处物体反射来的光线通过凹透镜成正立、缩小的虚像，使像距变长，物像就恰好落在视网膜上了。远视眼的成因是晶状体太薄，折光能力太弱，或者眼球在前后方向上太短，视网膜距晶状体过近，平行光的会聚点在视网膜后，使得来自近处某点的光线还没有会聚于一点就到达视网膜了，在视网膜上形成一个模糊的光斑。其矫正方法是佩戴用凸透镜做成的远视眼镜，凸透镜对光线起会聚作用，平行射入的光线经凸透镜会聚后再射入眼睛，会聚点就能移到视网膜上。图①属于远视眼成像原理；图②属于近视眼成像原理；图③属于远视眼矫正方法；图④属于近视眼矫正方法。

16.【考点解码】　物理学

【答案解析】　选 B。半潜船也称半潜式母船，它通过本身压载水的调整，把装货甲板潜入水中，以便将所要承运的货物浮入半潜船的装货甲板上，将货物运到指定位置。因此工作流程如下：需要先开启压载水舱的阀门，注入海水使装货甲板潜入水中。随后将货物拖拽到已经潜入水下的装货甲板上方。然后将压载水舱注入空气，半潜船身压载水舱的压载水排出船体，使船体上浮，最后将货物运走。

17.【考点解码】　力学

【答案解析】　选 A。物体压在千斤顶上，物体对千斤顶的压力 F 大小与物体重力大小 G 相等。将物体对千斤顶的压力 F 分解为沿两臂的两个分力 F_1、F_2。受力分析如图所示，根据对称性可知，两臂受到的压力大小相等，即 $F_1=F_2$。由 $2F_1\cos\theta=F$，得：$F_1=F/2\cos\theta$。当夹角为 120° 时，$F_1=F/2\cos 60°=F=G$。分析可知，F 不变，当 θ 逐渐减小时，$\cos\theta$ 逐渐增大，F_1 逐渐减小；当 θ 减少到 0° 时 F_1 最小，为 $F/2$。因此随着夹角减少，两臂受到的压力也减少，且一定小于物体的重力，A 项正确。

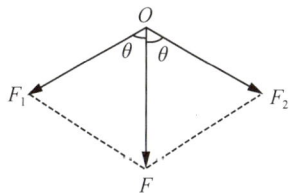

18.【考点解码】　电学

【答案解析】　选 A。接点丙通路时，金属外壳接地可将静电导入地面，保护触摸到金属外壳的人，故排除 B、C 项。A 项情况，会造成金属外壳带电，故有触电危险。

19.【考点解码】　磁学

【答案解析】　选 A。地磁南极（S 极）在地理北极附近，地磁北极（N 极）在地理南极附近，且磁场方向由 N 极指向 S 极。上海位于北半球，如右图所示，所以上海上空的磁场方

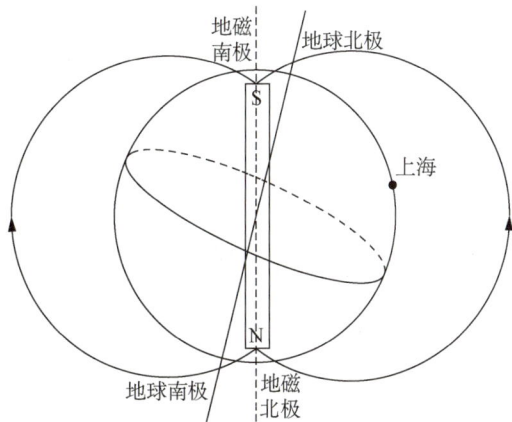

向是由南至北斜向下沉。

20.【考点解码】 电学

【答案解析】 选 A。等效电路如右图所示，三个用电器并联在
电源两端，R_L 与 R 的电流通过 A_1、A_2，测 R_0 中的电流。当 R 的滑
片 P 向左移动时，接入电阻变大，故通过 R 的电流变小；而因为电
压不变，故 R_L 及 R_0 中的电流不变，故可知，电压表示数不变，
A_2 示数不变，忽略电流表电阻则灯泡两边电压不变，灯泡亮度不
变，而 A_1 中电流变小。

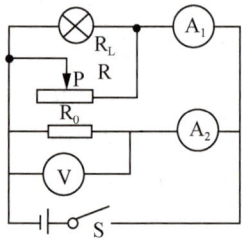

第三部分

数理能力

第一章 数字推理

第一节 夯实基础题

1. 3, 11, 19, 27, 35, (   )

A. 37   B. 39   C. 41   D. 43

2. 20, 42, 72, (   ), 156

A. 110   B. 132   C. 131   D. 108

3. 7/8, −(7/24), 7/72, −(7/216), (   )

A. 7/432   B. 7/548   C. 7/648   D. 7/729

4. 1/6, 1/3, 1, 4, 20, (   )

A. 100   B. 108   C. 120   D. 128

5. 31, 34, 40, 49, (   )

A. 51   B. 61   C. 69   D. 60

6. 44, 54, 66, 80, (   )

A. 88   B. 90   C. 94   D. 96

7. 6.1, 6.9, 7.8, 8.8, (   )

A. 9.8   B. 9.9   C. 10   D. −10.1

8. 3, 21, 126, 630, 2 520, (   )

A. 2 400   B. 5 460   C. 6 210   D. 7 560

9. 0, 9, 27, 54, (   )

A. 84   B. 87   C. 90   D. 92

10. 155, 248, 339, (   )

A. 248   B. 414   C. 426   D. 428

第二节　提升能力题

1. 1 234，45，26，34，_____

A. 61　　　　　　B. 15　　　　　　C. 23　　　　　　D. 10

2. 3，8，15，24，35，_____

A. 40　　　　　　B. 44　　　　　　C. 48　　　　　　D. 50

3. 2，3，10，26，72，_____

A. 198　　　　　B. 196　　　　　C. 186　　　　　D. 182

4. 2，5，14，41，_____

A. 110　　　　　B. 116　　　　　C. 120　　　　　D. 122

5. 1，4，27，256，_____

A. 3 125　　　　B. 1 024　　　　C. 2 048　　　　D. 729

6. 3，7，13，27，53，107，_____

A. 160　　　　　B. 187　　　　　C. 213　　　　　D. 267

7. 2，9，28，65，126，_____

A. 215　　　　　B. 217　　　　　C. 342　　　　　D. 344

8. 5，7，24，59，115，195，_____

A. 390　　　　　B. 310　　　　　C. 302　　　　　D. 288

9. 1，3，8，22，60，_____

A. 75　　　　　　B. 82　　　　　　C. 164　　　　　D. 180

10. 1/2，2/3，5/6，1，_____

A. 8/7　　　　　B. 9/10　　　　　C. 11/12　　　　D. 7/6

11. 13，20，41，90，195，_____

A. 405　　　　　B. 412　　　　　C. 419　　　　　D. 395

12. 2，3/7，1/2，1/3，_____

A. 2　　　　　　B. 6/23　　　　　C. 2/27　　　　　D. 7/89

13. 3，10，29，66，_____

A. 68　　　　　　B. 99　　　　　　C. 127　　　　　D. 215

14. 3，4，6，9，14，_____

A. 14　　　　　　B. 17　　　　　　C. 21　　　　　　D. 25

15. 21，31，52，73，_____，138

A. 94　　　　　　B. 95　　　　　　C. 115　　　　　D. 124

16. 2，7，28，63，_____，215

A. 126　　　　　　B. 143　　　　　　C. 156　　　　　　D. 188

17. $\sqrt{2}+\sqrt{3}$，$2+\sqrt{6}$，$\sqrt{6}+2\sqrt{3}$，_____

A. $\sqrt{3}+\sqrt{6}$　　　B. $2+2\sqrt{6}$　　　C. $2\sqrt{2}+2\sqrt{6}$　　　D. $3+3\sqrt{6}$

18. 25，50，76，103，131，_____

A. 143　　　　　　B. 160　　　　　　C. 150　　　　　　D. 151

19. 1/3，1，13/9，47/27，_____

A. 71/54　　　　　B. 79/54　　　　　C. 157/81　　　　　D. 173/81

20. 22，33，20，31，18，_____

A. 28　　　　　　B. 29　　　　　　C. 30　　　　　　D. 27

21. 119，200，227，_____，239

A. 225　　　　　　B. 235　　　　　　C. 236　　　　　　D. 250

22. 214，149，116，99，90，85，_____

A. 81　　　　　　B. 82　　　　　　C. 83　　　　　　D. 84

23. 4，7，5，1，−2，−1，_____

A. 7　　　　　　B. 8　　　　　　C. −7　　　　　　D. −8

24. 1/8，2，1/4，1/2，1/8，_____

A. 1/16　　　　　B. 1/4　　　　　C. 1　　　　　　D. 2

25. 1，3，9，21，41，_____

A. 59　　　　　　B. 65　　　　　　C. 71　　　　　　D. 77

26. 1，32，81，64，25，_____

A. 5　　　　　　B. 6　　　　　　C. 10　　　　　　D. 12

27. 8，14，21，30，42，59，_____，122

A. 78　　　　　　B. 81　　　　　　C. 84　　　　　　D. 87

28. 3/2，1，3/4，5/8，9/16，_____

A. 17/32　　　　　B. 11/32　　　　　C. 7/64　　　　　D. 11/64

29. 3，5，22，42，83，_____

A. 133　　　　　　B. 156　　　　　　C. 163　　　　　　D. 164

30. 7，8，11，20，47，_____

A. 69　　　　　　B. 87　　　　　　C. 108　　　　　　D. 128

31. 1，1，3/4，1/2，_____

A. 1/6　　　　　　B. 3/8　　　　　　C. 3/10　　　　　　D. 5/16

32. 252，21，12，_____，48/7

A. 9   B. 7   C. 7/4   D. 13/7

33. 2, 13, 5, 9, 8, 5, 11, _____

A. 13   B. 15   C. 3   D. 1

34. 191, 95, 47, 23, 11, _____

A. 9   B. 7   C. 5   D. 3

35. 120, 60, 40, 30, 24, _____

A. 22   B. 20   C. 18   D. 10

36. 5/2, 10/3, 17/4, _____

A. 21/5   B. 23/5   C. 25/5   D. 26/5

37. 1, 1, 2, 5, 11, 21, _____

A. 26   B. 36   C. 46   D. 56

38. 2, 5, 11, 56, _____

A. 92   B. 183   C. 326   D. 617

39. 1/2, 1/6, 1/3, 2, 6, 3, _____

A. 3   B. 1/3   C. 2   D. 1/2

40. 0, 7, 26, 63, 124, _____

A. 209   B. 215   C. 224   D. 262

41. 3, 2, 5/3, 3/2, _____

A. 1/4   B. 3/4   C. 2/5   D. 7/5

42. 1, 7, 7, 9, 3, _____

A. 7   B. 11   C. 6   D. 1

43. 3, 4, 10, 33, _____

A. 67   B. 76   C. 96   D. 136

44. 1, 5, 5, 25, 25, 45, 125, _____

A. 45   B. 65   C. 125   D. 150

45. −1, −1, 2, 4, 3, 9, 4, 16, −2, _____

A. 8   B. −4   C. −6   D. −10

46. 5, 6, 14, 41, 105, _____

A. 149   B. 230   C. 250   D. 310

47. 67, 49, 55, 37, 43, 25, _____

A. 28   B. 31   C. 36   D. 40

48. 1, 3, 6, 12, 27, _____

A. 54   B. 69   C. 75   D. 81

49. 2, −8, 24, −48, 48, _____

A. −96　　　　　　B. −32　　　　　　C. 0　　　　　　D. 64

50. −1，27，8，125，＿＿＿＿＿

A. 512　　　　　　B. 428　　　　　　C. 256　　　　　　D. 343

51. 3，2，0，3，7，2，−4，3，＿＿＿＿＿。

A. 2　　　　　　　B. 7　　　　　　　C. 11　　　　　　D. 14

52. 1，3，2，3，4，9，＿＿＿＿＿

A. 13　　　　　　B. 18　　　　　　C. 29　　　　　　D. 32

53. 3，2；5，1；6，4；10，2；12，8；＿＿＿＿＿。

A. 14，1　　　　　B. 16，2　　　　　C. 18，3　　　　　D. 20，4

54. 2，8，4，16，6，32，8，＿＿＿＿＿。

A. 16　　　　　　B. 64　　　　　　C. 128　　　　　　D. 256

55. 4，8，13，19，23，＿＿＿＿＿，34

A. 25　　　　　　B. 27　　　　　　C. 28　　　　　　D. 31

56. 下表中问号处的数字为＿＿＿＿＿。

6	6	6	6
6	18	30	42
6	30	78	150
6	42	150	?

A. 378　　　　　　B. 342　　　　　　C. 300　　　　　　D. 228

57. −2，1，7，16，＿＿＿＿＿，55

A. 28　　　　　　B. 31　　　　　　C. 34　　　　　　D. 40

58. 8，10，11，14，18，＿＿＿＿＿

A. 19　　　　　　B. 20　　　　　　C. 22　　　　　　D. 25

59. 66，40，26，14，12，2，＿＿＿＿＿

A. 10　　　　　　B. 20　　　　　　C. 90　　　　　　D. 91

60. 11，13，22，38，61，＿＿＿＿＿

A. 88　　　　　　B. 89　　　　　　C. 90　　　　　　D. 91

第三节　斩获高分题

1. 如图所示，问号处的数字为＿＿＿＿＿。

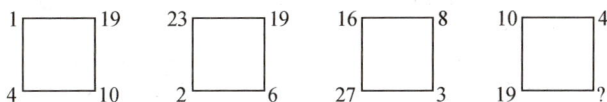

1　19	23　19	16　8	10　4
4　10	2　6	27　3	19　?

A. 1　　　　　　B. 8　　　　　　C. 19　　　　　　D. 31

2. 1/8，1/6，9/22，27/40，_____

A. 27/16　　　　B. 27/14　　　　C. 81/40　　　　D. 81/44

3. 根据所给规律，填入问号处的是_____。

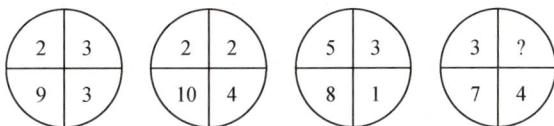

A. −5　　　　　　B. −3　　　　　　C. 3　　　　　　D. 5

4. 根据所给规律，填入问号处的是_____。

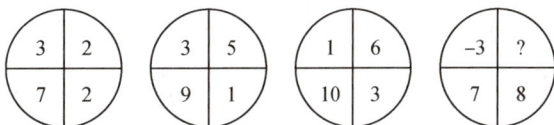

A. 1　　　　　　B. 2　　　　　　C. 3　　　　　　D. 4

5. 根据所给规律，填入问号处的是_____。

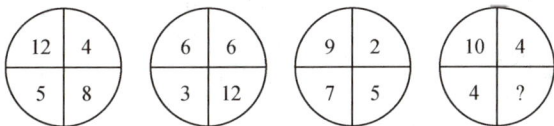

A. 2　　　　　　B. 4　　　　　　C. 6　　　　　　D. 8

6. 3^2，5^6，9^{12}，_____，33^{30}

A. 17^{20}　　　　B. 16^{20}　　　　C. 15^{18}　　　　D. 20^{30}

7. 365，356，249，138，_____

A. 119　　　　　B. 107　　　　　C. 56　　　　　D. 23

8. 如图所示，问号处的数字为_____。

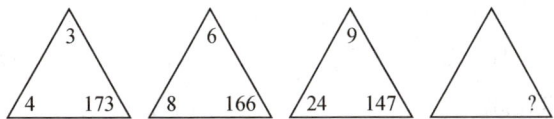

A. 168　　　　　B. 132　　　　　C. 96　　　　　D. 72

9. 272，283，296，313，_____

A. 300　　　　　B. 322　　　　　C. 320　　　　　D. 330

10. 根据所给规律，填入问号处的是_____。

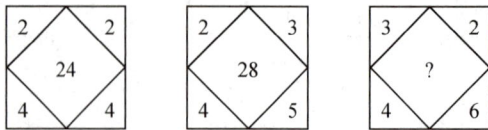

A. 24　　　　　　　B. 26　　　　　　　C. 28　　　　　　　D. 30

11. (1，2)，(3，4)，(7，8)，(15，16)，(_____，_____)

A. (31，32)　　　　B. (32，33)　　　　C. (33，34)　　　　D. (34，35)

12. 根据所给规律，填入问号处的是_____。

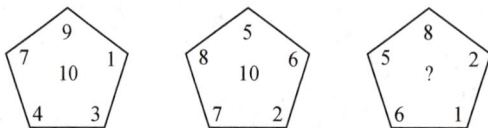

A. 10　　　　　　　B. 9　　　　　　　　C. 8　　　　　　　　D. 7

13. 0.141，0.145，0.149，0.1413，_____

A. 0.145　　　　　B. 0.144　　　　　C. 0.1414　　　　　D. 0.1417

14. 2/5，2，30/7，7，_____

A. 10　　　　　　　B. 58/5　　　　　　C. 90/11　　　　　D. 9

15. 2，7，28，63，126，_____

A. 215　　　　　　B. 150　　　　　　　C. 119　　　　　　D. 178

16. 2，6，15，28，55，_____

A. 72　　　　　　　B. 78　　　　　　　C. 86　　　　　　　D. 160

17. $\sqrt{2}$，$3-\sqrt{2}$，2，3，$4+\sqrt{2}$，_____

A. $5+2\sqrt{2}$　　　B. $6+5\sqrt{2}$　　　C. $7+3\sqrt{2}$　　　D. $9+6\sqrt{2}$

18. 1，$\sqrt{3}/2$，1，$\sqrt{30}/4$，$\sqrt{21}/5$，_____

A. $\sqrt{41}/2$　　　B. 3　　　　　　　C. 10/3　　　　　D. $5\sqrt{6}/4$

19. -1，1，3，10，19，_____，55

A. 27　　　　　　　B. 35　　　　　　　C. 43　　　　　　　D. 56

20. 4，-2，1，3，2，6，11，_____

A. 16　　　　　　　B. 19　　　　　　　C. 22　　　　　　　D. 25

21. 80，56，52，30，37，_____

A. 21/2　　　　　　B. 11　　　　　　　C. 23/2　　　　　D. 12

22. 212，207，198，180，171，_____

A. 160　　　　　　B. 163　　　　　　　C. 162　　　　　　D. 161

23. 0, 4, 18, _____

A. 48　　　　　　B. 46　　　　　　C. 36　　　　　　D. 28

24. 根据所给规律，填入问号处的是_____。

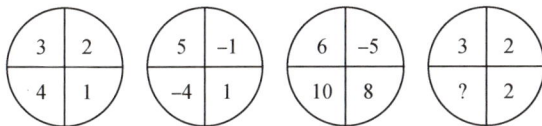

A. −4　　　　　　B. −2　　　　　　C. 0　　　　　　D. 2

25. 11, 4, 16, 49, _____, 256

A. 81　　　　　　B. 100　　　　　　C. 144　　　　　　D. 169

26. 2, 2, 3, 7, 25, 121, _____

A. 241　　　　　　B. 481　　　　　　C. 721　　　　　　D. 961

27. 2, 6, 15, _____, 89

A. 30　　　　　　B. 35　　　　　　C. 40　　　　　　D. 55

28. 67, 139, _____, 229, 283

A. 175　　　　　　B. 157　　　　　　C. 166　　　　　　D. 148

29. 45, 153, _____, 387, 576

A. 231　　　　　　B. 247　　　　　　C. 285　　　　　　D. 297

30. 177, 342, 575, _____, 973

A. 674　　　　　　B. 737　　　　　　C. 784　　　　　　D. 964

第四节　考点解码及答案解析

一、夯实基础题

1.【考点解码】　等差数列

【答案解析】　选 D。本题题干数列单调，且变化幅度很小。两两直接作差，可知：数列是公差为 8 的等差数列，35＋8＝43。

2.【考点解码】　多级等差数列

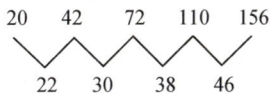

【答案解析】　选 A。题干数列呈现单调趋势，考虑作差。一次作差后，数列仍单调，

且为明显的等差数列，公差为8。

3.【考点解码】 分式数列

【答案解析】 选C。本题数列皆为分数，不考虑正负，分子数字均为7，后项/前项＝－(1/3)，故题干数列是公比为－(1/3)的等比数列。故下一项＝－(7/216)＊－(1/3)＝7/648。

4.【考点解码】 等比数列

【答案解析】 选C。本题数列数字均较小，且不符合作差规律。将相邻两项作商分别为2、3、4、5、(6)，下一项为20×(6)＝(120)。

5.【考点解码】 多级等差数列

【答案解析】 选B。题干数列呈现单调趋势，考虑作差。

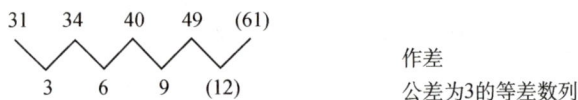

```
31   34   40   49   (61)           作差
  3    6    9   (12)               公差为3的等差数列
```

6.【考点解码】 多级等差数列

【答案解析】 选D。题干数列呈现单调趋势，考虑作差。

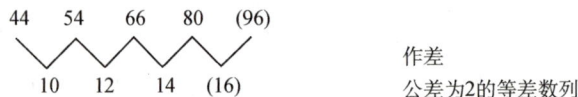

```
44   54   66   80   (96)           作差
 10   12   14   (16)               公差为2的等差数列
```

7.【考点解码】 多级等差数列

【答案解析】 选B。题干数列呈现单调趋势，考虑作差。(本题出现小数，做题思路还是参照整数。)

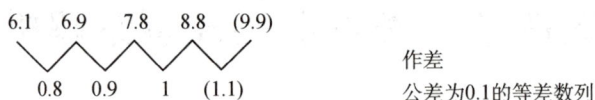

```
6.1   6.9   7.8   8.8   (9.9)       作差
  0.8   0.9   1    (1.1)            公差为0.1的等差数列
```

8.【考点解码】 等比数列

【答案解析】 选D。题干数列呈现单调趋势，但是两两间相差较大。考虑两两作商。

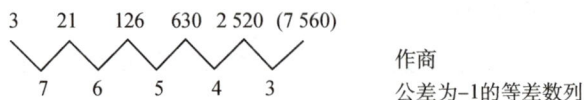

```
3   21   126   630   2 520   (7 560)    作商
  7    6    5    4    3                  公差为–1的等差数列
```

9.【考点解码】 多级等差数列

【答案解析】 选C。题干数列呈现单调趋势，考虑作差。

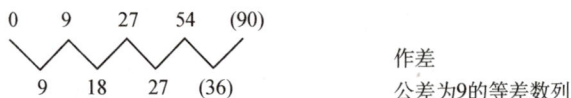

```
0    9    27    54    (90)          作差
  9   18   27   (36)                公差为9的等差数列
```

10.【考点解码】　等差数列

【答案解析】　选 D。题干数列呈现单调趋势，考虑作差。一级两两作差得到:93、91、(89)，是公差为−2 的等差数列，即 (428)＝339＋89。

二、提升能力题

1.【考点解码】　和数列

【答案解析】　选 B。本题数列无明显规律。观察到每一项各位数字之和依次是 10、9、8、7、(6)，符合条件的只有 B 项。

2.【考点解码】　多次方数列

【答案解析】　选 C。本题通过比较熟悉的平方数列:4，9，16，25，36，49，容易联想到。题干梳理为平方数列变式，各项依次为 2^2-1、3^2-1、4^2-1、5^2-1、6^2-1、$7^2-1=(48)$。

3.【考点解码】　积数列

【答案解析】　选 B。本题数列作差无特殊规律。通过积数列考察可知符合:(第一项＋第二项)×2＝第三项，(26＋72)×2＝(196)。

4.【考点解码】　积数列

【答案解析】　选 D。本题数列作差无特殊规律。通过积数列考察可知符合:前一项×3−1＝后一项。2×3−1＝5，5×3−1＝14，14×3−1＝41，41×3−1＝(122)。

5.【考点解码】　多次方数列

【答案解析】　选 A。由熟记的多次方常见基础数列，可以识别题干数列即为:1^1，2^2，3^3，4^4，$(5^5=3\,125)$。

6.【考点解码】　积数列

【答案解析】　选 C。前一项的 2 倍交替加 1、减 1 得到后一项，即第一项×2＋1＝第二项，第二项×2−1＝第三项，第三项×2＋1＝第四项，……53×2＋1＝107，107×2−1＝(213)。

7.【考点解码】　多次方数列

【答案解析】　选 B。由熟知的三次方数列:1，8，27，64，125，可知题干数列即为:1^3+1、2^3+1、3^3+1、4^3+1、5^3+1，应填入 $6^3+1=(217)$。

8.【考点解码】　多级等差数列

【答案解析】　选 C。本题数列单调，之间相差不大。考虑两两作差。

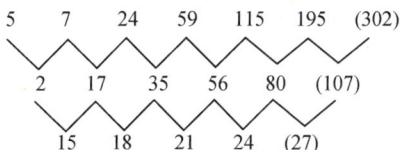

$$
\begin{array}{cccccccc}
5 & 7 & 24 & 59 & 115 & 195 & (302) \\
2 & 17 & 35 & 56 & 80 & (107) \\
15 & 18 & 21 & 24 & (27)
\end{array}
$$

9.【考点解码】　和数列

【答案解析】　选C。从第 $n(n\geq3)$ 项开始，第 n 项＝［第 $(n-1)$ 项＋第 $(n-2)$ 项］×2，即 $8=(1+3)\times2$，$22=(3+8)\times2$，$60=(8+22)\times2$，$(22+60)\times2=(164)$。

10.【考点解码】　分式数列

【答案解析】　选D。本题数列全为分数，且2和3的公倍数为6，考虑将数列全部换成分母为6的分式数列，即:3/6，4/6，5/6，6/6，_____。可知题干数列为公差为1/6的等差数列。

11.【考点解码】　多级等差数列

【答案解析】　选B。本题题干数列单调且差额不大，考虑作差。

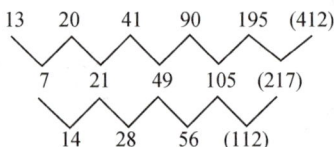

$$13\quad20\quad41\quad90\quad195\quad(412)$$
$$7\quad21\quad49\quad105\quad(217)$$
$$14\quad28\quad56\quad(112)$$

最后得公比为2的等比数列。

12.【考点解码】　分式数列

【答案解析】　选B。题干中数列大部分为分数，考虑将整数也化为分式形式。分子分母间规律可以分开找。将题干数列各项依次改写为2/1、3/7、4/8、5/15、(6/23)，其中分子是连续自然数，分母构成两项和数列。

13.【考点解码】　多次方数列

【答案解析】　选C。由熟知的三次方型常见基础数列:1，8，27，64，可知题干数列即为:$1^3+2=3$，$2^3+2=10$，$3^3+2=29$，$4^3+2=66$，应填 $5^3+2=127$。

14.【考点解码】　等差数列

【答案解析】　选C。本题数列单调，且相差不大，考虑作差。

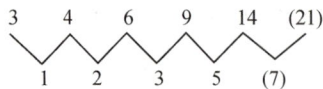

$$3\quad4\quad6\quad9\quad14\quad(21)$$
$$1\quad2\quad3\quad5\quad(7)$$

作差
连续的非合数

15.【考点解码】　和数列

【答案解析】　选C。每个数分成两个部分，前半部分是2、3、5、7、(11)、13，为质数列;后半部分是1、1、2、3、(5)、8，为和数列（前两项之和等于第三项）。

16.【考点解码】　多次方数列

【答案解析】　选A。熟知的三次方型常见基础数列为:1，8，27，64，125。由此可考虑多次方数列变式:

$$2\quad2\quad28\quad63\quad(126)\quad215$$
$$\downarrow\quad\downarrow\quad\downarrow\quad\downarrow\quad\downarrow\quad\downarrow$$
$$1^3+1\quad2^3-1\quad3^3+1\quad4^3-1\quad5^3+1\quad6^3-1$$

17.【考点解码】 等差等比

【答案解析】 选 C。将原数列化为：$\sqrt{2}+\sqrt{3}$，$\sqrt{4}+\sqrt{6}$，$\sqrt{6}+\sqrt{12}$，将此数列分成两部分看，前半部分根号内的数分别是 2、4、6，构成公差为 2 的等差数列，后半部分根号内的数分别是 3、6、12，构成公比为 2 的等比数列，故下一项为 $\sqrt{8}+\sqrt{24}=2\sqrt{2}+2\sqrt{6}$。

18.【考点解码】 多级等差数列

【答案解析】 选 B。本题数列呈单调趋势，且相差不大，考虑作差。

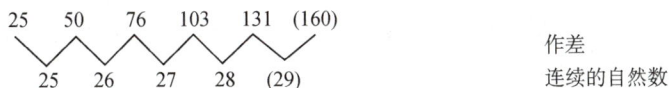

```
 25   50   76   103   131  (160)
   \  /  \  /  \  /  \  /  \  /
    25   26   27   28   (29)
```
作差
连续的自然数

19.【考点解码】 分式数列

【答案解析】 选 C。本题数列分母之间存在倍数关系，先考虑一次作差看有无特殊规律。一次作差后发现获得分式数列，将新数列的分子分母分开看规律，分子分母均各成公比为 2、3 的等比数列。

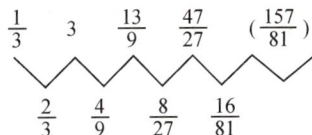

$$\frac{1}{3}\quad 3\quad \frac{13}{9}\quad \frac{47}{27}\quad \left(\frac{157}{81}\right)$$

$$\frac{2}{3}\quad \frac{4}{9}\quad \frac{8}{27}\quad \frac{16}{81}$$

20.【考点解码】 分组数列

【答案解析】 选 B。本题数列呈现忽大忽小的数字规律，考虑间隔组合数列。将奇偶项分开找规律，发现奇数项和偶数项分别构成公差为 −2 的等差数列。

本题亦可考虑以下方法：

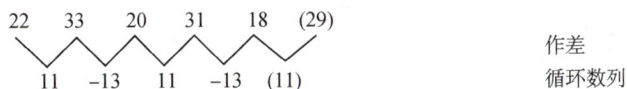

```
 22   33   20   31   18   (29)
   \  /  \  /  \  /  \  /  \  /
    11  −13   11  −13  (11)
```
作差
循环数列

21.【考点解码】 等差数列

【答案解析】 选 C。本题数列呈单调趋势，且相差不大，考虑作差。

```
 119   200   227  (236)   239
    \  /   \  /   \  /  \  /
     81    27    (9)    (3)
```
作差
公比为 $\frac{1}{3}$ 的等比数列

22.【考点解码】 多级等差数列

【答案解析】 选 B。本题数列单调，先考虑作差，看规律：

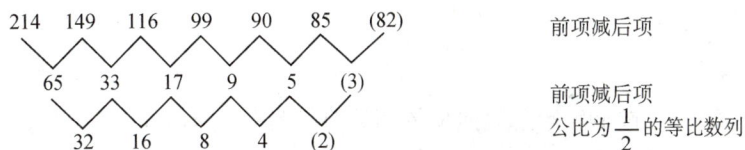

```
 214   149   116   99   90   85   (82)
    \  /   \  /  \  /  \ /  \ /  \  /
     65    33    17   9    5    (3)
       \  /  \  /  \ /  \ /  \  /
        32   16    8   4   (2)
```
前项减后项

前项减后项
公比为 $\frac{1}{2}$ 的等比数列

23.【考点解码】 多级等差数列

【答案解析】 选 A。本题数列呈单调趋势，且相差不大，直接作差。

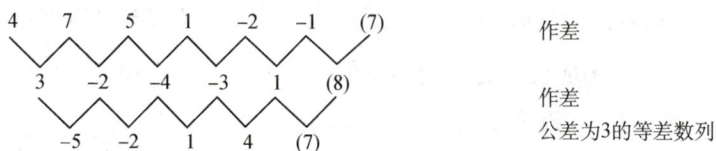

24.【考点解码】 积数列

【答案解析】 选 A。本题均为分式数列，可以看出数字有符合乘积形式的趋势。验证可知符合：第一项×第二项＝第三项，以此类推，$1/2 \times (1/8) = (1/16)$。

25.【考点解码】 多级等差数列

【答案解析】 选 C。本题数列呈单调趋势，且相差不大，直接作差。

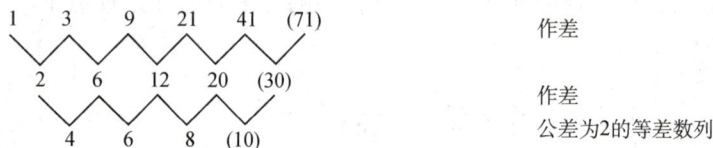

26.【考点解码】 多次方数列

【答案解析】 选 B。本题数列出现的数字是比较熟知的多次方数，数列各项依次可改写为：1^6，2^5，3^4，4^3，5^2，$(6^1 = 6)$。

27.【考点解码】 多级等差数列

【答案解析】 选 C。本题数列呈单调趋势，且相差不大，直接作差。

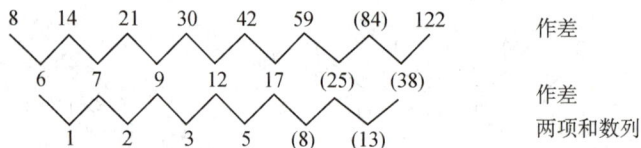

28.【考点解码】 分式数列

【答案解析】 选 A。本题为分式数列。将各项依次改写为 $3/2$，$4/4$，$6/8$，$10/16$，$18/32$，_____。分母 2，4，8，16，32，(64) 构成公比为 2 的等比数列，分子 3，4，6，10，18，(34) 依次作差得到 1，2，4，8，16，即公比为 2 的等比数列，故应填入 $34/64 = 17/32$。

29.【考点解码】 和数列

【答案解析】 选 A。将题干数列两两相加依次为 8，27，64，125，(216)，构成立方数列，故应填入 $216 - 83 = (133)$。

30.【考点解码】 等差数列

【答案解析】 选 D。本题数列呈单调趋势，且相差不大，直接作差。后项减前项得到

1，3，9，27，(81)，是公比为3的等比数列，应填入81＋47＝(128)。

31.【考点解码】　分式数列

【答案解析】　选 D。本题数列均为分式，将各项依次改写为 1/1，2/2，3/4，4/8，(5/16)，分子是连续自然数，分母是公比为2的等比数列。

32.【考点解码】　积数列

【答案解析】　选 C。本题数列第一项＝第二项×第三项，可以按照此规律验证后续：252÷21＝12，21÷12＝(7/4)，12÷(7/4)＝48/7。

33.【考点解码】　分组数列

【答案解析】　选 D。本题数列数字忽大忽小，考虑奇偶项分开找规律。奇数项2，5，8，11，是公差为3的等差数列；偶数项13，9，5，(1)，是公差为－4的等差数列。

34.【考点解码】　积数列

【答案解析】　选 C。前一项＝后一项×2＋1，191＝95×2＋1，95＝47×2＋1，47＝23×2＋1，23＝11×2＋1，11＝(5)×2＋1。

35.【考点解码】　等比数列

【答案解析】　选 B。本题数列考虑作商。

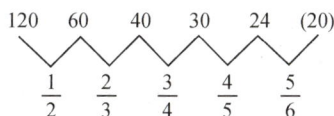

作商
分子分母分别为自然数列

36.【考点解码】　分式数列

【答案解析】　选 D。分子分母分开看，分母2、3、4、(5)是连续自然数，分子依次为 2^2+1、3^2+1、4^2+1、$(5^2+1=26)$。

37.【考点解码】　多级等差数列

【答案解析】　选 B。本题数列呈单调趋势，且相差不大，直接作差。

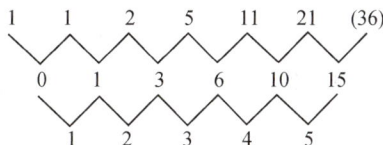

作差

作差

38.【考点解码】　积数列

【答案解析】　选 D。本题数列前三项规律：第一项×第二项＋1＝第三项。可以代入规律验证后续几项：2×5＋1＝11，5×11＋1＝56，11×56＋1＝(617)。

39.【考点解码】　分式数列

【答案解析】　选 D。题干数列前三项规律：第三项＝第二项÷第一项，1/6÷(1/2)＝1/3，1/3÷(1/6)＝2，2÷(1/3)＝6，6÷2＝3，3÷6＝(1/2)。

40.【考点解码】　多次方数列

【答案解析】　选B。题干数列各数字均与常见的立方数接近，将数列各项依次改写为 1^3-1，2^3-1，3^3-1，4^3-1，5^3-1，（$6^3-1=215$）。

41.【考点解码】　分式数列

【答案解析】　选D。题干出现分式，且为最简式，考虑将其余整数也化为分式形式。将各项依次化成 3/1，4/2，5/3，6/4，（7/5），分子与分母都是连续自然数。

42.【考点解码】　积数列

【答案解析】　选A。积数列变式:从第三项开始，后一项等于前两项相乘的结果的个位数。即 $1×7=7$，个位数是7；$7×7=49$，个位数是9；$7×9=63$，个位数是3；$9×3=27$，个位数是7，故填7。

43.【考点解码】　和数列

【答案解析】　选D。本题数列符合规律:前一项×自然数列＋自然数列＝后一项，即 $3×1+1=4$，$4×2+2=10$，$10×3+3=33$，$33×4+4=(136)$。

44.【考点解码】　分组数列

【答案解析】　选B。本题出现相邻项相同的，考虑奇偶间隔组合数列。奇数项1，5，25，125是公比为5的等比数列，偶数项5，25，45，（65）是公差为20的等差数列。

45.【考点解码】　分组数列

【答案解析】　选D。本题主要观察规律看 （2，4），（3，9），（4，16），作商分别为2，3，4，为自然数列，代入（－1，－1），验证符合规律。故下一项＝$-2×5=-10$。

46.【考点解码】　等差数列

【答案解析】　选B。等差数列变式。

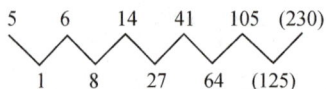

$$5 \quad 6 \quad 14 \quad 41 \quad 105 \quad (230)$$
$$1 \quad 8 \quad 27 \quad 64 \quad (125)$$

作差
立方数列，底数为自然数列

47.【考点解码】　等差数列

【答案解析】　选B。本题数列数字忽大忽小，考虑奇偶项分开找规律。奇数项为67，55，43，（31），公差为－12的等差数列；偶数项为49，37，25，公差为－12的等差数列。

本题亦可通过以下方法求解:

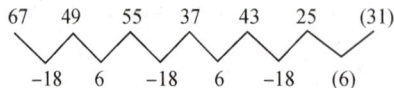

$$67 \quad 49 \quad 55 \quad 37 \quad 43 \quad 25 \quad (31)$$
$$-18 \quad 6 \quad -18 \quad 6 \quad -18 \quad (6)$$

作差
循环数列

48.【考点解码】　多级等差数列

【答案解析】　选B。本题数列呈单调趋势，且相差不大，直接作差。

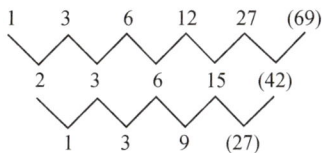

$$1 \quad 3 \quad 6 \quad 12 \quad 27 \quad (69)$$

作差

$$2 \quad 3 \quad 6 \quad 15 \quad (42)$$

作差
公比为3的等比数列

$$1 \quad 3 \quad 9 \quad (27)$$

49.【考点解码】 等比数列

【答案解析】 选 C。等比数列变式。

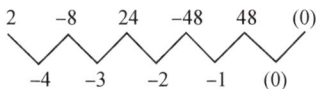

$$2 \quad -8 \quad 24 \quad -48 \quad 48 \quad (0)$$

作商
公差为-1的等差数列

$$-4 \quad -3 \quad -2 \quad -1 \quad (0)$$

50.【考点解码】 多次方数列

【答案解析】 选 D。

本题数列中数字均为常见的 3 次方的数字，考虑多次方的变形。

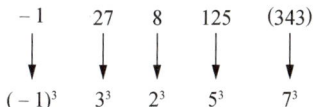

$$-1 \quad 27 \quad 8 \quad 125 \quad (343)$$

底数为和数列，前两项之和等于第三项

$$(-1)^3 \quad 3^3 \quad 2^3 \quad 5^3 \quad 7^3$$

51.【考点解码】 分组数列

【答案解析】 选 C。题干数列数字忽大忽小，考虑奇偶分组，分开查找规律。奇数项为 3，0，7，−4，(11)，两两作和是 3，7，3，7 循环数列。偶数项规律 2，3，2，3。

52.【考点解码】 积数列

【答案解析】 选 D。本题符合规律：第一项×第二项−第一项=第三项，即 3×1−1=2，2×3−3=3，3×2−2=4，4×3−3=9，9×4−4=(32)。

53.【考点解码】 分组数列

【答案解析】 选 D。本题题干数列出现明显";"，分组数列。后一个组内数分别为前组内数字加和以及作差所得数，故为（20，4）。

54.【考点解码】 分组数列

【答案解析】 选 B。题干数列数字忽大忽小，考虑奇偶分组，分开查找规律。奇数项 2，4，6，8，是公差为 2 的等差数列。偶数项 8，16，32，(64) 是公比为 2 的等比数列。

55.【考点解码】 等差数列

【答案解析】 选 C。本题数列呈单调趋势，且相差不大，直接作差。

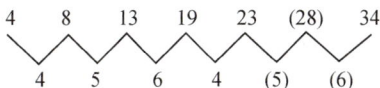

$$4 \quad 8 \quad 13 \quad 19 \quad 23 \quad (28) \quad 34$$

作差
循环数列

$$4 \quad 5 \quad 6 \quad 4 \quad (5) \quad (6)$$

56.【考点解码】 图形数列

【答案解析】 选 A。不要将整个图表放在一起观察，分成田字格形式。观察每个田字格，左上＋右上＋左下＝右下，则？＝78＋150＋150＝378。

57.【考点解码】　多级差数列

【答案解析】　选 B。本题数列呈单调趋势，且相差不大，直接作差。

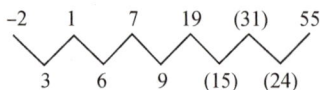

$$-2 \quad 1 \quad 7 \quad 19 \quad (31) \quad 55$$
$$3 \quad 6 \quad 9 \quad (15) \quad (24)$$

　作差
　和数列

58.【考点解码】　等差数列

【答案解析】　选 D。本题数列呈单调趋势，且相差不大，直接作差。

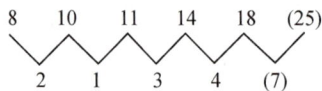

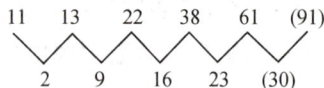

$$8 \quad 10 \quad 11 \quad 14 \quad 18 \quad (25)$$
$$2 \quad 1 \quad 3 \quad 4 \quad (7)$$

　作差
　和数列

59.【考点解码】　和数列

【答案解析】　选 A。本题符合规律:第 n 项＝第 $(n+1)$ 项＋第 $(n+2)$ 项，即:66＝40＋26，40＝26＋14，26＝14＋12，14＝12＋2，12＝2＋（10）。

60.【考点解码】　多级等差数列

【答案解析】　选 D。本题数列呈单调趋势，且相差不大，直接作差。

$$11 \quad 13 \quad 22 \quad 38 \quad 61 \quad (91)$$
$$2 \quad 9 \quad 16 \quad 23 \quad (30)$$

　作差
　公差为7的等差数列

三、斩获高分题

1.【考点解码】　图形数列

【答案解析】　选 D。分别将每个图形中的 4 个数字求和可知:三个图内数字和依次为 34，44，54，64。故？＝64－10－19－4＝31。

2.【考点解码】　分式数列

【答案解析】　选 D。将原数列变形为 $\frac{1}{8}$，$\frac{3}{18}$，$\frac{9}{22}$，$\frac{27}{40}$，分子 1、3、9、27、（81）满足公比为 3 的等比数列，分母 8，18，22，40 规律为 $8=3^2-1$，$18=4^2+2$，$22=5^2-3$，$40=6^2+4$，下一项分母应为 $7^2-5=44$，所以横线上填 81/44。

3.【考点解码】　图形数列

【答案解析】　选 A。优先考虑对角线运算。观察发现规律为:左上×右下＝左下－右上，所以，问号处为 $7-3\times4=-5$。

4.【考点解码】　图形数列

【答案解析】　选 B。观察发现，左下角数字比较大，考虑围绕左下角展开运算。可得本题的规律为左下＝左上＋右上＋右下，所以问号处为：7－8－（－3）＝2。

5.【考点解码】　图形数列

【答案解析】　选C。优先考虑对角线运算。观察发现规律为：左上＋右下＝左下×右上，所以，问号处为4×4－10＝6。

6.【考点解码】　多次方数列

【答案解析】　选A。数列形式特殊，包含底数和指数两个部分，优先拆分查找规律。原数列底数分别为：3，5，9，＿＿＿＿＿＿，33，作差后得：2，4，＿＿＿＿＿＿，＿＿＿＿＿＿，考虑公比为2的等比数列，下两项为8，16。验证：9＋8＝17，17＋16＝33，与题干数字吻合，故所求项底数应为17。

原数列指数分别为：2，6，12，＿＿＿＿＿＿，30，作差后得：4，6，＿＿＿＿＿＿，＿＿＿＿＿＿，考虑公差为2的等差数列，下两项为8，10。验证：12＋8＝20，20＋10＝30。与题干数字吻合，故所求项指数应为20。

7.【考点解码】　其他新题型

【答案解析】　选D。十位数字依次为6、5、4、3、（2）。

8.【考点解码】　图形数列

【答案解析】　选D。三角形顶角处数字3，6，9，（12）是公差为3的等差数列。左下角4，8，24，（96）数列的商依次为2，3，4。前三个三角形内数字和均为180，故12＋96＋？＝180，？＝72。

9.【考点解码】　其他新题型

【答案解析】　选C。前一项加上其各位数字之和等于后一项，可以代入各项验证符合规律。故313＋3＋1＋3＝（320）。

10.【考点解码】　图形数列

【答案解析】　选D。各图形中小正方形内的数字等于四个三角形内数字之和的2倍，故？＝（3＋2＋4＋6）×2＝30。

11.【考点解码】　分组数列

【答案解析】　选A。分组数列。组内差为1，且括号中前一个数字为1，3，7，15，（31），作差后是公比为2的等比数列。后一个数字2，4，8，16，（32）是等比为2的等比数列。

12.【考点解码】　图形数列

【答案解析】　选C。本题符合规律：上边三个数的和减去下边两个数的和等于中间的数，即（7＋9＋1）－（4＋3）＝10，（8＋5＋6）－（7＋2）＝10，（5＋8＋2）－（6＋1）＝（8）。

13.【考点解码】　等差数列

【答案解析】　选D。小数点后面前两位为14保持不变，除去0.14后的数列为1、5、9、13、（17），公差为4的等差数列。

14.【考点解码】　分式数列

【答案解析】　选 A。将原数列改写为：2/5，12/6，30/7，56/8，分母为自然数列，分子依次为 $1×2$、$3×4$、$5×6$、$7×8$，则下一项＝$(9×10)/(8+1)=90/9=10$。

15.【考点解码】　多次方数列

【答案解析】　选 A。立方数列变式。

$$
\begin{array}{cccccc}
2 & 7 & 28 & 63 & 126 & (215) \\
\downarrow & \downarrow & \downarrow & \downarrow & \downarrow & \downarrow \\
1^3+1 & 2^3-1 & 3^3+1 & 4^3-1 & 5^3+1 & (6^3-1)
\end{array}
$$

16.【考点解码】　其他新题型

【答案解析】　选 B。将数列的每一项因式分解得 $1×2$、$2×3$、$3×5$、$4×7$、$5×11$，即一个因子是自然数列 1、2、3、4、5，另一个因子为质数数列 2、3、5、7、11，所以未知项＝$6×13$。

17.【考点解码】　等差数列

【答案解析】　本题考查多级等差数列。将题中的后一项减前一项，依次作差，得到 $3-2\sqrt{2}$，$\sqrt{2}-1$，1，$1+\sqrt{2}$ 这个新数列，发现这个新数列的前一项＋$2×$后一项＝第三项，即新数列的未知项为 $1+2×(1+\sqrt{2})=3+2\sqrt{2}$，所以题中的未知项＝$(4+\sqrt{2})+3+2\sqrt{2}=7+3\sqrt{2}$。

18.【考点解码】　分式数列

【答案解析】　选 A。本题虽有根式，根式里面的数字有分式，将数列各项分别转化为 $\sqrt{2/2}$，$\sqrt{3/4}$，$\sqrt{6/6}$，$\sqrt{15/8}$，$\sqrt{42/10}$，根号内分母 2，4，6，8，10 为等差数列，分子 2，3，6，15 相邻两项作差，为等比数列，所以最后一项为 $\sqrt{123/12}=\sqrt{41}/2$。

19.【考点解码】　和数列

【答案解析】　选 B。相邻两项求和之后可得新数列：0，4，13，29，对新数列作差可得：4，9，16，为平方数，故下一项差应为 25，即新数列下一项应为 $25+29=54$，则原数列所求项为 $54-19=35$。

20.【考点解码】　和数列

【答案解析】　选 B。数列起伏不定，作差没有规律，考虑递推，多项求和，第一项＋第二项＋第三项＝第四项，$2+6+11=19$，验证符合规律，故选 B。

21.【考点解码】　和数列

【答案解析】　选 C。数列呈递减趋势，作二级、三级数列差无规律后，考虑递推数列，第一项＝第二项的一半＋第三项，即 $80=56/2+52$，$56=52/2+30$，$52=30/2+37$，所求项为 $30-37/2=23/2$。

22.【考点解码】　其他新题型

【答案解析】　选 C。观察数列发现：$212-2-1-2=207$，$207-2-0-7=198$，即规律

为前项－各个数字和，则下一项为 $171-1-7-1=162$。

23.【考点解码】 多次方数列

【答案解析】 选 A。本题数列中数字的突破口在 4 和 18，均可以化成 2 和 3 的平方数来表示：

$$
\begin{array}{cccc}
0 & 4 & 18 & (48) \\
\downarrow & \downarrow & \downarrow & \downarrow \\
0\times1^2 & 1\times2^2 & 2\times3^2 & (3\times4^2)
\end{array}
$$

24.【考点解码】 图形数列

【答案解析】 选 D。本题优先考虑对角线运算。观察发现规律为:左上－右下＝左下÷右上，所以问号处为 $2\times(3-2)=2$。

25.【考点解码】 多次方数列

【答案解析】 选 D。本题突破口在 4，49，256。找出规律:后一项等于前一项各位数字和的平方，即 $4=(1+1)^2$，$16=4^2$，$49=(1+6)^2$，$(169)=(4+9)^2$，$256=(1+6+9)^2$。

26.【考点解码】 其他新题型

【答案解析】 选 C。本题规律:第 n 项＝第 $(n-1)$ 项×$(n-1)$ $-(n-2)$，即 $2\times1-0=2$，$2\times2-1=3$，$3\times3-2=7$，$7\times4-3=25$，$25\times5-4=121$，$121\times6-5=(721)$。

27.【考点解码】 等差数列

【答案解析】 选 C。相邻两项之差依次是 4，9，(25)，(49)，分别是连续质数 2，3，(5)，(7) 的平方，故 $89-49=40$。

28.【考点解码】 基础数列

【答案解析】 选 B。本题的规律是:该数是质数，且各位数字之和都是 13。选项中只有 157 是质数。

29.【考点解码】 其他新题型

【答案解析】 选 D。每个数都可以被 9 整除，选项中只有 D 符合这个特征。

30.【考点解码】 其他新题型

【答案解析】 选 D。每个三位数的前两位数字之积的尾数即为第三位数字，符合这个特征的只有选项 D。

第二章 数学应用

第一节 夯实基础题

1. 小陈家住在 5 楼，他每天上下楼各一次，共需走 120 级楼梯。后来，小陈家搬到同一栋楼的 8 楼，如果每层的楼梯级数相同，则他搬家后每天上下楼各一次共需走楼梯_____级。

    A. 168   B. 192   C. 210   D. 240

2. 某企业组织 80 名员工一起去划船，每条船乘客定员 12 人，则该企业最少需租_____条。

    A. 10   B. 9   C. 8   D. 7

3. 某学校食堂管理员去超市采购大米，已知大米有两种包装规格，20 千克装的 100 元/包，5 千克装的 30 元/包。5 千克装大米购买量不超过 12 包时可享受 8 折优惠。问购买 150 千克大米的最低成本为_____元。

    A. 740   B. 738   C. 748   D. 744

4. 一项工程，由甲、乙两队合做 10 天可以完成，甲、丙两队合做 15 天可以完成，三队合做 8 天可以完成。则乙和丙合做的效率是甲单独做效率的多少倍？_____

    A. 1   B. 1.5   C. 2   D. 3

5. 某单位年初无偿为甲村建设一个光伏发电站，每年发电 2.5 万千瓦时，每千瓦时收益为 1 元。该发电站建成当年维护成本为 1 000 元，往后每年的维护成本都比上一年高 1 000 元。假如发电站的收益归甲村所有，维护成本也由甲村支出，则该发电站累计为甲村创造 15 万元的净收益（总收益－总维护成本）是在_____。

    A. 第 6 年   B. 第 7 年   C. 第 8 年   D. 第 9 年

6. 甲计划 12：15 出发以 45 千米/小时的速度开车前往 A 市，并于 15：45 抵达，但他因故延迟到 13：05 才出发并于 15：35 抵达，问他实际的行驶速度为多少千米/小时？_____

    A. 54   B. 57   C. 60   D. 63

7. 小张将新买的手机开机密码设为由 1，3，6，9 组成的四位数，第二天，小张开机时忘了四位数的具体排序，只记得数字 3 和 9 相邻且 1 不在最后。问：小张要试多少次才能确保打开手机？_____

　　A. 6　　　　　　　　　B. 8　　　　　　　　　C. 10　　　　　　　　　D. 12

8. 一容器装有浓度为 27％盐水 90 升，第一次倒出若干升之后，加入纯净水重新配制盐水 90 升；第二次倒出同样多的盐水之后，再加入纯净水重新配制盐水 90 升；第三次倒出同样多的盐水之后，再加入纯净水重新配制盐水 90 升。如果这时盐水浓度为 8％，则每次倒出盐水多少升？_____

　　A. 20　　　　　　　　B. 80/3　　　　　　　C. 30　　　　　　　　D. 50

9. 小王负责甲、乙、丙、丁四个采购基地的采购任务，甲、乙、丙、丁四基地分别需要每隔 2 天、4 天、6 天、7 天去采购一次。7 月 1 日，小王分别去了四个基地采购，问他整个 7 月有几天不用去采购基地采购？_____

　　A. 10 天　　　　　　B. 11 天　　　　　　C. 12 天　　　　　　D. 13 天

10. 一项工程交由甲、乙两人做，甲、乙两人一起做需要 8 天，现在甲、乙两人一起做，途中甲离开了 3 天，最后完成这项工程用了 10 天，问甲单独做需要多少天完成？_____

　　A. 10　　　　　　　　B. 11　　　　　　　　C. 12　　　　　　　　D. 13

11. 6 个人一起去旅游，在一景点前准备合影，由 1 人拍照，5 人合照。已知他们身高各不相同，如果 5 人恰好按照中间最高、两边渐低来合影，则称之为标准合影。问这种标准合影的数量在以下哪个范围内？_____

　　A. 20 种以下　　　B. 20～40 种　　　C. 40～60 种　　　D. 60 种以上

12. 小李的弟弟比小李小 2 岁，小王的哥哥比小王大 2 岁，比小李大 5 岁，1994 年，小李的弟弟和小王的年龄之和为 15。问 2014 年小李与小王的年龄分别为_____岁。

　　A. 25　32　　　　　B. 27　30　　　　　C. 30　27　　　　　D. 32　25

13. 甲、乙两辆卡车运输一批货物，其中甲车每次能运输 35 箱货物。甲车先满载运输 2 次后，乙车加入并与甲车共同满载运输 10 次完成任务，此时乙车比甲车多运输 10 箱货物。问如果乙车单独执行整个运输任务且每次都尽量装满，最后一次运多少箱货物？_____

　　A. 10　　　　　　　　B. 30　　　　　　　　C. 33　　　　　　　　D. 36

14. 一个时钟每小时慢 4 分钟，照这样计算，早上 6:00 对准标准时间后，当日晚上该时钟指向 8:00 时，标准时间是多少？_____

　　A. 20:56　　　　　　B. 21:00　　　　　　C. 21:30　　　　　　D. 21:56

15. 已知一个箱子中装有 12 件产品，其中有 2 件次品。若从箱子中随机抽取 2 件产品进行检验，则恰好抽到 1 件次品的概率是_____。

　　A. 13/22　　　　　　B. 10/33　　　　　　C. 7/11　　　　　　D. 8/11

16. 一个圆形，半径变为原来的 4 倍之后的圆的面积，等于半径增加 2 厘米之后的面积的 4 倍，则原来的半径是_____。

　　A. 1 厘米　　　　　B. 2 厘米　　　　　C. 3 厘米　　　　　D. 4 厘米

17. 实验室有 A、B、C 三个实验试管，分别装有 10 克、15 克、20 克的水，小明把含有一定浓度的 10 克药水倒进 A 试管中，混合后取出 10 克倒入 B 试管中，再次混合后，从 B 试管中取出 10 克倒入 C 试管中，最后用化学仪器检测出 C 试管中药水浓度为 2%。试计算刚开始倒入 A 试管中药水的浓度是多少？_____

　　A. 10%　　　　　B. 20%　　　　　C. 30%　　　　　D. 40%

18. 如图，圆锥高 $6\sqrt{3}$ 厘米，底面半径为 6 厘米，一只蚂蚁从 A 点沿圆锥侧面爬行到 B 点，则最短的距离为_____厘米。

　　A. 12

　　B. $12\sqrt{2}$

　　C. 6π

　　D. 24

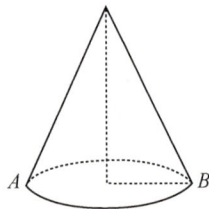

19. M 小区停车收费，小型车辆每天 5 元，中型车辆每天 8 元，大型车辆每天 10 元。某天小区总共停了 20 辆车，共收费 153 元，那么当天大型车辆可能有_____辆。

　　A. 8　　　　　B. 9　　　　　C. 10　　　　　D. 11

20. 某建筑工程队工人要用铁丝捆扎塑料管，有四种规格的铁丝可供使用。1.6 米长的能捆 10 根，1.2 米长的能捆 8 根，0.8 米长的能捆 6 根，0.4 米长的能捆 4 根。要捆扎好 24 根塑料管，工人至少要使用_____米铁丝。

　　A. 2.0　　　　　B. 2.4　　　　　C. 2.8　　　　　D. 3.2

第二节　提升能力题

1. 某商店的两件商品成本价相同，一件按成本价多 35% 出售，一件按成本价少 13% 出售，则两件商品各售出一件时盈利为多少？_____

　　A. 11%　　　　　B. 8%　　　　　C. 10%　　　　　D. 12%

2. 某市场运来苹果、香蕉、柚子和梨四种水果。其中苹果和柚子共 30 吨，香蕉、柚子和梨共 50 吨，柚子占水果总数的 1/4。一共运来水果多少吨？_____

　　A. 36 吨　　　　　B. 64 吨　　　　　C. 80 吨　　　　　D. 170 吨

3. 瓶中装有浓度为 20% 的酒精溶液 1 000 克，现在又分别倒入 200 克和 400 克的 A、B 两种酒精溶液，瓶里的溶液浓度变为 15%，已知 A 种酒精溶液的浓度是 B 种酒精溶液浓度的 2 倍。那么 A 种酒精溶液的浓度是多少？_____

A. 5％　　　　　　B. 6％　　　　　　C. 8％　　　　　　D. 10％

4. 某班对 50 名学生进行体检，有 20 人近视，12 人超重，4 人既近视又超重。该班有多少人既不近视又不超重？＿＿＿＿＿＿＿

A. 22 人　　　　　B. 24 人　　　　　C. 26 人　　　　　D. 28 人

5. 某工厂原来每天生产 100 个零件，现在工厂要在 12 天内生产一批零件，只有每天多生产 10％才能按时完成工作，第一天和第二天由于部分工人缺勤，每天只生产了 100 个，那么以后 10 天平均每天要多生产百分之几才能按时完成工作？＿＿＿＿＿＿＿

A. 12％　　　　　B. 13％　　　　　C. 14％　　　　　D. 15％

6. 一个总额为 100 万的项目分给甲、乙、丙、丁四个公司共同来完成，甲、乙、丙、丁分到项目额的比例为 1/2：1/3：1/4：1/6，请问甲分到的项目额为多少万？＿＿＿＿＿＿＿

A. 35 万　　　　　B. 40 万　　　　　C. 45 万　　　　　D. 50 万

7. 将自然数 1—100 分别写在完全相同的 100 张卡片上，然后打乱卡片，先后随机取出 4 张，问这 4 张先后取出的卡片上的数字呈增序的概率是多少？＿＿＿＿＿＿＿

A. 1/16　　　　　B. 1/24　　　　　C. 1/32　　　　　D. 1/72

8. 小张和小赵从事同样的工作，小张的效率是小赵的 1.5 倍。某日小张工作几小时后小赵开始工作，小赵工作了 1 小时之后，小张已完成的工作量正好是小赵的 9 倍。再过几个小时，小张已完成的工作量正好是小赵的 4 倍？＿＿＿＿＿＿＿

A. 1　　　　　　　B. 1.5　　　　　　C. 2　　　　　　　D. 3

9. 某单位 200 名青年职工中，党员的比例高于 80％，低于 81％，其中党龄最长的 10 年，最短的 1 年。问该单位至少有多少名青年职工是在同一年入党的？＿＿＿＿＿＿＿

A. 14　　　　　　B. 15　　　　　　C. 16　　　　　　D. 17

10. 某论坛邀请了六位嘉宾，安排其中三人进行单独演讲，另三人参加圆桌对话节目。如每位嘉宾都可以参加演讲或圆桌对话，演讲顺序分先后且圆桌对话必须安排在任意两场演讲之间，问一共有多少种不同的安排方式？＿＿＿＿＿＿＿

A. 120　　　　　　B. 240　　　　　　C. 480　　　　　　D. 1 440

11. 有一批商品需要装箱运输。商品每件均为 10 cm×40 cm×80 cm 的长方体。包装箱为边长 1.2 米的立方体，一个包装箱最多能装＿＿＿＿＿＿＿件商品。

A. 54　　　　　　B. 53　　　　　　C. 52　　　　　　D. 51

12. 某运输企业有大、中、小三个型号的卡车共 n 辆，总最大载货量为 $20n$ 吨。已知大型卡车、中型卡车和小型卡车的载重量分别为 36 吨/辆、30 吨/辆和 16 吨/辆，且小型卡车数量是中型卡车的 6 倍。中型卡车数量是大型卡车数量的＿＿＿＿＿＿＿。

A. 不到 1 倍　　　B. 1～1.5 倍之间　　C. 1.5～2.5 倍之间　　D. 2.5 倍以上

13. 小赵和小李驾车同时分别从甲、乙两地出发，匀速相向而行，两车相遇后小赵继续行驶 30 千米到达乙地，随后立刻折返，在距离甲地 40 千米的地方遇上小李的车。问

甲、乙两地间的距离在以下哪个范围内？_____

  A. 超过 120 千米　 B. 110～120 千米之间

  C. 100～110 千米之间　 D. 不到 100 千米

14. 天气预报预测未来 2 天的天气情况如下：第一天晴天 50%、下雨 20%、下雪 30%；第二天晴天 80%、下雨 10%、下雪 10%，则未来两天天气状况不同的概率为_____。

  A. 45%   B. 50%   C. 55%   D. 60%

15. 88 名学生参加运动会，参加游泳比赛的有 23 人，参加田径比赛的有 33 人，参加球类比赛的有 54 人，既参加游泳比赛又参加田径比赛的有 5 人，既参加田径比赛又参加球类比赛的有 16 人。已知每名学生最多可参加两项比赛，问只参加田径比赛的有多少人？_____

  A. 20   B. 17   C. 15   D. 12

16. 某包子店的包子每个卖 0.5 元，包子的制作成本为 0.35 元。今早，当包子店的包子卖剩 20 个时，包子店已经获利 17 元。则包子店今早共制作了_____个包子。

  A. 150   B. 160   C. 180   D. 200

17. 某地 49 名扶贫干部一周共走访 530 户贫困农户，每人至少走访 3 户。已知不可能从这 49 人中找出 4 名当周走访贫困农户数量完全相同的扶贫干部，问任选 1 名扶贫干部，其当周最多可能走访了多少户贫困农户？_____

  A. 24   B. 26   C. 28   D. 30

18. 企业清仓处理某种商品，每件商品在原价的基础上打八折后再减 200 元，平均每件商品亏损 440 元。已知该商品的原价比成本高 20%，问在清仓处理期间，10 万元最多能购买多少件这种商品？_____

  A. 16   B. 17   C. 18   D. 19

19. 用若干个棱长为 1 的小正方体（其中 1 个为灰色）堆放成一个多面体，图 1 和图 2 分别为该多面体的俯视图和正视图。问该多面体的表面积最大可能为_____。

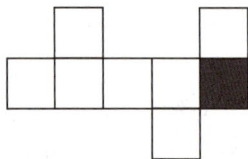
图 1

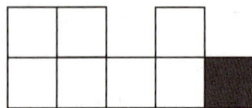
图 2

  A. 46   B. 48   C. 50   D. 52

20. 一项工程，乙队单独完成所花的时间是甲队的 1.5 倍。若甲单独做 20 天后，两队合做还需要 60 天刚好完成；若甲队单独做 x 天后，由乙队单独再做 y 天也刚好完成。则下列关系正确的是_____。

　　A. $2y=3x$　　　　B. $3x=4y$　　　　C. $x=120-2y$　　　D. $y=180-1.5x$

21. 人行步道 ABC 如图所示，B、C 两地之间的距离为 286 米，D 地为 BC 中点，A、D 两点间的直线距离为 324 米。现经 B 点作直线 BE，从 C 点作垂直于 BE 的直线 CE 并与 BE 相交于 E 点。问 E、A 之间的最短距离为多少米？_____

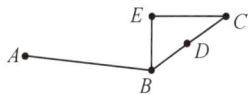

　　A. 38　　　　　B. 168　　　　　C. 176　　　　　D. 181

22. 如图所示，则 $\angle A+\angle B+\angle C+\angle D+\angle E+\angle F$ 的度数是_____。

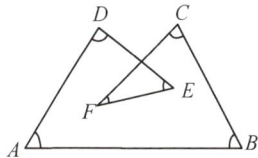

　　A. 720°　　　　　　　　　　B. 540°

　　C. 360°　　　　　　　　　　D. 108°

23. 某年级有甲、乙、丙、丁四个兴趣小组，甲和丁小组人数之和是乙和丙小组人数之和的 2 倍，甲组人数是乙的 5 倍，丙小组人数是丁的 3 倍。丁小组人数相当于四个小组总人数的_____。

　　A. 1/12　　　　B. 1/14　　　　C. 1/16　　　　D. 1/12

24. 田忌与齐威王赛马并最终获胜被传为佳话，假设齐威王以上等马、中等马和下等马的固定程序排阵，那么田忌随机将自己的三匹马排阵时，能够获得两场胜利的概率是_____。

　　A. 2/3　　　　　B. 1/3　　　　　C. 1/6　　　　　D. 1/9

25. 某农民承包了一片山地养殖黄牛和驴共 50 头。每头牧畜投资和收益情况如下表所示（单位:万元/头）。

品种	先期投资	养殖管理	产值
黄牛	0.9	0.3	3.0
驴	0.4	1.0	2.0

根据预算,先期投资不超过 36 万元，养殖管理不超过 29 万元。该农民的最大产值是多少万元？_____

　　A. 130　　　　　B. 132　　　　　C. 120　　　　　D. 126

26. 某运输队承接了一项运输工作。该运输队有最大装载量 20 吨的 A 型货车和 30 吨的 B 型货车各若干辆。如果出动 12 辆 A 型货车和 18 辆 B 型货车，则除 1 辆 B 型货车装了 6 吨以外，其他车全部满载则能完成运输任务。如果在出动车辆数最少的情况下，至少需要安排几辆 B 型货车？_____

　　A. 23　　　　　B. 24　　　　　C. 25　　　　　D. 26

27. 某生产企业有甲、乙两个车间，生产同样一种产品。在相同的时间内，甲车间生产 100 件产品，乙车间只能生产 90 件产品。现甲车间效率提高 5%，乙车间效率提高 10%，两车间在同一段时间内共同完成一个 5 100 件产品的订单。问甲车间比乙车间多生产多少件？ _____

    A. 150   B. 255   C. 306   D. 510

28. 某培训班招生，如果按照每人 100 元的标准收费，则每招收 1 人可创收 10 元，预计可招收学员 200 人。如果提高收费标准，则每提高 1 元，会造成 5 名学员流失。为了创收 3 000 元，并尽量减少学员流失，应该将收费标准定在多少元？ _____

    A. 150   B. 120   C. 110   D. 105

29. 早上小卖部冰柜中有可乐 20 瓶，苏打水 15 瓶。中午清点冰柜时发现柜中剩余的可乐总价与苏打水相等。已知可乐 3 元一瓶，苏打水 3.5 元一瓶。问上午可乐和苏打水合计最多卖出了多少瓶？ _____

    A. 22   B. 18   C. 12   D. 9

30. 2003 年，甲与丙的年龄之和正好是乙年龄的 2 倍。2008 年，甲的年龄是丙年龄的 3 倍。2017 年，甲的年龄是丙年龄的 2.4 倍。问 2015 年，乙的年龄是甲年龄的 _____。

    A. 3/4   B. 5/9   C. 7/10   D. 11/15

31. 施工队将 1 675 块玻璃运输到写字楼，运输过程中玻璃损失了 20%，剩余的玻璃恰好完成 132 个办公室的玻璃安装。而所有办公室要么安装 8 块，要么安装 12 块玻璃。有多少个办公室安装 12 块玻璃？ _____

    A. 61   B. 71   C. 81   D. 92

32. 两个半径不同的圆柱形玻璃杯内盛有一定量的水，甲杯的水位比乙杯高 5 厘米。甲杯底部沉没着一个石块，当石块被取出并放进乙杯沉没后，乙杯的水位上升了 5 厘米，并且比这时甲杯的水位还高 10 厘米，则可得知甲杯与乙杯底面积之比为 _____。

    A. 3∶2   B. 1∶2   C. 2∶3   D. 3∶5

33. A、B、C、D 四个工程队修建一条马路，A、B 合作可用 8 天完成，A、C 或 B、D 合作可用 7 天完成，问 C、D 合作能比 A、B 合作提前多少天完成？ _____

    A. 16/9   B. 15/8   C. 7/4   D. 2

34. 某单位志愿者团队在重阳节购买了一批牛奶，到"夕阳红"敬老院慰问孤寡老人。如果给每个老人分 5 盒，则剩下 38 盒；如果给每个老人分 6 盒，则最后一个老人不足 5 盒，但至少分得 1 盒，问该敬老院至少有多少名老人？ _____

    A. 39   B. 40   C. 41   D. 43

35. 某篮球队 12 个人的球衣号码是从 4 到 15 的自然数，如从中选出 3 个人参加三对三篮球比赛，则选出的人中至少有两人的球衣号码是相邻自然数的概率为多少？ _____

    A. 1/2   B. 2/5   C. 5/11   D. 24/55

36. 以一个矩形任意两条边为直径画圆，将该矩形划分成的区域有几种不同的可能性？＿＿＿＿＿＿

　　A. 1　　　　　　　B. 2　　　　　　　C. 3　　　　　　　D. 4

37. 某天，小林的水果摊有 3 种水果，价格分别是：苹果 6 元/斤，雪梨 5 元/斤，西瓜 3 元/斤。当天，苹果与雪梨的销售量之比为 5∶3，雪梨和西瓜的销售量之比为 2∶9，卖西瓜比卖苹果多收入 98 元，那么小林共收入＿＿＿＿＿＿＿元。

　　A. 798　　　　　　B. 790　　　　　　C. 775　　　　　　D. 760

38. 某次智力测验的形式为选择题，规定答对一题得 20 分，不作答的题不扣分，而在作答的题中，第一道答错的题扣 10 分，此后每一道答错的题的扣分都比上一道答错的题多 10 分，小张在测验中拿到一份 100 道试题的试卷，总共获得 1 270 分。问他至少有几道题没有作答？＿＿＿＿＿＿

　　A. 0　　　　　　　B. 5　　　　　　　C. 7　　　　　　　D. 9

39. 一个读书小组共有赵、钱、孙、李、周、吴 6 位书友，现有 6 本书，书名分别是 A、B、C、D、E、F。他们每人至少读过其中一本书，已知赵、钱、孙、李、周分别读过其中的 2、2、4、3、5 本书，图书 A、B、C、D、E 分别被小组的 1、4、2、2、2 位书友读过，问吴一定读过的书是哪本？＿＿＿＿＿＿

　　A. 书 A　　　　　B. 书 B　　　　　C. 书 F　　　　　D. 无法确定

40. 甲、乙两个服装厂生产同一种服装，甲厂每个月产成衣 900 套，生产上衣和裤子所用的时间比是 2∶1；乙厂每月产成衣 1 200 套，生产上衣和裤子所用的时间比是 3∶2。若两厂分工合作，按最佳生产方案计，两厂每月共可生产成衣多少套？＿＿＿＿＿＿

　　A. 2 173　　　　　B. 2 193　　　　　C. 2 213　　　　　D. 2 233

41. 某部队从驻地乘车赶往训练基地，如果车速为 54 千米/小时，正好准点到达；如果将车速提高 1/9，就可比预定的时间提前 20 分钟赶到；如果将车速提高 1/3，可比预定的时间提前多少分钟赶到？＿＿＿＿＿＿

　　A. 30　　　　　　　B. 40　　　　　　　C. 50　　　　　　　D. 60

42. 有一瓶浓度为 15％的盐水 500 克，每次加入 34 克浓度为 60％的盐水，则至少加＿＿＿＿＿＿次该盐水，使这瓶盐水的浓度超过 30％。

　　A. 6　　　　　　　B. 7　　　　　　　C. 8　　　　　　　D. 9

43. 某调查队男、女队员的人数比是 3∶2，分别为甲、乙、丙三个调查小组。已知甲、乙、丙三组的人数比是 10∶8∶7，甲组中男、女队员的人数比是 3∶1，乙组中男、女队员的人数比是 5∶3，则丙组中男、女队员的人数比是＿＿＿＿＿＿。

　　A. 4∶9　　　　　　B. 5∶9　　　　　　C. 4∶7　　　　　　D. 5∶7

44. 有足够多长度分别为 1、2、3、4、5 米的钢筋，从中先选取一根 5 米的钢筋，和其他任意两根钢筋焊接成一个三角形。问最多能焊接成多少个形状大小不同的三角形？＿＿＿＿＿＿

A. 9   B. 16   C. 20   D. 25

45. 由于天气干旱，村委会决定用抽水机抽取水库中剩余的水浇灌农田。假如每天水库的水以均匀的速度蒸发，经计算，若用 20 台抽水机全力抽水，水库中水可用 5 周；若用 16 台抽水机全力抽水，水库中水可用 6 周；若用 11 台抽水机全力抽水，水库中的水可用多少周？_____

A. 7   B. 8   C. 9   D. 11

46. 一对父子在操场上跑步晨练，儿子跑三步的时间父亲跑两步，父亲跑一步的距离是儿子一步的两倍，儿子跑出 100 步后父亲开始追，当父亲追上儿子时，儿子共跑出了多少步？_____

A. 200   B. 300   C. 400   D. 500

47. 用同样的木棍制作一批三节棍，每一节木棍分别随机涂成红、白、黑三种颜色中的一种，那么最后生产出的三节棍有多少种？_____

A. 18   B. 21   C. 24   D. 27

48. 王先生今年 50 岁，他有两个儿子，当二儿子长到大儿子现在的年龄时，兄弟俩的年龄之和比他到那时的年龄还小 6 岁。问王先生的大儿子今年多少岁？_____

A. 23   B. 24   C. 22   D. 20

49. 某种密码锁的界面是一组互不相同的特殊图形键，只有不重复并且不遗漏地依次按下界面上的特殊图形才能打开，其中只有一种顺序是正确的。要使得每次对密码锁进行破解的成功率在十万分之一以下，则密码锁的界面至少要设置多少个特殊图形键？_____

A. 10   B. 7   C. 9   D. 8

50. 七夕节，某市举办大型公益相亲会，共 42 人参加。其中女生 20 名，每人至少相亲一次，共相亲 61 次，则至少有一名女生至少相亲多少次？_____

A. 3   B. 5   C. 4   D. 6

51. 小张和小王在同一个学校读研究生，每天早上从宿舍到学校有 6：40、7：00、7：20 和 7：40 发车的 4 班校车。某星期周一到周三，小张和小王都坐班车去学校，且每个人在 3 天中乘坐的班车发车时间都不同。问这 3 天小张和小王每天都乘坐同一趟班车的概率在_____。

A. 3%以下   B. 3%～4%   C. 4%～5%   D. 5%以上

52. 某工厂有 4 条生产效率不同的生产线，甲、乙生产线效率之和等于丙、丁生产线效率之和。甲生产线月产量比乙生产线多 240 件，丙生产线月产量比丁生产线少 160 件，问乙生产线月产量与丙生产线月产量相比_____。

A. 乙少 40 件   B. 丙少 80 件   C. 乙少 80 件   D. 丙少 40 件

53. 某游戏击中一次加 1 分，如果连续击中，从第二次击中开始是前一次得分的 2 倍。

小明在游戏中共得到了 74 分，那么他最多连续击中＿＿＿＿＿＿次。

  A. 4   B. 5   C. 6   D. 7

54. 汪先生乘飞机需托运 69 千克行李，应付行李超重费 735 元，后在候机室内巧遇 2 位没有托运行李的好友，他们也乘同一个航班，于是汪先生就将行李作为三人共有，因而只需付 135 元行李超重费，那么每位乘客可免费托运行李＿＿＿＿＿＿千克。

  A. 20   B. 18   C. 16   D. 15

55. 用一辆小型厢式货车运送荔枝干，该货车货厢长 4.2 米、宽 1.9 米、高 1.8 米。600 克装荔枝干的外包装长 20 厘米，宽和高都是 14 厘米。那么一次最多可以运送约＿＿＿＿＿＿吨荔枝干。

  A. 2.1   B. 2.0   C. 1.9   D. 1.8

56. 一碗芝麻粉，第一次吃了半碗，然后用水加满搅匀；第二次喝了 1/3，水加满搅匀；第三次喝了 1/6 碗，用水加满搅匀；最后一次全吃完。则最后一次吃下的芝麻糊中芝麻粉含量是＿＿＿＿＿＿。

  A. 1/6   B. 5/6   C. 1/18   D. 5/18

57. 一群蚂蚁将食物从 A 处运往 B 处，如果它们的速度每分钟增加 1 米，可提前 15 分钟到达，如果它们的速度每分钟再增加 2 米，则又可提前 15 分钟到达，那么 A 处到 B 处之间的路程是＿＿＿＿＿＿米。

  A. 120   B. 180   C. 240   D. 270

58. 某次田径运动会中，选手参加各单项比赛计入所在团体总分的规则为：一等奖得 9 分，二等奖得 5 分，三等奖得 2 分。甲队共有 10 位选手参赛，均获奖。现知甲队最后总分为 61 分，问该队最多有几位选手获得一等奖？＿＿＿＿＿＿

  A. 3   B. 4   C. 5   D. 6

59. 甲乙两部参加军事演习。甲部从大本营以 60 千米/小时的速度往西行进，乙部晚半小时由大本营往东行进，速度比甲部慢。两部同时接到军令紧急集合，集合地位于大本营正北某处。此时两部所在位置与集合地恰好构成有一角为 30 度的直角三角形。若两部同时调整方向往集合地行军，且保持速度不变，则可同时到达集合地。问集合地与大本营的距离约为多少千米？＿＿＿＿＿＿

  A. 38   B. 41   C. 44   D. 48

60. 一家早餐店只出售粥、馒头和包子。粥有三种：大米粥、小米粥和绿豆粥，每份 1 元；馒头有两种：红糖馒头和牛奶馒头，每个 2 元；包子只有一种三鲜大肉包，每个 3 元。陈某在这家店吃早餐，花了 4 元钱，假设陈某点的早餐不重样，问他吃到包子的概率是多少？＿＿＿＿＿＿

  A. 30%   B. 35%   C. 40%   D. 45%

第三节　斩获高分题

1. 不相识的六名游客到一旅游点排队买每张 50 元的门票，其中三名女游客均有 50 元零钱，可直接购票，三名男游客只有百元人民币需找零，旅游点刚开门无法找零，这六人成功购票的顺序有_____种情况。

A. 60　　　　　　　B. 90　　　　　　　C. 150　　　　　　D. 180

2. 海岸线 J 附近的救生员 A 发现海中有溺水者 B，于是前往营救，他们的位置如图所示，救生员到海岸线的最短距离 AC 和溺水者到海岸线的距离 BD 均为 10 米，$CD = 10\sqrt{3}$ 米，现在有三条营救路线（1）折线 ACB；（2）线段 AB；（3）折线 ADB。救生员跑步的速度 15 千米/小时，游泳的速度是 6 千米/小时，他为了尽快赶到溺水者处，应当选择_____。

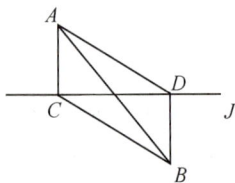

A. 路线（1）　　　B. 路线（2）　　　C. 路线（3）　　　D. 三条路线一样

3. 商店购入一百多件 A 款服装，其单件进价为整数元，总进价为 1 万元。已知每件 B 款服装的定价为其进价的 1.6 倍，其进价为 A 款服装的 75%，销售服装的利润正好为 A 款服装的一半。某日商店以定价销售 A 款服装的总销售额超过 2 500 元。问当天至少销售了多少件 A 款服装？_____

A. 13　　　　　　　B. 15　　　　　　　C. 17　　　　　　　D. 19

4. 有 A、B 两个水壶，分别装有 a、b 升水。现将 B 壶中的一半水倒入 A 壶中，再将 A 壶中的一半水倒回 B 壶。将上述过程记为一次操作，那么两次操作后 A、B 两壶中的水又回到初始状态，那么 $a/b =$ _____。

A. 1/2　　　　　　B. 1/3　　　　　　C. 1/3　　　　　　D. 3/4

5. 将一根绳子任意分成三段，则此三段能构成一个三角形的概率是_____。

A. 1/4　　　　　　B. 1/3　　　　　　C. 1/2　　　　　　D. 3/4

6. 某市地铁 1 号线、2 号线均是早上 6 点首发，分别间隔 4 分钟、6 分钟发一次车。小李每天上班的路线及所需时间为：早上从家步行 5 分钟到达地铁 1 号线 A 站乘车（列车从 1 号线起点到 A 站需行驶 15 分钟），15 分钟后到达 B 站，随后步行 4 分钟抵达 2 号线的起点站 C，然后换乘 2 号线，20 分钟后到 D 站，最后步行 6 分钟到达公司。据此，小李在保证 9 点能到达公司的前提下，早上最迟离家时间是_____。

A. 8:10　　　　　　B. 8:08　　　　　　C. 8:06　　　　　　D. 8:04

7. 装修工人小郑用相同的长方形瓷砖装饰正方形墙面，每 10 块瓷砖组成一个如图所

示的图案。小郑用这个图案恰好铺满该墙面，那么，他
最少用了多少块瓷砖？ _____

A. 250　　　　　　　　　　　B. 300

C. 400　　　　　　　　　　　D. 450

8. 某水渠长100米，截面为等腰梯形，其中渠面宽
2米，渠底宽1米，渠深2米。因突降暴雨，水深由1米
涨至1.8米。则水渠水量增加了_____立方米。

A. 112　　　　　B. 136　　　　　C. 272　　　　　D. 324

9. 2016年2月份下旬，老李出差，等回单位后，发现有4张日历未翻，4张的日历日
期乘积为1 624，请问老李哪天回单位_____。

A. 2月29日　　　　B. 3月1日　　　　C. 3月2日　　　　D. 3月3日

10. 早上6点整，小王起床，在时针分针垂直的时候出门锻炼身体，8点前回家，发
现时针分针垂直，请问，小王最多锻炼了大约多长时间？ _____

A. 68分钟　　　B. 76分钟　　　C. 88分钟　　　D. 98分钟

11. 小张和老王分别从甲、乙两地同时出发，相向而行，小张、老王的速度之比为
5∶4，二人相遇后继续行进，小张到达乙地、老王到达甲地后均立即沿原路返回，两人第
二次相遇的地点距第一次相遇的地点20千米，则甲、乙两地相距多少千米？ _____

A. 80　　　　　B. 90　　　　　C. 100　　　　　D. 110

12. 某班举行数学测验，试题全部是选择题，共10题，每题1分，得分的部分统计结
果如下：

得分	10	9	8	…	2	1	0
人数	2	2	4	…	5	3	8

已知，得分至少为3分的，人均$2x$分；得分最多为7分的，人均x分。这个班级总人
数是_____。

A. $57/x+24$　　　B. $57x+24$　　　C. x^2+24　　　D. $x+4$

13. 某工厂有甲、乙、丙3条生产线，每小时均生产整数件产品。其中甲生产线的效
率是乙生产线的3倍，且每小时比丙生产线多生产9件产品。已知3条生产线每小时生产
的产品之和不到100件且为质数，则乙生产线每小时最多可能生产多少件产品？ _____

A. 14　　　　　B. 12　　　　　C. 11　　　　　D. 8

14. 已知三角形一边长为A。甲说："剩下的两条边只要有一条变长，则三角形面积一
定变大。"乙反对说："不对，必须要剩下的两条边同时变长，三角形的面积才一定变大。"

下列判断正确的是_____。

A. 甲正确，乙错误　B. 甲错误，乙正确　C. 甲乙都正确　　D. 甲乙都错误

15. 有一个白色的盒子,一个红色的盒子,从白色盒子取出 1/3 的球放入红色盒子内,再从红色盒子内取出 1/5 的球放到白色盒子内,最后两个盒子内的球的个数都为 24,问原来白色、红色盒子内各有多少个球?_____

    A. 21,27   B. 27,21   C. 15,33   D. 36,12

16. 有一批商品以 70% 的利润出售,售出 80% 后,剩下的商品全部以 5 折出售,求商品的最终利润率。_____

    A. 0.5   B. 0.53   C. 0.46   D. 0.48

17. 两条公路成十字交叉,甲从十字路口南 1 200 米处向北直行,乙从十字路口处向东直行。甲、乙同时出发 10 分钟,两人与十字路口的距离相等,出发后 100 分钟,两人与十字路口的距离再次相等,此时他们距离十字路口_____米。

    A. 6 600   B. 6 000   C. 5 600   D. 5 400

18. 公司举办的内部业务知识竞赛有若干人参加,所有参赛者获得的名次之和为 300,且所有人没有并列名次。其中,销售部门、售后服务部门和技术部门参赛者获得的名次平均数分别为 11.3、10.4 和 9.2,问其他部门获得的名次最高为多少?_____

    A. 16   B. 18   C. 20   D. 21

19. 张先生在某个闰年中的生日是某个月的第四个也是最后一个星期五,他生日的前一个和后一个月正好也只有 4 个星期五。问当年的六一儿童节是星期几?_____

    A. 星期一   B. 星期三   C. 星期五   D. 星期日

20. 有甲、乙两个水池,其中甲水池中一直有水注入,如果分别安排 8 台抽水机去抽空甲和乙水池,则分别需要 16 小时和 4 小时,如给甲水池加 5 台,则可以提前 10 小时抽空。若共安排 20 台抽水机,则为了保证两个水池能同时抽空,在甲水池工作的抽水机应该比乙水池多多少台?

    A. 4   B. 6   C. 8   D. 10

第四节   考点解码及答案解析

一、夯实基础题

1.【考点解码】 整数类计算

【答案解析】 选 C。由常识可知住 5 楼要走 4 层,其中 1 层上下一次共需走楼梯＝30 级,同理住 8 楼需走 7 层,所以小陈搬家后每天上下楼各一次共需走楼梯 30×7＝210 级。

2.【考点解码】 其他余数问题

【答案解析】 选 D。80÷12＝6……8，则该企业最少需要租 6＋1＝7 条船，且其中有一条船只有 8 个人。

3.【考点解码】 最值优化类

【答案解析】 选 A。150 千克大米由 20 千克、5 千克的规格组成。又因为 5 千克装大米购买量不超过 12 包时可享受 8 折优惠，故选取 5 千克越接近 12 包为佳。故 150＝20×5＋5×10，购买 20 千克包装的 5 包，5 千克包装的 10 包。此时总价为：100×5＋30×10×0.8＝740(元)。

4.【考点解码】 工程问题——赋值法计算

【答案解析】 选 C。设总的工作量为 120。由甲、乙两队合做 10 天可以完成，甲、丙两队合做 15 天可以完成，三队合做 8 天可以完成，可知：甲、乙效率为 12，甲、丙效率为 8，甲、乙、丙效率为 15。可得出：丙效率＝甲乙丙效率－甲乙效率＝3，同理：乙效率＝7，甲效率＝5。乙丙效率为 10。乙和丙合做的效率与甲单独做效率倍数＝10/5＝2。

5.【考点解码】 经济利润问题

【答案解析】 选 C。由题意可知，每年发电 2.5 万千瓦时，每千瓦时收益为 1 元，因此每年收益 2.5 万元，第 N 年累计收益为：2.5N。又：当年维护成本为 1 000 元，即 0.1 万元，往后每年的维护成本都比上一年高 1 000 元，即 0.1 万元，第 N 年累计成本为：(0.1＋0.1N)×N/2。

又累计净收益大于 15 万元，所以 2.5N 大于 15，N 肯定在 7 年以上，将 N＝7 代入验证，累计收益为 17.5 万元，累计成本为 2.8 万元，累计净收益不够 15 万元。N＝8 时，累计收益：20 万元，累计成本：3.6 万元，累计净收益为 16.4 万元，超过 15 万元，故成立。

6.【考点解码】 基本行程型

【答案解析】 选 D。由题干知原计划用时为 3.5 小时，实际用时 2.5 小时。路程一定，时间之比＝速度之比的反比。时间之比＝3.5：2.5＝7：5，故速度之比 5：7。原计划的速度＝45 千米/小时，实际速度＝63 千米/小时。

7.【考点解码】 排列组合

【答案解析】 选 B。选项数据均比较小，说明情况数少，可以考虑一一枚举。满足条件的密码有以下情况：1 396，1 936，1 639，1 693，6 139，6 193，3 916，9 316。共 8 种。

8.【考点解码】 一元多次方程

【答案解析】 选 C。设每次倒出盐水 x 升，则可列方程：$(90×27\%)×\left(\dfrac{90-x}{90}\right)^3＝90×8\%$，解得 $x＝30$。故本题答案为 C 选项。

9.【考点解码】 日期推断类

【答案解析】 选 B。7 月除了 1 日还剩下 30 天，分别编号 1—30，甲、乙、丙、丁的采购日期分别为 3 的倍数、5 的倍数、7 的倍数、8 的倍数；1—30 中 3 的倍数有 10 个，

5 的倍数有 6 个，但是 15 和 30 既是 3 又是 5 的倍数，先去掉 3 和 5 的倍数，还剩 30－10－6＋2＝16 天，再去掉 7 的倍数和 8 的倍数，即 7 号、14 号、28 号、8 号、16 号，16－5＝11 天，所以选 B。

10.【考点解码】 工程问题

【答案解析】 选 C。设总的工程量为 1，则甲、乙每天总的工作效率为 1/8。完成工程用了 10 天，甲离开了 3 天，即甲、乙合作了 7 天完成了 7/8，剩下的 1/8 是乙在 3 天内完成的，故乙一天的效率为 1/8÷3＝1/24，则甲一天的效率为 1/8－1/24＝1/12，即甲单独做需 12 天完成。

11.【考点解码】 排列组合

【答案解析】 选 B。假设 6 个人分别为 A、B、C、D、E、F。且身高顺序为：A＞B＞C＞D＞E＞F。先假定 A 拍照，其他 5 人合照，则标准合影的情况有 ECBDF，FCBDE，EDBCF，FDBCE，FEBCD，DCBEF，即 C_4^2＝6，所以总的数量为 6×6＝36。

12.【考点解码】 年龄问题

【答案解析】 选 B。小王的哥哥比小王大 2 岁，比小李大 5 岁，可知小王比小李大 3 岁，选 B。

13.【考点解码】 常规计算问题

【答案解析】 选 C。甲车一共运输 35×(10＋2)＝420 箱，乙车 10 次共运输 420＋10＝430 箱。每次运输 430÷10＝43 箱，则所求为 (420＋430)÷43＝19……33。

14.【考点解码】 钟表问题

【答案解析】 选 B。根据题意可知，坏钟比标准时钟速度慢，标准时钟走 60 分钟，则坏钟走 56 分钟；坏钟从早上 6:00 到晚上 8:00 走了 14 小时，则标准时钟走了 $\frac{60}{56}×14＝15$ 小时，6:00＋15＝21:00。

15.【考点解码】 概率问题——基础计算类

【答案解析】 选 B。$P＝(C_2^1×C_{10}^1)/C_{12}^2＝20/66＝10/33$。

16.【考点解码】 平面几何问题——长度计算

【答案解析】 选 B。设原来的半径为 r，则有：$\pi×(4r)^2＝4\pi(r＋2)^2$，解得 $r＝-2/3$ (舍)或 $r＝2$，所以原来的半径是 2 厘米。

17.【考点解码】 溶液问题

【答案解析】 选 C。设刚开始倒入 A 试管的药水中含溶质 a 克，倒入试管 A，溶质不变仍为 a 克，溶液变为 20 克；取 10 克溶液（含 $\frac{a}{2}$ 克溶质）倒入试管 B，溶质不变为 $\frac{a}{2}$ 克，溶液变为 25 克；再取 10 克溶液（含 $\frac{a}{5}$ 克溶质）倒入试管 C，溶质不变为 $\frac{a}{5}$ 克，溶液变为

30 克，此时浓度为 2%，即 $\frac{a}{5} \div 30 = 2\%$，解得 $a = 3$，即最初的浓度为 $\frac{3}{10} = 30\%$。

18.【考点解码】　圆锥曲线

【答案解析】　选 B。将圆锥面展开得到右侧解析扇形图，C 为圆锥顶点。底面周长为 $2\pi \times 6 = 12\pi$，由勾股定理可知圆锥的母线长为 12 厘米，展开图的圆心角 $= [(12\pi)/(2\pi \times 12)] \times 360° = 180°$，即侧面展开图的圆心角为 180 度，因此 AB 之间最短距离为 $\sqrt{12^2 + 12^2} = 12\sqrt{2}$。

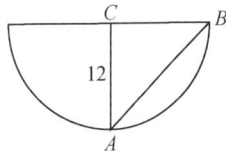

19.【考点解码】　鸡兔同笼

【答案解析】　选 C。

方法一：鸡兔同笼问题，假设 20 辆车都是 5 元，共 $20 \times 5 = 100$ 元，则少了 $153 - 100 = 53$ 元，拿出 x 辆 5 元车转化为 8 元、y 辆 5 元车转化为 10 元，可得 $3x + 5y = 53$；结合选项检验，当 $y = 10$ 时，$x = 1$。

方法二：设大型车、中型车、小型车分别有 x、y、z 辆，则有 $x + y + z = 20$，$10x + 8y + 5z = 153$。联立两个方程可得 $5x + 3y = 53$，带入选项验证。

20.【考点解码】　统筹问题

【答案解析】　选 B。根据题意应当选择使用长度最小的铁丝来捆扎，四种规格每捆 1 根塑料管分别需要铁丝 0.16 米、0.15 米、0.13 米、0.1 米，因此使用 0.4 米长铁丝最划算。则 24 根塑料管至少需要 2.4 米，此时用了六段 0.4 米的铁丝。

二、提升能力题

1.【考点解码】　经济利润问题

【答案解析】　选 A。利润问题。设这两件商品的成本价为 100 元，则最终各售出一件时盈利：$100 \times (1 + 35\%) + 100 \times (1 - 13\%) - 2 \times 100 = 22$，利润率为：$22/200 = 11\%$。

2.【考点解码】　一元一次方程

【答案解析】　选 B。

方法一："苹果和柚子共 30 吨，香蕉、柚子和梨共 50 吨"，可知水果总和＋柚子＝80 吨，柚子占水果总数的 1/4，故 5/4 水果总和＝80，则水果总和＝64。

方法二：题意"苹果和柚子共 30 吨，香蕉、柚子和梨共 50 吨"，所以总水果一定少于 30＋50，排除选项 C、D，将 A、B 分别代入题干，A 项不满足，B 项满足。

3.【考点解码】　溶液问题

【答案解析】　选 D。混合过后共有 $1\,000 + 200 + 400 = 1\,600$ 克酒精溶液，而纯酒精有

1 600×15％＝240 克，故倒入的酒精溶液含纯酒精 240－200＝40 克。设 A 种酒精溶液的浓度是 a，那么 B 种酒精溶液的浓度是 $a/2$，$200×a＋400×a/2＝40$，解出 $a＝0.1$。故 A 种酒精溶液的浓度是 10％。

4.【考点解码】 容斥原理

【答案解析】 选 A。由题目可知该班学生中超重或近视的总共有 20＋12－4＝28 人，故该班有 50－28＝22 人既不近视又不超重。

5.【考点解码】 比例问题

【答案解析】 选 A。由条件可知该厂总共要生产 110×12＝1 320 个零件，那么由于前两天工人缺勤，以后 10 天平均每天需要加工 (1 320－200)÷10＝112 个零件，即比原先多生产 (112－100)÷100＝12％才能按时完成工作。

6.【考点解码】 比例问题

【答案解析】 选 B。甲、乙、丙、丁分到项目额的比例化简为 6∶4∶3∶2，故甲分到的项目额为 100×6/15＝40 万元。

7.【考点解码】 排列组合

【答案解析】 选 B。这 4 张先后取出的卡片上的数字呈增序只有 1 种情况，而抽出的 4 张卡片有 $A_4^4＝24$ 种排列方式，故呈增序的几率是 1/24。

8.【考点解码】 工程问题

【答案解析】 选 C。假设小赵的工作效率为 1，那么小张的效率为 1.5。小赵工作 1 小时后（工作量为 1），小张的工作量为 9。设再过 x 小时，小张完成的工作量是小赵的 4 倍，即 $9＋1.5x＝4(1＋x)$，解出 $x＝2$。

9.【考点解码】 抽屉原理

【答案解析】 选 D。单位有 200 人，党员比例高于 80％，低于 81％，则 $160＝200×80％＜$党员人数$＜200×81％＝162$，所以党员人数为 161。根据抽屉原理，161÷10＝16……1，所以在同一年入党的青年职工至少为:16＋1＝17 人。

10.【考点解码】 排列组合

【答案解析】 选 B。先从 6 人中选出 3 人进行单独演讲并排序，有 $A_6^3＝120$ 种安排方式，再用插空法，在 3 场单独演讲所形成的 2 个空之间插入圆桌对话，有 2 种选法，所以总共有 $2A_6^3＝240$ 种不同的安排方式。

11.【考点解码】 立体几何问题

【答案解析】 选 C。可以将这个 1.2 米的立方体看做是由不同尺寸的等体积包装箱组成的。首先装 120 cm×120 cm×80 cm 的空间，此时装 (120÷10)×(120÷40)＝36 件；剩余 120 cm×120 cm×40 cm 的空间，再装 120 cm×80 cm×40 cm 的空间，此时可装 120÷10＝12 件；剩余 120 cm×40 cm×40 cm 空间，还可装 40÷10＝4 件。则一共可以装 36＋12＋4＝52 件，故正确答案为 C。

12.【考点解码】 多元一次方程

【答案解析】 选B。假设大型卡车 x 辆，中型卡车 y 辆，那么小型卡车 $6y$ 辆。由题干可得：$x+y+6y=n$，即 $x+7y=n$，$36x+30y+16\times6y=20n$，即 $36x+126y=20n$。$36x+126y=20(x+7y)$，得出 $16x=14y$，$y/x\approx1.14$。

13.【考点解码】 往返相遇型

【答案解析】 选C。假设甲、乙两地之间的距离为 S，那么第一次相遇时，小赵走了 $(S-30)$ 千米，小李走了 30 千米。第二次相遇时，小赵走了 $(2S-40)$ 千米，小李走了 $(S-40)$ 千米。整个过程中，有个完全相同的变量就是小赵、小李所用的时间，可以得出赵李的速度之比＝赵李的路程之比，即 $(S-30)/30=(2S-40)/(S-40)$，可知：$S^2-130S+2\,400=0$，直接用求根公式求解：$S=(130\pm10\times\sqrt{73})/2$，$\sqrt{73}$ 根据估算介于 8 和 9 之间，分别将 8、9 代入 S 求得对应的区间范围 $105-110$。

14.【考点解码】 概率问题

【答案解析】 选B。未来两天天气状况不同概率＝1－未来两天天气状况相同的概率。未来两天天气相同有三种情况：都是晴天，概率为 $50\times80\%=40\%$；都是下雨，概率为 $20\%\times10\%=2\%$；都是下雪，概率为 $30\%\times10\%=3\%$。则题干所求＝$1-40\%-2\%-3\%=55\%$。

15.【考点解码】 容斥问题

【答案解析】 选D。由题可知参加田径比赛的有 33 人，而这 33 人中包括既参加田径又参加游泳的 5 人，也包括既参加田径又参加球类的 16 人，而每名学生最多只能参加两项，所以只参加田径比赛的有 $33-5-16=12$ 人。

16.【考点解码】 一元一次方程

【答案解析】 选C。由题意设，共制作了 x 个包子。列方程 $(x-20)\times0.5-0.35x=17$，解得 $x=180$ 个。

由题干可知：每个包子的售价、成本分别为 0.5 元、0.35 元，则每个包子的利润为 0.15 元，制作的包子数等于已售的包子数加剩下的 20 个包子。设已售的包子数为 X。所以已售的包子所赚的钱为 $0.15X$，剩下的 20 个包子的成本为 $20\times0.35=7(元)$。因此，$0.15X-7=17$，解得 $X=160$。总的制作包子数就为 $160+20=180$。

17.【考点解码】 混合计算

【答案解析】 选B。根据题意，要想被选出的这名扶贫干部走访户数尽可能多，则其他扶贫干部走访的总户数应尽可能少。由题干：每人至少走访 3 户，且不可能从这 49 人中找出 4 名当周走访贫困农户数量完全相同的扶贫干部（最多只有 3 名干部走访贫困户数量相同，48/3＝16），所以这 48 名干部中，最少的人走访的贫困户就是 3 户，以此类推：4、5、6……18 户（累计 16 种情况），那么这 48 名扶贫干部走访量为：$3\times(3+4+5+\cdots+$

18)＝3×(21×16)/2＝504（户）。故任选1名扶贫干部，其当周最多可能走访贫困农户数量为530－504＝26（户）。

18.【考点解码】 经济利润问题

【答案解析】 选B。题干中涉及价格的描述有20%，为了计算方便，可以设商品的成本为 $5x$ 元，那么商品的原价比成本高20%，原价为 $6x$。清仓价格为 $6x×0.8-200=4.8x-200$。结合题意"平均每件商品亏损440元"，可得：$5x-440=4.8x-200$，解 $x=1\,200$。 故清仓价格为5 560元。所求10万元最多能购买这种商品件数：$100\,000/5\,560≈17.9$（件）。

19.【考点解码】 立体几何问题

【答案解析】 选B。由题干，该多面体的表面积最大，那么就是在符合俯视图和正视图的前提下，尽量多地使用小正方体。那么如图，从俯视图出发，结合正视图，分别每个俯视图的构图中下面有对应数字的小正方体。此种情况下，该多面体表面积最大。上下底面积为 $2×8×1=16$，侧面积（有32个侧面）为 $32×1=32$，合计表面积＝$16+32=48$。

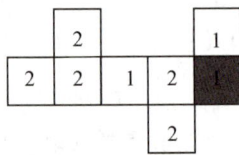

					2		1
2	2	1	2		1		
					2		

20.【考点解码】 工程问题

【答案解析】 选D。假设甲队完成时间为2天，乙队单独完成时间是甲队的1.5倍，则乙队完成时间为3天。那么设甲效率为 $3t$，乙效率为 $2t$。甲单独做20天后，两队合做还需要60天刚好完成，故总量＝$3t×20+5t×60=360t$。甲工作 x 天，乙工作 y 天完成工作可得 $3t×x+2t×y=360t$，可以得出：$y=180-1.5x$。

21.【考点解码】 长度计算

【答案解析】 选D。如下图所示，直角三角形斜边上的中线＝斜边长的一半，所以 $ED=\dfrac{BC}{2}=143$ cm，在 △ADE 中，根据三角形三边关系，$AE＞AD-DE=324-143=181$ cm，当 A、E、D 三点共线时取得最小值181，所以选D。

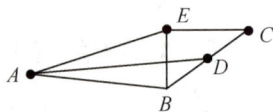

22.【考点解码】 几何问题

【答案解析】 选C。连接 CD，设 DE 与 FC 相较于 O 点。在三角形 OCD 和三角形 OEF 内，$\angle ODC+\angle OCD=\angle E+\angle F$。故 $\angle A+\angle B+\angle C+\angle D+\angle E+\angle F=\angle A+\angle B+\angle C+\angle D+\angle ODC+\angle OCD=360°$。

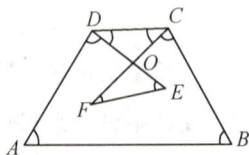

23.【考点解码】 二元一次方程

【答案解析】 选B。由题意知，可设乙兴趣小组人数为 x，丁兴趣小组人数为 y，则甲兴趣小组人数是 $5x$，丙兴趣小组人数为 $3y$，可列出方程：$5x+y=2(x+3y)$，得 $x=\dfrac{5}{3}y$，则丁兴趣小组人数相当于四个兴趣小组总人数的 $\dfrac{y}{5x+x+3y+y}=\dfrac{y}{6x+4y}=\dfrac{1}{14}$。

24.【考点解码】　概率问题

【答案解析】　选 C。田忌随机将自己的三匹马排阵时有 $A_3^3=6$ 种方式，而能够获得两场胜利就只有历史上田忌的那一种排法，所以能获得两场胜利的概率为 1/6。

25.【考点解码】　不定方程组

【答案解析】　选 B。设分别养殖黄牛、驴为 x、y 头，根据题意：$x+y=50$，$0.9x+0.4y\leqslant36$，$0.3x+y\leqslant29$，解得：$30\leqslant x\leqslant32$，产值 $=3x+2y$，当 x 取最大值时，即 $x=32$，产值最大，为 $3\times32+2\times(50-32)=132$ 万元。

26.【考点解码】　混合计算

【答案解析】　选 B。货物总量为：$12\times20+(18-1)\times30+6=756$（吨），在全部出动 B 型车的条件下一定满足出动车辆数最少的条件。$756/30=25\cdots\cdots$，则最少出动 26 辆车。那么分别设 B 型车和 A 型车各安排了 x 和 y 辆，即求 x 最小的整数解。则有关系：$x+y=26$，$30x+20y\geqslant756$，整理得 $10x\geqslant236$，x 最小为 24。

27.【考点解码】　工程问题

【答案解析】　选 A。效率提高后，单位时间内，甲车间能生产 $100\times(1+5\%)=105$（件），乙车间能生产 $90\times(1+10\%)=99$（件）。甲乙合作，单位时间效率和为 $105+99=204$，共需要 5 100/204=25 个单位时间。每个单位时间甲车间比乙车间多生产 $105-99=6$（件）产品，故 25 个单位时间，甲车间一共比乙车间多生产 $25\times6=150$（件）产品。

28.【考点解码】　二元一次方程

【答案解析】　选 C。设收费标准共提高了 x 元，共创收 y 元，那么学员流失 $5x$ 人，则此时每招一人可创收 $(10+x)$ 元。可招 $(200-5x)$ 人，此时共创收 $y=(10+x)(200-5x)$ 元。本题问学员流失最少，故采用极值代入，按选项从小到大代入。优先代入 D 选项，$x=5$，则 $y=15\times175<3\,000$，排除；代入 C 选项，$x=10$，$(10+x)(200-5x)=20\times150=3\,000$，满足题意。

29.【考点解码】　经济利润问题

【答案解析】　选 A。由题意知，根据总价=单价×销量，剩余二者总价相等，单价之比 $=3:3.5=6:7$，则销量之比 $=7:6$，即剩余可乐最少为 7 瓶，剩余苏打水最少为 6 瓶，那么卖掉可乐最多为 $20-7=13$ 瓶，卖掉苏打水最多为 $15-6=9$ 瓶，两种饮料合计最多卖出了 22 瓶。

30.【考点解码】　年龄问题

【答案解析】　选 C。由题意知，可设 2008 年丙的年龄是 x 岁，则甲的年龄是 $3x$ 岁，根据 2017 年甲的年龄是丙的 2.4 倍，得 $\dfrac{3x+9}{x+9}=2.4$，$x=21$，甲为 63 岁；则 2008 年甲为 58 岁，丙为 16 岁，乙则为（58+16）/2=37 岁，当 2015 年时，乙的年龄是甲的（37+12）/（58+12）=7/10。

31.【考点解码】　整数类计算

【答案解析】　选 B。由题意得：保存完整的玻璃总共有 1 675×（1−20%）=1 340 块，则有 $\dfrac{1\,340-8\times132}{12-8}=71$ 个办公室安装 12 块玻璃。

32.【考点解码】　立体几何问题

【答案解析】　选 B。由题意推出整个过程中甲玻璃杯下降了 10 cm，乙玻璃杯上升了 5 cm，而甲玻璃杯中水减少的体积与乙玻璃杯中水增加的体积是相等的，且都等于石块的体积，其高度比为 2∶1，则两者底面积之比为 1∶2。

33.【考点解码】　工程问题——赋值法计算

【答案解析】　选 A。赋值工作总量为 56，那么 A、B 的工作效率和为 7，A、C 的工作效率和为 8，B、D 的工作效率和为 8，A、B、C、D 的工作效率和为 16，所以 C、D 的工作效率和为 9。C、D 完成工程所需时间为 56/9。C、D 合作能比 A、B 合作提前16/9（天）。

34.【考点解码】　直接代入类

【答案解析】　选 B。本题可以采用代入排除法。如果有 39 名老人，则根据"每个老人分 5 盒，则剩下 38 盒"可知共有 233 盒牛奶，如果前 38 个老人每人分 6 盒，那么最后一个老人得 5 盒，与题意不符，排除 A；如果有 40 名老人，则共有 238 盒牛奶，如果前 39 个老人每人分 6 盒，那么最后一个老人得 4 盒，与题意相符。同理，C、D 项不合题意。

35.【考点解码】　捆绑插空型

【答案解析】　选 C。本题可以用插空法。问至少有 2 个相邻，从反面分析，就是 3 个数字都不相邻，总的情况是 12 个选 3 个，3 个都不相邻的。利用插空法，除去 3 个还有 9 个数字，9 个数字产生 10 个空位，现在只需要将 3 个数字插空就行，所以是 10 个空位选 3 个空插入（用 C 表示因为数字有大小顺序，3 个空位不能交换）。概率为（10×9×8）÷12×11×10=6/11，所以反面是 1−6/11=5/11。

36.【考点解码】　几何构造

【答案解析】　选 D。因为矩形的长（b）和宽（a）的比例未知，故需要分类考虑。（1）当 $a<\dfrac{b}{2}$ 时，分别以相对短边两边、相对长边两边、相邻一长一短两边为直径作圆，会将矩形分别分为 3、7、5 个区域（见图 1、图 2、图 3）。（2）当 $a=\dfrac{b}{2}$ 时，分别以相对短边两边、相对长边两边、相邻一长一短两边为直径作圆，会将矩形分别分为 3、7、5 个区域（图

4 为 5 个区域的情形，其他情形不再给出图例）。(3) 当 $b > a > \dfrac{b}{2}$ 时，分别以相对短边两边、相对长边两边、相邻一长一短两边为直径作圆，会将矩形分别分为 3、5、4 个区域。(4) 当 $a = b$ 时，分别以相对两边、相邻两边作圆，都会将矩形（此时为正方形）分别分为 4 个区域。

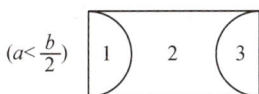 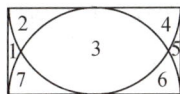 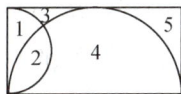 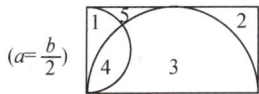

图1　　　　　　　图2　　　　　　　图3　　　　　　　图4

37.【考点解码】 比例问题

【答案解析】 选 A。利用连比规律，苹果、雪梨、西瓜的销售量之比为 10：6：27，单价之比为 6：5：3，所以收入比为 60：30：81＝20：10：27，由此可知西瓜收入比苹果收入多 7 份＝98 元，那么一份为 14 元，总收入为（20＋10＋27）×14＝798。

38.【考点解码】 最值问题

【答案解析】 选 B。要想使得没作答的题最少，则连续做错的题应该最多。总共 100 道题，试卷总分为 2 000 分，小张获得 1 270 分，失分 730。因为错第一题要扣 10 分，所以错 1 个题需要从 2 000 分中减去 30 分，错 2 个题需要从 2 000 分中减去（30＋40）分，错 3 个题需要从 2 000 分中扣（30＋40＋50）分……扣分 730，要未作答的题最少需要错题最多，即 730 分尽量从错题里面扣，30，40，50……一直加下去，当错 9 题时 30＋40＋50＋…＋110＝630，再错 1 题需要再扣 120 分，这样就扣了 750 分，超过了 730，故最多错 9 题，扣 630 分，此时未作答的题最少，扣分 730－630＝100（分），每不做一题需要从 2 000 分中扣 20 分，说明共有 5 题未作答，经验证，符合题意。

39.【考点解码】 新题型

【答案解析】 选 C。已知赵、钱、孙、李、周分别读过其中的 2、2、4、3、5 本书，2＋2＋4＋3＋5＝16；而书 A、B、C、D、E 分别被小组中的 1、4、2、2、2 位书友读过，1＋4＋2＋2＋2＝11；因为每人至少读其中的一本书，那么吴至少读了一本书，这样 6 人总的读书本次至少 16＋1＝17 次；17－11＝6，说明书 F 至少被 6 人读过，而现在书友一共只有六位，因此吴只读了一本书，书 F 被小组中的 6 位同学都读过。

40.【考点解码】 最值优化类

【答案解析】 选 D。根据题意：甲厂每个月 20 天生产 900 件上衣，10 天生产 900 条裤子，说明一个月 30 天可生产上衣 1 350 件，全部生产裤子可以生产 2 700 条，可以说明甲厂做裤子更快；乙厂每个月 18 天生产 1 200 件上衣，12 天生产 1 200 条裤子，说明乙厂一个月只生产上衣可以生产 2 000 件，只生产裤子可以生产 3 000 条。根据最佳生产方案甲应该生产裤子，乙生产上衣。按照配套来看乙应该一个月都生产上衣 2 000 件，这时候甲也生产裤子 2 000 条，用了（2 000/2 700）×30＝200/9 天，因为一个月是 270/9＝30 天，所以对于甲来讲还剩下 70/9 天，剩下的这些天可以生产成衣（70/9）×900/30，取整数为 233 件。所以一共生产成衣 2 000＋233＝2 233 套。

41. 【考点解码】 迟到早到型

【答案解析】 选 C。设准点到达的时间为 t，如果将车速提高 1/9，则车速为 54＋54×1/9＝60（千米/小时），则有：$54t＝60(t－1/3)$，解得：$t＝10/3$（小时），所以总路程为 54×10/3＝180（千米）。如果将车速提高 1/3，则车速为 54＋54×1/3＝72（千米/小时），需要时间为 180÷72＝2.5（小时），比预定的时间提前 10/3－2.5＝5/6 小时＝50（分钟）。

42. 【考点解码】 溶液问题

【答案解析】 选 C。设至少加 x 次浓度为 60％的盐水，一共加入 34x 克盐水。则有 500×15％＋34x×60％＝（500＋34x）×30％，解得 $x＝7.4$。故至少加 8 次。

43. 【考点解码】 一元一次方程

【答案解析】 选 B。根据甲、乙、丙三组人数比，设甲组人数为 10x，乙组人数为 8x，丙组人数为 7x，一共人数是 25x。那么男生是 15x，女生是 10x。甲组男女生比例是 3：1，则甲组男生是 7.5x，女生是 2.5x，乙组男女生比是 5：3，则男生是 5x，女生是 3x，那么丙组的男生是 15x－7.5x－5x＝2.5x，丙组的女生是 10x－2.5x－3x＝4.5x，那么丙组男女生之比是 2.5x：4.5x＝5：9。

44. 【考点解码】 几何特性

【答案解析】 选 A。"三角形的两边和一定大于第三边，三角形的两边差一定小于第三边。"设另外两条三角形的边为 $a，b$。则有：$a＋b＞5，a－b＜5，a，b＝1，2，3，4，5$（本题中没有相等的边）。

当 $a＝5$ 时，$b＝1，2，3，4，5$；

当 $a＝4$ 时，$b＝3，4，5$；

当 $a＝3$ 时，$b＝3，4，5$；

当 $a＝2$ 时，$b＝4，5$；

当 $a＝1$ 时，$b＝5$。

其中重复的有 1，5，5；2，5，5；3，5，5；4，5，5；3，4，5。所以总共有 14－5＝9（种）。

45. 【考点解码】 牛吃草问题

【答案解析】 选 B。设水库原有水量为 y，每周的蒸发量为 x，用 11 台抽水机时水库的水可用 n 周，则有 $y＝(20＋x)×5，y＝(16＋x)×6，y＝(11＋x)×n$，解得：$x＝4，y＝120，n＝8$。

46. 【考点解码】 相遇追及型

【答案解析】　选C。由题意可知，时间一定时，父亲和儿子单位时间内距离比＝2∶3，每步距离比＝2∶1，所以父亲与儿子的速度比为4∶3。假设父亲的速度为4，儿子的速度为3，儿子一步的距离为1，由追及公式可得100＝（4－3）$t_追$，解得$t_追$＝100，则儿子共跑了100＋100×3＝400（步）。

47.【考点解码】　排列组合

【答案解析】　选A。木棍有三节，每一节的颜色都有三种选择，所以生产出的三节棍共有3×3×3＝27（种），但是类似（红红白）和（白红红）是一样的，因此重复计算了(3×3×3)÷2＝9（种），故有27－9＝18（种）。

48.【考点解码】　年龄问题

【答案解析】　选C。设今年大儿子x岁，二儿子y岁，则当二儿子长到x岁时，大儿子为$(2x-y)$岁，王先生为$(50+x-y)$岁，可得方程$x+(2x-y)=50+x-y-6$，解得$x=22$。

49.【考点解码】　排列组合

【答案解析】　选C。排列组合问题。采用代入排除，由题意可以知道，N个特殊图形键的全排列数为A_N^N。要使成功率小于1/100 000，就是$A_N^N>100 000$。那么代入选项可知当$N=9$时，$A_9^9=362 880$，符合要求。

50.【考点解码】　余数问题

【答案解析】　选C。本题考查最值问题。共相亲61次，61÷20＝3……1，则至少有一名女生至少相亲4次。

51.【考点解码】　概率问题

【答案解析】　选C。小王这三天乘坐班车的总情况数有4×3×2＝24种，其中与小张乘车完全相同的情况数只有1种，因此所求为1/24≈0.41。

52.【考点解码】　二元一次方程

【答案解析】　选A。设乙效率为x，则甲为$x+240$；设丙效率为y，则丁为$y+160$，根据题干"甲、乙生产线效率之和等于丙、丁生产线效率之和"有$x+x+240=y+y+160$，即$x-y=-40$，即乙比丙少40。

53.【考点解码】　整数类计算

【答案解析】　选C。由题意可知连续击中总得分小于等于74分。第一次击中得1分，第二次2分，第三次2×2＝4分，以此类推，即每次得分依次为：1，2，4，8，16，32，击中六次得分之和为63，击中七次得分为127。

54.【考点解码】　一元一次方程

【答案解析】　选A。设每位乘客可免费托运行李x千克，则超重$(69-x)$千克超重费735元，超重$(69-3x)$千克超重费135元。有：735/$(69-x)$＝135/$(69-3x)$，解得$x=20$。

55.【考点解码】 混合计算

【答案解析】 选A。根据题干"最多运送多少吨"，即应使车厢尽可能少留空隙。根据车厢长度以及包装箱的尺码，应用1.8米的方向摆放包装箱20 cm的尺码，可以摆放1.8米/0.2米＝9（盒）；4.2米的方向摆放包装箱14 cm的尺码，可以摆放4.2米/0.14米＝30（盒）；1.9米的方向摆放包装箱14 cm的尺码，可以摆放1.9米/0.14米＝13（盒）……0.08（米），最多13盒；最大重量为：$9 \times 30 \times 13 \times 600 = 2\,106\,000$（克）$\approx$ 2.1（吨）。

56.【考点解码】 溶液问题

【答案解析】 选D。第一次吃了半碗，剩余的芝麻粉是1/2。第二次吃了1/2的1/3，剩余$1/2 - 1/2 \times 1/3 = 1/3$。第三次吃了1/3的1/6，剩余的$1/3 - 1/3 \times 1/6 = 5/18$即最后一次吃下的芝麻粉的量。

57.【考点解码】 行程问题

【答案解析】 选B。设原速度为v，所用时间为t，总路程$s = vt$，又有：$s = (v+1)(t-15)$以及$s = (v+3)(t-30)$。联立3个方程可得：$s = 180$(米)。

58.【考点解码】 多元一次方程

【答案解析】 选C。设获一二三等奖人数为x，y，z，则$x + y + z = 10$，$9x + 5y + 2z = 61$，消去z得$7x + 3y = 41$，当$x = 6$时，y为负，因此x最大为5。

59.【考点解码】 经典行程模型

【答案解析】 选B。如右图所示，收到集合命令时甲在C处，乙在B处，$\angle ACB = \angle DAB = 30$度，$\angle ADB = \angle CAB = 90$度。甲和乙前往大本营同时到达，说明行进时间一致，因此甲的速度：乙的速度$= AC : AB = \sqrt{3} : 1$，甲的速度为60千米／小时，乙的速度为$20\sqrt{3}$千米／小时。$CD : BD = 3 : 1$，设甲从D到C走了t时间，则有：$60t / 20\sqrt{3}(t - 0.5) = 3/1$，$t = \sqrt{3}(\sqrt{3}+1)/4$，所以$CD = 15\sqrt{3}(\sqrt{3}+1)$千米，$AD = 15(\sqrt{3}+1) \approx 40.98$。

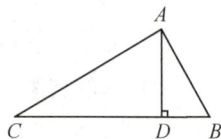

60.【考点解码】 概率问题

【答案解析】 选A。若1＋3元的组合，一共3种组合方法，都有包子；若2＋2元的组合，一共1种组合方法，没有包子；若1＋1＋2的组合，一共$3 \times 2 \times 1 = 6$种组合，都没有包子，因此最后的概率为$3/10 = 30\%$。

三、斩获高分题

1.【考点解码】 排列组合

【答案解析】 选D。分类分布。第一类，先3位50元女游客购票，再剩下3个男游客购票。第二类，先 2 位女游客购票，再 1 位男游客购票，接着分两种情况:第一种情况，再 1 位男游客购票，再 1 位女游客，1 位男游客。第二种情况，再 1 位女游客，剩下 2 位男游客任意排列。第三类，先 1 位女游客，再 1 位男游客，接着 1 位女游客，再接着分两种情况:第一种情况，先男再女，再男。第二种情况，先女，剩下 2 男任意排列。故总的情况数为: $[A_3^3 \times A_3^3 + A_3^2(A_3^2 + C_3^1 A_2^2) + C_3^1 C_3^1 C_2^1(C_2^2 + A_2^2)] = 180$。

2.【考点解码】　几何问题

【答案解析】　选 C。四边形 $ACBD$ 为平行四边形。根据勾股定理，在直角三角形 ACD 中，$AD = 20$，角 $ADC = 30$ 度。又 $AC = BD = 10$ 米，$AD = BC = 20$ 米，根据余弦定理 $AB = 10\sqrt{7}$。路线（1）所用时间:$10/15 + 20/6 = 4$（小时）；路线（2）所用时间:$5\sqrt{7}/15 + 5\sqrt{7}/6 = 7\sqrt{7}/6$（小时）；路线（3）所用时间:$20/15 + 10/6 = 8/3$（小时）。比较（2）、（3）可得线路（3）使用时间最少。

3.【考点解码】　经济利润问题

【答案解析】　选 C。题干说，购入一百多件 A 款服装，其单件进价为整数元，总进价为 1 万元，$10\,000 = 100 \times 100 = 2^4 \times 5^4$，要保证进价和数量都是整数，且数量是 100 多件（说明数量为 100—200 件），则 A 的进价只可能是 80 元，进货 125 件。则 B 的进价是 $0.75 \times 80 = 60$ 元，售价 $1.6 \times 60 = 96$ 元，利润 $96 - 60 = 36$ 元，则 A 款服装的利润是 $2 \times 36 = 72$ 元，A 款服装售价为 152 元。$2\,500 \div 152 = 16.45$，因此销售额要超过 2 500 元，至少要销售 A 款服装 17 件。

4.【考点解码】　溶液问题

【答案解析】　选 A。设 $a = 1$，列出下表表示两次操作过程中水量。

		A 水壶	B 水壶
初始量		1	b
第一次	B→A	$1 + b/2$	$b/2$
	A←B	$1/2 + b/4$	$1/2 + 3b/4$
第二次	B→A	$3/4 + 5b/8$	$1/4 + 3b/8$
	A←B	$3/8 + 5b/16$	$5/8 + 11b/16$

根据题干最后回到原来状态，即 $1 = 3/8 + 5b/16$，有 $b = 2$，$a/b = 1/2$。

5.【考点解码】　不定方程组

【答案解析】　选 A。设原绳长为 1，任意分为三段，设其中两条边长度分别为 x，y，则第三条边长度为 $1 - x - y$。设三条边长度为 $1 - x - y \geqslant y \geqslant x$。根据三角形三边均大于 0，满足 $x > 0$，$y > 0$，$1 - x - y > 0$，围成的三角形 AOB 面积为 $S = 1/2 \times 1 \times 1 = 1/2$。要使得三角形能组成，必须满足"任意两边之和大于第三边""任意两边之

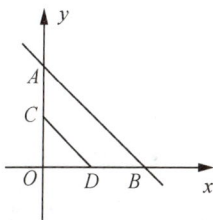

差小于第三边"，可得 $x+y>1-x-y$，$1-x-y-x<y$，得 $x+y>1/2$，该条件与 x 轴围成的三角形 COD 面积 $S'=1/2\times1/2\times1/2=1/8$。则能够成三角形的概率为 $S'/S=1/8\div1/2=1/4$。

6.【考点解码】　新题型

【答案解析】　选C。因为路程上时间无法减少，因此当小李等地铁时间最短时，上班途中花费时间最少。小李上班途中花费时间 $t=5+15+4+20+6=50$ 分钟。要想 9:00 保证能到公司，小李的出门时间肯定不能晚于 8:10。1号线 6:00 始发，4分钟发一班，到A站需15分钟，因此8:00以后的1号线分别会在 8:03，8:07，8:11，8:15，……到达A站。2号线在C站8:00以后的发车时间为 8:00，8:06，8:12，……8:30，……。

选项A：假设小李8:10出门，距离9:00有50分钟。到达A站时间为8:15，恰好赶上车，到达C站时间为8:34，2号线8:36发车，需等车2钟。因此上班途中花费时间 50+2=52>50 分钟，必然会迟到。

选项B：假设小李8:08出门，距离9:00有52分钟。到达A站时间为8:13，1号线8:15到达A站，需要等车2分钟，到达C站时间为8:34，2号线8:36发车，需等车2分钟。因此上班途中花费时间为 50+2+2=54>52 分钟，小李必然迟到。

选项C：假设小李8:06出门，距离9:00有54分钟，到达A站时间为8:11，恰好赶上车。8:30到达C站，恰好赶上车，因此上班途中花费时间 50<54 分钟，小李能保证9:00到公司。

7.【考点解码】　平面几何问题

【答案解析】　选B。如图，设小瓷砖的长为 x 厘米，则宽为 $1/2(75-x)$，有：$x=3\times1/2(75-x)$，解得 $x=45$ 厘米。设正方形墙面边长为 a，则小郑一共用了 $n=10\times(a\div90)\times(a\div75)$ 块瓷砖，90和75的最小公倍数为450，因此取 $a=450$ 厘米代入，$n=10\times5\times6=300$ 块。

8.【考点解码】　立体几何问题——体积计算

【答案解析】　选B。水渠截面如右图所示。涨水后增加的面积为梯形 $EMGF$。水渠截面是等腰梯形，因此 $BC=1/2(2-1)=0.5$。因为 $\triangle AGH\backsim\triangle AFD\backsim\triangle ACB$，所以 $AH/AD/AB=1/1.8/2=HG/DF/BC$，所以 $HG=0.25$，$DF=0.45$。可知 $MG=1+0.25\times2=1.5$，$EF=1+0.45\times2=1.9$，$DH=1.8-1=0.8$，因此 $S_{EMGF}=1/2(MG+EF)\times DH=1/2\times3.4\times0.8=1.36$。水量增加 $V=S_{EMGF}\times100=136$ m^3。

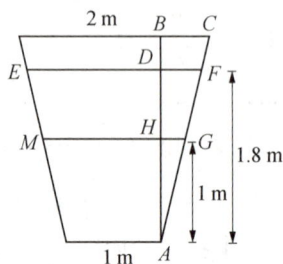

9.【考点解码】　余数问题

【答案解析】　选D。方法一：如果出差期间均在2月份，连续4个 20+ 的数的乘积一定远远大于 1 624，因此出差期间一定是跨月，排除A、B；代入C选项，出差的日期为

27、28、29、1，乘积仍然远远大于 1 624，排除 C。

方法二：1 624 不能被 9 整除，所以不能包含 27 号，只能是 28、29、1、2 出差。

10.【考点解码】 钟表问题

【答案解析】 选 D。要锻炼时间最长，6 点开始时针、分针第一次垂直时出门，即 6 点 $(16+4/11)$ 分时出门，7 点后时针、分针第二次垂直时为 7 点 $(54+6/11)$ 分，此时间隔最大为 $98+2/11$ 分钟，约为 98 分钟。

11.【考点解码】 相遇追及型

【答案解析】 选 B。设甲、乙两地距离为 S，因为小张、老王的速度之比为 $5:4$，两人第一次相遇时行走的路程之和为 S，因此相遇时小张走了 $5S/9$，老王走了 $4S/9$。因此在该相遇地点，小张距离乙地的距离是 $L_1=S-5S/9=4S/9$。第二次相遇时两人行走路程之和为 $3S$，小张走了 $15S/9$，老王走了 $12S/9$，则现在小张距离乙地为 $L_2=15S/9-S=6S/9$。则两次相遇地点的距离差是 $L_2-L_1=2S/9=20$ km，解得 $S=90$ km。

12.【考点解码】 二元一次方程

【答案解析】 选 A。根据题意可知，3 分及以上人均 $2x$ 分，7 分及以下人均 x 分。设 3 分及以上的人数为 y，则班级总人数为 $y+5+3+8$，7 分及以下人数为 $y+5+3+8-2-2-4=y+8$；班级总分数为 $2x\times y+2\times 5+1\times 3=2xy+13$，班级总分数也可以表示为 $(y+8)\times x+2\times 10+2\times 9+4\times 8=xy+8x+70$，即 $xy+8x+70=2xy+13$，则 $xy=8x+57$，$y=(8x+57)\div x=57/x+8$，班级总人数 $=y+5+3+8=57/x+24$。

13.【考点解码】 工程问题

【答案解析】 选 A。设乙的生产效率为 x，则甲的生产效率为 $3x$，丙的生产效率为 $3x-9$，则每小时生产产品之和为 $7x-9$。根据题意，$7x-9<100$ 且为质数，得 $x<15.57$。将四个选项代入不等式，当 $x=14$ 时，生产总和为 89，恰好为质数。

14.【考点解码】 几何问题

【答案解析】 选 D。可以举反例来验证甲乙说法均为错误。如图 1 所示，边长为 2 的等边三角形，面积为 $\sqrt{3}$；边长为 2，2，$2\sqrt{3}$ 的等腰三角形面积为 $\sqrt{3}$。两边相等，另外一边变长，面积没有变化，可知甲说法错误。

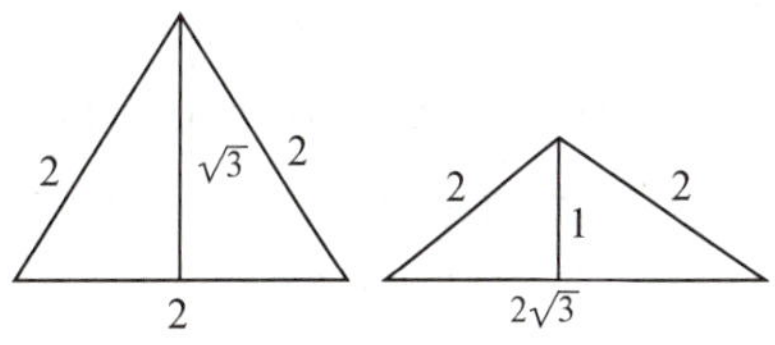

图 1

如图 2 所示，下面两个三角形，右侧三角形两边均大于左边三角形两边，根据等低同高的三角形面积相等，可知乙说法错误。

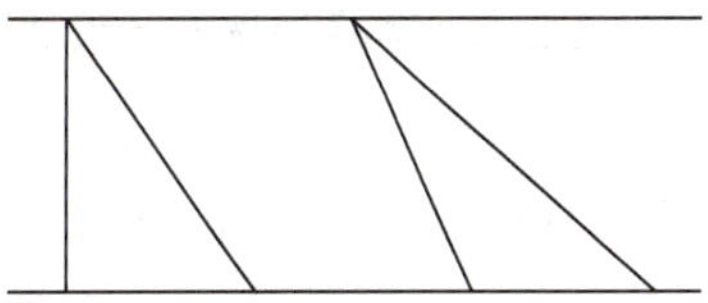

图 2

15.【考点解码】 直接代入类

【答案解析】 选 B。根据题意可知：白色盒子内的球个数的 1/3 加上红盒子内球的个数能被 5 整除。

16.【考点解码】　利润率折扣

【答案解析】　选 B。设商品的成本为 100，则所有商品销售额为 $100\times(1+70\%)\times 80\%+100\times(1+70\%)\times(1-80\%)\times 0.5=153$，则商品的最终利润率为 $(153-100)\div 100=53\%$。

17.【考点解码】　行程问题

【答案解析】　选 D。由第一次两人与十字路口的距离相等，可得 $1\,200-10V_甲=10V_乙$；由第二次两人与十字路口的距离相等，可得 $100V_甲-1\,200=100V_乙$。联立以上两个方程解得，$V_甲=66$ 米/分钟 $V_乙=54$ 米/分钟，即所求为 $100V_乙=5\,400$ 米。

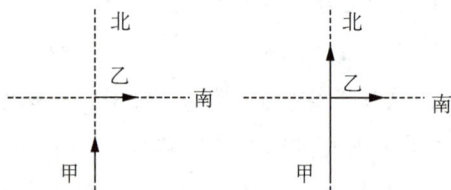

18.【考点解码】　最值问题

【答案解析】　选 C。名次是首项为 1、公差为 1 的等差数列，名次之和为 300，所以根据等差数列求和公式，可以得出总人数为 24 人。由于每个部门的名次和只能为整数，所以销售部门的名次平均数为 11.3，可知其人数应该为 10 或 20。若人数为 20，则剩下 4 个人不能使另两个部门的名次和为整数，因此销售部门的人数为 10，名次和为 113。同理，售后部门人数为 5，名次和为 52；技术部门人数为 5，名次和为 46。所以剩下的 4 个人的名次和应该为 $300-113-52-46=89$。若要使获得的名次最高，则要使其余 3 人的名次尽可能低，最不利的情况是 3 人的名次分别为 22、23、24，则剩余的人所获名次为 $89-24-23-22=20$，即其他部门获得的名次最高为 20。

19.【考点解码】　日期推断类

【答案解析】　选 A。某个闰年连续 3 个月每个月都只有 4 个星期五，则共有 12 个星期五，12 个星期为 $12\times 7=84$（天），若这三个月的天数和大于或等于 91 天，则必然有 13 个星期五，所以这三个月的天数和只能为 90 天，这三个月份应该是 2 月、3 月、4 月。90 天为 12 个星期余 6 天，因此 4 月 30 日为星期四，5 月 1 日为周五，因此 6 月 1 日为星期一。

20.【考点解码】　牛吃草问题

【答案解析】　选 C。设每台抽水机每小时抽水量为 1。乙池水量为 $8\times 4=32$，甲池每小时注入水量为 $(8\times 16-13\times 6)/10=5$ 份，原有水量为 $16\times(8-5)=48$ 份。设甲乙同时抽空时甲需要 x 台抽水机，乙需要 $(20-x)$ 台，则：$48/(x-5)=32/(20-x)$，解得 $x=14$，乙需要 $20-14=6$ 台，甲比乙多 $14-6=8$ 台。

第三章　资料分析

第一节　夯实基础题

一、根据以下资料，回答下列问题

2009—2015 年我国会展业发展状况

年份(年)	2009	2010	2011	2012	2013	2014	2015
展览会数量(场)	4 920	6 200	6 830	7 189	7 319	8 009	9 283
展览会展出面积(万平方米)	4 990	7 440	8 120	8 990	9 391	10 276	11 798
会展业总产值(亿元)	1 817	2 482	3 016	3 500	3 870	4 184	4 803
出境参展项目数量(个)	1 183	1 316	1 375	1 528	1 391	1 447	1 385
出境参展净面积(万平方米)	42.64	51.75	60.50	69.73	61 80	70.70	63.90
出境参展企业数(家)	30 185	36 007	40 190	47 376	47 494	47 787	46 000

1. "十二五"（2011—2015 年）期间，我国总共举办了约多少万场展览会？＿＿＿＿

A. 3.2　　　　B. 3.9　　　　C. 4.5　　　　D. 5.0

2. 2009—2015 年间，有几个年份平均每个出境参展项目的参展净面积超过 400 平方米？＿＿＿＿

A. 3　　　　B. 4　　　　C. 5　　　　D. 6

3. 2010—2015 年间，我国展览会展出面积同比增速最快的一年，展览会展出面积较上年约增加了＿＿＿＿。

A. 28%　　　　B. 37%　　　　C. 43%　　　　D. 49%

4. 以下哪项的折线图可以准确表现 2011—2014 年间，我国会展业总产值同比增量的变化情况？＿＿＿＿（单位:亿元）

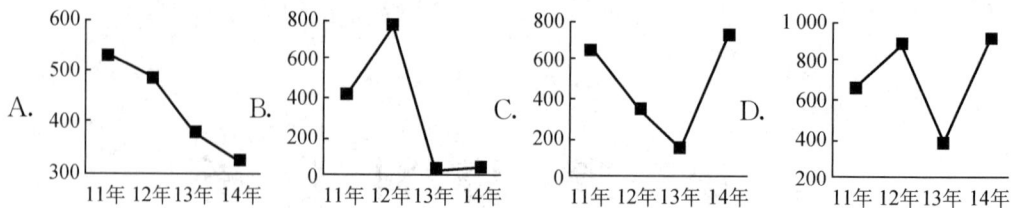

5. 能够从上述资料中推出的是_____。

A. 2010 年我国出境参展企业数较上年增加了两成多

B. 2009—2015 年间，我国出境参展企业和出境参展项目数量最多的年份相同

C. 2011 年平均每场展览会展出面积比上年扩大了 10% 以上

D. 2013—2015 年，我国平均每天举办的展览会数量超过 20 场

二、根据以下资料，回答下列问题

2016 年全国餐饮收入 35 799 亿元，同比增长 10.8%，餐饮收入占社会消费品零售总额的比重为 10.8%。2016 年全社会餐饮业经营单位为 365.5 万个，同比下降 8.2%；从业人数为 1 846.0 万人，同比增长 5.7%。

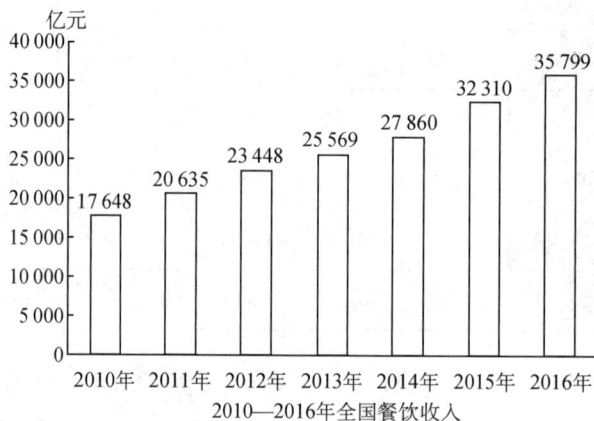

2010—2016 年全国餐饮收入

6. 2016 年社会消费品零售总额约为_____万亿元。

A. 27　　　　　　　B. 33　　　　　　　C. 39　　　　　　　D. 45

7. 2016 年全社会餐饮业平均每个经营单位的从业人数比上年约_____。

A. 减少了 2%　　　B. 减少了 15%　　　C. 增加了 2%　　　D. 增加了 15%

8. 2011—2016 年间，全国餐饮收入同比增量超过 3 000 亿元的年份有几个?_____。

A. 2　　　　　　　B. 3　　　　　　　C. 4　　　　　　　D. 5

9. 2016 年全国餐饮收入约相当于"十二五"(2011—2015 年)期间年平均值的多少倍?_____

A. 1.2　　　　　　B. 1.4　　　　　　C. 1.6　　　　　　D. 1.8

10. 能够从上述资料中推出的是_____。

A. 2016 年平均每个餐饮业经营单位创造的餐饮收入超过 100 万元

B. 2016 年餐饮业经营单位从业人员同比增长了 200 万人以上

C. 2016 年全国餐饮收入比 2010 年翻了一番以上

D. 2013 年全国餐饮收入同比增速超过 10％

三、根据以下资料，回答下列问题

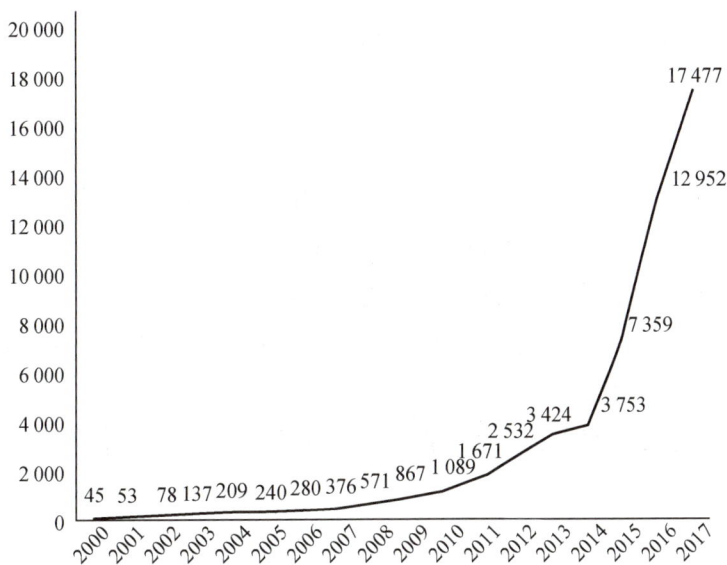

图 1　2000—2017 年中国人工智能专利授权情况（单位：件）

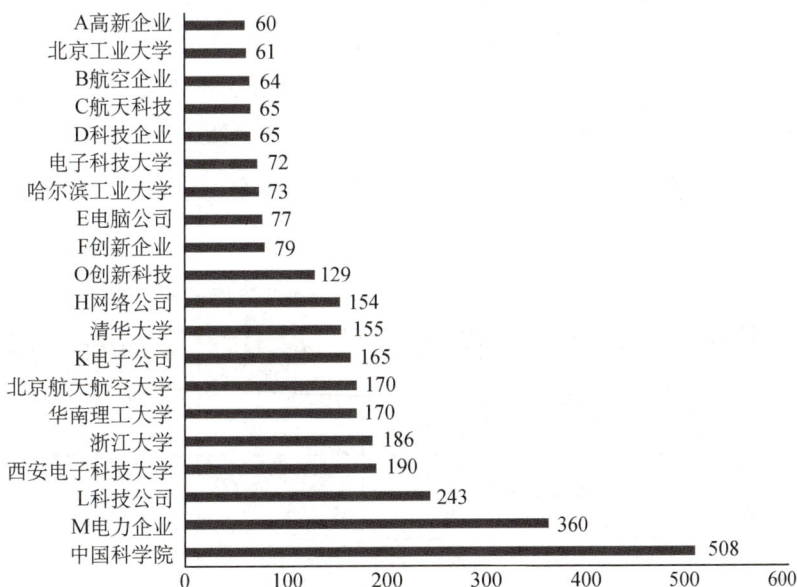

图 2　2017 年中国人工智能专利授权量排名前 20 名的国内专利权人（单位：件）

11. 从历年专利授权量变化趋势来看，2014 至 2017 年我国人工智能领域专利处于_____。

　　A. 起步萌芽期　　　　B. 发展停滞期　　　　C. 缓慢发展期　　　　D. 快速发展期

12. 下列年份中，中国人工智能专利授权量增速最快的是_____。

　　A. 2007 年　　　　　B. 2012 年　　　　　C. 2015 年　　　　　D. 2017 年

13. 在位列中国人工智能专利授权量前 20 名的国内专利权人中，浙江大学的专利授权量占比约为_____。

　　A. 1%　　　　　　　B. 6%　　　　　　　C. 15%　　　　　　D. 30%

14. 在位列中国人工智能专利授权量前 20 位的国内专利权人中，企业和高校、科研院校的授权量之比约为_____。

　　A. 1∶1　　　　　　　B. 2∶3　　　　　　　C. 1∶2　　　　　　D. 1∶3

15. 根据资料，下列关于我国 2000—2017 年相关信息说法正确的是_____。

　　A. 2014 年是人工智能专利研发的第一个井喷年

　　B. 2014 年至 2017 年人工智能领域专利授权量年均增速为 120%

　　C. 2017 年排名前 20 名的国内专利权人，其人工智能专利授权量占当年人工智能专利授权总量的比例超过了 40%

　　D. 中国科学院仅 2017 年的人工智能专利授权量就接近 2000 年至 2004 年 5 年全国授权量的总和

四、根据以下资料，回答下列问题

　　近年来，A 省大力发展绿色无公害农业。2017 年，A 省农药使用总量 5.80 万吨，与 2016 年相比减少 5.69%；单位耕地面积农药使用量为 1.47 千克/亩。

　　全省新增申报无公害农产品产地认定 221 个，产品 362 个，新增绿色食品 33 个，再认证有机食品 60 个。全省"三品一标"总数达 2 570 个，其中：无公害农产品 1 710 个，绿色食品 745 个，有机农产品 87 个，农产品地理标志 23 个。无公害农产品种植面积总计达 1 050 万亩，生产总量 970 多万吨。

2014—2017 年 A 省无公害农产品生产情况

项目	2017 年	2016 年	2015 年	2014 年
农药使用总量（万吨）	5.80	6.15	6.28	6.51
单位耕地面积农药使用量（千克/亩）	1.47	1.56	1.59	1.66
"三品一标"总数（个）	2 570	2 561	2 113	1 905
新增申报无公害农产品产地认定（个）	221	235	194	270
无公害农产品产地（个）	—	1 740	1 895	1 701
无公害农产品种植面积（万亩）	1 050	650	380	332

16. 2017 年，A 省"三品一标"总数较上年增加了_____个。

A. 8　　　　　　B. 9　　　　　　C. 10　　　　　　D. 11

17. 2017 年，A 省农药使用总量比 2016 年减少了_____万吨。

A. 0.25　　　　　B. 0.3　　　　　C. 0.35　　　　　D. 0.4

18. 2017 年，A 省单位耕地面积农药使用量比 2015 年约_____。

A. 增加 7.5%　　B. 下降 7.5%　　C. 增加 13.5%　　D. 下降 13.5%

19. 2014—2017 年，A 省平均每年新增申报无公害农产品产地认定_____个。

A. 184　　　　　B. 202　　　　　C. 221　　　　　D. 230

20. 下列说法不正确的是_____。

A. 2016 年，A 省有绿色食品 712 个

B. 2017 年，A 省无公害农产品种植面积是 2014 年的 3 倍多

C. 2014—2017 年，A 省单位耕地面积农药使用量逐年下降

D. 2017 年，A 省无公害农产品平均亩产超 1 吨

第二节　提升能力题

一、根据以下资料，回答下列问题

2014 年某区限额以上第三产业单位共 674 家，实际收入 1 059.1 亿元，同比增长 4.5%；实现利润总额 13.5 亿元，同比增长 11.9%；从业人员达到 58 631 人，同比下降 4.3%。

某区 2014 年限额以上第三产业单位按门类划分收入构成情况

	单位数(家)	2014 年收入(亿元)	2014 年收入同比增速(%)	2014 年上半年收入同比增速(%)
合计	674	1 059.1	4.5	11.4
批发和零售业	291	893.4	8.8	16.1
交通运输、仓储和邮政业	38	13.5	−3.6	−3.3
住宿和餐饮业	50	4.9	−16.8	−18.4
信息传输、软件和信息技术服务业	7	4.7	−7.2	1.9
金融业	22	5.2	44.2	30.7
房地产业	35	31.6	−51.1	−41.4
租赁和商务服务业	63	21.1	−7.7	−10.2

（续表）

	单位数(家)	2014年收入(亿元)	2014年收入同比增速(%)	2014年上半年收入同比增速(%)
科学研究和技术服务业	26	8.1	3.0	17.8
水利、环境和公共设施管理业	23	8.6	0.4	−9.0
居民服务、修理和其他服务业	7	1.9	3.6	−10.1
教育	69	23.3	16.5	2.3
卫生和社会工作	26	38.6	14.9	14.6
文化、体育和娱乐业	17	4.2	8.1	−2.8

1. 2014年该区限额以上第三产业单位平均每名从业人员创造的利润比上年约_____。

A. 下降了7% 　　 B. 下降了17% 　　 C. 上升了7% 　　 D. 上升了17%

2. 如2013年该区限额以上金融业单位数量与2014年一样，则该区2013年平均每家限额以上金融业单位实现收入约多少亿元?_____

A. 0.16 　　 B. 0.24 　　 C. 0.39 　　 D. 0.65

3. 表中所列各类限额以上第三产业单位中，按单位数从多到少排列，排在前三位的三个门类单位数之和约占到该区限额以上第三产业单位总数的_____。

A. 4.6% 　　 B. 27% 　　 C. 63% 　　 D. 91%

4. 表中所列各类限额以上第三产业单位中，2014年收入与2013年收入相比呈正增长，且2014年下半年收入同比增速高于上半年的有几类?_____

A. 5 　　 B. 6 　　 C. 7 　　 D. 8

5. 关于2014年该区限额以上第三产业单位，能够从上述资料中推出的是_____。

A. 2014年该区限额以上第三产业单位整体利润率（利润/收入）较上年有所下降

B. 平均每家住宿和餐饮业单位收入不到1 000万元

C. 2014年收入降幅最大的门类平均每家单位收入超亿元

D. 卫生和社会工作类平均每家单位的收入为各门类中最高

二、根据以下资料，回答下列问题

2017年上半年，B市全市第三产业实现增加值10 198.2亿元，按可比价计算，同比增长7.2%。

上半年，信息传输、软件和信息技术服务业实现增加值1 319.5亿元，同比增长9.3%；累计完成电信业务量361.1亿元，同比增长38.8%；科学研究和技术服务业实现增加值1 211.8亿元，同比增长10.0%，比一季度增幅扩大1.4个百分点。

上半年，旅客周转量同比增长 8.7%；货物周转量由上年的下降转为增长，其中铁路同比增长 7.7%，民航同比增长 8.0%。上半年，快递业务量累计达到 9.9 亿件，同比增长 13.3%；交通运输、仓储和邮政业实现增加值 554.2 亿元，同比增长 13.1%，增幅比上年同期扩大 7.8 个百分点。

上半年，批发和零售业实现增加值 1 190.6 亿元，同比增长 7.7%，增幅比上年同期扩大 7.1 个百分点。第二季度，全市实现电子商务交易额 8 324.5 亿元，同比增长 12.7%。

上半年，B 市规模以上文化创意产业法人单位、战略性新兴产业法人单位、高技术服务业法人单位分别实现收入 6 902.7 亿元、3 870.0 亿元和 6 924.9 亿元，同比分别增长 8.6%、12.6% 和 9.1%。

上半年，服务业扩大开放六大重点领域的规模以上非公有制经济单位实现收入 7 864.6 亿元，同比增长 15.7%，快于六大重点领域整体增速 8.0 个百分点，占六大重点领域整体收入的比重为 32.3%，比上年同期提高 1.1 个百分点。

6. 2016 年上半年，B 市累计完成电信业务量约为多少亿元？_____

　A. 180　　　　　B. 220　　　　　C. 260　　　　　D. 300

7. 2017 年上半年，B 市信息传输、软件和信息技术服务业实现增加值同比增速比第三产业实现增加值同比增速_____。

　A. 低 2.1 个百分点　　　　　　　B. 高 2.1 个百分点

　C. 低 31.6 个百分点　　　　　　D. 高 31.6 个百分点

8. 2017 年第二季度，B 市科学研究和技术服务业实现增加值的同比增速的范围是_____。

　A. 小于 8.6%　　　　　　　　　B. 等于 8.6%

　C. 大于 8.6% 且小于等于 10%　　D. 大于 10%

9. 2017 年上半年，B 市规模以上文化创意产业法人单位实现收入同比增量约是战略性新兴产业法人单位的多少倍？_____

　A. 0.7　　　　　B. 1.3　　　　　C. 1.8　　　　　D. 2.6

10. 关于 B 市第三产业情况，下列说法中正确的是_____。

　A. 2016 年上半年批发和零售业实现增加值同比增量不到 10 亿元

　B. 2017 年上半年服务业扩大开放六大重点领域整体收入少于 2 万亿元

　C. 2016 年第二季度，全市实现电子商务交易额高于 8 000 亿元

　D. 2015 年上半年该市货物周转量低于 2016 年上半年

三、根据以下资料，回答下列问题

2014 年我国实施"单独两孩"生育政策，出生人口 1 687 万人，比上年增加 47 万人。

2016 年实施"全面两孩"生育政策，出生人口 1 786 万人，比上年增加 131 万人；出生率与"十二五"时期年平均出生率相比，提高了 0.84 个千分点。2017 年我国出生人口 1 723 万人，虽然比上年减少 63 万人，但比"十二五"时期年平均出生人口多出 79 万人；出生率为 12.43‰，比上一年降低 0.52 个千分点。2017 年二孩数量进一步上升至 883 万人，二孩占全部出生人口的比重达到 51.2%，比 2016 年的占比提高了 11 个百分点。

2017 年出生人口最多的省份是山东，出生人口为 174.98 万人，但是比 2016 年减少 2.08 万人，广东和河南出生人口也超过百万，其中广东出生人口 151.63 万人，同比增加 22.18 万人；河南出生人口 140.13 万人，较上年减少 2.48 万人。此外，出生人口排名前十的省份依次还有河北、四川、湖南、安徽、广西、江苏、湖北。其中，河北、四川、湖南出生人口超 90 万人，湖北最少，为 74.26 万人。

从人口增量来看，2017 年广东出生人口增量最大，出生人口较 2016 年增加 22.18 万人。安徽、四川、河北出生人口增量超过 5 万。此外，江苏、湖南、山东、河南出生人口较 2016 年有所减少。其中，河南减少最多，出生人口减少 2.48 万人。

11. 2013 年我国出生人口比"十二五"时期年平均出生人口_____。

A. 减少 4 万人   B. 增加 5 万人

C. 减少 9 万人   D. 增加 47 万人

12. "十二五"时期我国年平均出生率约为_____。

A. 11.59‰   B. 12.11‰   C. 12.43‰   D. 12.95‰

13. 2016 年我国二孩出生人口约为_____。

A. 883 万人   B. 742 万人   C. 718 万人   D. 693 万人

14. 2016 年山东、广东和河南三省出生人口之和占当年全国出生人口的比重约为_____。

A. 21%   B. 25%   C. 28%   D. 31%

15. 能够从上述资料中推出的是_____。

A. 2016、2017 两年山东出生人口数量均超过当年全国出生人口数量的 10%

B. 2016 年广东出生人口数量超过 2017 年湖北出生人口数量的 2 倍

C. 2017 年出生人口增量超过 5 万的省份只有 3 个

D. 2017 年出生人口比 2013 年增长超过 5%

四、根据以下资料，回答下列问题

2017 年全国举办马拉松赛事达 1 102 场，其中，中国田径协会举办的 A 类赛事 223 场，B 类赛事 33 场。2017 年马拉松赛事的参与人次达到了 498 万人次，2016 年、2015 年马拉松赛事的参与人次分别为 280 万人次、150 万人次。

2017 年全年马拉松直接从业人口数 72 万，间接从业人口数 200 万。年度产业总规模

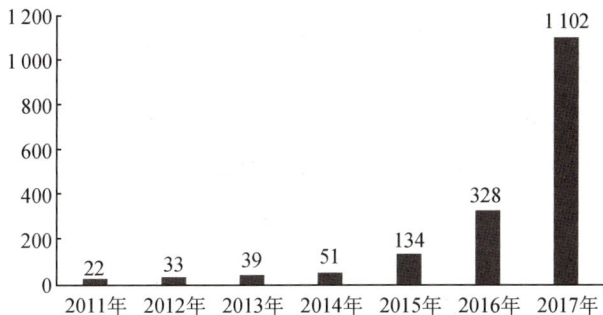

图1　2011年至2017年我国马拉松赛事场次趋势（单位：场）

达700亿元，比去年同期增长约20%。中国田径协会设置的发展目标是到2020年，全国马拉松规模赛事超过1 900场，其中中国田径协会认证赛事达到350场，各类赛事参赛人数超过1 000万人次，马拉松运动产业规模达到1 200亿元。

规模赛事数量方面，2017年排名前三的省份为浙江省、江苏省和广东省，分别为152场、149场和103场，而2016年的前三分别为江苏省37场，北京市33场，广东省25场。

从2017年全年赛事的覆盖区域来看，马拉松赛事地域分布更为广泛，中国境内马拉松及相关赛事已经涵盖了含西藏在内的全国31个省、区、市的234个城市，较上年增加了101个城市。

在赛事类型方面，2017年1 102场规模赛事中，全程马拉松参赛人次最高，突破了235万人次，其次为半程马拉松赛事，参赛人次超过134万人次。在中国田径协会认证的A类、B类赛事中，2017年全程马拉松项目完赛26.89万人次，同比增长10.61%；半程马拉松项目完赛45.29万人次，同比减少了0.03万人次。

按照跑者户籍所在地统计，2017年参加中国田径协会认证赛事的跑者中，来自江苏的数量最多，共有76 469人参赛，在全国占比10.10%。湖北、广东、山东、福建、浙江等省紧随其后。而在全部参赛选手中，共有3 663人次的男选手在全程项目中跑进3小时，772人次女选手跑进3小时20分。

16. 2017年中国田径协会举办的A类与B类赛事占全国马拉松赛事的比例约为_____。

　　A. 20%　　　　　B. 23%　　　　　C. 25%　　　　　D. 28%

17. 2017年我国马拉松赛事场次比2011年增加了约_____。

　　A. 47倍　　　　　B. 49倍　　　　　C. 51倍　　　　　D. 53倍

18. 2017年马拉松赛事参与人次的同比增速比2016年约_____。

　　A. 快9个百分点　　B. 慢9个百分点　　C. 快7个百分点　　D. 慢7个百分点

19. 在2017年马拉松运动年度产业总规模的基础上，从2018年开始，每年大约需要平均增长多少才能实现中国田径协会设置的2020年马拉松运动产业规模目标？_____

　　A. 15%　　　　　B. 20%　　　　　C. 25%　　　　　D. 30%

20. 能够从上述资料中推出的是_____。

A. 2017年马拉松运动年度产业规模比2016年多200亿元

B. 2017年参加中国田径协会认证赛事的全国跑者数量少于75万人

C. 2011年至2016年我国马拉松赛事场次之和超过2017年赛事场次的50%

D. 在2016年与2017年马拉松规模赛事数量上，江苏省、北京市都进入了前三名

五、根据以下资料，回答下列问题

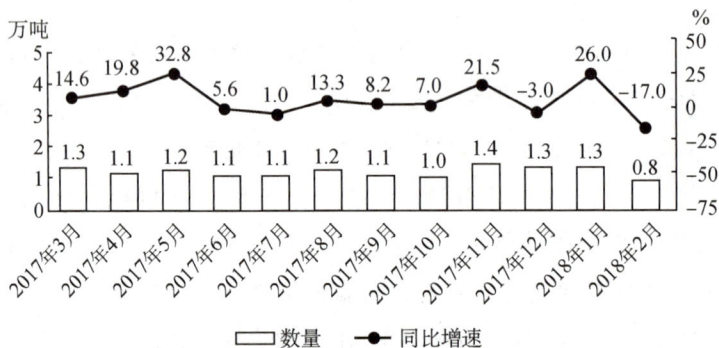

图1   2017年3月—2018年2月全国进口药品数量及同比增速

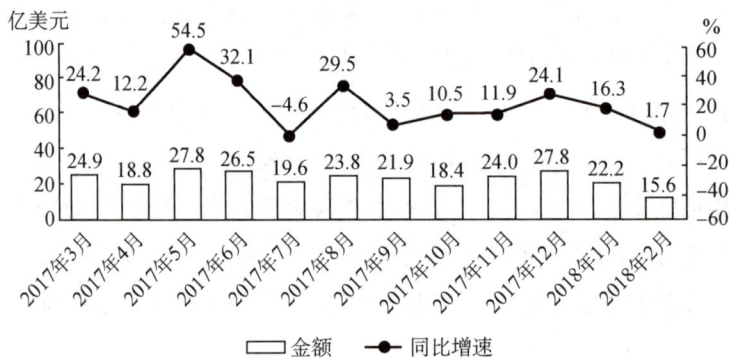

图2   2017年3月—2018年2月全国进口药品金额及同比增速

21. 2017年第三季度，全国平均每吨进口药品单价约为多少万美元？_____

A. 2   B. 19   C. 8   D. 96

22. 2016年5月，全国进口药品金额环比增速_____。

A. 超过100%   B. 在40%～100%之间

C. 在0～40%之间   D. 低于0

23. 2017年下半年，全国进口药品数量同比增速低于上月水平的月份有几个？_____

A. 2   B. 3   C. 4   D. 5

24. 以下折线图中，能准确反映2017年第四季度各月全国进口药品金额环比增长率的是_____。

A   B   C   D

25. 能够从上述资料中推出的是_____。

A. 2016 年下半年，全国进口药品数量低于 1 万吨的月份仅有 2 个

B. 2017 年 11 月，全国平均每吨进口药品单价低于上年同期水平

C. 2017 年第二季度，全国进口药品金额超过 75 亿美元

D. 2017 年 1 月，全国进口药品金额超过 20 亿美元

六、根据以下资料，回答下列问题

2017 年全国二手车累计交易量为 1 240 万辆，同比增长 19.3%；二手车交易额为
8 092.7 亿元，同比增长 34%。2017 年 12 月，全国二手车市场交易量为 123 万辆，交易
量环比上升 7.4%，上年同期交易量为 108 万辆。

图 1 2011—2017 年全国二手车交易量及同比增速

图 2 2013—2017 年全国二手车平均交易价格

26. 2011—2017 年，全国二手车交易量同比增量低于 80 万辆的年份有几个_____。

A. 3   B. 4   C. 5   D. 7

27. "十二五"（2011—2015 年）期间，全国二手车总计交易约多少亿辆_____。

A. 0.46   B. 0.50   C. 0.38   D. 0.42

28. 2017 年 1—10 月，平均每月全国二手车交易量约为_____万辆。

A. 100　　　　　　B. 105　　　　　　C. 90　　　　　　D. 95

29. 2015 年全国二手车交易总金额比 2014 年_____。

A. 减少了不到 100 亿元　　　　　　B. 减少了 100 亿元以上

C. 增长了 100 亿元以上　　　　　　D. 增长了不到 100 亿元

30. 能够从上述资料中推出的是_____。

A. 2016—2017 年，全国二手车平均交易价格在 6.1 万—6.15 万元之间

B. 2011—2017 年，全国二手车交易量同比增速第 4 高的年份，当年二手车平均交易价格高于 6 万元

C. 2011—2017 年，全国二手车交易量同比增长量最高的年份其增长量是最低年份的 9 倍多

D. 2011—2017 年，全国二手车交易量同比增速低于 10% 的年份有 4 个

七、根据以下资料，回答下列问题

2017 年，A 省完成邮电业务总量 6 065.71 亿元。其中，电信业务总量 3 575.86 亿元，同比增长 75.8%；邮政业务总量 2 489.85 亿元，增长 32.0%。

2017 年，A 省移动电话期末用户 1.48 亿户，比上年末增长 3.1%。其中，4G 期末用户达 1.18 亿户，比上年末增长 29.3%。互联网宽带接入期末用户 3 128 万户，比上年末增长 9.9%。移动互联网期末用户 1.31 亿户，比上年末增长 13.9%，移动互联网接入流量同比增长 158.8%。

2017 年，全省全年完成快递业务量 100.51 亿件，同比增长 31.0%。其中，同城快递业务量增长 29.3%，异地快递业务量增长 33.0%，国际和港澳台地区快递业务量增长 33.1%。

2017 年，A 省完成客运总量 148 339 万人次，同比增长 5.4%，增幅比前三季度提高 0.2 个百分点，比上年提高 0.5 个百分点；完成旅客周转总量 4 143.84 亿人千米，增长 7.7%，增幅比前三季度提高 0.7 个百分点，比上年提高 1.8 个百分点。

2017 年，A 省完成高铁客运量 17 872 万人次，旅客周转量 474.64 亿人千米，同比分别增长 20.3% 和 18.1%。高铁客运量和旅客周转量分别占铁路旅客运输总量的 62.7% 和 54.3%，比重比上年分别提高 4.3 和 3.9 个百分点。

31. 2017 年 A 省邮电业务总量同比增速在以下哪个范围之内？_____

A. 低于 25%　　　　　　　　　　B. 25%～50% 之间

C. 50%～75% 之间　　　　　　　D. 超过 75%

32. 2017 年 A 省快递业务中，业务量占总业务量比重高于上年水平的分类是_____。

A. 仅国际和港澳台地区快递　　　　B. 异地快递、国际和港澳台地区快递

C. 仅同城快递 D. 同城快递、异地快递

33. 2017年前三季度，A省平均每人次客运旅客运输距离（旅客周转量÷客运总量）同比_____。

A. 下降了不到2% B. 下降了2%以上

C. 上升了不到2% D. 上升了2%以上

34. 2016年，A省高铁客运量约是普铁（除高铁外的铁路）客运量的_____倍。

A. 1.4 B. 1.7 C. 0.8 D. 1.1

35. 在以下4条关于A省的信息中，能够直接从资料中推出的有_____条。

① 2017年非4G移动电话用户全年增量

② 2017年移动互联网用户日均增量

③ 2015年客运总量

④ 2017年铁路旅客运输总量占客运总量比重

A. 1 B. 2 C. 3 D. 4

八、根据以下资料，回答下列问题

2018年1季度，全国粗钢产量21 215万吨，同比增长5.4%，增速同比提高0.8个百分点；钢材产量24 693万吨，增长4.7%，提高2.6个百分点；铁合金产量815万吨，增长9.4%，提高6.6个百分点；焦炭产量10 285万吨，下降3.2%，上年同期为增长4.7%。

2018年1季度，钢材出口1 515万吨，同比下降26.4%；进口345万吨，下降0.8%；铁矿砂进口27 051万吨，下降0.1%；焦炭出口227万吨，增长13.4%。

2018年3月份，6.5 mm高线、1.0 mm冷轧板卷平均价格分别为3 963元/吨和4 741元/吨，比上月下跌121元/吨和66元/吨；20 mm中板平均价格为4 233元/吨，比上月上涨70元/吨。

2018年1季度，全国十种有色金属产量1 339万吨，同比增长2.4%，增速同比回落6.6个百分点。其中，铜产量221万吨，增长8.7%，提高1.4个百分点；电解铝产量812万吨，增长0.3%，回落10.6个百分点；铅产量127万吨，增长11.1%，提高1.2个百分点；锌产量142万吨，增长1.7%，回落1.3个百分点；氧化铝产量1 589万吨，下降6.1%，上年同期为增长19.9%。

2018年3月份，上海期货交易所当月期货铜、电解铝、铅、锌平均价格分别为52 038元/吨、14 103元/吨、18 906元/吨和25 797元/吨，比上月下跌1.9%、2.3%、2.4%和2.1%，同比上涨8.5%、1%、0.2%和11.4%。

36. 将以下产品按2017年1季度产量同比增速从高到低排序，正确的是_____。

A. 铁合金>粗钢>钢材>焦炭 B. 粗钢>铁合金>钢材>焦炭

C. 钢材>粗钢>焦炭>铁合金 D. 焦炭>粗钢>铁合金>钢材

37. 2018 年 2 月平均每吨 1.0 mm 冷轧板卷价格比 20 mm 中板_____。

 A. 高 504 元 B. 高 512 元 C. 高 644 元 D. 低 662 元

38. 2018 年 1 季度全国铜产量同比增量是同期锌产量同比增量的_____。

 A. 不到 2 倍 B. 2～4 倍之间 C. 4～6 倍之间 D. 6 倍以上

39. 某企业 2017 年 3 月和 2018 年 2 月以上海期货交易所当月均价分别购买价值 1 280 万元的电解铝,则该企业第二次购买的量比第一次_____。

 A. 少不到 2% B. 少 2% 以上 C. 多不到 2% D. 多 2% 以上

40. 能够从上述资料中推出的是_____。

 A. 2018 年 1 季度,钢材产量超过了粗钢、焦炭产量之和

 B. 2017 年 1 季度,钢材进出口总量突破了 2 000 万吨

 C. 2018 年 3 月,钢材中 6.5 mm 高线价格同比降低约 3%

 D. 2018 年 1 季度,铜、铅、锌产量占十种有色金属产量比重均高于上年水平

九、根据所给资料,回答下列问题

2018 年 4 月全国手机产量达 14 366.7 万部,同比增长 2.8%;2018 年 1—4 月全国手机累计产量为 56 479.3 万部,累计增长 3.2%。

2018 年 4 月手机产量前 12 位的省市手机产量及同比增速

	4 月		1—4 月	
	产量(万部)	增速(%)	产量(万部)	增速(%)
广东	7 093.52	18.41	25 218.39	1.97
河南	1 688.16	1.12	7 468.19	6.15
重庆	1 313.21	−52.73	5 648.64	−45.99
北京	588.23	−2.94	2 716.72	55.31
浙江	528.17	30.37	1 504.70	−11.50
江西	466.34	−14.68	1 680.68	−14.65
上海	449.34	72.71	1 659.65	43.45
四川	322.75	141.65	1 145.06	63.82
江苏	305.97	−36.77	1 713.12	−2.10
贵州	250.89	−40.16	816.12	−52.99
天津	226.90	−41.25	1 226.51	−24.83
湖北	216.23	−40.48	1 191.23	−21.66

41. 2018 年 4 月,手机产量最高的 3 个省市手机产量约占全国总产量的_____。

 A. 五成 B. 六成 C. 七成 D. 八成

42. 2018 年 4 月手机产量前 12 位的省市中，4 月手机产量高于 1—3 月平均水平的有 _____ 个。

A. 5　　　　　B. 6　　　　　C. 7　　　　　D. 8

43. 如将 2018 年 4 月手机产量前 12 位的省市按 2018 年 1—4 月产量重新排列，有几个省市的位次将不会发生变化？ _____

A. 5　　　　　B. 6　　　　　C. 7　　　　　D. 8

44. 2018 年 4 月四个直辖市的手机产量之和同比 _____。

A. 上升了不到 1 000 万部　　　　　B. 上升了 1 000 万部以上

C. 下降了不到 1 000 万部　　　　　D. 下降了 1 000 万部以上

45. 关于 2018 年 4 月手机产量前 12 位的省市手机产量，以下信息能够从上述资料中推出的有几条？ _____

① 2018 年 1—4 月，有 3 个省市手机产量分别占全国的一成以上

② 2018 年 1 季度，广东手机产量高于上年同期水平

③ 2018 年 4 月和 2018 年 1—4 月手机产量增速最高的省市不是同一个

④ 江西 2018 年 4 月手机产量占同年 1—4 月产量的比重高于 2017 年水平

A. 1　　　　　B. 2　　　　　C. 3　　　　　D. 4

十、根据以下资料，回答下列问题

2008 年与 2018 年我国居民一天主要活动平均时间

单位：分钟

活动类别	全国居民平均		男		女		城镇		农村	
	2018	2008	2018	2008	2018	2008	2018	2008	2018	2008
睡觉休息	559	542	556	540	562	544	556	539	563	545
个人卫生护理	50	46	48	46	52	46	52	50	47	42
用餐或其他饮食	104	101	104	106	105	95	105	103	103	100
就业工作	177	149	217	179	139	120	197	195	145	98
家庭生产经营活动	87	118	98	129	76	109	42	11	156	239
家务劳动	86	102	45	47	126	155	79	101	97	105
陪伴照料家人	53	23	30	13	75	33	58	23	45	23
购买商品或服务（含看病就医）	21	20	15	15	26	25	25	28	14	10
公益活动	3	3	3	3	3	3	3	2	2	3
健身锻炼	31	23	32	24	30	22	41	36	16	9

活动类别	全国居民平均		男		女		城镇		农村	
	2018	2008	2018	2008	2018	2008	2018	2008	2018	2008
听广播或音乐	6	1	6	1	5	1	6	1	5	1
看电视	100	126	104	131	97	121	98	133	104	117
阅读书报期刊	9	11	11	14	8	9	12	18	5	4
休闲娱乐	65	35	73	45	58	27	69	48	58	22
社会交往	24	23	27	22	22	24	24	22	25	25
学习培训	27	25	28	26	27	25	29	29	24	21
交通活动	38	75	44	83	33	67	44	85	30	64
合　计	1 440	1 440	1 440	1 440	1 440	1 440	1 440	1 440	1 440	1 440

注:1. 部分数据因四舍五入的原因,存在总计与分项合计不等的情况;
　　2. 2008 年数据根据 2018 年统计口径有所合并和调整。

46. 与 2008 年相比,2018 年我国_____居民花费在睡觉休息上的平均时间的增速最低。

　　A. 男　　　　　　　B. 女　　　　　　　C. 城镇　　　　　　　D. 农村

47. 与 2008 年相比,2018 年全国居民花费在_____上的平均时间减少幅度最大。

　　A. 家庭生产经营活动　　　　　　B. 家务劳动

　　C. 看电视　　　　　　　　　　　D. 交通活动

48. 2018 年,我国男性居民和女性居民花费在_____活动上的平均时间绝对差异最大。

　　A. 就业工作　　　　　　　　　　B. 家庭生产经营活动

　　C. 家务劳动　　　　　　　　　　D. 陪伴照料家人

49. 2018 年,我国城镇居民和农村居民花费在上表中主要活动上的平均时间的占比由高到低的排序正确的是_____。

　　A. 睡觉休息＞就业工作＞用餐或其他饮食＞看电视

　　B. 就业工作＞用餐或其他饮食＞家务劳动＞休闲娱乐

　　C. 用餐或其他饮食＞看电视＞家务劳动＞休闲娱乐

　　D. 家务劳动＞休闲娱乐＞陪伴照料家人＞个人卫生护理

50. 根据以上资料,下列说法正确的是_____。

　　A. 与 2008 年相比,2018 年我国男性居民花费在 8 项活动上的平均时间有所增加,其中花费在陪伴照料家人上的平均时间的增速最高

　　B. 与 2008 年相比,2018 年我国女性居民花费在家庭生产经营活动上的平均时间减少最多,而陪伴照料家人的时间增长最多

C. 与 2008 年相比，2018 年我国城镇居民花费在工作和劳动上（就业工作、家庭生产经营活动、家务劳动的合计数）的平均时间减少了，花费在休闲活动上（健身锻炼、听广播和音乐、看电视、阅读书报期刊、休闲娱乐的合计数）的平均时间增加了

D. 与 2008 年相比，2018 年我国农村居民花费在睡觉休息、个人卫生护理、就业工作和休闲娱乐这四项活动上的平均时间的增幅均高于同期同类活动的全国居民平均水平的增幅

十一、根据以下资料，回答下列问题

2014—2018 年我国软件行业各地区收入表

单位:亿元

	2018	2017	2016	2015	2014
东部	49 795	43 575	38 119	32 917	28 086
中部	3 163	2 497	2 303	1 978	1 658
西部	7 189	6 187	5 288	4 410	3 782
东北	2 914	2 778	2 801	3 943	3 562
合计	63 061	55 037	48 511	43 248	37 088

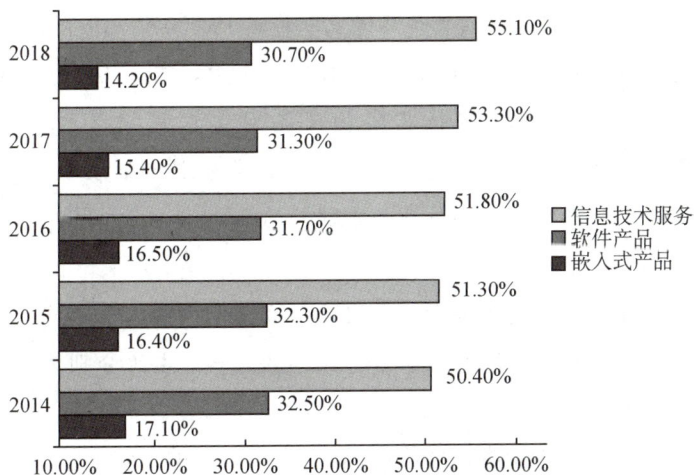

图 2014—2018 年我国软件行业三大子行业收入占比

51. 我国西部地区的软件行业总收入 2018 年比 2014 年的增长额较同期中部地区的增长额多大约_____亿元。

A. 1 800   B. 1 900   C. 2 000   D. 2 100

52. 2018 年软件行业总收入较 2015 年的同比增速高于 50% 的地区有_____。

A. 1 个   B. 2 个   C. 3 个   D. 4 个

53. 2018 年软件行业总收入中占比最高的地区的总收入是同年软件行业总收入中占比最低的子行业的总收入的约_____。

A. 4 倍   B. 6 倍   C. 8 倍   D. 10 倍

54. 2014—2018 年,我国软件产品这一子行业收入的环比增速最高的年份是_____。

A. 2018 年   B. 2017 年   C. 2016 年   D. 2015 年

55. 根据以上资料,下列说法正确的是_____。

A. 2015—2018 年,每年我国中部地区软件行业总收入较 2014 年的年度同比增速高于同期东部地区软件行业总收入较 2014 年的年度同比增速

B. 2015—2018 年,每年我国西部地区软件行业总收入的年度环比增速低于同期全国软件行业总收入的年度环比增速

C. 2015—2018 年,每年我国信息技术服务的总收入较 2014 年的年度同比增速都高于同期全国软件行业总收入较 2014 年的年度同比增速

D. 2015—2018 年,每年我国软件产品总收入的年度环比增速都高于同期嵌入式产品总收入的年度环比增速

十二、根据以下资料,回答下列问题

2018 年全国网络零售额 90 100 亿元,同比增长 23.9%。其中,实物商品网上零售额为 70 200 亿元,同比增长 25.4%;非实物商品网上零售额 19 900 亿元,同比增长 18.7%。

2018 年全国农村网络零售额为 13 700 亿元。其中,农村实物商品网络零售额为 10 900 亿元,同比增长 30.9%;农村非实物商品网络零售额 2 800 亿元,同比增长 28.4%。分品类看,农村实物商品零售额前三位的品类分别为服装鞋帽针织品、日用品、粮油食品及饮料烟酒,分别占农村实物商品零售额的 37.3%、19.3% 和 13.3%,同比增速分别为 30%、28% 和 35%。

2018 年全国农产品网络零售额达 2 305 亿元,比全国网络零售额同比增速高 9.9 个百分点。其中,休闲食品、茶叶、滋补食品零售额排名前三,占比分别为 24.2%、12.5% 和 12.0%,同比增速分别为 30.5%、32.5% 和 29.0%。

56. 2018 年全国网络零售额中,实物商品网上零售额的比重约为_____。

A. 70%   B. 74%   C. 78%   D. 82%

57. 2018 年全国农村网络零售额同比增速在以下哪个范围之内? _____

A. 低于 27%   B. 27%～29%   C. 29%～31%   D. 超过 31%

58. 2018 年全国农村实物商品零售额前三位品类的总零售额约为多少亿元? _____

A. 1 960   B. 7 400   C. 7 600   D. 9 600

59. 2017 年全国农产品网络零售品类中,休闲食品零售额约是滋补食品的_____。

A. 1.7 倍   B. 2 倍   C. 2.3 倍   D. 2.6 倍

60. 根据给定资料,无法推出的是_____。

A. 2017 年全国网络零售额不到 75 000 亿元

B. 2017 年全国农产品网络零售额超过 1 800 亿元

C. 2018 年全国农村网络零售额前三位品类中，增速最慢的是日用品

D. 2018 年全国网络零售额中，实物商品占比约是非实物商品的 3 倍多

第三节　斩获高分题

一、根据以下资料，回答下列问题

2016 年江苏农业生产经营人员 1 270.87 万人。其中女性 645.40 万人，苏南、苏中、苏北地区分别有 186.16 万人、321.29 万人、763.42 万人；年龄 35 岁及以下的有 127 万人。36—54 岁的有 524.90 万人、55 岁及以上的有 618.87 万人。

2016 年江苏农业生产经营人员构成情况表

类别	全省	全省	苏南	苏中	苏北
性别	男性	49.2	51.7	45.4	50.2
	女性	50.8	48.3	54.6	49.8
年龄	35 岁及以下	10.0	4.5	4.0	13.9
	36—54 岁	41.3	40.4	36.3	43.6
	55 岁及以上	48.7	55.1	59.7	42.5
受教育程度	未上学	8.2	6.0	8.7	8.5
	小学	36.0	37.4	41.3	33.4
	初中	46.4	44.9	41.6	48.9
	高中或中专	8.2	9.9	7.4	8.1
	大专及以上	1.2	1.8	1.0	1.1
行业	种植业	94.7	89.5	94.2	96.1
	林业	0.6	2.0	0.6	0.3
	畜牧业	1.7	2.1	1.9	1.6
	渔业	2.0	4.9	2.3	1.2
	农林牧服务业	1.0	1.5	1.0	0.8

1. 2016 年苏中地区男性与女性农业生产经营人员相差_____。

A. 19.93 万人　　　B. 25.55 万人　　　C. 27.23 万人　　　D. 29.56 万人

2. 2016 年苏北地区的大专及以上文化程度农业生产经营人员是苏中地区的_____。

A. 1.9 倍　　　B. 2.2 倍　　　C. 2.6 倍　　　D. 3.1 倍

3. 2016 年苏南地区的女性农业生产经营人员占全省女性农业生产经营人员比重与苏

北地区的相差？_____

    A. 14.0 个百分点   B. 27.2 个百分点

    C. 31.7 个百分点   D. 45.0 个百分点

4. 用 X、Y、Z 分别表示 2016 年苏南、苏中、苏北地区从事渔业的农业生产经营人数，则三者的大小关系为_____。

    A. $Z>X>Y$ B. $Z>Y>X$ C. $X>Y>Z$ D. $Y>X>Z$

5. 下列判断不正确的是_____。

    A. 2016 年江苏省 55 岁及以上农业生产经营人员中，从事种植业的超过 40%

    B. 2016 年苏南地区农业生产经营人员中从事林业的人数超过全省的一半

    C. 2016 年江苏农业生产经营人员中苏北地区 35 岁及以下占全省的比重超过 80%

    D. 2016 年江苏农业生产经营人员中苏北与苏南地区相差人数的一半不超过全省女性人数

二、根据以下资料，回答下列问题

    2016 年江苏规模以上光伏产业总产值 2 846.2 亿元，比上年增长 10.8%，增速较上年回落 3.5 个百分点；主营业务收入 2 720.5 亿元，增长 9.9%，增速回落 2.5 个百分点；利润总额 153.6 亿元，增长 11.6%，增速回落 8.8 个百分点。苏南、苏中、苏北地区规模以上光伏产业产值分别比上年增长 10.2%、9.0%、39.0%。2016 年江苏光伏发电新增装机容量 123 万千瓦，年末累计装机容量 546 万千瓦。

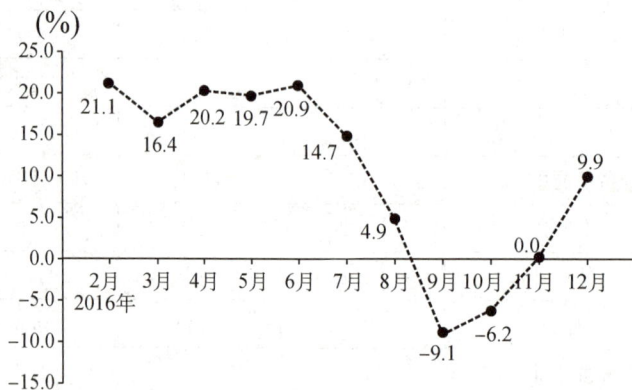

图 1   2016 年 2—12 月江苏规模以上光伏产业产值同比增速

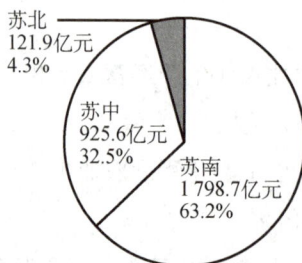

图 2   2016 年江苏规模以上光伏产业产值及占比

6. 2015 年末江苏光伏发电累计装机容量是_____。

A. 123 万千瓦　　　B. 423 万千瓦　　　C. 546 万千瓦　　　D. 669 万千瓦

7. 2016 年 3—12 月，江苏规模以上光伏产业产值环比增速低于上年同期的月份个数为_____。

A. 2 个　　　　　　B. 3 个　　　　　　C. 5 个　　　　　　D. 8 个

8. 2014 年江苏规模以上光伏产业利润总额为_____。

A. 114.3 亿元　　　B. 127.6 亿元　　　C. 133.9 亿元　　　D. 137.6 亿元

9. 2015 年苏中地区规模以上光伏产业产值占全省的比重为_____。

A. 19.0%　　　　　B. 23.5%　　　　　C. 28.3%　　　　　D. 33.1%

10. 下列说法正确的是_____。

A. 2016 年江苏规模以上光伏产业利润率低于 6.5%

B. 2015 年苏中地区规模以上光伏产业产值比苏北地区多 10 倍以上

C. 2016 年 2—12 月江苏规模以上光伏产业产值少于上年同期的有 3 个月

D. 2015—2016 年江苏规模以上光伏产业主营业务收入年均增速不到 10.0%

三、根据以下资料，回答下列问题

2013—2016 年中国在世界各洲承包工程完成营业额及当年派出人数表

洲名	完成营业额（万美元）				当年派出人数（人）			
	2013 年	2014 年	2015 年	2016 年	2013 年	2014 年	2015 年	2016 年
亚洲	6 439 738	6 483 818	6 907 010	7 685 147	130 888	134 534	133 373	140 888
非洲	4 789 064	5 297 475	5 478 376	5 146 029	111 959	107 842	97 555	71 548
欧洲	822 737	715 057	878 279	798 582	9 603	10 162	6 989	5 737
拉丁美洲	1 330 942	1 318 059	1 640 035	1 453 965	16 070	13 990	13 253	9 398
北美洲	125 919	201 736	281 411	231 590	814	367	403	491
大洋洲	204 927	224 761	222 313	407 936	1 586	2 256	1 497	2 184

·11. 2013—2016 年中国在欧洲和北美洲承包工程完成营业额最接近的年份是_____。

A. 2013 年　　　　B. 2014 年　　　　C. 2015 年　　　　D. 2016 年

12. 2014—2016 年中国在非洲承包工程完成营业额的年平均增量是_____。

A. －75 723 万美元　　　　　　　B. －50 482 万美元

C. 89 241 万美元　　　　　　　　D. 118 988 万美元

13. 2013—2016 年中国在亚洲承包工程当年派出人数超过其余 5 个洲派出总人数的年份个数有_____。

A. 1 个　　　　　　B. 2 个　　　　　　C. 3 个　　　　　　D. 4 个

14. 下列各洲中，2015 年中国在其承包工程派出人数占当年派出总人数的比重与上年相差最大的是_____。

    A. 亚洲   B. 北美洲   C. 欧洲   D. 拉丁美洲

15. 下列判断不正确的是_____。

    A. 2014—2016 年中国在世界各洲承包工程完成营业额之和逐年增加

    B. 2016 年中国在大洋洲承包工程派出人数不足当年派出总人数的 1%

    C. 2016 年中国在世界各洲承包工程派出总人数比 2015 年少 2 万人以上

    D. 2013—2016 年中国在拉丁美洲承包工程完成营业额均不足当年完成营业总额的 10%

四、根据以下资料，回答下列问题

    2017 年末全国农村贫困人口 3 046 万人，比上年末减少 1 289 万人，比 2012 年末减少 6 853 万人；贫困发生率（指年末农村贫困人口占目标调查人口的比重）为 3.1%，比 2012 年末下降 7.1 个百分点。2017 年全国贫困地区农村居民人均可支配收入 9 377 元，比上年增长 10.5%。

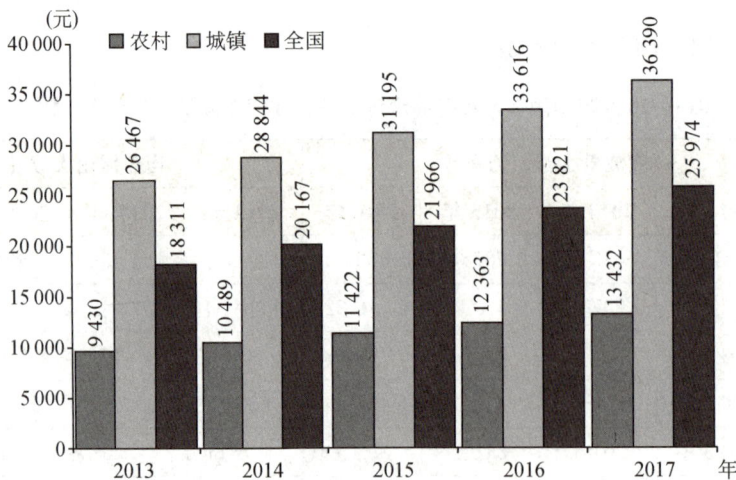

图　2013—2017 年全国、城镇和农村居民人均可支配收入情况

16. 2013—2017 年全国农村贫困人口年均减少的人数是_____。

    A. 1 055 万   B. 1 142 万   C. 1 289 万   D. 1 371 万

17. 2017 年全国贫困地区农村居民人均可支配收入比上年增加的金额是_____。

    A. 782 元   B. 853 元   C. 891 元   D. 1 069 元

18. 2017 年末全国农村贫困发生率的目标调查人口与 2012 年末相比，增加的人数是_____。

    A. 1 209 万   B. 1 033 万   C. −1 319 万   D. 0

19. 2014—2017 年全国、城镇和农村居民人均可支配收入年均增速的快慢关系是_____。

  A. 城镇最快、全国次之、农村最慢 B. 农村最快、全国次之、城镇最慢

  C. 全国最快、农村次之、城镇最慢 D. 农村最快、城镇次之、全国最慢

  20. 下列判断不正确的是_____。

  A. 2012 年末全国农村贫困发生率是 10.2%

  B. 2014—2017 年全国城镇和农村居民人均可支配收入均逐年增加

  C. 2014—2017 年全国城镇与农村居民人均可支配收入的差额逐年减少

  D. 2017 年全国农村居民人均可支配收入是贫困地区农村居民的 1.4 倍

第四节 考点解码及答案解析

一、夯实基础题

1.【考点解码】 简单计算

【答案解析】 选 B。根据表中数据,"十二五"(2011—2015 年)期间,我国总共举办展览会场数=6 830+7 189+7 319+8 009+9 283=38 630 场。

2.【考点解码】 平均数计算

【答案解析】 选 C。根据表中数据,2009 年净面积为 42.64×10 000/1 183≈360,同理,2010 年净面积为 393,2011 年净面积为 440,2012 年净面积为 456,2013 年净面积为 444,2014 年净面积为 489,2015 年净面积为 461,因此超过 400 平方米的有 5 个。

3.【考点解码】 增长率比较

【答案解析】 选 D。根据表中数据,2010 年同比增长率为 7 440/4 990−1≈49%,同理,2011 年同比增长率为 9%,2012 年同比增长率为 11%,2013 年同比增长率为 4.5%,2014 年同比增长率为 9.4%,2015 年同比增长率为 14.8%。因此同比增长最快的那年增长率为 49%。

4.【考点解码】 增长量比较

【答案解析】 选 A。根据表格第四行数据可知,2011 年开始我国会展业总产值的增量是每年下降的,因此折线图反映的变化情况应为呈持续下降的趋势,只有 A 项符合。

5.【考点解码】 综合分析类

【答案解析】 选 D。A 项,36 007/30 185−1≈19.3%,排除。B 项,2009—2015 年,我国出境参展企业数量最多的是 2014 年,出境参展项目数量最多的是 2012 年,不是同一年,排除。C 项,2010 年平均每场展览会展出面积为 7 440/6 200=1.2,2011 年为 8 120/6 830≈1.19,增长量明显小于 10%,排除。

6.【考点解码】 比重相关

【答案解析】 选B。根据比重公式，所求为3.579 9/10.8%≈33.15万亿元。

7.【考点解码】 平均增长率

【答案解析】 选D。根据两期平均数大小计算的核心公式可知 ［5.7%−（−8.2%）］/（1−8.2%）≈15.14%，所以选D。

8.【考点解码】 增长量计算

【答案解析】 选A。根据条形图数据可知，2011—2016年全国餐饮收入同比增量超过3 000亿元的年份只有2015和2016年两个年份。

9.【考点解码】 倍数计算

【答案解析】 选B。"十二五"期间年平均值为（20 635＋23 448＋25 569＋27 860＋32 310）÷5≈2.6万亿元，因此比例为3.6/2.6≈1.4倍。

10.【考点解码】 综合分析类

【答案解析】 选C。A项，$3.579\,9\times10^8/365.5\approx97.95$万元＜100万元，排除。B项，1 846/（1＋5.7%）×5.7%≈99.55＜200万人，排除。C项，35 799/17 648≈2.03＞2，正确。

11.【考点解码】 读数比较

【答案解析】 选D。2014年之后我国人工智能领域专利上升速度明显大于2014年之前，因此处于快速发展期。

12.【考点解码】 增长率比较

【答案解析】 选C。2007年增速为376/280−1≈34.29%，2012年增速为2 532/1 671−1≈51.53%，2015年增速为7 359/3 753−1≈96.08%，2017年增速为17 477/12 952−1≈34.94%，因此增速最快的是2015年。

13.【考点解码】 比重计算

【答案解析】 选B。排名前20名的国内专利权人的授权量为3 046件，因此占比为186/3 046＝6.1%。

14.【考点解码】 比重计算

【答案解析】 选A。高校、科研院校的授权量为61＋72＋73＋155＋170＋170＋186＋190＋508＝1 585件，总占比约为50%。因此，企业和高校、科研院校的授权量之比约为1∶1。

15.【考点解码】 综合分析类

【答案解析】 选D。A项，根据斜率可知，2012—2013年增长的斜率大于2013—2014年增长的斜率，因此2014年不是第一个井喷年，排除。B项，增速为$\sqrt[3]{17\,477/3\,753}-1\approx67\%$＜120%，排除。C项，占比为3 046/17 477≈17.43%＜40%，因此错误，排除。

16.【考点解码】　增长量计算

【答案解析】　选 B。根据表格第四行可知，2017 年 A 省"三品一标"总数 2 570 个、2016 年 A 省"三品一标"总数 2 561 个，所求为 2 570－2 561＝9 个。

17.【考点解码】　增长量计算

【答案解析】　选 C。根据表格第二行可知，2017 年农药使用总量 5.8 万吨、2016 年农药使用总量 6.15 万吨，则所求为 6.15－5.8＝0.35 万吨。

18.【考点解码】　增长率计算

【答案解析】　选 B。根据表格第三行可知，2017 年 A 省单位耕地面积农药使用量 1.47 千克/亩、2015 年为 1.59 千克/亩，则所求为 $\dfrac{1.47-1.59}{1.59} \approx -\dfrac{0.12}{1.60} = -\dfrac{3}{40} = -0.075$，即下降 7.5%。

19.【考点解码】　平均数计算

【答案解析】　选 D。根据表格第五行可知，2014—2017 年 A 省平均每年新增申报无公害农产品产地认定 $\dfrac{221+235+194+270}{4} = 230$ 个。

20.【考点解码】　综合分析类

【答案解析】　选 D。A 项，根据文字材料第二段可知，全省新增绿色食品 33 个，全省"三品一标"总数达 2 570 个，其中绿色食品 745 个。则 2016 年 A 省有绿色食品 745－33＝712 个，该项正确。B 项，根据表格可知，2017 年 A 省无公害农产品种植面积 1 050 万亩、2014 年 A 省无公害农产品种植面积 332 万亩。$\dfrac{1\,050}{332} > 3$，该项正确。C 项，根据表格可知，2014—2017 年 A 省单位耕地面积农药使用量分别为 1.66 千克/亩、1.59 千克/亩、1.56 千克/亩、1.47 千克/亩，逐年下降，该项正确。D 项，根据文字材料第二段可知，无公害农产品种植面积总计达 1 050 万亩，生产总量 970 多万吨。则平均亩产为 $\dfrac{970}{1\,050} < 1$，因此该项错误。

二、提升能力题

1.【考点解码】　平均增长率

【答案解析】　选 D。根据两期平均大小计算的核心公式可知，所求为 [11.9%－(－4.3%)]/1－4.3%≈16.93%。

2.【考点解码】　平均数计算

【答案解析】　选 A。该区 2013 年平均每家限额以上金融单位收入为 5.2/(1＋

44.2%)÷22≈0.16 亿元。

3.【考点解码】　比重计算

【答案解析】　选 C。排位前三的分别为批发和零售业 291 家，教育 69 家，租赁和商务服务业 63 家，则其单位数之和占该区限额以上第三产业单位总数的比例为（291＋69＋63)/674≈62.76%。

4.【考点解码】　增长率比较

【答案解析】　选 B。由题意知，当 2014 年收入同比增速为正，并且 2014 年上半年同比增速低于 2014 年收入同比增速时，符合题意。因此满足条件的有金融业，水利、环境和公共设施管理业，居民服务、修理和其他服务业，教育，卫生和社会工作，文化、体育和娱乐业总计 6 类。

5.【考点解码】　综合分析类

【答案解析】　选 B。A 项，2014 年该区限额以上第三产业单位利润总额同比增速 11.9% 大于总收入同比增速 4.5%，因此整体利润率较上年上升，排除。B 项，2014 年平均每家住宿和餐饮业单位收入为 49 000/50＝980＜1 000 万元，正确。

6.【考点解码】　基期量计算

【答案解析】　选 C。根据第二段可知，361.1/(1＋38.8%)≈260 亿元。

7.【考点解码】　增长率比较

【答案解析】　选 B。根据第一段、第二段可知，二者的同比增速分别为 7.2% 和 9.3%，故后者比前者高 2.1%。

8.【考点解码】　增长率计算

【答案解析】　选 D。根据第二段可知，2017 年上半年 B 市科学研究和技术服务业实现增加值同比增速为 10%，第一季度增幅为 8.6%。由于上半年的增长率应该介于第一季度增长率和第二季度增长率之间，因此第二季度增长率应大于 10%。

9.【考点解码】　倍数计算

【答案解析】　选 B。由第五段可知，题干所求产业实现收入分别为 6 902.7 亿元和 3 870 亿元，同比增长分别为 8.6% 和 12.6%。因此所求为 6 902.7/(1＋8.6%)×8.6%÷[3 870/(1＋12.6%)×12.6%] ≈1.26 倍。

10.【考点解码】　综合分析类

【答案解析】　选 A。由第四段可知，2016 年上半年同比增速为 0.6%，则 2016 年上半年批发和零售业实现增加值同比增量为 1 190.6/ [(1＋7.7%)×(1＋0.6%)]×0.6%≈6.98 亿元＜10 亿元，因此 A 项说法正确。

11.【考点解码】　简单计算

【答案解析】　选 A。"十二五"时期年平均出生人口 1 723－79＝1 644 万人，2013 年出生人口 1 687－47＝1 640 万人，故 2013 年我国出生人口比"十二五"时期年平均出生人口少 4 万人。

12.【考点解码】　简单计算

【答案解析】　选 B。2016 年出生率为 12.43‰＋0.52‰＝12.95‰，"十二五"时期年平均出生率 12.95‰－0.84‰＝12.11‰。

13.【考点解码】　比重相关

【答案解析】　选 C。2016 年二孩占出生人口比例为 51.2％－11％＝40.2％，2016 年二孩出生人口 1 786×40.2％≈718 万人。

14.【考点解码】　比重计算

【答案解析】　选 B。三省出生人口之和 174.98＋151.63＋140.13＋2.08－22.18＋2.48＝449.12 万人，占比为 449.12/1 786≈25.15％。

15.【考点解码】　综合分析类

【答案解析】　选 D。A 项，2016 年山东出生人口占全国出生人口为 177.06/1 723＜10％，排除。B 项，2016 年广东出生人口 129.45 万人，2017 年湖北出生人口 74.26 万人，没有达到 2 倍的关系，排除。C 项，增量超过 5 万人的省份有安徽、四川、河北、广东四个，排除。

16.【考点解码】　比重计算

【答案解析】　选 B。根据比重计算公式，所求为＝（223＋33）/1 102≈23.23％。

17.【考点解码】　倍数计算

【答案解析】　选 B。根据倍数公式，增加了 1 102÷22－1≈49.1 倍。

18.【考点解码】　增长率比较

【答案解析】　选 B。2017 年参与人次同比增速为 498/280－1≈77.86％，2016 年同比增速为 280/150－1≈86.67％，增速慢大约 8.8 个百分点。

19.【考点解码】　年均增长率

【答案解析】　选 B。根据公式初期量×（1＋年均增长率）^{3}＝末期量，所求年均增长率为＝$\sqrt[3]{1\,200/700}$－1≈19.68％。

20.【考点解码】　综合分析类

【答案解析】　选 C。A 项，2016 年度产业规模 700/（1＋20％）≈583.3 亿元，比 2017 年少 116.7 亿元，排除。B 项，全国跑者数量 76 469/10.1％≈757 118 人。C 项，（22＋33＋39＋51＋134＋328）/1 102≈55％＞50％，正确，所以选 C。D 项，在规模赛事数量方面，2017 年排名前三的省份为浙江省、江苏省和广东省，北京市没有进入前三名，错误。

21.【考点解码】　平均数计算

【答案解析】　选 B。根据图 1、2 可知，2017 年 7—9 月进口药品数量分别为 1.1 万吨、

1.2 万吨、1.1 万吨；金额分别为 19.6 亿美元、23.8 亿美元、21.9 亿美元；每个月平均每吨进口药品单价在 18—23 万美元，因此第三季度的平均值在 20 万美元附近，结合选项选 B。

22.【考点解码】 增长率计算

【答案解析】 选 C。根据图 2 可知，2017 年 5 月进口药品金额为 27.8 亿美元，同比增速为 54.5%；2017 年 4 月进口药品金额为 18.8 亿美元，同比增速为 12.2%。则 2016 年 5 月进口药品金额为 $\frac{27.8}{1+54.5\%}$ 亿美元，2016 年 4 月进口药品金额为 $\frac{18.8}{1+12.2\%}$ 亿美元，所求为 $\frac{27.8}{1+54.5\%} \div \frac{18.8}{1+12.2\%} - 1 = \frac{27.8}{18.8} \times \frac{1.122}{1.545} - 1 \approx \frac{28}{19} \times \frac{1.12}{1.55} - 1 < 0.4$，结合选项选 C。

23.【考点解码】 读数比较

【答案解析】 选 C。根据图 1 可知：2017 年 6—12 月增长率分别为 5.6%、1.0%、13.3%、8.2%、7.0%、21.5%、−3.0%。比较可知：7 月、9 月、10 月、12 月增速低于上月水平，即有 4 个月。

24.【考点解码】 增长率计算

【答案解析】 选 D。根据图 2 可知，2017 年 9—12 月全国进口药品金额分别为 21.9 亿美元、18.4 亿美元、24.0 亿美元、27.8 亿美元。则 2017 年第四季度各月的环比增长率分别为：10 月：$\frac{18.4-21.9}{21.9} = -\frac{3.5}{21.9}$，11 月：$\frac{24.0-18.4}{18.4} = \frac{5.6}{18.4}$，12 月：$\frac{27.8-24}{24} = \frac{3.8}{24}$，明显 11 月份最大，其次 12 月份，最小为 10 月份。

25.【考点解码】 综合分析类

【答案解析】 选 B。A 项，根据图 1 可知，2017 年 7—12 月全国进口药品数量分别为 1.1 万吨、1.2 万吨、1.1 万吨、1.0 万吨、1.4 万吨、1.3 万吨；同比增速分别为 1.0%、13.3%、8.2%、7.0%、21.5%、−3.0%。2016 年下半年，全国进口药品数量分别为：7 月份：$\frac{1.1}{1+1.0\%} > 1$，8 月份：$\frac{1.2}{1+13.3\%} = \frac{1.2}{1.133} > 1$，9 月份：$\frac{1.1}{1+8.2\%} = \frac{1.1}{1.082} > 1$，10 月份：$\frac{1.0}{1+7.0\%} < 1$，11 月份：$\frac{1.4}{1+21.5\%} = \frac{1.4}{1.215} > 1$，12 月份：$\frac{1.3}{1-3.0\%} > 1$，只有 10 月低于 1 万吨，该项错误。B 项，根据图 1 可知，2017 年 11 月全国进口药品数量同比增速为 21.5%；根据图 2 可知，2017 年 11 月全国进口药品金额同比增速为 11.9%。数量同比增速大于金额同比增速，则平均每吨进口药品单价低于上年同期水平，该项正确。

26.【考点解码】 增长量比较

【答案解析】 选 B。根据图 1，2011—2017 年每年的二手车交易量，以及 2011 年增长率为 12.4%，2011 年二手车增长量为 $682 - \dfrac{682}{1+12.4\%} = 682 \times \dfrac{0.124}{1.124} < 682 \times \dfrac{1}{9} < 80$，2012 年二手车增长量＝794－682＞80 万辆，2013 年二手车增长量＝847－794＜80 万辆，2014 年二手车增长量＝920－847＜80 万辆，2015 年二手车增长量＝942－920＜80 万辆，2016 年二手车增长量＝1 039－942＞80 万辆，2017 年二手车增长量＝1 240－1 039＞80 万辆，因此 2011—2017 年，全国二手车交易量同比增量低于 80 万辆的年份有 2011 年、2013 年、2014 年、2015 年这 4 年。

27.【考点解码】 简单计算

【答案解析】 选 D。根据图 1 可知，2011—2015 年全国二手车每年的交易量，所以"十二五"（2011—2015 年）期间，全国二手车总计交易为 682＋794＋847＋920＋942≈680＋790＋850＋920＋940＝4 180 万辆，结合选项选 D。

28.【考点解码】 平均数计算

【答案解析】 选 A。根据文字材料"2017 年全国二手车累计交易量为 1 240 万辆……2017 年 12 月，全国二手车交易量为 123 万辆，交易量环比上升 7.4%"可知，2017 年 11 月全国二手车交易量为 $\dfrac{123}{1+7.4\%} \approx 115$ 万辆，则所求为 $\dfrac{1\,240-115-123}{10} = \dfrac{1\,002}{10} \approx 100$。

29.【考点解码】 增长量计算

【答案解析】 选 A。根据图 1 和图 2 可知，2015 年二手车交易总金额＝交易量×平均交易价格＝942 万辆×5.9 万元/辆≈5 558 亿元，2014 年总金额＝920 万辆×6.1 万元/辆＝5 612 亿元。5 558－5 612＝－54 亿元，即 2015 年二手车交易总金额比 2014 年减少了 54 亿元。

30.【考点解码】 综合分析类

【答案解析】 选 C。根据图 1 和图 2 可知，2016 和 2017 年二手车交易量分别为 1 039 万辆和 1 240 万辆，平均交易价格分别为 5.8 万元/辆和 6.5 万元/辆，由于 2016 年二手车交易量（1 039 万辆）小于 2017 年二手车交易量（1 240 万辆），则 2016—2017 年全国二手车平均交易价格应更偏向于 2017 年的平均交易价格，即大于 $\dfrac{5.8+6.5}{2} = 6.15$，因此该项错误。B 项，根据图 1 和图 2 可知，全国二手车交易量同比增速第 4 高的是 2016 年，平均交易价格为 5.8 万元，低于 6 万元，因此该项错误。C 项，根据图 1 可知，全国二手车交易量同比增长量最高的年份为 2017 年，其增长量为 1 240－1 039＝201 万辆，同比增长量最低的年份为 2015 年，其增长量为 942－920＝22 万辆，$\dfrac{201}{22} > 9$，该项正确。

31.【考点解码】 增长率计算

【答案解析】 选C。根据材料第一段"2017年，A省完成邮电业务总量6 065.71亿元。其中，电信业务总量3 575.86亿元，同比增长75.8%；邮政业务总量2 489.85亿元，增长32.0%"可知，A省邮电业务总量的增长率应介于32.0%和75.8%之间，并且电信业务总量略大于邮政业务总量，则邮电业务总量增长率应大于 $\dfrac{32.0\%+75.8\%}{2}=53.9\%$，即介于53.9%和75.8%之间，结合选项选C。

32.【考点解码】 比重比较

【答案解析】 选B。根据材料第三段"2017年，全省全年完成快递业务量100.51亿件，同比增长31.0%。其中，同城快递业务量增长29.3%，异地快递业务量增长33.0%，国际和港澳台地区快递业务量增长33.1%"可知，总业务量增长率为31.0%，要满足题干条件，则具体行业业务量增长率应大于31.0%，只有异地快递业务量增长（33.0%）、国际和港澳台地区快递业务量增长（33.1%）。

33.【考点解码】 平均增长率

【答案解析】 选C。根据材料第四段"2017年，A省完成客运总量……，同比增长5.4%，增幅比前三季度提高0.2个百分点……；完成旅客周转总量……，增长7.7%，增幅比前三季度提高0.7个百分点……"可知，2017年前三季度，客运总量增长率为5.4%−0.2%=5.2%，旅客周转量增长率为7.7%−0.7%=7%。利用平均数增长率公式 $(a-b)/(1+b)$ 可知，2017年前三季度，A省平均每人次客运旅客运输距离同比增速=$(7\%-5.2\%)/(1+5.2\%)=1.8/105.2<2\%$，但是大于0。

34.【考点解码】 倍数计算

【答案解析】 选A。根据材料第五段可知，2017年高铁客运量和旅客周转量占铁路旅客运输总量的比重分别为62.7%和54.3%，比重比上年分别提高4.3个和3.9个百分点，则2016年高铁客运量占铁路旅客运输总量的比重是62.7%−4.3%=58.4%，普铁占铁路旅客运输总量比重是1−58.4%=41.6%，因为总量一致，因此二者倍数即为比重的倍数，则所求为 $\dfrac{58.4}{41.6}\approx1.4$。

35.【考点解码】 综合分析类

【答案解析】 选D。①定位文字材料第二段"2017年，A省移动电话期末用户1.48亿户，比上年末增长3.1%。其中，4G期末用户达1.18亿户，比上年末增长29.3%"可求出2017年A省移动电话用户全年增长量及4G用户增长量，而非4G移动电话用户全年增量＝移动用户全年增量−4G期末用户全年增长量，因此该项可求。②定位根据材料第二段"2017年，移动互联网期末用户1.31亿户，比上年末增长13.9%。"可求出2017年移动互联网用户全年增长量，那么日均增量就可求，因此该项可求。③根据材料第四段"2017年，A省完成客运总量148 339万人次，同比增长5.4%……，比上年提高0.5个百分点"及间隔增

长率公式 $r=r_1+r_2+r_1×r_2$ 可知，2017 年相对于 2015 年客运总量的间隔 $r=5.4\%+$ $4.9\%+5.4\%×4.9\%$，2015 年的客运量为 $\dfrac{148\ 339}{5.4\%+4.9\%+5.4\%×4.9\%}$，因此该项可求。④根据材料第四、五段"2017 年，A 省完成客运总量 148 339 万人次"，"2017 年 A 省完成高铁客运量 17 872 万人次……占铁路旅客运输总量的 62.7%"可求出 2017 年 A 省铁路旅客运输总量 $=\dfrac{17\ 872}{62.7\%}$ 万人次，则 2017 年铁路旅客运输总量占客运总量比重为 $\dfrac{17\ 872}{62.7\%}÷148\ 339$，因此该项可求。

36.【考点解码】　简单计算与比较

【答案解析】　选 D。由材料第一段可知，2018 年 1 季度，全国粗钢产量同比增长 5.4%，增速同比提高 0.8 个百分点；钢材产量增长 4.7%，提高 2.6 个百分点；铁合金产量增长 9.4%，提高 6.6 个百分点；焦炭产量下降 3.2%，上年同期为增长 4.7%；则 2017 年 1 季度产量粗钢同比增速为 $5.4\%-0.8\%=4.6\%$，钢材同比增速为 $4.7\%-2.6\%=2.1\%$，铁合金同比增速为 $9.4\%-6.6\%=2.8\%$，焦炭同比增速为 4.7%，即焦炭（4.7%）＞粗钢（4.6%）＞铁合金（2.8%）＞钢材（2.1%）。

37.【考点解码】　简单计算

【答案解析】　选 C。由材料第三段可知，2018 年 3 月份，1.0 mm 冷轧板卷平均价格为 4 741 元/吨，比上月下跌 66 元/吨；20 mm 中板平均价格为 4 233 元/吨，比上月上涨 70 元/吨；因此所求为（4 741＋66）－（4 233－70）＝4 807－4 163＝644。

38.【考点解码】　增长量计算

【答案解析】　选 D。由材料第四段可知 2018 年 1 季度，铜产量 221 万吨，增长 8.7%，锌产量 142 万吨，增长 1.7%，则铜增长量为 $\dfrac{221}{1+8.7\%}×8.7\%≈17.6$，同期锌增长量为 $\dfrac{142}{1+1.7\%}×1.7\%≈2.42$，则所求为 $\dfrac{17.6}{2.42}>6$。

39.【考点解码】　增长率计算

【答案解析】　选 B。由材料最后一段可知，2018 年 3 月份，上海期货交易所电解铝平均价格为 14 103 元/吨，比上月下跌 2.3%，同比上涨 1%，则 2017 年 3 月电解铝单价为 $\dfrac{14\ 103}{1+1\%}$，2018 年 2 月单价为 $\dfrac{14\ 103}{1-2.3\%}$，单价之比为 $\dfrac{14\ 103}{1+1\%}:\dfrac{14\ 103}{1-2.3\%}≈977:1\ 010$，因此数量之比 1 010:977，则所求为 $\dfrac{977-1\ 010}{1\ 010}=-\dfrac{33}{1\ 010}≈-0.03$，即少 3% 左右，结合选项选 B。

40.【考点解码】　综合分析类

【答案解析】　选 B。A 项，由材料第一段可知，2018 年 1 季度，全国粗钢产量 21 215 万吨；钢材产量 24 693 万吨；焦炭产量 10 285 万吨，24 693＜（21 215＋10 285），因此该项错误。B 项，由材料第二段可知，2018 年 1 季度，钢材出口 1 515 万吨，同比下降 26.4%；进口 345 万吨，下降 0.8%，其中 2017 年 1 季度钢材出口总量 $\dfrac{1\,515}{1-26.45\%}>$ 2 000，因此进出口总量必超过 2 000 万吨，该项正确。

41.【考点解码】　比重计算

【答案解析】　选 C。根据文字材料可知，2018 年 4 月，全国手机总产量 14 366.7 万部；根据表格可知，2018 年 4 月，手机产量最高的三个省市是广东省、河南省和重庆市，其产量之和＝7 093.52＋1 688.16＋1 313.21≈7 100＋1 690＋1 300＝10 090 万部，则所求为 $\dfrac{10\,090}{14\,366.7}\approx70\%$。

42.【考点解码】　简单计算与比较

【答案解析】　选 B。设某省 4 月份产量为 x，1—4 月的产量为 y，要比较 4 月手机产量和 1—3 月平均水平，则需要比较 x 与 $\dfrac{y-x}{3}$ 的大小，即比较 $4x$ 与 y 的大小。若 $4x>y$，则该省 4 月份产量高于 1—3 月平均水平。根据表格可知，广东 7 093.52×4≈28 372＞25 218.39，超过；河南 1 688.16×4≈6 752＜7 468.19，没超过；重庆 1 313.21×4≈5 252＜5 648.64，没超过；北京 588.23×4≈2 352＜2 716.72，没超过；浙江 528.17×4≈2 112＞1 504.70，超过；江西 466.34×4≈1 864＞1 680.68，超过；上海 449.34×4≈1 796＞1 659.65，超过；四川 322.75×4≈1 288＞1 146.06，超过；江苏 305.97×4≈1 220＜1 713.12，没超过；贵州 250.89×4≈1 000＞816.12，超过；天津 226.90×4≈904＜1 226.51，没超过；湖北 216.23×4≈864＜1 191.23，没超过。因此总共有 6 个省份超过，所以选 B。

43.【考点解码】　读数比较

【答案解析】　选 B。根据表格，按照 1—4 月产量排序的名次是：广东、河南、重庆、北京、江苏、江西、上海、浙江、天津、湖北、四川、贵州，其中广东、河南、重庆、北京、江西、上海共有 6 个省市的位次没有发生变化。

44.【考点解码】　增长量计算

【答案解析】　选 D。根据表格，重庆、北京、上海、天津 2018 年 4 月份手机产量之和为 1 313.21＋588.23＋449.34＋226.90≈2 577 万部。2017 年 4 月份手机产量之和为 $\dfrac{131.21}{1-52.73\%}+\dfrac{588.23}{1-2.94\%}+\dfrac{449.34}{1+72.71\%}+\dfrac{226.90}{1-41.25\%}\approx4\,040$ 万部。4 040－2 577＞1 000，即 2018 年 4 月四个直辖市的手机产量之和同比下降了 1 000 万部以上。

45.【考点解码】 综合分析类

【答案解析】 选A。①根据文字材料可知，2018年1至4月全国手机产量累计56 479.3万台，其一成为5 647.93万台，根据表格，超过5 647.93万台的省市有广东、河南、重庆三个，因此该项可以推出。②根据表格可知，2018年1季度广东手机产量＝1至4月产量－4月产量＝25 218.39－7 093.52＝18 124.87万部。2017年1季度广东手机产量＝$\frac{25\ 218.39}{1+1.97\%}-\frac{7\ 093.52}{1+18.41\%}\approx18\ 713$万部，2018年1季度产量低于2017年同期，因此该项无法推出。③根据表格可知，2018年4月手机产量增速最高的省市是四川省，2018年1至4月手机产量增速最高的省市也是四川省，因此该项无法推出。④根据表格可知，2018年4月江西手机产量增速－14.68％，1至4月手机产量增速－14.65％，4月份增速慢于整体1至4月的增速，因此比重下降，即江西2018年4月手机产量占1至4月的比重低于2017年水平，因此该项无法推出。只有1条能够从材料中推出，所以选A。

46.【考点解码】 增长率比较

【答案解析】 选A。根据表格第二行可知，A项为$\frac{556-540}{540}=\frac{16}{540}=0.02\cdots$，B选为$\frac{562-544}{544}=\frac{18}{544}=0.3\cdots$，C项为$\frac{556-539}{539}=\frac{17}{539}=0.03\cdots$，D项为$\frac{563-545}{545}=\frac{18}{545}=0.03\cdots$，所以选A。

47.【考点解码】 增长率比较

【答案解析】 选D。结合选项，根据表格可知，A项，$\frac{118-87}{118}=\frac{31}{118}$；B项，$\frac{102-86}{102}=\frac{16}{102}$；C项，$\frac{126-100}{126}=\frac{26}{126}$；D项，$\frac{75-38}{75}=\frac{37}{75}$。显然D项值最大，即降幅最大。

48.【考点解码】 简单计算与比较

【答案解析】 选C。结合选项，根据表格可知，A项，217－139＝78（分钟）；B项，98－76＝22（分钟）；C项，126－45＝81（分钟）；D项，75－30＝45（分钟）。C项（家务劳动）的绝对差异最大。

49.【考点解码】 读数比较

【答案解析】 选B。A项，根据表格，农村居民花费中，用餐或其他饮食（103）、看电视（104），不符合从大到小排列。B项，城镇、农村居民花费均为从大到小排列，因此该项正确。C项，根据表格，农村居民花费中，用餐或其他饮食（103）、看电视（104），不符合从大到小排列。D项，根据表格，农村居民花费中，陪伴照料家人（45）、个人卫生护理（47），农村不符合从大到小排列。

50.【考点解码】 综合分析类

【答案解析】　选 D。A 项，根据表格第三大列可知，与 2008 年相比，2018 年我国男性居民花费在睡觉休息、个人卫生护理、就业工作、陪伴照料家人、健身锻炼、听广播或音乐、休闲娱乐、社会交往和学习培训共 9 项活动上的平均时间有所增加，因此该项错误。B 项，根据表格第四大列可知，与 2008 年相比，2018 年我国女性居民花费在家庭生产经营活动的平均时间减少 109－76＝33 分钟，交通活动的平均时间减少 67－33＝34 分钟，即花费在家庭生产经营活动上的平均时间减少不是最多，因此该项错误。C 项，根据表格第五大列可知，与 2008 年相比，2018 年我国城镇居民花费在工作和劳动上（就业工作＋2、家庭生产经营活动＋31、家务劳动－22，合计为＋11）的平均时间增加了，花费在休闲活动上（健身锻炼＋5、听广播和音乐＋5、看电视－35、阅读书报期刊－6、休闲娱乐＋21，合计为－10）的平均时间减少了，因此该项错误。根据排除法选 D。

51.【考点解码】　增长量计算

【答案解析】　选 B。根据表格"2018""2014"所在列可知，2018 年比 2014 年西部地区增长额为 7 189－3 782＝3 407 亿元，中部地区增长额为 3 163－1 658＝1 505 亿元；增长额多 3 407－1 505≈1 902 亿元。

52.【考点解码】　增长率比较

【答案解析】　选 C。根据表格"2018""2015"所在列可知，2018 年较 2015 年的同比增速中，东部地区为 $\frac{498－329}{329}＝\frac{169}{329}＞\frac{1}{2}$，中部地区为 $\frac{316－198}{198}＝\frac{118}{198}＞\frac{1}{2}$，西部地区为 $\frac{719－441}{441}＝\frac{278}{441}＞\frac{1}{2}$，东北地区明显为负，即 3 个地区同比增速高于 50％。

53.【考点解码】　倍数计算

【答案解析】　选 B。根据表格"2018"所在列及条形图"2018"所在行可知，2018 年软件行业总收入中占比最高的地区即为总收入最高的地区，即东部（49 795）；2018 年收入占比最低的子行业为嵌入式产品（14.2％），其收入为 63 061×14.2％≈9 000。则东部地区收入为嵌入式产品的 $\frac{49\ 795}{9\ 000}≈5.6$ 倍，结合选项选 B。

54.【考点解码】　增长率比较

【答案解析】　选 D。根据表格和条形图可知，2018 年软件产品收入为 63 061×30.7％＝19 359.73；2017 年软件产品收入为 55 037×31.3％＝17 226.58；2016 年软件产品收入为 48 511×31.7％＝15 377.99；2015 年软件产品收入为 43 248×32.3％＝13 969.1；2014 年软件产品收入为 37 088×32.5％＝12 053.6。各数据取前三位近似计算，2018 年增长率为 $\frac{194－172}{172}≈13％$，2017 年为 $\frac{172－154}{154}≈12％$，2016 年为 $\frac{154－140}{140}≈10％$，2015 年为 $\frac{140－121}{121}≈16％$，2015 年值最大。

55.【考点解码】 综合分析类

【答案解析】 选 C。A、B 两项，都是增长率计算比较，需要计算的比较多，暂且放下。C 项，结合条形图，根据"分子的增长率大于分母的增长率，比重上升"，2014—2018 年我国信息技术服务的比重分别为 50.4%、51.3%、51.8%、53.3%、55.1%，每年的比重都比 2014 年的比重值大，则各年我国信息技术服务收入的增长率均高于全国软件产业收入的增长率，该项正确。D 项，结合条形图，根据"分子的增长率大于分母的增长率，比重上升"，2014—2018 年我国嵌入式产品收入的比重分别为 14.2%、15.4%、16.5%、16.4%、17.1%，其中除 2017 年外，各年比重都比上年有所上升，即除 2017 年外各个年份的分子增长率都大于分母增长率，即嵌入式产品总收入的年度环比增速大于软件产品，该项错误。

56.【考点解码】 比重比较

【答案解析】 选 C。由材料第一段可知，2018 年全国网络零售额 90 100 亿元，其中，实物商品网上零售额为 70 200 亿元，则所求为 $\frac{70\ 200}{90\ 100} \approx \frac{7}{9} \approx 78\%$。

57.【考点解码】 增长率计算

【答案解析】 选 C。由材料第二段可知，2018 年全年农村网络零售额为 13 700 亿元；其中农村实物商品网络零售额为 10 900 亿元，同比增长 30.9%；农村非实物商品网络零售额 2 800 亿元，同比增长 28.4%。两个增长率的平均值为 (30.9%＋28.4%)/2＝29.65%，因为实物商品的前期量更大，所以混合后的增长率大于平均值，偏向于 30.9%，即介于 29.65% -30.9% 之间，结合选项选 C。

58.【考点解码】 比重相关

【答案解析】 选 C。由材料第二段可知，农村实物商品网络零售额为 10 900 亿元；农村实物商品零售额前三位的品类分别为服装鞋帽针织品、日用品、粮油食品及饮料烟酒，分别占农村实物商品零售额的 37.3%、19.3%和 13.3%，则 2018 年全国农村实物商品零售额前三位品类的零售额为 10 900×(37.3%＋19.3%＋13.3%)＝10 900×69.9%略小于 10 900×70%＝7 630，结合选项选 C。

59.【考点解码】 倍数计算

【答案解析】 选 B。由材料最后一段可知，2018 年全国农产品网络零售品类中，休闲食品、滋补食品占比分别为 24.2%、12.0%，同比增速分别为 30.5%、29.0%，则所求为 $\frac{24.2\%}{1+30.5\%} \div \frac{12\%}{1+29\%} = \frac{24.2}{12} \times \frac{1\ 290}{1\ 305} \approx 2$。

60.【考点解码】 综合分析类

【答案解析】 选 C。A 项，由材料第一段可知，2018 年全国网络零售额 90 100 亿元，同比增长 23.9%。则 2017 年全国网络零售额为 90 100/(1＋23.9%)＜75 000，该项正确。B项，由材料第一段可知，2018 年全国网络零售额 90 100 亿元，同比增长 23.9%；再根据材料第三段可知，2018 年全国农产品网络零售额达 2 305 亿元，比全国网络零售额同比增速低 9.9 个百分点。则 2018 年全国农产品网络零售额同比增速为 23.9%−9.9%＝14%，2017 年全国农产品网络零售额为 2 305/(1+14%)＞2 000，该项正确。C项，文段中只给出农村实物商品零售额前三位和全国农产品网络零售额前三位，无法推出全国农村网络零售额前三位品类，因此该项错误。D项，由第一段可知，2018 年全国网络零售额 90 100 亿元；其中实物商品网上零售额为 70 200 亿元；非实物商品网上零售额 19 900 亿元。则实物商品占比÷非实物商品占比为 $\frac{70\ 200}{19\ 900}>3$，该项正确。

三、斩获高分题

1.【考点解码】 比重相关

【答案解析】 选 D。根据文字材料，2016 年苏中地区业生产经营人员为 321.29 万人，再根据表格，2016 年苏中地区男性与女性农业生产经营人员构成是男性 45.4%、女性 54.6%，则所求为 321.29×(54.6%−45.4%)≈320×9.2%＝29.44，结合选项选 D。

2.【考点解码】 倍数计算

【答案解析】 选 C。根据文字材料，2016 年苏中、苏北地区生产经营人员分别有 321.29 万人、763.42 万人，再根据表格，苏中、苏北地区生产经营人员中大专及以上文化程度的比重分别为 1.0%、1.1%，则所求为 $\frac{763.42\times1.1\%}{321.29\times1.0\%}\approx\frac{76}{32}\times1.1\approx2.6$。

3.【考点解码】 比重比较

【答案解析】 选 D。2016 年江苏农业生产经营人员中女性 645.40 万人；苏南、苏北地区农业生产经营人员分别有 186.16 万人、763.42 万人，其中比重女性分别为 48.3%、49.8%；则所求为 $\frac{763.42\times49.8\%-186.16\times48.3\%}{645.40}\approx\frac{750\times50\%-200\times48\%}{650}=\frac{279}{650}\approx43\%$，结合选项选 D。

4.【考点解码】 比重相关

【答案解析】 选 A。2016 年苏南、苏中、苏北地区农业生产经营人员分别有 186.16 万人、321.29 万人、763.42 万人，从事渔业的农业生产经营的比重分别为 4.9%、2.3%、1.2%，则苏南人数为 186.16×4.9%≈9.1，苏中为 321.29×2.3%≈7.4，苏北为 763.42×1.2%≈9.2。

5.【考点解码】 综合分析类

【答案解析】 选 B。A项，根据表格，55 岁及以上占比为 48.7%，从事种植业的占比为 94.7%，如果 55 岁以下的全部从事种植业，则 55 岁及以上占比至少为 94.7%－（10%＋41.3%）＝43.3%，因此 55 岁及以上农业生产经营人员中从事种植业的占比大于 $\dfrac{43.4\%}{48.7\%}>40\%$，该项正确。B 项，根据文字材料，2016 年江苏农业生产经营人员 1 270.87 万人，苏南地区有 186.16 万人；再根据表格，苏南地区从事林业占比为 2%，而全省占比为 0.6%，则 $\dfrac{186.16\times2\%}{1\,270.87\times0.6\%}<\dfrac{190\times2}{1\,270\times0.6}=\dfrac{380}{762}<\dfrac{1}{2}$，即没有超过一半，因此该项错误。根据排除法选 B。

6.【考点解码】　基期量计算

【答案解析】　选 B。根据文字材料最后一句，2016 年江苏光伏发电新增装机容量 123 万千瓦，年末累计装机容量 546 万千瓦，则所求为 546－123＝423。

7.【考点解码】　增长率比较

【答案解析】　选 C。环比增速低于上年同期，则

今年 n 月环比增速÷去年 n 月环比增速＝$\dfrac{\text{今年}n\text{月}}{\text{今年}n-1\text{月}}\div\dfrac{\text{去年}n\text{月}}{\text{去年}n-1\text{月}}<1$，即

$\dfrac{\text{今年}n\text{月}}{\text{今年}n-1\text{月}}\div\dfrac{\text{去年}n\text{月}}{\text{去年}n-1\text{月}}=\dfrac{\text{今年}n\text{月}}{\text{去年}n\text{月}}\div\dfrac{\text{今年}n-1\text{月}}{\text{去年}n-1\text{月}}=\dfrac{\text{今年}n\text{月同比增速}}{\text{今年}n-1\text{月同比增速}}<1$，

因此只要比较 2016 年各月的同比增速即可。根据折线图，2016 年 3、5、7、8、9 共 5 个月的同比增速低于同年上月同比增速。

8.【考点解码】　基期量计算

【答案解析】　选 A。根据文字材料，2016 年江苏规模以上光伏产业利润总额 153.6 亿元，增长 11.6%，增速回落 8.8 个百分点，则所求为 $\dfrac{153.6}{(1+11.6\%)(1+11.6\%+8.8\%)}\approx11$。

9.【考点解码】　比重计算

【答案解析】　选 D。根据扇形图，2016 年苏中地区规模以上光伏产业产值占全省的比重为 32.5%，再根据文字材料，2016 年江苏规模以上光伏产业总产值同比增速为 10.8%，高于苏中地区的 9.0%，则 2015 年的占比要高于 32.5%。

10.【考点解码】　综合分析类

【答案解析】　选 A。根据文字材料，2016 年江苏规模以上光伏产业利润率为 $\dfrac{153.6}{2\,720.5}<\dfrac{155}{2\,700}\approx0.58$，该项正确。

11.【考点解码】　简单计算与比较

【答案解析】　选 B。根据表格，两地区各年的差值分别为：2013 年 822 737－125 919＝696 818，2014 年 715 057－201 736＝513 321，2015 年 878 279－281 411＝

596 868，2016 年 798 582－231 950＝566 632；2014 年值最小，所以选 B。

12.【考点解码】 平均数计算

【答案解析】 选 A。根据表格，所求为 $\dfrac{5\ 146\ 029-5\ 297\ 475}{2}=-75\cdots$，结合选项选 A。

13.【考点解码】 简单计算与比较

【答案解析】 选 B。根据表格，2013 年中国在亚洲承包工程当年派出人数为 130 888，其他 5 个洲总人数为 111 959＋9 603＋16 070＋814＋1 586＝140 032＞130 888；2014 年在亚洲为 134 534，其他 5 个洲总人数为 107 842＋10 162＋13 990＋367＋2 256＝134 617＞134 534；2015 年在亚洲为 133 373，其他 5 个洲总人数为 97 555＋6 989＋13 253＋403＋1 497＝119 697＜133 373；2016 年在亚洲 140 888，其他 5 个洲总人数为 71 548＋5 737＋9 398＋491＋2 184＝89 358＜140 888；因此符合题干要求的有 2 个，所以选 B。

14.【考点解码】 比重比较

【答案解析】 选 A。根据表格，2015 年和 2014 年中国派出总人数分别为 253 049 和 269 151；2015 年和 2014 年中国在各地区承包工程派出人数占当年派出总人数的比重差分别为：亚洲 $\dfrac{133\ 373}{253\ 049}-\dfrac{134\ 534}{269\ 151}\approx0.527-0.5=0.027$；北美洲 $\dfrac{403}{253\ 049}-\dfrac{367}{269\ 151}\approx0.0016-0.0014=0.0012$；欧洲 $\dfrac{6\ 989}{253\ 049}-\dfrac{10\ 162}{269\ 151}\approx0.028-0.038=-0.01$；拉丁美洲 $\dfrac{13\ 253}{253\ 049}-\dfrac{13\ 990}{269\ 151}\approx0.052-0.052=0$。

15.【考点解码】 综合分析类

【答案解析】 选 D。A 项，根据表格，采用截位舍相同，2014 年为 65＋53＋7＋13＋2＋2＝142；2015 年为 69＋55＋9＋16＋3＋2＝154；2016 年为 77＋51＋8＋15＋2＋4＝157，逐年增加，因此该项正确。B 项，根据表格，2016 年派出总人数为 140 888＋71 548＋5 737＋9 398＋491＋2 184＝230 246；其中大洋洲占比为 $\dfrac{2\ 184}{230\ 246}<10\%$，因此该项正确。C 项，由 B 项可知，2016 年派出总人数为 230 246；根据表格，2015 年派出总人数为 133 373＋97 555＋6 989＋13 253＋403＋1 497＝253 070；两者相差为 253 070－2 302 462＝22 824，因此该项正确。根据排除法选 D。

16.【考点解码】 平均数计算

【答案解析】 选 D。根据文字材料，2017 年末全国农村贫困人口比 2012 年末减少 6 853 万人，则所求为 $\dfrac{6\ 853}{5}=1\ 370.6$。

17.【考点解码】 增长量计算

【答案解析】 选 C。根据文字材料，2017 年全国贫困地区农村居民人均可支配收入 9 377 元，比上年增长 10.5%。则所求为 $\frac{9\ 377}{1+10.5\%}\times 10.5\% = 9\ 377\times\frac{105}{1\ 105} = 9\ 377\times\frac{21}{221}\approx 9\ 400\times\frac{21}{220}\approx 897$，结合选项选 C。

18.【考点解码】 增长量计算

【答案解析】 选 A。根据文字材料，2017 年末全国农村贫困人口 3 046 万人，比 2012 年末减少 6 853 万人；贫困发生率（指年末农村贫困人口占目标调查人口的比重）为 3.1%，比 2012 年末下降 7.1 个百分点，则所求为 $\frac{3\ 046}{3.1\%} - \frac{3\ 046+6\ 853}{3.1\%+7.1\%}\approx\frac{3\ 046}{3.1\%} - \frac{9\ 900}{10.2\%}\approx 98\ 200 - 97\ 000 = 1\ 200$，结合选项选 A。

19.【考点解码】 增长率比较

【答案解析】 选 B。全国值应该在农村和城镇之间，不会是最大值和最小值，因此排除 C、D 两项。根据条形图可知，比较 2017 年与 2013 年末的比值即可得出年均增速的快慢，农村为 $\frac{13\ 432}{9\ 430} > 1.4$，城镇为 $\frac{36\ 390}{26\ 467} < 1.4$，则农村最快、城镇最慢，所以选 B。

20.【考点解码】 综合分析类

【答案解析】 选 C。A 项，根据文字材料，2017 年末全国农村贫困人口贫困发生率为 3.1%，比 2012 年末下降 7.1 个百分点，则 2012 年为 3.1%＋7.1%＝10.2%，该项正确。B 项，根据条形图，该项正确。C 选，根据条形图，全国城镇与农村居民人均可支配收入的差额中，2014 年为 28 844－10 489＝18 355 元，2017 年为 31 195－11 422＝19 773 元，2017 年的差额大于 2014 年，因此该项错误。D 项，根据文字材料和条形图，2017 年全国贫困地区农村居民人均可支配收入 9 377 元，全国农村居民人均可支配收入为 13 432 元，后者是前者的 $\frac{13\ 432}{9\ 377}\approx 1.4$ 倍，该项正确。

第四部分

常识应用能力

最新时政

第一章　法　律　法　规

第一节　夯实基础题

1. 闫某写信揭发其表弟魏某将毒药投到村民经常用的水井中，闫某的行为属于＿＿＿＿＿＿＿。

　　A. 举报　　　　　　　B. 报案　　　　　　　C. 控告　　　　　　　D. 告诉

2. 在一起寻衅滋事案件中，证人甲、乙、丙、丁目睹了案发过程。侦查人员对证人进行了询问，关于证人的询问方式和程序，错误的是＿＿＿＿＿＿＿。

　　A. 传唤甲到公安局询问甲　　　　　　B. 到乙家附近的咖啡厅询问乙

　　C. 到丙的出租屋询问丙　　　　　　　D. 现场询问丁

3. 下列选项中，属于行政行为的是＿＿＿＿＿＿＿。

　　A. 市场监督管理局销毁收缴的假冒伪劣产品

　　B. 城管局雇用外部人员修理其办公设备

　　C. 交警在路口安装交通标志

　　D. 财政局审批某会计师事务所的设立

4. 全国人大常委会从属于全国人大，在全国人大闭会期间行使全国人大的部分职权，包括立法权、任免权、决定权、监督权等。下列选项中，全国人大常委会有权任免的是＿＿＿＿＿＿＿。

　　A. 国务委员　　　　　　　　　　　　B. 国务院总理

　　C. 国务院各部部长　　　　　　　　　D. 最高人民检察院检察长

5. 公民、法人或者其他组织直接向人民法院提起行政诉讼的，应当自知道或者应当知道作出行政行为之日起＿＿＿＿＿＿＿内提出。法律另有规定的除外。

　　A. 30 日　　　　　　B. 3 个月　　　　　　C. 60 日　　　　　　D. 6 个月

6. 下列关于我国《劳动法》和《劳动合同法》的说法正确的是＿＿＿＿＿＿＿。

　　A. 劳动者不能单方面解除劳动合同

　　B. 女职工生育享受不少于 80 天的产假

C. 劳动合同应当具备劳动报酬、社会保险等条款

D. 为期三年的劳动合同，其试用期不得超过 3 个月

7. 关于各种法律形式的效力等级，下列哪项是正确的_____。

A. 宪法＞法律＞行政法规＞其他法律文件

B. 法律＞宪法＞行政法规＞其他法律文件

C. 法律＞宪法＞其他法律文件＞行政法规

D. 宪法＞法律＞其他法律文件＞行政法规

8. 下列选项中，不属于行政法的特点的是_____。

A. 内容广泛、易于变动

B. 行政程序性规范与行政实体性规范通常交织在一起

C. 难以制定统一的法典，数量居领先地位

D. 法律表现形式单一，多为条例和决定

9. 下列关于受行政机关委托行使行政职权的组织的说法，正确的是_____。

A. 是最常见的行政主体

B. 具有行政主体的资格

C. 只能以委托机关的名义行使行政职权

D. 直接承担由此产生的法律后果

10. 在我国，最高的行政机关是_____。

A. 全国人大   B. 全国人大常委会

C. 国务院办公厅   D. 国务院

11. 关于行政许可程序中的听证程序，下列说法正确的是_____。

A. 申请人、利害关系人在被告知听证权利之日起 5 日内提出听证申请的，行政机关应当在 10 日内组织听证

B. 组织听证的费用由申请人、利害关系人承担

C. 行政机关应当指定审查该行政许可申请的工作人员以外的人员为听证主持人，申请人、利害关系人认为主持人与该行政许可事项有直接利害关系的，有权申请回避

D. 行政机关可以根据听证笔录，作出行政许可决定

12. 行政机关应当自受理行政许可申请之日起_____内作出行政许可决定。

A. 10 日   B. 20 日   C. 30 日   D. 40 日

13. 行政许可在作出时是合法的，但由于事后行政许可所依据的法律、法规、规章修改或者废止，或者准许行政许可所依据的客观情况发生重大变化，这时行政机关应当_____。

A. 撤回行政许可   B. 撤销行政许可

C. 注销行政许可   D. 吊销行政许可

14. 行政处罚的学理种类中有一种是申诫罚，它具体是指＿＿＿＿＿＿。

A. 警告　　　　　　　　　　　　　　B. 罚款

C. 吊销许可证、执照　　　　　　　　D. 行政拘留

15. 在行政处罚的适用上，应当依法从轻或者减轻处罚的情节包括＿＿＿＿＿＿。

A. 不满 14 周岁的人有违法行为的

B. 违法行为轻微并及时纠正，没有造成危害结果的

C. 精神病人在不能辨认或者不能控制自己行为时有违法行为的

D. 配合行政机关查处违法行为有立功表现的

第二节　提升能力题

1. 行政处罚由＿＿＿＿＿＿的县级以上地方人民政府具有行政处罚权的行政机关管辖。

A. 受处罚人的户籍所在地　　　　　　B. 受处罚人的住所地

C. 违法结果发生地　　　　　　　　　D. 违法行为发生地

2. 下列选项中，不属于行政强制措施的是＿＿＿＿＿＿。

A. 限制公民人身自由　　　　　　　　B. 查封场所、设施或者财物

C. 扣押财物　　　　　　　　　　　　D. 划拨存款、汇款

3. 公民、法人或者其他组织认为具体行政行为侵犯其合法权益的，可以自知道该具体行政行为之日起＿＿＿＿＿＿内提出行政复议申请。

A. 15 日　　　　　B. 30 日　　　　　C. 45 日　　　　　D. 60 日

4. 下列选项中，不属于中级人民法院管辖的第一审行政案件的是＿＿＿＿＿＿。

A. 确认发明专利案件

B. 海关处理的案件

C. 对国务院部门所作的行政行为提起诉讼的案件

D. 对县级以上地方人民政府所作的行政行为提起诉讼的案件

5. 2015 年修改的《行政诉讼法》新增加的一个证据种类是＿＿＿＿＿＿。

A. 视听资料　　　　　　　　　　　　B. 当事人的陈述

C. 电子数据　　　　　　　　　　　　D. 勘验笔录、现场笔录

6. 人民法院审理第一审行政案件，应当自立案之日起＿＿＿＿＿＿内作出判决。

A. 6 个月　　　　　B. 3 个月　　　　　C. 2 个月　　　　　D. 1 个月

7. 根据《保守国家秘密法》，下列说法正确的有＿＿＿＿＿＿。

A. 国家秘密的保密期限，应当根据事项的性质和特点，按照维护国家安全和利益的需要，限定在必要的期限内；不能确定期限的，应当确定为 10 年

B. 国家秘密的保密期限，除另有规定外，绝密级不超过 30 年，机密级不超过 20 年，秘密级不超过 10 年

C. 机关、单位应当根据上级的指示和要求，确定具体的保密期限、解密时间或者解密条件

D. 机关、单位对是否属于国家秘密或者属于何种密级不明确或者有争议的，由国家保密行政管理部门与省、自治区、直辖市保密行政管理部门共同确定

8. _____是根据法的历史传统和外部特征的不同对法所作的分类。

A. 立法体制　　　B. 法的分类　　　C. 法系　　　D. 法律体系

9. 部门规章之间、部门规章与地方政府规章之间对同一事项的规定不一致时，由_____裁决。

A. 全国人大　　　B. 全国人大常委会　C. 国务院办公厅　　D. 国务院

10. 法律关系的构成要素不包括_____。

A. 主体　　　　　B. 权利　　　　　C. 客体　　　　　D. 内容

11. 具有行政主体资格的政府派出机关不包括_____。

A. 区公所　　　　B. 派出所　　　　C. 街道办事处　　　D. 行政公署

12. 行政行为的_____，是指已经生效的行政行为，因客观情况行政主体将其取消，使之不再有效。

A. 废止　　　　　B. 无效　　　　　C. 撤销　　　　　D. 撤回

13. 行政行为一经生效，行政主体和行政相对方都必须遵守，其他国家机关和社会成员必须予以尊重。这是对行政行为的效力内容之一_____的表述。

A. 公定力　　　　B. 确定力　　　　C. 拘束力　　　　D. 执行力

14. 关于行政许可程序中的听证程序，下列说法正确的是_____。

A. 申请人、利害关系人在被告知听证权利之日起 5 日内提出听证申请的，行政机关应当在 10 日内组织听证

B. 组织听证的费用由申请人、利害关系人承担

C. 行政机关应当指定审查该行政许可申请的工作人员以外的人员为听证主持人，申请人、利害关系人认为主持人与该行政许可事项有直接利害关系的，有权申请回避

D. 行政机关可以根据听证笔录，作出行政许可决定

15. 限制人身自由的行政处罚，_____。

A. 只能由法律设定　　　　　　　　B. 可以由法律设定

C. 只能由行政法规设定　　　　　　D. 可以由行政法规设定

16. 行政机关及其执法人员在作出行政处罚决定之前，不依法向当事人告知给予行政处罚的事实、理由和依据，或者拒绝听取当事人的陈述、申辩，行政处罚_____。

A. 不能生效　　　B. 可以生效　　　C. 不能成立　　　D. 可以成立

17. 对两个或者两个以上行政机关以共同的名义作出的具体行政行为不服的，_____
是行政复议机关。

　　A. 其中级别高的机关　　　　　　　B. 其中级别低的机关

　　C. 其中级别低的机关的上一级机关　　D. 其共同上一级行政机关

18. 侵犯人身自由的赔偿标准，每日的赔偿金按照_____。

　　A. 国家上年度职工年平均工资计算　　B. 国家上年度职工日平均工资计算

　　C. 国家本年度职工年平均工资计算　　D. 国家本年度职工日平均工资计算

19. 孙某醉酒在大街上提刀随意恐吓行人，路人报警。下列说法错误的是_____。

　　A. 孙某行为违法应当承担法律责任

　　B. 警察可以使用钢叉对孙某进行控制

　　C. 警察控制孙某后应当带回派出所进行醒酒

　　D. 醒酒过程中警察可以对孙某使用手铐等器械进行约束

20. 李某提出一项行政许可申请，乡政府审核后报县政府审批，李某对批件具体内容
不满意。下列选项正确的是_____。

　　A. 李某申请行政复议，复议机关为县政府

　　B. 李某必须先行政复议，方能提出行政诉讼

　　C. 李某提出行政诉讼应当由当地中级人民法院管辖

　　D. 李某提出行政诉讼，县政府为被告，乡政府为第三人

21. 关于民事诉讼中的公开审判制度的描述，下列选项错误的是_____。

　　A. 法院审理案件与宣告判决一律公开进行

　　B. 涉及国家秘密的案件属于法定不公开审理的案件

　　C. 除法律规定外，审判过程及结果应当向群众、社会公开

　　D. 离婚案件属于当事人申请不公开审理，法院决定可以不公开审理的案件

22. 某法院受理甲、乙离婚案件，甲委托丙为代理人，授权委托书仅写明代理范围为
"全权代理"，下列说法正确的是_____。

　　A. 甲可以不出庭参加诉讼　　　　　　B. 丙必须是专职律师

　　C. 法院可以向丙送达法律文书　　　　D. 丙可以代甲提出上诉等诉讼请求

23. 王某盗窃李某价值3 000元的金项链一条，关于犯罪客体的说法错误的是_____。

　　A. 犯罪客体是一种社会关系　　　　　B. 本案的犯罪客体是金项链

　　C. 所有的犯罪都有犯罪客体　　　　　D. 王某侵犯了李某的财产权

24. 张某一直想杀死李某，某日放毒蛇咬了李某，后见李某被毒蛇咬后痛苦状又生同
情心，便叫救护车送医院，由于毒性太重李某最后还是死去。下列关于张某的行为描述正
确的是_____。

　　A. 构成犯罪既遂　　B. 构成犯罪中止　　C. 应当减轻处罚　　D. 应当免除处罚

25. 关于刑罚下列说法错误的是_____。

A. 附加刑只能附加适用

B. 对外国人可以附加适用驱逐出境

C. 自首的犯罪分子犯罪较轻，可以免除处罚

D. 主刑包括管制、拘役、有期徒刑、无期徒刑、死刑等

26. 刑事犯罪中累犯应当从重处罚，下列选项中关于累犯的描述正确的是_____。

A. 累犯可以假释

B. 被假释的人在考验期内再犯新罪构成累犯

C. 一般累犯的构成只要求后罪主观条件是故意

D. 恐怖活动的犯罪分子刑罚执行完毕后再犯同性质犯罪，任何时间都构成累犯

27. 被判处管制、拘役、有期徒刑、无期徒刑的犯罪分子，在执行期间，如果认真遵守监规，接受教育改造，确有悔改或者立功表现的，可以减刑。下列选项关于减刑的描述错误的是_____。

A. 阻止他人重大犯罪活动的应当减刑

B. 判处无期徒刑的，减刑后实际执行期限不能少于 10 年

C. 无期徒刑减为有期徒刑的刑期，从裁定减刑之日起计算

D. 对犯罪分子减刑，由执行机关向中级以上人民法院提出建议书，由法院审理、裁定

28. 钟某借口要买烟，向店主提出要查看香烟，趁店主不注意就用假烟与店主真烟调换，钟某采取类似办法共获取价值 8 000 元的香烟。钟某的行为构成_____罪。

A. 诈骗 　　　 B. 盗窃 　　　 C. 侵占 　　　 D. 抢夺

29. 甲是一水库承包老板，某晚乙到水库偷鱼被甲发现，乙带着偷来的鱼逃跑，乙为了摆脱甲的追赶，挥舞刀的过程中把甲刺成轻伤。乙的行为构成_____罪。

A. 盗窃 　　　 B. 抢劫 　　　 C. 杀人 　　　 D. 故意伤害

30. 王某为逼迫李某偿还高利贷，在李某家门口喷写"李某诈骗钱财死全家"，将印有"李某欠债还钱"的宣传纸在小区张贴，并到李某家中使用菜刀恐吓讨要高利贷债务。王某的行为构成_____罪。

A. 寻衅滋事 　 B. 敲诈勒索 　 C. 发放高利贷 　 D. 毁坏公私财物

31. 村民孙某在宅基地上盖了一幢独栋别墅，孙某取得房屋所有权的时间是_____。

A. 提交不动产登记申请时 　　　 B. 不动产登记完成时

C. 不动产建成时 　　　 D. 获得宅基地使用权时

32. 下列关于债权的法律特征表述错误的是_____。

A. 债权为请求权 　 B. 债权为相对权 　 C. 债权为支配权 　 D. 债权具有平等性

33. 肖某在监狱服刑期间，涉嫌故意伤人的犯罪行为。应当对肖某的行为行使侦查权

的是_____。

    A. 监狱   B. 国安局   C. 检察院   D. 公安机关

34. 关于两审终审制度,下列选项正确的是_____。

A. 经过两级法院所作的裁判都是生效裁判

B. 一个刑事案件只有经过两级法院审理才能生效

C. 一个案件经过两级法院审判后对所作的裁判不能上诉

D. 一个案件经过两级法院审判后当事人不能对判决提出异议

35. 田小某10岁时写了一部童话故事书《森林远处》,没有发表,18周岁时想与某网站签订网络转播权合同,但其父母坚决反对。下列说法错误的是_____。

A. 田小某对该作品享有著作权

B. 田小某的父母不享有该作品的著作权

C. 田小某与网站签订的合同有效

D. 田小某18周岁时才对该作品享有著作权

36. 下列情形属于无因管理的是_____。

A. 王某去银行取钱,回家后发现银行多给了100元

B. 郭某热情招待从美国回来的朋友

C. 乔某路上拾得他人丢失的宠物狗,在积极寻找狗主人的同时,对小狗进行照顾喂养

D. 超市对顾客的包进行暂存

37. 下列选项中,不属于依法行政要求的是_____。

A. 行政机关权力的取得必须由法律设定

B. 行政法律的制定必须根据行政机关权力的需要

C. 行政机关权力的行使必须依据法律

D. 违法行政必须承担法律责任

38. 下列选项中,违背一物一权原则的是_____。

A. 所有权与他物权并存

B. 在同一物上设立数个内容相同的担保物权

C. 甲以取得的土地使用权向乙银行设定抵押权以取得贷款

D. 甲乙共有一台笔记本电脑

39. 下列关于人民陪审员的说法,正确的是_____。

A. 人民陪审员可以担任合议庭审判长

B. 甲(美国国籍)可以担任人民陪审员

C. 乙(专职律师)可以担任人民陪审员

D. 人民陪审员可以对案件作出评议并享有表决权

40. 甲被判处有期徒刑一年六个月,在被交付执行前剩余刑期为五个月,执行机关应

当是_____。

A. 监狱　　　　　B. 看守所　　　　　C. 少管所　　　　　D. 社区矫正机构

第三节　斩获高分题

1. 下列行为中，能够引起诉讼时效中断的是_____。

A. 权利人的起诉因不符合条件而被驳回

B. 权利人起诉后又撤回起诉

C. 权利人申请仲裁后又撤回仲裁申请

D. 在对方起诉后提起反诉

2. 行政复议的受案范围与行政诉讼的受案范围相比，下列说法中正确的是_____。

A. 行政复议范围更大　　　　　　　B. 行政诉讼范围更大

C. 二者的范围相同　　　　　　　　D. 二者的范围基本上一致

3. 下列可以行使限制人身自由行政处罚权的是_____。

A. 派出所　　　　B. 公安局　　　　C. 人民法院　　　　D. 人民检察院

4. 人民法院审理一审行政案件，认为事实清楚、权利义务关系明确、争议不大的，可以适用简易程序。下列情形可以适用简易程序的是_____。

A. 发回重审的一审案件　　　　　　B. 按照一审程序再审的案件

C. 行政相对人被行政拘留 5 日的案件　　D. 涉及款额 2 000 元以下的案件

5. 根据现行宪法，我国公民不享有_____。

A. 言论自由　　　　B. 示威自由　　　　C. 罢工自由　　　　D. 结社自由

6. 某乡政府准备修建一条环村路，计划将有妨碍的房屋一律强制拆除。王某的住宅也在被拆除的房屋之列。王某对乡政府的行为不服，欲提起行政诉讼。下列说法正确的是_____。

A. 此行政行为是针对特定的相对人，具有直接执行力，为可诉的具体行政行为

B. 此行政行为非针对特定的相对人，不具有直接执行力，为不可诉的抽象行政行为

C. 此行政行为尚未形成一个完整的具体行政行为，为不可诉的抽象行政行为

D. 王某必须等到乡政府拆除了其房屋后，才能提起行政诉讼

7. _____是指行政机关在行政管理过程中，为制止违法行为、防止证据损毁、避免危害发生、控制危险扩大等情形，依法对公民的人身自由实施暂时性限制，或者对公民、法人或者其他组织的财物实施暂时性控制的行为。

A. 先予执行　　　　B. 行为保全　　　　C. 行政强制措施　　　　D. 行政强制执行

8.《中华人民共和国英雄烈士保护法》明确规定，任何组织和个人不得将英雄烈士的

姓名、肖像用于或者变相用于＿＿＿＿＿，损害英雄烈士的名誉、荣誉。

  A. 商业广告   B. 学校教育   C. 文化宣传   D. 公益广告

  9. 下列不属于我国人民法院审判组织形式的是＿＿＿＿＿。

  A. 独任制   B. 合议制   C. 审判委员会   D. 陪审团制度

  10. 王某经营一家服装店，近期想进一批动物皮草大衣。在上网查询相关信息时发现贩卖国家珍稀动物皮草是触犯法律后，谨慎选择了人造皮草大衣。这能体现法律的＿＿＿＿＿。

  A. 教育作用   B. 强制作用   C. 评价作用   D. 指引作用

  11. 甲因琐事将乙打成重伤，根据《刑事诉讼法》，下列有权为乙委托诉讼代理人的是＿＿＿＿＿。

  A. 乙的妻子   B. 乙所在单位的领导

  C. 乙的朋友   D. 乙的同事

  12. 根据我国《刑法》的规定，下列关于正当防卫的说法错误的是＿＿＿＿＿。

  A. 是为了使国家、公共利益、本人或者他人的人身、财产和其他合法权益免受不法侵害

  B. 是对正在进行的不法侵害实行防卫

  C. 是针对进行不法侵害者本人实行防卫

  D. 正当防卫不能造成重大损害

  13. 根据我国《刑事诉讼法》的规定，下列不属于法定不予追究刑事责任的情形是＿＿＿＿＿。

  A. 情节轻微的

  B. 犯罪已过追诉时效的

  C. 依照刑法告诉才处理的犯罪，没有告诉或者撤回告诉的

  D. 犯罪嫌疑人、被告人死亡的

  14. 某夫妇在儿子甲周岁生日时到乙照相馆为儿子拍照留念，乙照相馆保留了该照片的底片，随后卖给了个体户丙用以制作挂历，丙随后又将其卖给护肤品生产商丁，用以进行广告宣传。下列说法正确的是＿＿＿＿＿。

  A. 乙、丙、丁均侵犯了甲的肖像权

  B. 乙、丙侵犯了甲的肖像权，但丁不构成侵权

  C. 乙、丁侵犯了甲的肖像权，但丙不构成侵权

  D. 丙、丁侵犯了甲的肖像权，但乙不构成侵权

  15. 下列有关行政复议的说法中，不正确的是＿＿＿＿＿。

  A. 行政复议期间一般不停止具体行政行为的执行

  B. 行政复议原则上采取书面审查的办法

  C. 行政复议机关应当自受理申请之日起 60 日内作出复议决定

  D. 行政复议申请人可在申请复议时一并提出行政赔偿请求

第四节　考点解码及答案解析

一、夯实基础题

1.【考点解码】　刑法

【答案解析】　选 A。A 项正确，举报是指公民或者单位依法行使其民主权利，向司法机关或者其他有关国家机关和组织检举、控告违纪、违法或犯罪的行为。闫某写信揭发的行为性质是举报。B 项错误，报案是指机关、团体、企事业单位和公民（包括被害人）将发现的有犯罪事实或者犯罪嫌疑人向司法机关报告的行为。闫某并非向司法机关报案。C 项错误，控告是指机关、团体、企事业单位和个人向司法机关揭露违法犯罪事实或犯罪嫌疑人，要求依法予以惩处的行为。控告一般是由遭受犯罪行为直接侵害的被害人或其近亲属提出，主要是基于维护自身权益而要求追究被控告人刑事责任。D 项错误，告诉，特指被害人及其法定代理人向法院控告犯罪人及其罪行，并要求追究其刑事责任的行为。

2.【考点解码】　刑事诉讼法

【答案解析】　选 A。《刑事诉讼法》第一百二十四条："侦查人员询问证人，可以在现场进行，也可以到证人所在单位、住处或者证人提出的地点进行，在必要的时候，可以通知证人到人民检察院或者公安机关提供证言。在现场询问证人，应当出示工作证件，到证人所在单位、住处或者证人提出的地点询问证人，应当出示人民检察院或者公安机关的证明文件。"A 项错误，应该为通知甲到公安局进行询问，传唤是侦查人员对犯罪嫌疑人进行询问的一种方式。B 项正确，侦查人员询问证人可以在证人提出的地点进行。C 项正确，侦查人员询问证人可以在证人住处进行。D 项正确，侦查人员询问证人可以在现场进行。本题为选非题。

3.【考点解码】　行政许可法

【答案解析】　选 D。A 项错误，市场监督管理局查封、扣押物品或者没收非法所得等是具体行政行为，但市场监督管理局对收缴的假冒伪劣产品的销毁是行政事实行为，行政事实行为指的是行政主体基于职权实施的不能产生、变更或者消灭行政法律关系的行为。B 项错误，城管局雇用外部人员修理设备，便和外部人员之间建立了承揽合同，双方是民事法律关系，城管局具有民事主体资格，未使用其行政职权，不属于行政行为。C 项错误，行政行为是指行政机关行使行政权力，对特定的公民、法人和其他组织作出的有关其权利、义务的单方行为。交警在路口安装交通标志是为了保障出行安全的职责行为，没有行政相对人，也没有权利、义务的产生，不属于行政行为。D 项正确，行政许可是指行政机关根据公民、法人或者其他组织的申请，经依法审查准予其从事特定活动的行为。《行政许可法》第十二条规定:"下列事项可以设定行政许可······(五)企业或者其他组织的设立等,需要确定主体资格的事项;(六)法律、行政法规规定可以设定行政许可的其他事项。"财政局审批会计师事务所的设立是行政许可行为。

4.【考点解码】　宪法

【答案解析】　选C。根据《宪法》第六十七条规定:"全国人民代表大会常务委员会行使下列职权:······(九)在全国人民代表大会闭会期间,根据国务院总理的提名,决定部长、委员会主任、审计长、秘书长的人选;(十)在全国人民代表大会闭会期间,根据中央军事委员会主席的提名,决定中央军事委员会其他组成人员的人选;(十一)根据国家监察委员会主任的提请,任免国家监察委员会副主任、委员;(十二)根据最高人民法院院长的提请,任免最高人民法院副院长、审判员、审判委员会委员和军事法院院长;(十三)根据最高人民检察院检察长的提请,任免最高人民检察院副检察长、检察员、检察委员会委员和军事检察院检察长,并且批准省、自治区、直辖市的人民检察院检察长的任免;"因此,全国人大常委会有权在全国人大闭会期间任免国务院各部部长。根据《宪法》第六十二条规定:"全国人民代表大会行使下列职权······(四)选举中华人民共和国主席、副主席;(五)根据中华人民共和国主席的提名,决定国务院总理的人选:根据国务院总理的提名,决定国务院副总理、国务委员、各部部长、各委员会主任、审计长、秘书长的人选;(六)选举中央军事委员会主席;根据中央军事委员会主席的提名,决定中央军事委员会其他组成人员的人选;(七)选举国家监察委员会主任;(八)选举最高人民法院院长;(九)选举最高人民检察院检察长;"国务委员、国务院总理、最高人民检察院检察长均由全国人大产生。

5.【考点解码】　行政诉讼法

【答案解析】　选D。《行政诉讼法》第四十六条第一款规定:"公民、法人或者其他组织直接向人民法院提起诉讼的,应当自知道或者应当知道作出行政行为之日起六个月内提出。法律另有规定的除外。"

6.【考点解码】　劳动法

【答案解析】　选C。A项错误,《劳动法》第三十一条规定:"劳动者解除劳动合同,应当提前三十日以书面形式通知用人单位。"B项错误,《劳动法》第六十二条规定:"女职工生育享受不少于九十天的产假。"C项正确,《劳动合同法》第十七条规定:"劳动合同应当具备以下条款:(一)用人单位的名称、住所和法定代表人或者主要负责人;(二)劳动者的姓名、住址和居民身份证或者其他有效身份证件号码;(三)劳动合同期限;(四)工作内容和工作地点;(五)工作时间和休息休假;(六)劳动报酬;(七)社会保险;(八)劳动保护、劳动条件和职业危害防护;(九)法律、法规规定应当纳入劳动合同的其他事项。劳动合同除前款规定的必备条款外,用人单位与劳动者可以约定试用期、培训、保守秘密、补充保险和福利待遇等其他事项。"D项错误,《劳动合同法》第十九条第一款规定:"劳动合同期限三个月以上不满一年的,试用期不得超过一个月;劳动合同期限一年以上不满三年的,试用期不得超过二个月;三年以上固定期限和无固定期限的劳动合同,试用期不得超过六个月。"

7.【考点解码】 法理学

【答案解析】 选 A。各种法律形式的效力等级为:宪法＞法律＞行政法规＞其他法律文件。

8.【考点解码】 行政法

【答案解析】 选 D。行政法特点有:(1) 内容广泛、易于变动;(2) 行政程序性规范与行政实体性规范通常交织在一起;(3) 形式多元,难以制定统一的法典,数量居领先地位。

9.【考点解码】 行政法

【答案解析】 选 C。受行政机关委托行使行政职权的组织不具有行政主体的资格,它只能以委托机关的名义行使行政职权,不直接承担由此产生的法律后果。

10.【考点解码】 宪法

【答案解析】 选 D。国务院即中央人民政府,是最高的行政机关。

11.【考点解码】 行政许可法

【答案解析】 选 C。申请人、利害关系人在被告知听证权利之日起 5 日内提出听证申请的,行政机关应当在 20 日内组织听证。申请人、利害关系人不承担行政机关组织听证的费用。行政机关应当指定审查该行政许可申请的工作人员以外的人员为听证主持人,申请人、利害关系人认为主持人与该行政许可事项有直接利害关系的,有权申请回避。听证应当制作笔录,听证笔录应当交听证参加人确认无误后签字或者盖章。行政机关应当根据听证笔录,作出行政许可决定。

12.【考点解码】 行政许可法

【答案解析】 选 B。行政机关应当自受理行政许可申请之日起 20 日内作出行政许可决定。

13.【考点解码】 行政许可法

【答案解析】 选 A。行政许可的撤回的发生事由:行政许可在作出时是合法的,但由于事后行政许可所依据的法律、法规、规章修改或者废止,或者准许行政许可所依据的客观情况发生重大变化。

14.【考点解码】 行政处罚法

【答案解析】 选 A。申诫罚是行政机关对违法相对方的名誉、荣誉、信誉或精神上的利益造成一定损害以示警诫的行政处罚。又称为声誉罚或精神罚。其主要形式有警告、通报批评等。

15.【考点解码】 行政处罚法

【答案解析】　选 D。在行政处罚的适用上，不予处罚的情节包括：（1）不满14 周岁的人有违法行为的；（2）精神病人在不能辨认或者不能控制自己行为时有违法行为的；（3）违法行为轻微并及时纠正，没有造成危害结果的。

应当依法从轻或者减轻处罚的情节包括：（1）已满14 周岁不满18 周岁的人有违法行为的；（2）主动消除或者减轻违法行为后果的；（3）受他人胁迫有违法行为的；（4）配合行政机关查处违法行为有立功表现的。

二、提升能力题

1.**【考点解码】**　行政处罚法

【答案解析】　选 D。行政处罚由违法行为发生地的县级以上地方人民政府具有行政处罚权的行政机关管辖。

2.**【考点解码】**　行政强制法

【答案解析】　选 D。行政强制措施的种类有：限制公民人身自由；查封场所、设施或者财物；扣押财物；冻结存款、汇款；其他行政强制措施。

3.**【考点解码】**　行政复议法

【答案解析】　选 D。公民、法人或者其他组织认为具体行政行为侵犯其合法权益的，可以自知道该具体行政行为之日起60 日内提出行政复议申请。

4.**【考点解码】**　行政诉讼法

【答案解析】　选 A。中级人民法院管辖下列第一审行政案件：（一）对国务院部门或者县级以上地方人民政府所作的行政行为提起诉讼的案件；（二）海关处理的案件；（三）本辖区内重大、复杂的案件；（四）其他法律规定由中级人民法院管辖的案件。

5.**【考点解码】**　行政诉讼法

【答案解析】　选 C。新修改的《行政诉讼法》新增加的一个证据种类是电子数据，并且将原来的"鉴定结论"改为了"鉴定意见"。

6.**【考点解码】**　行政诉讼法

【答案解析】　选 A。人民法院审理第一审行政案件，应当自立案之日起6 个月内作出判决。

7.**【考点解码】**　保守国家秘密法

【答案解析】　选 B。《保守国家秘密法》第十五条："国家秘密的保密期限，应当根据事项的性质和特点，按照维护国家安全和利益的需要，限定在必要的期限内；不能确定期限的，应当确定解密的条件。国家秘密的保密期限，除另有规定外，绝密级不超过三十年，机密级不超过二十年，秘密级不超过十年。机关、单位应当根据工作需要，确定具体的保密期限、解密时间或者解密条件。"第二十条："机关、单位对是否属于国家秘密或者属于何种密级不明确或者有争议的，由国家保密行政管理部门或者省、自治区、直辖市保密行政管理部门确定。"

8.【考点解码】　法理学

【答案解析】　选 C。法系，是根据法的历史传统和外部特征的不同对法所作的分类。

9.【考点解码】　立法法

【答案解析】　选 D。部门规章之间、部门规章与地方政府规章之间对同一事项的规定不一致时，由国务院裁决。

10.【考点解码】　法理学

【答案解析】　选 B。法律关系的构成要素包括主体、客体和内容。

11.【考点解码】　行政法

【答案解析】　选 B。具有行政主体资格的政府派出机关包括行政公署、区公所、街道办事处。

12.【考点解码】　行政法

【答案解析】　选 A。行政行为的废止，是指已经生效的行政行为，因客观情况行政主体将其取消，使之不再有效。

13.【考点解码】　行政法

【答案解析】　选 C。行政行为的效力内容有四个方面：先定力（公定力）、确定力、拘束力、执行力。

公定力，是指行政行为一经作出，不论是否合法，即具有被推定为合法而要求所有机关、组织或个人表示尊重的一种法律效力，这是行政效率原则的要求。

确定力，是指一经成立的行政行为，具有不可变更力，即非依法不得随意变更或者撤销。

拘束力，是指行政行为一经生效，行政主体和行政相对方都必须遵守，其他国家机关和社会成员必须予以尊重的效力。

执行力，是指行政行为生效后，行政主体依法有权采取一定的强制手段，使行政行为的内容得以实现的效力。

14.【考点解码】　行政许可法

【答案解析】　选 C。申请人、利害关系人在被告知听证权利之日起 5 日内提出听证申请的，行政机关应当在 20 日内组织听证。

申请人、利害关系人不承担行政机关组织听证的费用。

行政机关应当指定审查该行政许可申请的工作人员以外的人员为听证主持人，申请人、利害关系人认为主持人与该行政许可事项有直接利害关系的，有权申请回避。

听证应当制作笔录，听证笔录应当交听证参加人确认无误后签字或者盖章。行政机关应当根据听证笔录，作出行政许可决定。

15.【考点解码】　行政处罚法

【答案解析】　选 A。限制人身自由的行政处罚，只能由法律设定。

16.【考点解码】　行政处罚法

【答案解析】　选 C。行政机关及其执法人员在作出行政处罚决定之前，不依法向当事人告知给予行政处罚的事实、理由和依据，或者拒绝听取当事人的陈述、申辩，行政处罚不能成立。

17.【考点解码】　行政复议法

【答案解析】　选 D。对两个或者两个以上行政机关以共同的名义作出的具体行政行为不服的，其共同上一级行政机关是行政复议机关。

18.【考点解码】　国家赔偿法

【答案解析】　选 B。侵犯人身自由的赔偿标准，每日的赔偿金按照国家上年度职工日平均工资计算。

19.【考点解码】　行政法

【答案解析】　选 D。A 项正确，根据《治安管理处罚法》第三十二条第一款规定："非法携带枪支、弹药或者弩、匕首等国家规定的管制器具的，处五日以下拘留，可以并处五百元以下罚款；情节较轻的，处警告或者二百元以下罚款。"本案中，孙某非法携带管制刀具，违反《治安管理处罚法》，应当承担法律责任。B 项正确，根据《治安管理处罚法》第十五条规定："醉酒的人违反治安管理的，应当给予处罚。醉酒的人在醉酒状态中，对本人有危险或者对他人的人身、财产或者公共安全有威胁的，应当对其采取保护性措施约束至酒醒。"所以，警察可以使用钢叉对孙某进行保护性措施约束至酒醒。C 项正确，根据《治安管理处罚法》第十五条规定，警察应当对醉酒人采取保护性措施约束至酒醒。所以应当将孙某带回派出所进行醒酒。D 项错误，根据《公安机关办理行政案件程序规定》第五十八条第一款规定："违法嫌疑人在醉酒状态中，对本人有危险或者对他人的人身、财产或者公共安全有威胁的，可以对其采取保护性措施约束至酒醒，也可以通知其家属、亲友或者所属单位将其领回看管，必要时，应当送医院醒酒。对行为举止失控的醉酒人，可以使用约束带或者警绳等进行约束，但是不得使用手铐、脚镣等警械。"所以，在醒酒过程中，警察不可以使用手铐等器械对孙某进行约束。本题为选非题。

20.【考点解码】　行政法

【答案解析】　选 C。A 项错误，根据《行政复议法》第十三条第一款规定："对地方各级人民政府的具体行政行为不服的，向上一级地方人民政府申请行政复议。"李某对县政府的行为不服，应当向县政府的上一级市政府申请行政复议。B 项错误，根据《行政诉讼法》第四十四条第一款规定："对属于人民法院受案范围的行政案件，公民、法人或者其他组织可以先向行政机关申请复议，对复议决定不服的，再向人民法院提起诉讼；也可以直接向人民法院提起诉讼。"所以李某无须先行政复议，可以直接提起行政诉讼。C 项正确，根据《行政诉讼法》第十五条规定："中级人民法院管辖下列第一审行政案件：（一）对国务院部门或者县级以上地方人民政府所作的行政行为提起诉讼的案件；（二）海关处理的案件；（三）本辖区内重大、复杂的案件；（四）其他法律规定由中级人民法院管辖的案件。"县政府的行政行为符合中级人民法院管辖的第一审案件情形。D项错误，根据《行政诉讼法》第二十九条第一款规定："公民、法人或者其他组织同被诉行政行为有利害关系但没有提起诉讼，或者同案件处理结果有利害关系的，可以作为第三人申请参加诉讼，或者由人民法院通知参加诉讼。"行政诉讼第三人一般是原告、被告之外的行政相对人。乡政府不是行政相对人，和被诉讼行为无利害关系，所以不应当作为行政诉讼第三人。

21.【考点解码】 民事诉讼法

【答案解析】 选A。A项错误，根据《民事诉讼法》第一百三十四条规定："人民法院审理民事案件，除涉及国家秘密、个人隐私或者法律另有规定的以外，应当公开进行。离婚案件，涉及商业秘密的案件，当事人申请不公开审理的，可以不公开审理。"因此，并非所有案件都要公开审理。B项正确，根据《民事诉讼法》第一百三十四条规定，涉及国家秘密的案件属于法定不公开审理的案件。C项正确，根据《最高人民法院关于严格执行公开审判制度的若干规定》第一条规定："人民法院进行审判活动，必须坚持依法公开审判制度，做到公开开庭，公开举证、质证，公开宣判。"D项正确，根据《民事诉讼法》第一百三十四条规定，离婚案件经当事人申请不公开审理的，可以不公开审理。本题为选非题。

22.【考点解码】 民事诉讼法

【答案解析】 选C。A项错误，根据《民事诉讼法》第六十二条规定："离婚案件有诉讼代理人的，本人除不能表达意思的以外，仍应出庭；确因特殊情况无法出庭的，必须向人民法院提交书面意见。"因此，本案中甲无特殊情况下须出庭参加诉讼。B项错误，根据《民事诉讼法》第五十八条第二款规定："下列人员可以被委托为诉讼代理人：（一）律师、基层法律服务工作者；（二）当事人的近亲属或者工作人员；（三）当事人所在社区、单位以及有关社会团体推荐的公民。"因此，丙可以不是专职律师。C项正确，根据《民事诉讼法》第八十五条规定："送达诉讼文书，应当直接送交受送达人……受送达人有诉讼代理人的，可以送交其代理人签收。"本案中，丙是甲的诉讼代理人，法院可以向丙送达法律文书。D项错误，根据《民事诉讼法》第五十九条规定："委托他人代为诉讼，必须向人民法院提交由委托人签名或者盖章的授权委托书。授权委托书必须记明委托事项和权限。诉讼代理人代为承认、放弃、变更诉讼请求，进行和解，提起反诉或者上诉，必须有委托人的特别授权。"本案中，丙代替甲提起上诉，必须有甲的特别授权。

23.【考点解码】 刑法

【答案解析】 选B。A项正确，犯罪客体是指刑法所保护而被犯罪行为所侵害的社会关系。因此，犯罪客体是一种社会关系。B项错误，本案的犯罪客体是李某私人财物的所有权，而金项链是本案的犯罪对象。犯罪对象是指刑法分则条文规定的犯罪行为所作用的客观存在的具体人或者物。C项正确，犯罪客体是犯罪构成的必要要件。没有一个犯罪是没有犯罪客体的，一个行为不侵犯任何客体，不侵犯任何社会关系，就意味着不具有社会危害性，也就不能构成犯罪。D项正确，财产权是指以财产利益为内容，直接体现财产利益的民事权利。本案中犯罪客体是李某的私人财物所有权，属于财产权。所以，王某侵犯了李某的财产权。本题为选非题。

24.【考点解码】　刑法

【答案解析】　选A。《刑法》第二十四条规定："在犯罪过程中，自动放弃犯罪或者自动有效地防止犯罪结果发生的，是犯罪中止。对于中止犯，没有造成损害的，应当免除处罚；造成损害的，应当减轻处罚。"本案中，张某心生同情叫救护车送李某去医院，但李某因毒性重未能抢救过来导致死亡，张某的行为未能有效阻止李某的死亡，因此，张某的行为不构成犯罪中止，构成故意杀人罪既遂，依法应当承担刑事责任。因此，B、C、D项不符合题意。

25.【考点解码】　刑法

【答案解析】　选A。A项错误，根据《刑法》第三十四条第二款规定："附加刑也可以独立适用。"因此，附加刑既可以附加适用，也可以独立适用。B项正确，根据《刑法》第三十五条规定："对于犯罪的外国人，可以独立适用或者附加适用驱逐出境。"C项正确，根据《刑法》第六十七条第一款规定："犯罪以后自动投案，如实供述自己的罪行的，是自首。对于自首的犯罪分子，可以从轻或者减轻处罚。其中，犯罪较轻的，可以免除处罚。"D项正确，根据《刑法》第三十三条规定："主刑的种类如下：（一）管制；（二）拘役；（三）有期徒刑；（四）无期徒刑；（五）死刑。"本题为选非题。

26.【考点解码】　刑法

【答案解析】　选D。根据《刑法》第六十五条第一款规定："被判处有期徒刑以上刑罚的犯罪分子，刑罚执行完毕或者赦免以后，在五年以内再犯应当判处有期徒刑以上刑罚之罪的，是累犯，应当从重处罚，但是过失犯罪和不满十八周岁的人犯罪的除外。"A项错误，根据《刑法》第八十一条第二款规定："对累犯以及因故意杀人、强奸、抢劫、绑架、放火、爆炸、投放危险物质或者有组织的暴力性犯罪被判处十年以上有期徒刑、无期徒刑的犯罪分子，不得假释。"B项错误，根据《刑法》第六十五条第二款规定："前款规定的期限，对于被假释的犯罪分子，从假释期满之日起计算。"因此，被假释的人在考验期内再犯新罪不构成累犯。C项错误，一般累犯是指被判处有期徒刑以上刑罚，在刑罚执行完毕或者赦免以后，在5年内再犯应当判处有期徒刑以上刑罚之罪的犯罪分子。过失犯罪不构成累犯。因此，一般累犯的构成不是只要求后罪主观条件是故意。D项正确，根据《刑法》第六十六条规定："危害国家安全犯罪、恐怖活动犯罪、黑社会性质的组织犯罪的犯罪分子，在刑罚执行完毕或者赦免以后，在任何时候再犯上述任一类罪的，都以累犯论处。"

27.【考点解码】　刑法

【答案解析】　选B。A项正确，根据《刑法》第七十八条规定："被判处管制、拘役、有期徒刑、无期徒刑的犯罪分子，在执行期间，如果认真遵守监规，接受教育改造，确有悔改表现的，或者有立功表现的，可以减刑；有下列重大立功表现之一的，应当减刑：（一）阻止他人重大犯罪活动的……"因此，阻止他人重大犯罪活动的，属于重大立功表现之一，应当减刑。B项错误，根据《刑法》第七十八条第二款规定："减刑以后实际执行的刑期不能少于下列期限：（二）判处无期徒刑的，不能少于十三年。"C项正确，根据《刑法》第八十条规定："无期徒刑减为有期徒刑的刑期，从裁定减刑之日起计算。"D项正确，根据《刑法》第七十九条规定："对于犯罪分子的减刑，由执行机关向中级以上人民法院提出减刑建议书。人民法院应当组成合议庭进行审理，对确有悔改或者立功事实的，裁定予以减刑。非经法定程序不得减刑。"本题为选非题。

28.【考点解码】　刑法

【答案解析】　选B。A项错误，依据《刑法》第二百六十六条规定，诈骗罪是指以非法占有为目的，用虚构事实或者隐瞒真相的方法，骗取数额较大的公私财物的行为。本案中，钟某通过调换获取真烟，并非因其虚构事实或者隐瞒真相而让店主产生错误认识向其骗取财产，故钟某行为不构成诈骗罪。B项正确，依据《刑法》第二百六十四条规定，盗窃罪是指以非法占有为目的，盗窃公私财物数额较大或者多次盗窃、入户盗窃、携带凶器盗窃、扒窃公私财物的行为。本案中，钟某有非法占有真烟的故意，并通过趁店主不备用假烟与店主真烟调换的秘密窃取行为，故构成盗窃罪。C项错误，依据《刑法》第二百七十条规定，侵占罪是指将代为保管的他人财物非法占为己有，数额较大，拒不退还的行为。本案中，钟某占有真烟并非将代为保管的他人财物非法占为己有，故不构成侵占罪。D项错误，依据《刑法》第二百六十七条规定，抢夺罪是指以非法占有为目的，乘人不备，公开夺取数额较大的公私财物的行为。本案中，钟某占有真烟并未公开夺取，故不构成抢夺罪。

29.【考点解码】　刑法

【答案解析】　选B。根据《刑法》第二百六十三条规定："抢劫罪是指以非法占有为目的，对财物的所有人、保管人当场使用暴力、胁迫或其他方法，强行将公私财物抢走的行为。"《刑法》第二百六十九条规定："犯盗窃、诈骗、抢夺罪，为窝藏赃物、抗拒抓捕或者毁灭罪证而当场使用暴力或者以暴力相威胁的。"依照本法第二百六十三条的规定定罪处罚。乙到水库偷鱼，为摆脱追赶而把甲刺伤，属于犯盗窃罪为抗拒抓捕而当场使用暴力的行为，转化为抢劫罪，故乙的行为构成抢劫罪。因此，A、C、D项不符合题意。

30.【考点解码】　刑法

【答案解析】　选B。A项错误，根据《刑法》第二百九十三条规定，寻衅滋事罪是指肆意挑衅，随意殴打、骚扰他人或任意损毁、占用公私财物，或者在公共场所起哄闹事，严重破坏社会秩序的行为。其四种表现形式：①随意殴打他人，情节恶劣的；②追逐、拦截、辱骂、恐吓他人，情节恶劣的；③强拿硬要或者任意损毁、占用公私财物，情节严重的；④在公共场所起哄闹事，造成公共场所秩序严重混乱的。本案中，王某是为逼迫李某偿还高利贷，实施了喷写威胁字幅、印发宣传纸、使用菜刀恐吓讨要行为，并非是"肆意""随意""任意""起哄闹事"，因此不构成寻衅滋事罪。B项正确，根据《刑法》第二百七十四条规定，敲诈勒索罪是指以非法占有为目的，对被害人使用恐吓、威胁或要挟的方法，非法占用被害人公私财物的行为。本案中，王某为逼迫李某偿还高利贷（利率超出规定不受法律保护），以非法占有为目的，实施了喷写威胁字幅、印发宣传纸、使用菜刀恐吓讨要行为，构成敲诈勒索罪。C项错误，发放高利贷属于民间借贷行为，不属于刑法分则的罪名。D项错误，毁坏公私财物不属于刑法分则的罪名。

31.【考点解码】 物权

【答案解析】 选C。根据《民法典》第二百三十一条规定："因合法建造、拆除房屋等事实行为设立或者消灭物权的，自事实行为成就时发生效力。"本案中，孙某在自己宅基地上建造房屋，非依据他人的权利及意思表示而直接依据事实行为取得物权，属于物权的原始取得，无需进行登记即可享有房屋所有权。

32.【考点解码】 民法

【答案解析】 选C。根据《民法典》第一百一十八条规定："民事主体依法享有债权。债权是因合同、侵权行为、无因管理、不当得利以及法律的其他规定，权利人请求特定义务人为或者不为一定行为的权利。"A项正确、C项错误，债权为请求权，民事权利依其内容和效力的不同，可分为支配权、请求权、抗辩权、形成权等类型。债权是典型的请求权，债权人取得其利益，只能通过请求债务人给付来完成。债权人既不能直接支配债务人应给付的特定物，也不能直接支配债务人的人身。B项正确，债权是相对权，债的主体双方只是特定的，债权人只能向特定的债务人进行主张权利，而不得向债务人以外的第三人主张权利。D项正确，债权具有相容性和平等性，债权的相容性和平等性是指同一标的物上可以成立内容相同的数个债权，并且其相互间是平等的，在效力上不存在排他性和优先性。本题为选非题。

33.【考点解码】 刑事诉讼法

【答案解析】 选A。《刑事诉讼法》第三百零八条：……对罪犯在监狱内犯罪的案件由监狱进行侦查。因此，B、C、D项不符合题意。

34.【考点解码】 刑事诉讼法

【答案解析】 选C。A项错误，根据《刑事诉讼法》第二百四十四条规定："第二审的判决、裁定和最高人民法院的判决、裁定，都是终审的判决、裁定。"第二百五十条规定："最高人民法院复核死刑案件，应当作出核准或者不核准死刑的裁定。对于不核准死刑的，最高人民法院可以发回重新审判或者予以改判。"因此，经过两级法院所作的裁判并非均为生效裁判，死刑复核案件就是一个例外情况。B项错误，根据《刑事诉讼法》第二百三十条规定:"不服判决的上诉和抗诉的期限为十日,不服裁定的上诉和抗诉的期限为五日,从接到判决书、裁定书的第二日起算。"在法律规定期限内,被告人、自诉人和他们的法定代理人没有提出上诉、地方各级人民检察院没有提出抗诉的,一审判决、裁定生效。因此,一个刑事案件并非只有经过两级法院审理才能生效。C项正确,D项错误,依据《刑事诉讼法》第二百五十二条规定:"当事人及其法定代理人、近亲属,对已经发生法律效力的判决、裁定,可以向人民法院或者人民检察院提出申诉,但是不能停止判决、裁定的执行。"因此,一个案件经过两级法院审判后对所作的裁判可以申诉,而不是上诉。两审终审制是一个案件经过两级法院审判终结审判的制度。对于第二审法院的终审判决、裁定,当事人不得上诉,人民检察院不得按照上诉审程序提出抗诉。

35.【考点解码】 著作权法

【答案解析】 选D。A项正确,根据《著作权法》第二条规定:"中国公民、法人或者其他组织的作品,不论是否发表,依照本法享有著作权。"本案中,田小某自10岁起对自己创作的童话故事享有著作权。B项正确,根据《著作权法》第十一条第一、二款规定:"著作权属于作者,本法另有规定的除外。创作作品的公民是作者。"该作品的著作权归田小某所有。C项正确,根据《民法典》第十八条第一款规定:"成年人为完全民事行为能力人,可以独立实施民事法律行为。"根据《著作权法》第十条第二款规定:"著作权人可以许可他人行使前款第(五)项至第(十七)项规定的权利,并依照约定或者本法有关规定获得报酬。"田小某已满十八周岁,可以利用自己的著作取得报酬。本题为选非题。

36.【考点解码】 民法

【答案解析】 选C。根据《民法典》第一百二十一条规定:"没有法定的或者约定的义务,为避免他人利益受损失而进行管理的人,有权请求受益人偿还由此支出的必要费用。"可知,无因管理是指当事人没有法定的或者约定的义务,为避免他人利益受损失而进行管理或者服务的法律事实。A项错误,根据《民法典》第一百二十二条规定:"因他人没有法律根据,取得不当利益,受损失的人有权请求其返还不当利益。"可知,王某没有法律依据,取得不当利益,属于不当得利。B项错误,无因管理必须是为了他人的利益,郭某招待从美国回来的朋友不涉及他人利益,是郭某自己的事务。C项正确,乔某没有法定或约定的义务,为避免狗主人利益受损而对宠物狗进行照顾喂养,符合无因管理的构成条件。D项错误,超市对进入超市顾客的皮包有妥善保管的义务,超市与顾客之间有约定的义务,不符合无因管理的构成条件。

37.【考点解码】 行政法

【答案解析】 选B。所谓依法行政,简单地讲就是行政机关依据法律的规定来行使职权。其主要内容包括:第一,行政机关权力的取得必须依法设定,法律没有规定的权力,行政机关就无权行使。第二,权力的行使必须依据法律,行使职权要符合实体法和程序法的规定。第三,违法行政必须承担法律责任。A、C、D三项都属于依法行政的要求。依法行政是执法行为，B项是关于行政法律制定的规定，排除。

38.【考点解码】 物权

【答案解析】 选B。一物一权一方面是指一个物之上只能设立一个所有权而不能同时设立两个以上的所有权；另一方面，也指在一个物上不能同时设立两个或者两个以上在性质上相互排斥的物权。所有权和他物权可以并存，符合一物一权的原则，A项说法正确。根据《民法典》的规定，可以对土地使用权设定抵押，C项正确。甲乙共有一台笔记本电脑属按份共有，符合一物一权原则，D项正确。B项中没有明确说明在同一物上设立的数个内容相同的担保物权在性质上是否相容，故不能笼统地认定符合一物一权原则。

39.【考点解码】 人民陪审员法

【答案解析】 选D。A项错误，根据《人民陪审员法》第十四条规定："人民陪审员和法官组成合议庭审判案件，由法官担任审判长，可以组成三人合议庭，也可以由法官三人与人民陪审员四人组成七人合议庭。"因此，人民陪审员不能担任合议庭审判长。B项错误，根据《人民陪审员法》第五条规定："公民担任人民陪审员，应当具备下列条件：（一）拥护中华人民共和国宪法；（二）年满二十八周岁；（三）遵纪守法、品行良好、公道正派；（四）具有正常履行职责的身体条件。担任人民陪审员，一般应当具有高中以上文化程度。"甲不具有中国国籍，不属于中国公民，因此不能担任人民陪审员。C项错误，根据《人民陪审员法》第六条规定："下列人员不能担任人民陪审员：（一）人民代表大会常务委员会的组成人员，监察委员会、人民法院、人民检察院、公安机关、国家安全机关、司法行政机关的工作人员；（二）律师、公证员、仲裁员、基层法律服务工作者；（三）其他因职务原因不适宜担任人民陪审员的人员。"D项正确，根据《人民陪审员法》第二十二条规定："人民陪审员参加七人合议庭审判案件，对事实认定，独立发表意见，并与法官共同表决；对法律适用，可以发表意见，但不参加表决。"

40.【考点解码】 刑事诉讼法

【答案解析】 选A。根据《刑事诉讼法》第二百六十四条规定："对被判处死刑缓期二年执行、无期徒刑、有期徒刑的罪犯，由公安机关依法将该罪犯送交监狱执行刑罚。对被判处有期徒刑的罪犯，在被交付执行刑罚前，剩余刑期在三个月以下的，由看守所代为执行。对被判处拘役的罪犯，由公安机关执行。"因此，甲在被交付执行前剩余刑期为五个月应由监狱执行，故B、C、D项不符合题意。

三、斩获高分题

1.【考点解码】 民法

【答案解析】 选D。《民法典》第一百九十五条：有下列情形之一的，诉讼时效中断，从中断、有关程序终结时起，诉讼时效期间重新计算：（一）权利人向义务人提出履行请求；（二）义务人同意履行义务；（三）权利人提起诉讼或者申请仲裁；（四）与提起诉讼或者申请仲裁具有同等效力的其他情形。我国《海商法》第二百六十七条第一款规定："时效因请求人提起诉讼、提交仲裁或者被请求人同意履行义务而中断。但是，请求人撤回起诉、撤回仲裁或者起诉被裁定驳回的，时效不中断。"

2.【考点解码】　行政法

【答案解析】　选 A。根据我国《行政复议法》和《行政诉讼法》的规定，行政复议的范围更大。

3.【考点解码】　行政处罚

【答案解析】　选 B。《行政处罚法》第十八条规定："国务院或者省、自治区、直辖市人民政府可以决定一个行政机关行使有关行政机关的行政处罚权，但限制人身自由的行政处罚权只能由公安机关和法律规定的其他机关行使。"《治安管理处罚法》第九十一条规定："治安管理处罚由县级以上人民政府公安机关决定；其中警告、五百元以下的罚款可以由公安派出所决定。"

4.【考点解码】　行政诉讼法

【答案解析】　选 D。《行政诉讼法》第八十二条规定："人民法院审理下列第一审行政案件，认为事实清楚、权利义务关系明确、争议不大的，可以适用简易程序：（一）被诉行政行为是依法当场作出的；（二）案件涉及款额二千元以下的；（三）属于政府信息公开案件的。除前款规定以外的第一审行政案件，当事人各方同意适用简易程序的，可以适用简易程序。发回重审、按照审判监督程序再审的案件不适用简易程序。"A 项错误，发回重审的一审案件不适用简易程序。B 项错误，按照一审程序再审的案件不适用简易程序。C 项错误，对违法事实确凿并有法定依据，对公民处以五十元以下、对法人或者其他组织处以一千元以下罚款或者警告的行政处罚的，可以当场作出。行政相对人被行政拘留 5 日的行政处罚不可当场作出，不适用简易程序。D 项正确，案件涉及款额二千元以下的可以适用简易程序。

5.【考点解码】　宪法

【答案解析】　选 C。根据《宪法》第三十五条的规定，中华人民共和国公民有言论、出版、集会、结社、游行、示威的自由。其中不包括罢工自由。

6.【考点解码】　行政诉讼法

【答案解析】　选 A。乡政府将有妨碍的房屋强制拆除的行为是针对特定的相对人的，因此是可诉的具体行政行为。

7.【考点解码】　行政强制

【答案解析】　选 C。行政强制措施，是指行政机关在行政管理过程中，为制止违法行为、防止证据损毁、避免危害发生、控制危险扩大等情形，依法对公民的人身自由实施暂时性限制，或者对公民、法人或者其他组织的财物实施暂时性控制的行为。

8.【考点解码】 其他法律

【答案解析】 选A。《英雄烈士保护法》第二十二条第一、二款规定："禁止歪曲、丑化、亵渎、否定英雄烈士事迹和精神。英雄烈士的姓名、肖像、名誉、荣誉受法律保护。任何组织和个人不得在公共场所、互联网或者利用广播电视、电影、出版物等，以侮辱、诽谤或者其他方式侵害英雄烈士的姓名、肖像、名誉、荣誉。任何组织和个人不得将英雄烈士的姓名、肖像用于或者变相用于商标、商业广告，损害英雄烈士的名誉、荣誉。"

9.【考点解码】 其他法律

【答案解析】 选D。A、B项正确，《人民法院组织法》第二十九条规定："人民法院审理案件，由合议庭或者法官一人独任审理，合议庭和法官独任审理的案件范围由法律规定。"C项正确，《人民法院组织法》第三十六条规定："各级人民法院设审判委员会，审判委员会由院长、副院长和若干资深法官组成，成员应当为单数，审判委员会会议分为全体会议和专业委员会会议，中级以上人民法院根据审判工作需要，可以按照审判委员会委员专业和工作分工，召开刑事审判、民事行政审判等专业委员会会议。"D项错误，陪审团是一些国家（主要是英美法系国家）由非职业的审判官组成的陪审组织，不属于我国人民法院审判组织形式。本题为选非题。

10.【考点解码】 法理学

【答案解析】 选D。A项错误，教育作用是指通过法律的实施使法律对一般人的行为产生影响，这种作用具体表现为示警作用和示范作用，法律的教育作用可以提高公民法律意识、促进公民自觉遵守法律。B项错误，强制作用指法律可以通过制裁违法犯罪行为来强制人民遵守法律，作用对象为违法者的行为。C项错误，评价作用指法律作为一种行为标准，具有判断、衡量他人行为合法与否的评判作用，作用对象是他人的行为。D项正确，指引作用是指法律对本人的行为起到导向、引路的作用，其对象是每个人自己的行为。通过规定人们在法律上的权利和义务以及违反这种规定所承担的法律责任，来指引人们的行为。题干中王某在了解相关法律规定后，取消了购进动物皮草大衣的想法，体现了法律的指引作用。

11.【考点解码】 刑事诉讼法

【答案解析】 选A。《刑事诉讼法》第四十六条规定："公诉案件的被害人及其法定代理人或者近亲属，附带民事诉讼的当事人及其法定代理人，自案件移送审查起诉之日起，有权委托诉讼代理人。自诉案件的自诉人及其法定代理人，附带民事诉讼的当事人及其法定代理人，有权随时委托诉讼代理人。"本案中，甲故意伤害致乙重伤，乙的妻子作为被害人的近亲属，有权为乙委托诉讼代理人。

12.【考点解码】 刑法

【答案解析】 选A。《刑法》第二十条规定："为了使国家、公共利益、本人或者他人的人身、财产和其他权利免受正在进行的不法侵害，而采取的制止不法侵害的行为，对不法侵害人造成损害的，属于正当防卫，不负刑事责任。正当防卫明显超过必要限度造成重大损害的，应当负刑事责任，但是应当减轻或者免除处罚。对正在进行行凶、杀人、抢劫、强奸、绑架以及其他严重危及人身安全的暴力犯罪，采取防卫行为，造成不法侵害人伤亡的，不属于防卫过当，不负刑事责任。"A 项错误，正当防卫必须为正在进行的不法侵害。B 项正确，符合正当防卫当场性的要求。C 项正确，正当防卫必须针对不法侵害本人。D 项正确，一般情况下，正当防卫不能明显超过必要限度造成重大损害，否则属于防卫过当。本题为选非题。

13.【考点解码】 刑事诉讼法

【答案解析】 选 A。《刑事诉讼法》第十六条规定："有下列情形之一的，不追究刑事责任，已经追究的，应当撤销案件，或者不起诉，或者终止审理，或者宣告无罪：（一）情节显著轻微、危害不大，不认为是犯罪的；（二）犯罪已过追诉时效期限的；（三）经特赦令免除刑罚的；（四）依照刑法告诉才处理的犯罪，没有告诉或者撤回告诉的；（五）犯罪嫌疑人、被告人死亡的；（六）其他法律规定免予追究刑事责任的。"因此，A 项不符合题意。本题为选非题。

14.【考点解码】 民法

【答案解析】 选 A。根据民法的规定，自然人享有肖像权，未经本人同意，不得以营利为目的使用自然人的肖像。本题中，乙照相馆将底片卖给丙用以制作挂历的行为、丙将底片卖给丁用以进行广告宣传的行为都有营利目的，所以都构成侵权。

15.【考点解码】 行政复议法

【答案解析】 选 C。根据《行政复议法》第二十一条的规定，行政复议期间具体行政行为一般不停止执行，有特殊情形的，可以停止执行，A 项说法正确。第二十二条规定，行政复议原则上采取书面审查的方法，B 项说法正确。第三十一条规定，行政复议机关应当自受理申请之日起 60 日内作出行政复议决定；但是法律规定的行政复议期限少于 60 日的除外。情况复杂，不能在规定期限内作出行政复议决定的，经行政复议机关的负责人批准，可以适当延长，并告知申请人和被申请人；但是延长期限最多不超过 30 日。据此，C 项说法不准确。第二十九条规定，申请人在申请行政复议时可以一并提出行政赔偿请求，D 项说法正确。

第二章　公共行政

第一节　夯实基础题

1. 各级政府机构在其职权范围制定的一系列行政法规、规章和措施，对其管理对象具有普遍的约束力。无论是政府机构自身，还是企事业单位、社会团体和公民等，都必须接受这一约束。这体现了行政组织的_____。

　　A. 政治性　　　　B. 法制性　　　　C. 权威性　　　　D. 系统性

2. 国家行政机关依法在经济、社会发展中所应承担的职责和所应发挥的作用，这指的是_____。

　　A. 行政决策　　　B. 行政执行　　　C. 行政体制　　　D. 行政职能

3. "知人善任"是行政领导艺术中非常重要的一项，具体来说，它属于_____。

　　A. 授权艺术　　　B. 处事艺术　　　C. 运时艺术　　　D. 用人艺术

4. 公务员的任用，坚持德才兼备、以德为先，坚持五湖四海、任人唯贤，坚持事业为上、公道正派，突出_____，注重工作实绩。

　　A. 文化学历　　　B. 政治标准　　　C. 思想作风　　　D. 能力至上

5. 在行政执行手段中，依靠宣传、说服、沟通、精神鼓励等，奖励人们的积极性，实现行政目标的方式，指的是_____。

　　A. 行政指令法　　B. 法律方法　　　C. 经济方法　　　D. 思想教育方法

6. _____指的是在特定政策环境中直接或间接地参与公共政策制定、执行和评估的个人、团体或组织。

　　A. 公共政策主体　B. 公共政策客体　C. 公共政策目标　D. 公共政策资源

7. 深化预算管理制度改革，逐步建立与实现现代化相适应的现代财政制度，应该遵循的基本原则不包括_____。

　　A. 坚持一步到位、快速推进　　　　B. 遵循现代国家治理理念

　　C. 划清市场和政府的边界　　　　　D. 着力推进预算公开透明

8. 界定公共行政职能的关键，就是要处理好政府、市场与社会的关系。当前，我国

政府职能定位和配置中存在的问题不包括_____。

A. 政府职能补位

B. 政府职能缺位

C. 政府职能越位

D. 政府职能错位

9. 我国行政监督体系分为内部监督和外部监督，以下属于外部监督的是_____。

A. 审计监督

B. 社会组织监督

C. 专门监督

D. 一般监督

10. 根据我国公务员法的规定，公务员必须遵守纪律，不得有的行为不包括_____。

A. 执行上级依法作出的决定和命令

B. 不担当，不作为，玩忽职守，贻误工作

C. 违反财经纪律，浪费国家资财

D. 参与或者支持色情、吸毒、赌博、迷信等活动

第二节　提升能力题

1. 公务员制度坚持中国共产党领导，坚持以马克思列宁主义、毛泽东思想、邓小平理论、"三个代表"重要思想、科学发展观、习近平新时代中国特色社会主义思想为指导，贯彻社会主义初级阶段的基本路线，贯彻新时代中国共产党的组织路线，坚持_____。

A. 职权法定原则

B. 能位相称原则

C. 党管干部原则

D. 清廉无私原则

2. 根据《中华人民共和国公务员法》，下列不属于公务员应当履行的义务的是_____。

A. 忠于国家，维护国家的安全、荣誉和利益

B. 保守国家秘密和工作秘密

C. 具有正常履行职责的身体条件和心理素质

D. 清正廉洁，公道正派

3. 改革开放以来，特别是预算法及预算法实施条例施行以来，在党中央、国务院的正确领导下，我国财政制度改革取得显著成效。以下关于"显著成效"的理解，错误的是_____。

A. 初步建立了与社会主义市场经济体制相适应的公共财政制度体系

B. 作为公共财政制度基础的预算管理制度也不断完善

C. 为促进经济社会持续健康发展发挥了重要作用

D. 预算体系不够完善，地方政府债务未纳入预算管理

4. 按照_____，公共预算分为增量预算和零基预算。

A. 预算作用时间　　B. 编制形式　　　C. 收支管理范围　　D. 编制方法

5. 主要衡量和评价政策实施后对社会发展、社会公正、社会回应影响的大小，这是最高层次的政策评估标准，这指的是公共政策评估的_____。

A. 效果标准　　　　B. 效率标准　　　　C. 效能标准　　　　D. 效应标准

6. 政府机构的一切活动，必须以实现统治阶级的意志和目标为根本方向。我国政府机构必须坚持社会主义方向，坚决贯彻执行中国共产党的方针、政策和路线，这体现了行政组织特征中的_____。

A. 政治性　　　　B. 法制性　　　　C. 权威性　　　　D. 系统性

7. 政府职能中的经济职能，指的是政府肩负着组织和管理社会经济事务，保持国民经济稳定和发展的职能。以下选项不属于政府经济职能的是_____。

A. 制定国民经济和社会发展规划

B. 制定维护市场秩序的规则，完善监管机制

C. 对国有资产依法进行管理和监督，保证国有资产保值、增值

D. 健全社会保障体系，完善公共基础设施，发展公共服务事业

8. _____是行政领导素质提高的重要方面，关系到党和政府的形象，关系到人心向背，关系到我们事业的成败。

A. 思想理论修养　　　　　　　　　B. 宏观战略思维

C. 求真务实作风　　　　　　　　　D. 开拓创新能力

9. 行政监督是指各类监督主体依法对国家行政机关及其工作人员的行政行为所实施的监察和督促活动，从而保证公共行政的合法性、合理性和有效性。以下属于内部监督体系的是_____。

A. 司法监督　　　　B. 审计监督　　　　C. 政党监督　　　　D. 人大监督

10. 根据每个干部的才能、特长、性格和发展潜力来安排相应的工作岗位，以做到人岗相适，人尽其才，各尽所能，从而实现把具有相应才能的人安排到相应能级的岗位上。这体现了人事行政的_____。

A. 党管干部原则　　B. 德才兼备原则　　C. 注重实绩原则　　D. 能位一致原则

11. 行政机关内部实行行政首长负责制，并坚持下级服从上级、地方服从中央的原则。以下关于行政首长负责制的理解，错误的是_____。

A. 行政首长领导机关的全面工作，具有最后决定权，并向上级机关负责

B. 机关内的其他人员包括副职，向行政首长负责

C. 副职与行政首长的关系不是分权或分工的关系，而是助手、协助的关系

D. 重大事项集体讨论，集体决定，集体负责

12. 以下关于公务员定期考核和年终奖金的说法，正确的是_____。

A. 只有优秀可享受年终奖

B. 优秀和称职可享受年终奖

C. 优秀、称职和基本称职可享受年终奖

D. 由于公务员是人民的公仆，都不得领取年终奖

13. 主要针对引进专门技术人才的公务员任用制度是_____。

A. 选任制　　　B. 委任制　　　C. 聘任制　　　D. 常任制

14. 公共政策是以政府为主的公共机构通过广泛参与以及在众多备选的计划和方案中作出选择，来解决社会公共问题，调整社会利益关系的政治和技术过程。公共政策具有导向性、调控性、分配性等功能，其中最能体现公共政策本质特征的是_____。

A. 导向功能　　　B. 分配功能　　　C. 调节功能　　　D. 政治功能

15. 非领导职务公务员的定期考核采取年度考核的方式，其考核等次建议是由_____提出的。

A. 被考核者本人　　B. 机关领导　　C. 考核委员会　　D. 主管领导

16. 公共财政是指国家或者政府为市场提供公共产品或公共服务的分配活动或经济活动，是满足社会公共需要的政府收支模式，是与市场经济相适应的一种财政类型和模式。公共财政的基本特征是_____。

A. 公共性、非营利性、法制性　　　B. 公共性、独立性、法制性

C. 社会性、法制性、权威性　　　D. 公共性、经济性、法制性

17. 根据能否在经济上直接得到等价的补偿和有无对资源和要素构成需求，财政支出可分为购买性支出和转移性支出。以下属于转移性支出的是_____。

A. 社会保障性支出　　　B. 投资性支出

C. 教科文卫支出　　　D. 行政管理支出

18. 科学决策的基础在于_____。

A. 信息　　　B. 目标　　　C. 可行　　　D. 预测

19. _____是紧接行政计划之后的一个环节，是各级行政机关直接面向社会公众、直接与管理对象接触的政府管理活动。

A. 行政执行　　　B. 行政沟通　　　C. 行政效能　　　D. 行政控制

20. 市场失灵是指因为市场局限性和缺陷所导致资源配置的低效率或无效率，并且不能解决外部经济的问题以及社会公平问题。以下不属于市场失灵的是_____。

A. 市场垄断　　　B. 企业生产带来的环境污染

C. 收入差距扩大　　　D. 行政审批效率低下

21. 公务员的行政处分包括：警告、记过、记大过、降级、撤职、开除。公务员受到开除处分，相应的法律后果是_____。

A. 在受处分期间有悔改表现，并且没有再发生违纪行为的，处分期满后，由处分机关解除处分

B. 按照规定降低级别

　　C. 解除处分后级别和职务不再受原处分的影响

　　D. 自处分生效之日起，解除其与单位的人事关系

22. 公共行政主体是指实施公共行政管理行为的当事人，即享有行政管理权力，能以自己的名义实施有关管理行为，并承担相应法律责任的组织。以下属于公共行政主体的是_____。

　　A. 中华全国妇女联合会　　　　　　B. 最高人民法院

　　C. 国家发展和改革委员会　　　　　D. 全国人民代表大会

23. 政府机构的设置坚持完整统一的原则，包括完整性和统一性两个方面。完整性主要是指政府机构的内部结构和功能完整齐全，形成一个中心、四个系统，一个中心指的是决策指挥中心，四个系统指的是_____。

　　A. 执行、咨询、监督、考核系统　　B. 执行、咨询、监督、反馈系统

　　C. 执行、咨询、问责、反馈系统　　D. 执行、咨询、监督、执法系统

24. 具体政策是公共政策的一种类型。以下关于具体政策的说法，正确的是_____。

　　A. 它指导人们正确地制定、执行、评估和分析公共政策

　　B. 它是规范和引导政策行为本身的准则或指南

　　C. 它是针对特定而具体的公共政策问题而做出的政策规定

　　D. 它对于一个国家的社会生活、历史发展的影响是巨大的，其正确与否，直接关系到一个国家的兴衰成败

25. 通过行政层级，凭借上下级之间的指挥和服从关系，采取从上到下层层下达命令、指示，从下到上层层上报、请示和批准的方式施行行政，这指的是_____。

　　A. 行政指令法　　B. 法律手段　　C. 行政领导　　D. 目标管理

26. _____是以"事"为中心确定下来的。这也决定了行政人员，尤其是行政领导者必须围绕行政事务的轻重缓急开展工作，必须以处理各种事务的高效率来推动工作任务的完成。

　　A. 行政领导的职权　　　　　　　　B. 行政领导的责任

　　C. 行政领导的职位　　　　　　　　D. 行政领导的级别

27. 我国行政领导的最基本的思想方法、工作方法是_____。

　　A. 群众路线的方法　　　　　　　　B. 调查研究的方法

　　C. 矛盾分析的方法　　　　　　　　D. 实事求是的方法

28. 在政策方案后果预测中，根据预测对象及其相关因素的统计资料来近似地确定变量间的函数关系，并根据这个函数模型来预测其未来状态，这是_____。

　　A. 回归分析法　　B. 德尔菲法　　C. 头脑风暴法　　D. 趋势外推法

29. _____注重组织成员共同参与，建立共同目标，再将目标化为具体的计划执

行，在执行过程中重视成员的自我管理与自我评估，以期激发成员潜能，达成组织目标。

A. 矩阵式组织　　　B. 目标管理　　　C. 建立团队　　　D. 敏感性训练

30. 下列各项工商管理技术中，_____的英文缩写是"TQM"。

A. 目标管理　　　　B. 全面质量管理　　C. 标杆管理　　　D. 绩效管理

第三节　斩获高分题

1. 各级政府必须坚持在党的领导下、在法治轨道上开展工作，加快建设_____的法治政府。

A. 职能科学、权责对称、执法严格、公开公正、廉洁高效、忠实诚信

B. 职能科学、权责法定、执法严明、公开公正、廉洁高效、守法诚信

C. 职能科学、责任法定、执法严明、公平公正、廉洁高效、守法诚信

D. 职能科学、权责对称、执法严明、公众参与、廉洁清明、忠实诚信

2. 全面推进政务公开是法治政府建设的重要任务。坚持以公开为常态、不公开为例外原则，推进_____。各级政府及其工作部门依据权力清单，向社会全面公开政府职能、法律依据、实施主体、职责权限、管理流程、监督方式等事项。

A. 立法公开、执法公开、财务公开、人事公开、结果公开

B. 决策公开、执行公开、管理公开、服务公开、结果公开

C. 决策公开、执行公开、监督公开、服务公开、结果公开

D. 决策公开、执行公开、监督公开、财务公开、人事公开

3. 公务员的考核应当按照管理权限，全面考核公务员的德、能、勤、绩、廉，重点考核_____。考核指标根据不同职位类别、不同层级机关分别设置。

A. 政治素质和工作实绩　　　　　B. 工作清廉和工作实绩

C. 工作能力和工作业绩　　　　　D. 服务意识和公众评价

4. 党的十八届三中全会确立了全面深化改革的总目标，并对改进预算管理制度提出了明确要求。以下关于改进预算管理制度意义的表述，不正确的是_____。

A. 是深化财税体制改革，建立现代公共财政制度的迫切需要

B. 是约束地方政府权力，建设责任政府、效能政府的重要方案

C. 是完善社会主义市场经济体制，加快转变政府职能的必然要求

D. 是推进国家治理体系现代化，实现国家长治久安的重要保障

5. 行政体制改革是推动上层建筑适应经济基础的必然要求。为此，要深化行政审批制度改革，继续简政放权，推动_____向创造良好发展环境、提供优质公共服务、维护社会公平正义转变。

A. 政府目标　　　　B. 行政效率　　　　C. 政府职能　　　　D. 公共价值

6. 通过小型会议的形式，鼓励与会人员进行创造性思考，自由发言，以相互启发，引起连锁反应和思维共振，形成新的设想的方法，这指的是_____。

A. 德尔菲法　　　　B. 回归分析法　　　　C. 趋势外推法　　　　D. 头脑风暴法

7. 申请辞职是公务员的一项权利，公务员法规定的不得辞职的情形不包括_____。

A. 未满国家规定的最低服务年限

B. 重要公务尚未处理完毕，且须由本人继续处理的

C. 离开涉密职位后已满脱密期限

D. 正在接受审计或涉嫌犯罪，接受司法审查

8. 通过公共组织政治和执行的分离来赋予执行者更大的自主权，使被授权的下级组织或单位能够更加独立，能够自由地与其他组织进行竞争。这是市场化工具中的_____。

A. 用者付费　　　　B. 合同外包　　　　C. 分散决策　　　　D. 内部市场

9. 在西方近现代社会发展过程中，政府的角色演变经历了若干不同的阶段。其中自由放任主义阶段的代表人物是_____。

A. 哈耶克　　　　B. 凯恩斯　　　　C. 弗里德曼　　　　D. 亚当·斯密

10. 公共政策评估，是依据一定的标准和程序，对政策执行的效果、效率、效应加以考察、判断和评定，并把评价结果反馈到决策部门以便对政策的前景和变迁做出决定的过程。以下关于政策评估作用的说法，错误的是_____。

A. 政策评估是决定政策变迁的依据

B. 政策评估是制定新政策的前提之一

C. 政策评估决定是否选择某个备选方案

D. 政策评估有利于促进政策资源的合理分配

第四节　考点解码及答案解析

一、夯实基础题

1.【考点解码】　公共行政概述

【答案解析】　选 C。依据组织理论，行政组织具有政治性、法制性、权威性、系统性等特征。其中，政治性是指行政组织都是根据一定的政治目的而建立的，带有明显的阶级属性；法制性是指行政组织的构建包括其人员编制、资源配备、体制架构等一系列制度安排必须要在法律的范围内进行，并有相应的法律、法规依据，其行为也必须在法定的范围

内开展；权威性是指行政组织的活动包括其出台的一系列政策规定、规章制度，对所辖范围都具有普遍的约束力；系统性是指行政组织具有极强的整体性，其权力关系、组织结构和工作流程具有上下统属、上下贯通、左右联系等特征。

2.【考点解码】　行政职能

【答案解析】　选 D。国家行政机关依法在经济、社会发展中所应承担的职责和所应发挥的作用，指的是行政职能，也或者被称为政府职能。公共行政职能的科学定位和合理配置是行政管理体制改革和制度创新首要的、核心的问题。因此选项 D 正确。行政决策是决策的一种，它是行政机关为履行行政职能所作的行为设计和抉择过程。行政执行是指行政机关及行政人员依法实施行政决策，以实现预测行政目标和社会目标的活动总和。行政体制又称行政管理体制，主要是指政府系统内部中行政权力的划分、政府机构的设置以及运行等各种关系和制度的总和。

3.【考点解码】　行政沟通与行政领导

【答案解析】　选 D。行政领导者工作千头万绪，但最重要的就是两条，即决策和用人。而决策方案的实施和决策目标的实现又依靠于人才，因此，行政领导者注重用人技巧，选好用好人才十分重要。所谓"知人"，就是能够历史地、全面地了解别人的优点和短处，及时地发现和识别人才。"知人"是为了"善任"，即做到人尽其才，才尽其用，充分发挥各类人才的作用。

4.【考点解码】　人事行政

【答案解析】　选 B。公务员的任用，坚持德才兼备、以德为先，坚持五湖四海、任人唯贤，坚持事业为上、公道正派，突出政治标准，注重工作实绩。

5.【考点解码】　行政方法与技术

【答案解析】　选 D。行政指令法指的是凭借国家政权的权威和权力，主要通过发布命令、指示等形式，由上级按纵向垂直的行政隶属关系，直接调节和控制下级的经济活动，带有强制性。法律方法是指国家行政机关在行政管理领域内，依照法定职权和程序，把国家法律、法规实施到具体的行政活动，以达到有效而合理的管理目的。经济方法是行政主体根据客观经济规律，运用价格、信贷、利率、税收、工资、奖惩等经济杠杆和方式，通过调整经济利益关系而实施管理的方法。思想教育方法是指在行政执行手段中，依靠宣传、说服、沟通、精神鼓励等，奖励人们的积极性，实现行政目标的方式。

6.【考点解码】　公共政策

【答案解析】　选 A。公共政策是社会公共权威在一定的条件下，针对一定的对象、为达到一定的目标而制定的行动方案或行为准则。公共政策的要素包括公共政策主体、公共政策客体、公共政策目标、公共政策资源以及公共政策形式。公共政策主体是指那些在特定政策环境中直接或间接地参与公共政策制定、执行和评估的个人、团体或组织。公共政策客体是公共政策发挥作用时所指向的对象。公共政策目标是公共政策欲实现的理想状态。公共政策资源是公共政策运行中可以获得并加以利用的各种支持和条件。

7.【考点解码】 公共财政

【答案解析】 选 A。深化预算管理制度改革,逐步建立与实现现代化相适应的现代财政制度,应该遵循的基本原则包括:(1)遵循现代国家治理理念。(2)划清市场和政府的边界。(3)着力推进预算公开透明。(4)坚持总体设计、协同推进。既要注重顶层设计、增强改革的系统性、整体性、协同性,又要考虑外部环境和制约因素,实现与行政管理体制改革的有序衔接,合理把握改革的力度和节奏,确保改革顺利实施。因此选项 B、C、D属于应该遵循的原则,选项 A 不属于应遵循的原则。

8.【考点解码】 行政职能

【答案解析】 选 A。界定公共行政职能的关键,就是要处理好政府、市场与社会的关系。我国政府职能定位中存在的主要问题是越位、缺位和错位。所谓的越位,就是本身属于市场或社会力量可以做的事情,政府介入和替代,而产生了问题。所谓缺位就是本身是政府应该发挥作用的领域,政府由于无利可图而不愿意承担职责。所谓错位,这既包括以上的越位和缺位,也包括属于政府职责范围内的事务,但是在政府内部上下级或者不同部门之间,并没有理顺关系。选项 A 政府职能补位,是针对缺位后采取的纠正措施,因此不属于存在的问题。

9.【考点解码】 行政监督

【答案解析】 选 B。我国行政监督主要包括内部和外部两种。其中,外部的行政监督包括国家权力机关的监督(立法监督)、国家司法和检察机关的监督、政党监督、社会组织监督、社会舆论的监督、公民的监督。内部监督分为一般监督和专门监督。审计监督属于专门监督。

10.【考点解码】 人事行政

【答案解析】 选 A。《公务员法》第五十九条规定:公务员应当遵纪守法,不得有下列行为:(一)散布有损宪法权威、中国共产党和国家声誉的言论,组织或者参加旨在反对宪法、中国共产党领导和国家的集会、游行、示威等活动;(二)组织或者参加非法组织,组织或者参加罢工;(三)挑拨、破坏民族关系,参加民族分裂活动或者组织、利用宗教活动破坏民族团结和社会稳定;(四)不担当,不作为,玩忽职守,贻误工作;(五)拒绝执行上级依法作出的决定和命令;(六)对批评、申诉、控告、检举进行压制或者打击报复;(七)弄虚作假,误导、欺骗领导和公众;(八)贪污贿赂,利用职务之便为自己或者他人谋取私利;(九)违反财经纪律,浪费国家资财;(十)滥用职权,侵害公民、法人或者其他组织的合法权益;(十一)泄露国家秘密或者工作秘密;(十二)在对外交往中损害国家荣誉和利益;(十三)参与或者支持色情、吸毒、赌博、迷信等活动;(十四)违反职业道德、社会公德和家庭美德; (十五)违反有关规定参与禁止的网络传播行为或者网络活动;(十六)违反有关规定从事或者参与营利性活动,在企业或者其他营利性组织中兼任职务;

（十七）旷工或者因公外出、请假期满无正当理由逾期不归；（十八）违纪违法的其他行为。

二、提升能力题

1.【考点解码】　人事行政

【答案解析】　选 C。公务员制度坚持中国共产党领导，坚持以马克思列宁主义、毛泽东思想、邓小平理论、"三个代表"重要思想、科学发展观、习近平新时代中国特色社会主义思想为指导，贯彻社会主义初级阶段的基本路线，贯彻新时代中国共产党的组织路线，坚持党管干部原则。

2.【考点解码】　人事行政

【答案解析】　选 C。根据《中华人民共和国公务员法》第十四条规定：公务员应当履行下列义务：（一）忠于宪法，模范遵守、自觉维护宪法和法律，自觉接受中国共产党领导；（二）忠于国家，维护国家的安全、荣誉和利益；（三）忠于人民，全心全意为人民服务，接受人民监督；（四）忠于职守，勤勉尽责，服从和执行上级依法作出的决定和命令，按照规定的权限和程序履行职责，努力提高工作质量和效率；（五）保守国家秘密和工作秘密；（六）带头践行社会主义核心价值观，坚守法治，遵守纪律，恪守职业道德，模范遵守社会公德、家庭美德；（七）清正廉洁，公道正派；（八）法律规定的其他义务。选项 A、B、D 属于公务员应当履行的义务。

3.【考点解码】　公共财政

【答案解析】　选 D。改革开放以来，特别是预算法及预算法实施条例施行以来，在党中央、国务院的正确领导下，我国财政制度改革取得显著成效，初步建立了与社会主义市场经济体制相适应的公共财政制度体系，作为公共财政制度基础的预算管理制度也不断完善，为促进经济社会持续健康发展发挥了重要作用。因此选项 A、B、C 理解正确。选项 D 属于暴露出来的问题，而不是取得的成效。

4.【考点解码】　公共财政

【答案解析】　选 D。公共预算是指政府在每一财政年度经立法程序批准的全部公共收支计划，是存在于市场经济中并且与公共财政相适应的国家预算类型。公共预算的常见类型划分：（1）依据政府的层级，分为中央公共预算和地方公共预算；（2）依据编制形式，分为单式预算和复式预算；（3）按照预算作用时间，分为年度预算和中长期预算；（4）按照收支管理范围，分为总预算和单位预算；（5）按照编制方法，分为增量预算和零基预算。

5.【考点解码】　公共政策

【答案解析】　选 D。建立政策评估标准是进行公共政策评估的起点。公共政策评估的标准是对政策运行及其结果加以测量、评估的指标体系。从公共政策运行的实践来看，目前人们比较认同的公共政策评估标准主要有效果标准、效率标准、效应标准等。公共政策评估的效果标准主要衡量政策实施后产生的各种结果和影响。公共政策评估的效率标准主要测量和评价政策取得的效果所消耗的政策资源的多少，它通常表现为政策投入和产出、成本和收益之间的比例。公共政策评估的效应标准主要衡量和评价政策实施后对社会发展、社会公正、社会回应影响的大小，这是最高层次的政策评估标准。

6.【考点解码】 公共行政概述

【答案解析】 选A。选项A、B、C、D均是行政组织的特征，但是题干中的内容"政府机构的一切活动，必须以实现统治阶级的意志和目标为根本方向。我国政府机构必须坚持社会主义方向，坚决贯彻执行中国共产党的方针、政策和路线"，这些体现的是行政组织政治性的特征，即行政组织是行政体制的一部分，行政体制是政治体制的一部分，因此行政组织具有鲜明的政治性。

7.【考点解码】 行政职能

【答案解析】 选D。政府的经济职能指的是政府负有组织和管理社会经济事务，保持国民经济稳定和发展的职能，我国政府的经济职能主要包括：一是制定国民经济和社会发展规划，以及各种经济政策；二是制定维护市场秩序的规则，完善市场监管机制；三是对国家投入各类企业的国有资产依法进行管理和监督，以保证国有资产的保值、增值等。选项D属于社会职能，不属于政府的经济职能。

8.【考点解码】 行政沟通与行政领导

【答案解析】 选C。思想理论修养是由一系列具体的政治理论观点所组成，并体现在党的基本理论、基本路线和基本纲领中。求真务实作风是行政领导素质提高的重要方面，行政领导的作风，关系到党和政府的形象，关系到人心向背，关系到我们事业的成败。宏观战略思维是做好一切领导工作必备的条件，是行政领导最基本的素质。开拓创新能力指的是领导必须确立最基本的创新范式，并依此去规范、推进整个领导工作的创新。

9.【考点解码】 行政监督

【答案解析】 选B。行政监督是指各类监督主体依法对国家行政机关及其工作人员的行政行为所实施的监察和督促活动，从而保证公共行政的合法性、合理性和有效性。它分为内部监督系统和外部监督系统。其中内部监督系统分为一般监督和专门监督，审计监督属于专门监督，因此是内部监督系统的一部分。其他选项均为外部监督体系。

10.【考点解码】 人事行政

【答案解析】 选D。选项A、B、C、D均是我国人事行政的基本原则。党管干部原则是我国人事行政工作中的一项根本原则。坚持党管干部原则，就是要保证党对干部人事工作的领导权和对重要干部的管理权。德才兼备是我们党选拔、使用干部的一贯原则，是党的干部路线的核心内容。"德"是指政治标准，"才"是指业务标准。工作实绩是"德"和"才"的集中表现，是思想品德、知识水平和工作能力等因素的综合反映。能位一致原则，就是根据每个干部的才能、特长、性格和发展潜力来安排相应的工作岗位，以做到人岗相适，人尽其才，各尽所能。在实际工作中，要贯彻好这一原则，关键在于能否真正做到"知人善任"，把具有相应才能的人安排到相应能级的岗位上。

11.【考点解码】　行政沟通与行政领导

【答案解析】　选 D。行政首长负责制是指由各级政府及其所属部门的首长对本政府或本部门的工作负全面责任的制度。这是一种适合于中国行政管理的政府工作责任制。依中国 1982 年宪法规定，国务院实行总理负责制；国务院各部、各委员会实行部长、主任负责制；地方各级人民政府实行省长、市长、县长、区长、乡长、镇长负责制。同时，行政首长负责制也是民主集中制的一种形式，是与集体领导相结合的。行政首长负责制并不意味着行政首长可以独断专行或者滥用职权。行政机关或行政部门的重大问题，要由某种行政会议来决定。A、B、C 项均符合行政首长负责制的内涵，D 项理解错误。重大事项一方面需要集体协商和讨论，但是汇聚智慧后，如果观点不一致，最终拍板的还是行政首长，因此主要由行政首长负责。

12.【考点解码】　人事行政

【答案解析】　选 B。公务员定期考核的结果分为优秀、称职、基本称职和不称职四个等次。定期考核的结果应当以书面形式通知公务员本人，并作为调整公务员职务、级别、工资以及公务员奖励、培训、辞退的依据。其中，定期考核结果为优秀和称职的，可以享受年终奖金。

13.【考点解码】　人事行政

【答案解析】　选 C。聘任制是指机关通过合同选拔、任用公务员的一种人事管理制度。与选任制、委任制相比，聘任制具有引入市场机制、开放灵活的特点。《公务员法》规定，对部分公务员实行聘任制，这是我国公务员制度在借鉴国外成功经验基础上的大胆创新和尝试。实行聘任制可以满足机关吸收一些专门技术人才，尤其是高级人才技术的需要。

14.【考点解码】　公共政策

【答案解析】　选 B。公共政策的基本功能包括分配功能、导向功能、调节功能以及管制功能。然而，由于公共政策实质上就是以政府为主的公共机构对社会资源的权威性分配过程，因此最能够体现公共政策本质的是分配功能。

15.【考点解码】　人事行政

【答案解析】　选 D。公务员的考核分为平时考核和定期考核。定期考核以平时考核为基础。对非领导成员公务员的定期考核采取年度考核的方式。先由个人按照职位职责和有关要求进行总结；主管领导在听取群众意见后，提出考核等次建议，最后由本机关负责人或者授权的考核委员会确定考核等次。对领导成员的定期考核，由主管机关按照有关规定办理。

16.【考点解码】　公共财政

【答案解析】　选 A。公共财政是指国家或者政府为市场提供公共产品或公共服务的分配活动或经济活动，是满足社会公共需要的政府收支模式，是与市场经济相适应的一种财政类型和模式。公共财政的基本特征是公共性、非营利性和法制性。

17.【考点解码】 公共财政

【答案解析】 选A。根据能否在经济上直接得到等价的补偿和有无对资源和要素构成需求，财政支出可分为购买性支出和转移性支出。购买性支出指的是，政府直接进入市场，购买商品或劳务的公共支出。转移性支出指的是政府进行非市场性再分配，单方面拨转给受领者的支出。因此B、C、D项属于购买性支出，选项A属于转移性支出。

18.【考点解码】 公共政策

【答案解析】 选A。所谓决策就是按照最优化的要求，从若干准备实施的方案中进行选择，通过实施以达到目标的活动过程。决策是行政过程的中心环节，整个行政过程就是进行决策和实施决策的循环往复的不间断过程。而要做到科学决策，其基础在于信息。无论是问题的界定，还是目标的确立，特别是方案的拟定和选择，都依赖于信息。

19.【考点解码】 公共行政概述

【答案解析】 选A。行政执行是紧接行政计划之后的一个环节，是各级行政机关直接面向社会公众、直接与管理对象接触的政府管理活动。

20.【考点解码】 行政职能

【答案解析】 选D。市场失灵是指因为市场局限性和缺陷所导致资源配置的低效率或无效率，并且不能解决外部经济的问题以及社会公平问题。市场失灵的情形包括市场经济的垄断、市场经济的外部性、公共产品供给不足、市场条件下收入的不平等等。A、B、C项均属于市场失灵的表现，而选项D属于政府失灵。

21.【考点解码】 人事行政

【答案解析】 选D。《公务员法》第六十四条规定："公务员在受处分期间不得晋升职务、职级和级别，其中受记过、记大过、降级、撤职处分的，不得晋升工资档次。受处分的期间为：警告，六个月；记过，十二个月；记大过，十八个月；降级、撤职，二十四个月。受撤职处分的，按照规定降低级别。"第六十五条规定：公务员受开除以外的处分，在受处分期间有悔改表现，并且没有再发生违纪违法行为的，处分期满后自动解除。解除处分后，晋升工资档次、级别和职务、职级不再受原处分的影响。但是，解除降级、撤职处分的，不视为恢复原级别、原职务、原职级。A、B、C项表述不正确。公务员自开除处分生效之日起，解除其与单位的人事关系。

22.【考点解码】 公共行政概述

【答案解析】 选C。公共行政主体是指实施公共行政管理行为的当事人，即享有行政管理权力，能以自己的名义实施有关管理行为，并承担相应法律责任的组织。公共行政的主体是特定的，在我国就是各级人民政府及其所属的各类行政机构，立法、司法机关不属于公共行政的主体，人民团体、群众组织、民间社团等更不属于公共行政的主体。因此选项 A 是人民团体，选项 C 属于公共行政主体，选项 B 是司法机关，选项 D 是立法机关。

23.【考点解码】　公共行政概述

【答案解析】　选 B。政府机构的设置坚持完整统一的原则，包括完整性和统一性两个方面。完整性主要是指政府机构的内部结构和功能完整齐全，形成一个中心、四个系统，即决策指挥中心和执行、咨询、监督、反馈系统。四个系统在决策指挥中心领导下，彼此相互联系、相互配合，发挥不同的功能作用。因此选项 B 为正确答案。

24.【考点解码】　公共政策

【答案解析】　选 C。公共政策从纵向层次进行划分，包括元政策、总政策、基本政策和具体政策。选项 AB 指的是元政策，而不是具体政策；选项 C 都是具体政策的内涵，因此是正确的；选项 D 是总政策的重要性，因此也不符合题意。

25.【考点解码】　行政方法与技术

【答案解析】　选 A。行政方法的基本手段包括行政指令法、法律、经济、思想政治工作。行政指令法，指通过行政层级，凭借上下级之间的指挥和服从关系，采取从上到下层层下达命令、指示，从下到上层层上报、请示和批准的方式施行行政。法律手段是指国家行政机构依据法律、法规和法令而实施管理的方法。经济手段指依据经济规律，运用经济杠杆，通过对不同的经济利益关系进行调整而实现管理的方法。思想政治工作方法，指依靠宣传、说服、精神鼓励等方式实施行政的管理方法。

26.【考点解码】　行政沟通与行政领导

【答案解析】　选 C。行政领导者的职位是指国家权力机关或国家人事行政部门根据法律与行政规桎，按规范化程序选择或任命行政领导者担任的职务和赋予其应履行的责任。职务和责任是构成行政领导者职位的两个不可缺少的要素。行政领导的职位是以"事"为中心确定下来的。这一特点决定了行政人员，尤其是行政领导者必须围绕轻重缓急不同的行政事务开展工作，必须以处理各种事务的高效率来推动工作任务的完成。

27.【考点解码】　行政沟通与行政领导

【答案解析】　选 D。实事求是的方法是我们党的思想路线，也是我国行政领导的最基本的思想方法、工作方法。坚持和运用实事求是方法的要求：（1）一切从实际出发，反对主观主义；（2）发挥主观能动性，与时俱进，开拓创新；（3）坚持用实践检验和发展真理。

28.【考点解码】　行政方法与技术

【答案解析】　选 A。A 项，回归分析指的是根据预测对象及其相关因素的统计资料来近似地确定变量间的函数关系，并根据这个函数模型来预测其未来状态的方法。B 项，德尔菲法指的是采用函询调查的方式，分别向参与预测活动的专家提出问题，而后将其意见整理和综合并匿名反馈给有关专家，再次征求意见，再综合、反馈，经过多次反复循环之后得到一个可靠一致的意见的方法。C 项，头脑风暴法指的是通过小型会议的形式，鼓励与会人员进行创造性思考，自由发言，以相互启发，引起连锁反应和思维共振，形成新的设想的方法。D项，趋势外推法指的是根据预测对象的历史和现实资料，找出其变化发展规律，从而推测出事物的未来状况的方法。

29.【考点解码】　行政方法与技术

【答案解析】　选B。本题考核的角度是名词理解。题干中的关键词"共同参与""共同目标""自我管理""自我评估"，很明显，这指的是目标管理这样一种现代管理方法。

30.【考点解码】　行政方法与技术

【答案解析】　选B。本题考核的知识点是工商管理技术。目标管理的英文是 management by objective，缩写为 MBO；全面质量管理的英文是 total quality management，缩写为 TQM；标杆管理的英文为 bench-marking；绩效管理的英文为 performance management。

三、斩获高分题

1.【考点解码】　公共行政概述

【答案解析】　选B。党的十八届四中全会提出，各级政府必须坚持在党的领导下、在法治轨道上开展工作，创新执法体制，完善执法程序，推进综合执法，严格执法责任，建立权责统一、权威高效的依法行政体制，加快建设职能科学、权责法定、执法严明、公开公正、廉洁高效、守法诚信的法治政府。

2.【考点解码】　公共行政概述

【答案解析】　选B。全面推进政务公开。坚持以公开为常态、不公开为例外原则，推进决策公开、执行公开、管理公开、服务公开、结果公开。各级政府及其工作部门依据权力清单，向社会全面公开政府职能、法律依据、实施主体、职责权限、管理流程、监督方式等事项。重点推进财政预算、公共资源配置、重大建设项目批准和实施、社会公益事业建设等领域的政府信息公开。

3.【考点解码】　人事行政

【答案解析】　选A。公务员的考核应当按照管理权限，全面考核公务员的德、能、勤、绩、廉，重点考核政治素质和工作实绩。考核指标根据不同职位类别、不同层级机关分别设置。

4.【考点解码】　公共财政

【答案解析】　选B。贯彻落实党的十八届三中全会精神和国务院决策部署，深化预算管理制度改革，实施全面规范、公开透明的预算制度，是深化财税体制改革，建立现代公共财政制度的迫切需要；是完善社会主义市场经济体制，加快转变政府职能的必然要求；是推进国家治理体系现代化，实现国家长治久安的重要保障。因此选项A、C、D表述正确，选项B是表述不正确。

5.【考点解码】　行政职能

【答案解析】　选 C。党的十八大报告指出，行政体制改革是推动上层建筑适应经济基础的必然要求。要按照建立中国特色行政体制目标，深入推进政企分开、政资分开、政事分开、政社分开，建设职能科学、结构优化、廉洁高效、人民满意的服务型政府。深化行政审批制度改革，继续简政放权，推动政府职能向创造良好发展环境、提供优质公共服务、维护社会公平正义转变。

6.【考点解码】　行政方法与技术

【答案解析】　选 D。德尔菲法指的是采用函询调查的方式，分别向参与预测活动的专家提出问题，而后将其意见整理和综合并匿名反馈给有关专家，再次征求意见，再综合、反馈，经过多次反复循环之后得到一个可靠一致的意见的方法。回归分析法指的是根据预测对象及其相关因素的统计资料来近似地确定变量间的函数关系，并根据这个函数模型来预测其未来状态的方法。趋势外推法指的是根据预测对象的历史和现象资料，找出其变化发展规律，从而推测出事物的未来状况的方法。头脑风暴法又叫自由思考法，即通过小型会议的形式，鼓励与会人员进行创造性思考，自由发言，以相互启发，引起连锁反应和思维共振，形成新的设想的方法。

7.【考点解码】　人事行政

【答案解析】　选 C。《公务员法》规定，公务员辞去公职，应当向任免机关提出书面申请。任免机关应当自接到申请之日起三十日内予以审批，其中对领导成员辞去公职的申请，应当自接到申请之日起九十日内予以审批。但是，公务员有下列情形之一的，不得辞去公职：一是未满国家规定的最低服务年限的；二是在涉及国家秘密等特殊职位任职或者离开上述职位不满国家规定的脱密期限的；三是重要公务尚未处理完毕，且须由本人继续处理的；四是正在接受审计、纪律审查，或者涉嫌犯罪，司法程序尚未终结的；五是法律、行政法规规定的其他不得辞去公职的情形。因此选项 C 是可以提出辞职的，其他三种情形均在不得辞职的范畴内。

8.【考点解码】　行政方法与技术

【答案解析】　选 C。用者付费指的是公众在消费政府提供的公共服务时也要适量交费，谁消费谁付费。合同外包把民事行为中的合同引入到公共管理的领域中来，它的作出以合同双方当事人协商一致为前提，变过去单方面的强制行为为一种双方合意的行为。分散决策其实就是分权与权力下放的过程，其主要目的是通过公共组织政治和执行的分离来赋予执行者更大的自主权，使被授权的下级组织或单位能够更加独立，能够自由地与其他组织进行竞争。内部市场是将提供公共服务的公共部门人为地划分为生产者和购买者两方或"公对公的竞争"，这样在政府组织内部便产生了"生产者"和"消费者"两个角色，或促使内部组织之间进行竞争，达到提高服务质量的效果。

9.【考点解码】　公共行政概述

【答案解析】 选 D。选项 A、B、C、D 均是非常著名的经济学家、思想家。题干中指的是自由放任主义阶段的代表人物,即资本主义发展的早期,这里的代表人物是英国经济学家亚当·斯密,他的代表作品是《国富论》,为守夜人政府奠定了理论依据。其他三位学者都是 20 世纪以来的经济学家。

10.【考点解码】 公共政策

【答案解析】 选 C。所谓公共政策评估,是依据一定的标准和程序,对政策执行的效果、效率、效应加以考察、判断和评定,并把评价结果反馈到决策部门以便对政策的前景和变迁做出决定的过程。公众的政策评价还是判断政策正确与否的最基本依据。公共政策评估非常重要,主要作用包括:政策评估是决定政策变迁的依据;政策评估是制定新政策的前提之一;政策评估有利于促进政策资源的合理分配;政策评估有利于实现政策过程的科学化和民主化。选项 A、B、D 表述正确。选项 C 政策评估决定是否选择某个备选方案,这是政策制定环节中政策方案的评估,而不是通常意义上的公共政策评估,因此表述错误。

第三章 其他常识

第一节 夯实基础题

1. 下列表述中，不符合新发展理念的是＿＿＿＿。

A. 推动新型工业化、信息化、城镇化、农业现代化同步发展

B. 主动参与和推动经济全球化进程，发展更高层次的资源型经济

C. 必须坚定不移贯彻创新、协调、绿色、开放、共享的发展理念

D. 毫不动摇巩固和发展公有制经济，毫不动摇鼓励、支持、引导非公有制经济发展，使市场在资源配置中起决定性作用，更好发挥政府作用

2. 党的十九大对新时代推进全面依法治国提出了新任务。明确到 2035 年＿＿＿＿。

A. 法治国家、法治政府、法治社会基本建成

B. 有法可依、有法必依、执法必严、违法必究基本实现

C. 中国特色社会主义法治体系基本建成

D. 科学立法、严格执法、公正司法、全民守法基本实现

3. 随着医疗产业的发展，医疗领域的人工智能也越来越先进，可以开展健康检测、快速诊断疾病、做手术等。如今，人工智能早已不再是科幻小说中的专有名词，它已经突破了从"不能用""不好用"到"可以用"的技术拐点，进入了快速发展时期。这反映的哲学原理是＿＿＿＿。

A. 意识是人脑所特有的机能　　　　B. 意识活动具有主体选择性

C. 人类的认识活动有反复性　　　　D. 实践是认识的来源和动力

4. 有人把做学问比作勘探石油，钻井打到 3 000 米找不到油，就打到 5 000 米、8 000 米……只要找准地方，越往下打，希望就越大。学懂党的理论和打井一样没有捷径，唯有深入学、刻苦学、持久学，才能掌握其精神实质。这段话蕴含的哲理是＿＿＿＿。

A. 量变是质变的必要准备　　　　B. 要善于抓事物的主要矛盾

C. 质变和量变会相互转化　　　　D. 要善于发挥意识能动作用

5. 关于立法，下列说法错误的是＿＿＿＿。

A. 只有最高国家权力机关才有权制定和修改刑事、民事基本法律

B. 自治区的自治条例，报全国人民代表大会常务委员会批准后生效

C. 地方人民代表大会在不同宪法、法律、行政法规相抵触的前提下，可以制定地方性法规

D. 应当制定地方性法规但条件尚不成熟的，因行政管理迫切需要，地方可以先制定地方政府规章

6. 下列气体既会造成酸雨，又可用作防腐剂的是_____。

A. 二氧化碳　　　　B. 二氧化氮　　　　C. 二氧化硫　　　　D. 氮气

7. 下列关于云计算的表述中，错误的是_____。

A. 对网络连接的大量计算资源进行统一管理和调度

B. 云计算的服务器为虚拟系统

C. 可为用户提供计算及存储服务

D. 搜索引擎是云计算的典型应用

8. 二氧化碳虽然只占了空气总体积的 0.03%，但对动植物的生命活动起着极为重要的作用。自然界中二氧化碳的循环与下列过程无关的是_____。

A. 人和动物的呼吸　　　　　　　B. 发展利用氢燃料

C. 含碳燃料的燃烧　　　　　　　D. 植物的呼吸作用

9. 开瓶放置的葡萄酒，数天后会变酸。这是由于发生了_____。

A. 水解反应　　　　B. 氧化反应　　　　C. 酯化反应　　　　D. 加成反应

10. 下列关于全国经济普查的说法错误的是_____。

A. 根据《全国经济普查条例》的规定，经济普查每 5 年进行一次

B. 目的是全面调查我国第一、第二、第三产业的发展规模、布局和效益

C. 普查取得的单位和个人资料，不作为对普查对象实施处罚的依据

D. 2019 年 1 月 1 日，第四次全国经济普查现场登记工作正式启动

11. "秒杀""专属""定制"……这些在商场购物中常见的词汇，通常是商家们采取的"饥饿营销"策略。下列因素能够对该策略的效果产生直接影响的是_____。

A. 居民收入水平　　B. 大众消费心理　　C. 商家宣传力度　　D. 品牌的知名度

12. 有关经济学常识，下列说法错误的是_____

A. 国民收入统计中包括退休金

B. 货币发行是中央银行的负债业务

C. 公共物品无法通过市场机制来调节供求

D. 春节前后的物价上涨不属于通货膨胀

13. 人民币升值，最有可能出现的是_____。

A. 旅游收入增加　　B. 旅游收入减少　　C. 进口增加　　　　D. 出口增加

14. 下列送别诗句中不属于描写目送友人场景的是_____。

A. 孤帆远影碧空尽, 唯见长江天际流　　B. 山回路转不见君, 雪上空留马行处

C. 日暮酒醒人已远, 满天风雨下西楼　　D. 青枫江上秋帆远, 白帝城边古木疏

15. 下列关于第一次世界大战的说法正确的是_____。

A. 俄国在十月革命后退出一战　　　　B. 日本无条件投降标志一战结束

C. 凡尔赛和约成为一战的导火索　　　D.《乱世佳人》是描写一战的电影

16. 下列关于绘画作品的描述错误的是_____。

A.《富春山居图》描绘的是初秋的景色

B.《吃土豆的人》是梵高早期的代表作

C.《自由引导人民》取材于法国七月革命

D.《虢国夫人游春图》描写的是杨玉环出游

17. 关于文学作品中的借代, 下列解释错误的是_____。

A.“开轩面场圃, 把酒话桑麻”中的“桑麻”指的是农事

B.“桃李当时盛, 葭莩后代连”中的“桃李”指的是学生

C.“西陆蝉声唱, 南冠客思深”中的“南冠”指的是囚犯

D.“丧车黔首葬, 吊客青蝇至”中的“黔首”指的是贵族

18. 首次把《大学》《中庸》《论语》和《孟子》编在一起的学者是_____。

A. 朱熹　　　　　B. 程颐、程颢　　　　C. 董仲舒　　　　D. 颜之推

19. 楚汉相争在我国历史文化中留下了深深的印记, 下列表述不正确的是_____。

A. 象棋中的“楚河汉界”源于这段历史

B. 成语“破釜沉舟”源于楚汉相争中的一场战役

C. 琵琶曲《十面埋伏》反映了楚汉垓下决战的情形

D. 诗句“生当作人杰, 死亦为鬼雄”以此为题材

20. 关于全面依法治国, 下列说法不准确的是_____。

A. 到 21 世纪中叶, 基本建成法治国家、法治政府、法治社会

B. 全面依法治国在“四个全面”中具有基础性、保障性作用

C. 党的领导是社会主义法治最根本的保证

D. 中国特色社会主义法治体系是中国特色社会主义制度的法律表现形式

第二节　提升能力题

1. 中国桥的历史悠久, 发展于隋, 兴盛于宋。下列描述所指的中国四大名桥依次是_____。

① 世界上最早的启闭式桥梁

② 我国现存年代最早的梁式大石桥

③ 北京市现存最古老的石造联拱桥

④ 世界上现存最完整的最早单孔石拱桥

A. 广济桥　洛阳桥　卢沟桥　赵州桥　　B. 洛阳桥　赵州桥　卢沟桥　广济桥

C. 广济桥　卢沟桥　赵州桥　洛阳桥　　D. 洛阳桥　卢沟桥　广济桥　赵州桥

2. 关于蔬菜的保健功能，下列对应正确的是_____。

A. 芹菜——安五脏，除胃中热　　　　B. 苦瓜——调味增食欲，抑菌杀菌

C. 苦苣——清热解毒，治疗痢疾　　　　D. 韭菜——止血、益气、利尿、降血压

3. 压强和温度会引起密度的变化。假定其他条件不变的情况下，下列关于压强和密度的说法中，错误的是_____。

A. 氧气瓶中的氧气用掉一部分后，体积不变，密度变小

B. 给自行车胎打气，车胎体积不变，质量变大，密度变大

C. 通常情况下，水在 0 ℃时的密度大于 4 ℃时的密度

D. 温度计内的水银随温度升高而密度减小，体积变大

4. 下列符合常识的是_____。

A. 2 000 毫升矿泉水约重 1 千克

B. 成人使用的标准筷子长度约为 14 厘米

C. 仍在流动的淡水河其水温为零下 3 摄氏度

D. 弯道较多的盘山公路限速 100 千米每小时

5. 某人扁桃体化脓，医生建议其静脉注射头孢，药液从其手背静脉到达扁桃体患处所经过的途径是：上肢静脉→右心房→①→②→左心房→③→④→动脉→扁桃体毛细血管（患处），依次填入①②③④正确的是_____。

A. 肺循环；右心室；左心室；主动脉　　B. 左心室；肺循环；主动脉；右心室

C. 主动脉；右心室；左心室；肺循环　　D. 右心室；肺循环；左心室；主动脉

6. 下表列出了分布在我国的几种土壤的特质，填入表格信息合适的是_____。

土壤类型	①	黄土	红壤
温度带	中温带	②	亚热带
土壤肥力	高	低	低
经济作物	大豆、甜菜	棉花、花生	③

A. ①紫色土　②热带　　③玉米、苹果

B. ①黑土　　②中温带　③小麦、茶叶

C. ①紫色土　②亚热带　③水稻、荔枝

D. ①黑土　　②暖温带　　③甘蔗、油菜

7. 下列地理分界线对应正确的是_____。

A. 横断山脉——内流区和外流区

B. 本初子午线——东半球和西半球

C. 200 毫米等降水量线——农耕区和畜牧业区

D. 祁连山脉——河西走廊和柴达木盆地

8. 港珠澳大桥跨越_____。东接香港，西接广东珠海和澳门，总长约 55 千米。是粤港澳三地首次合作共建的超大型跨海交通工程。

A. 渤海　　　　　B. 东海　　　　　C. 北部湾　　　　　D. 伶仃洋

9. 用水银体温计依次给甲、乙、丙三人测量体温时，一直没有甩体温计。已知测量甲的体温时读数为 37.8 ℃，乙、丙的实际体温分别为 37.6 ℃和 38 ℃，那么在测量乙、丙的体温时，体温计的读数分别是_____。

A. 37.8 ℃和 37.8 ℃　　　　　　B. 37.6 ℃和 38 ℃

C. 37.8 ℃和 38 ℃　　　　　　　D. 0 ℃和 0 ℃

10. 下列诗词与所描述的地区对应错误的是_____。

A. 渭城朝雨浥轻尘，客舍青青柳色新——咸阳

B. 羌笛何须怨杨柳，春风不度玉门关——张掖

C. 钟山风雨起苍黄，百万雄师过大江——南京

D. 玉露凋伤枫树林，巫山巫峡气萧森——重庆

11. 在中国古代社会，"西席"这一称谓指的是_____。

A. 客人　　　　　B. 老师　　　　　C. 女婿　　　　　D. 医生

12. 关于文物遗址，下列说法错误的是_____。

A. 太阳神鸟金饰出土于新疆楼兰遗址

B. 重庆古城墙是古代山地城池防御建筑的范例

C. 甘肃马家塬遗址分布有大面积齐家类型的文化遗存

D. 高昌故城遗址反映了多民族文化在吐鲁番盆地的交流

13. 光学树脂常用于制作镜片，它是一种有机材料，其分子间结构相对松弛，光线可通过率为 84%～90%。下列关于光学树脂镜片的表达错误的是_____。

A. 树脂镜片和普通玻璃镜片的透光率不相上下

B. 树脂镜片的抗撞击力比普通玻璃镜片更强

C. 和同样大小的普通玻璃镜片相比，树脂镜片要轻得多

D. 和普通玻璃镜片相比，树脂镜片更加耐磨

14. 已知物体表面颜色越浅，反射热辐射的能力越强，进行热辐射的能力越差；物体表面颜色越深，反射热辐射的能力越差，进行热辐射的能力越强。据此，下列关于石油液

化气罐和电力变压器表面颜色的判断，说法正确的是_____。

A. 均应漆成银白色

B. 均应漆成灰黑色

C. 前者漆成灰黑色，后者漆成银白色

D. 前者漆成银白色，后者漆成灰黑色

15. 有史学家评论战国时期的学说称："战国时代，诸子百家风行一时。各家中有顺势而动的，想要因势利导，借助权力来改造社会；也有逆势而动的，知其不可而为，想依据理想来改造社会。"其中"逆势而动"的学派最有可能的是_____。

A. 墨家　　　　　B. 纵横家　　　　　C. 法家　　　　　D. 兵家

16. 下列名词与内容对应不一致的是_____。

A. BRICS/金砖国家

B. 马歇尔计划/欧洲复兴方案

C. "一带一路"/丝绸之路经济带和海上丝绸之路

D.《中美上海联合公报》/中美正式建交

17. 一个国家的文化精华，称之为"国粹"。中国的三大国粹是_____。

A. 国画、京剧和中医　　　　　　　B. 儒学、国画和针灸

C. 瓷器、书法和儒学　　　　　　　D. 茶艺、昆曲和武术

18. 下列诗词与所描写节令不相符的是_____。

A. 东风夜放花千树，更吹落，星如雨。宝马雕车香满路，凤箫声动，玉壶光转，一夜鱼龙舞。——元宵节

B. 十轮霜影转庭梧，此夕羁人独向隅。未必素娥无怅恨，玉蟾清冷桂花孤。——七夕节

C. 冷食方多病，开襟一忻然。终令思故郡，烟火满晴川。杏粥犹堪食，榆羹已稍煎。唯恨乖亲燕，坐度此芳年。——寒食节

D. 无云世界秋三五，共看蟾盘上海涯。直到天头天尽处，不曾私照一人家。——中秋节

19. 下列关于我国传统文化的说法正确的是_____。

A. 书法作品《多宝塔碑》以隶书写就

B. 古曲《十面埋伏》是用弦乐器弹奏的

C. "五禽戏"的发明人撰写了《伤寒杂病论》

D. 京剧中诸葛亮的角色属于"生旦净丑"中的"净"

20. 世界各地的建筑风格因受时代的政治、社会、经济、建筑材料和建筑技术的制约以及建筑设计思想、观念和艺术素养的影响而有所不同。下列关于建筑风格的说法错误的是_____。

A. 巴洛克式建筑风格起源于文艺复兴时期

B. 帕特农神庙是古希腊式建筑的典型代表

C. 哥特式建筑风格是以法国为中心发展起来的

D. 洛可可式建筑的特点是气势恢宏、简约大气

21. 将以下事件按发生时间先后排序，正确的是_____。

① 德军"闪击"波兰

② 诺曼底登陆

③ 萨拉热窝事件

④ 凡尔登战役

⑤ 斯大林格勒保卫战

⑥ 丘吉尔首次出任英国首相

A. ③④①⑥⑤②　　　　　　　　B. ③⑥①⑤②④

C. ①⑥③⑤④②　　　　　　　　D. ①③⑥②⑤④

22. _____由中国发起和主导建立的政府间性质的亚洲区域多边开发机构。成立宗旨是为了促进亚洲区域的建设互联互通化和经济一体化的进程，并且加强中国及其他亚洲国家和地区的合作。

A. 亚太经合组织　　　　　　　B. 亚洲基础设施投资银行

C. 金砖国家　　　　　　　　　D. 东盟

23. 下列关于我国金融常识的说法正确的是_____。

A. 国债、股票、公司债券的投资风险依次递增

B. 理财产品合同中的预期收益率是理财产品实际到期收益率

C. 公众兑换票面残缺的人民币，要到中国人民银行指定的商业银行网点

D. 自然人之间借贷如未约定利息，出借人欲主张支付利息，法院不予支持

24. 在经济学意义上，投资每增长一个百分点，能拉动经济增长 0.2%；而消费每增长一个百分点，能拉动经济增长 0.8%，是投资的 4 倍。下列选项中，有助于促进居民消费的是_____。

A. 降低银行存贷款利率　　　　B. 改善投资环境扩大招商引资

C. 优化投资结构并实现总量扩张　　D. 家电企业扩大生产规模

25. 金融是现代经济的核心，导致金融风险的潜在因素有：①垄断程度较高；②融资渠道单一；③监管机制不适应金融业快速发展的需要；④金融自由化过度发展导致风险增加。根据我国当代金融业发展的实际情况判断，可能造成我国金融风险的主要原因是_____。

A. ①③④　　　B. ①②③　　　C. ②③④　　　D. ①②③④

26. 对于债务关系主体，如果实际通货膨胀率高于预期的水平，则下列说法正确的是_____。

A. 债务人和债权人都受损   B. 债务人和债权人都受益

C. 债权人受损, 债务人受益   D. 债务人受损, 债权人受益

27. 下列各项政府行为中, 属于经济手段的是_____。

A. 制定食品安全法规   B. 关闭污染严重的企业

C. 中央银行提高存款准备金率   D. 质监部门对制假企业处以罚款

28. 改革开放以来, 国内不少水果产量和品质都有了较大提升, 而精深加工却发展不够快, 至今仍以鲜食为主, 有些地方出现"丰产歉收"、果农"挥泪砍树"现象。而"砍树莫如酿酒", 发展果酒产业的思路说明了要推进的改革是_____。

A. 市场营销体系改革   B. 供给侧结构性改革

C. 要素价格市场化改革   D. 现代流通体系改革

29. 我国经济已由高速增长阶段转向_____, 正处在转变发展方式、优化经济结构、转换增长动力的攻关期。

A. 中速增长阶段   B. 高速发展阶段

C. 高质量增长阶段   D. 高质量发展阶段

30. 下列国家或地区与其货币发行机构对应错误的是_____。

A. 欧元区——欧洲中央银行   B. 中国香港——货币发行管理局

C. 新加坡——金融管理局   D. 美国——美联储

31. 当前我国要把防控金融风险放到更加重要的位置, 下决心处置一批风险点, 确保不发生系统性金融风险。下列不属于金融机构采取的风险防范措施的是_____。

A. 执行居民存款保险制度   B. 推出新的金融衍生产品

C. 查处违规使用资金行为   D. 控制个人住房贷款规模

32. 无人机, 广义上为不需要驾驶员登机驾驶的各式遥控飞行器。一般特指军方的无人侦察飞机。当今世界, 在军用无人机开发领域最为先进的两个国家是_____。

A. 美国和英国   B. 中国和俄罗斯

C. 美国和中国   D. 美国和以色列

33. 海水稻是指耐盐碱高产水稻的简称, 由我国最早发现和培育。关于海水稻, 下列表述错误的是_____。

A. 海水稻可在环境恶劣的海边滩涂和盐碱地中生长, 保持较低的产量

B. 海水稻富含大量微量元素, 具有很高的营养价值

C. 海水稻具有不需施肥和抗病虫以及耐盐碱等独特生长特性

D. 海水稻对资源节约的绿色农业生产大有裨益

34. 最近一段时间, 勒索病毒在全球集中爆发, 我国的部分高校和政府机构受到攻击, 暴露出我国网络安全防范意识和水平的不足。关于勒索病毒网络攻击, 下列选项表述正确的是_____。

A. 勒索软件是一种简单的网络攻击

B. 加强内网自主操作系统建设是防范勒索病毒的重要途径

C. 只要采取了网络隔离技术就可以防止勒索病毒的攻击

D. 勒索病毒网络攻击不是以金钱为目的

35．"慧眼"全称硬 X 射线调制望远镜，是我国首颗大型 X 射线天文卫星。科学家们将其用来观测宇宙中最神秘的天体，它们是_____。

A. 白矮星和黑洞　　　　　　　B. 暗物质和中子星

C. 白矮星和暗物质　　　　　　D. 黑洞和中子星

36．建设海绵城市是中国提出的、适合中国国情的城市水问题综合治理理念。关于海绵城市，下例表述错误的是_____。

A. 城市像海绵一样，遇到降雨，能够就地或者就近吸收、渗透、净化径流雨水，补充地下水，需要时再将储存的水释放出来加以利用

B. 海绵城市建设要注重巧做生态大文章，实现更多利益，需要水利、气象水文、市政等广泛参与

C. 海绵城市建设不仅要与黑臭水体治理结合，还要和城市内涝治理结合

D. 我国分两批确定了 30 个海绵城市建设试点，部分试点城市仍然出现明显的积水和内涝

37．下列关于北斗卫星导航系统用途的说法中，不正确的一项是_____。

A. 导航与通信的集成增强了导航能力和搜索救援能力，可实现用户信息共享和信息交换

B. 多系统兼容服务，可以实现公开服务相互兼容，必要时提供多系统监测信息和差分改正信息

C. 卫星使用寿命较长，目前尚未组建完毕，只能提供单向授时授权服务

D. 以双向伪距时间同步方法摆脱卫星时间同步与精密轨道之间的依赖关系

38．下列关于航天员的太空生活说法不正确的是_____。

A. 太空食品与我们日常食品并无显著差异

B. 航天员在舱内睡眠可采取直立、倒挂等姿势

C. 航天员在太空舱内可以直接用语言进行交流

D. 航天员在舱内工作时可以穿比较舒适的工作服

39．被我国军迷亲切称为"胖妞"的运-20 在庆祝中国人民解放军建军 90 周年阅兵中首次亮相。以下有关运-20 的说法中，错误的是_____。

A. 是中国自主研发的新一代重型军用运输机

B. 是一种 200 吨级大型、多用途运输机

C. 是世界上最大的运输机

D. 已正式加入我国空军空运部队序列

40. 当前,不带现金出门正成为一种时尚。从商场到便利店,从水果摊到煎饼铺,从医院到出租车人们掏出手机,随时可以扫二维码支付。关于这一现象,下列说法正确的是_____。

A. 货币不再充当商品交易的媒介

B. 货币不再承担支付手段的职能

C. 移动支付减少了社会的现金流通量

D. 移动支付不需要依托银行系统完成

41. 下列新技术与其特征对应不正确的是_____。

A. 物联网——物与物互连、人与物互连、人与人互连

B. 云计算——超大规模、虚拟化、可扩展性、按需服务

C. 大数据——海量的数据规模、多样的数据类型、数据价值密度高

D. 区块链——分布式数据存储、点对点传输、共识机制、加密算法

42. 关于矿产资源及其主要分布国,下列对应错误的是_____。

A. 硝石:加拿大　　　　　　　　B. 磷矿:摩洛哥

C. 铜矿:智利、秘鲁　　　　　　D. 金矿:南非

43. 只有把握历史发展大势,抓住历史变革时机,奋发有为,锐意进取,人类社会就能更好前进。这句话体现的哲学原理是_____。

A. 物质和意识的辩证关系

B. 规律是可以认识和利用的

C. 事物发展是前进性和曲折性的统一

D. 实践是检验认识正确与否的唯一标准

44. 全面建成小康社会,最艰巨最繁重的任务在_____,特别是在贫困地区。

A. 城市　　　　B. 城镇　　　　C. 社区　　　　D. 农村

45. 为发展中国家走向现代化贡献中国智慧和中国方案不包括_____。

A. 以平等互信为基础,坚持走和平发展的道路

B. 以开放促发展,主动参与和推动经济全球化进程

C. 以经济发展为核心,把消除贫困、改善民生放在首位

D. 以执政党建设为统领,为国家发展和民族振兴提供保障

46. 下列关于人体衰老的生理现象,说法错误的是_____。

A. 骨组织随人体衰老而钙质渐减,易骨折,创伤愈合缓慢

B. 老年人真皮乳头变低,表皮与真皮界面变平,表皮会变薄

C. 老年人脑重较年轻时减轻,主要原因在于神经细胞的丧失

D. 老年人年龄越大,肌重与体重的比例会越来越高

47. 下列生活常识中，说法错误的是_____。

A. 饮酒导致的脂肪肝可能发展成肝硬化

B. 发烧时多喝水可降低体温和排出毒素

C. 经常吃冷冻肉有利于延缓人体的衰老

D. 茶杯壁上的茶垢并不会危害身体健康

48. 蛋白质是维持人体生命活动所必需的营养物质。下列关于蛋白质说法错误的是_____。

A. 蛋白质在生命活动中具有遗传信息功能

B. 皮肤中存在大量胶原蛋白

C. 蛋白质的基本单元结构是氨基酸

D. 羊毛和蚕丝的主要成分是蛋白质

49. 下列对各种现象的原理解释错误的是_____。

A. 百炼成钢——铁中的碳和氧气经高温反应生成二氧化碳，其含碳量降低

B. 雨后彩虹——阳光射到空中接近球形的水滴，造成散射及反射

C. 热胀冷缩——分子空隙随温度升高而变大，随温度降低而缩小

D. 煽风点火——扇动扇子使空气流通，为火焰燃烧补充氧气

50. 下列关于盐的说法错误的是_____。

A. 生活中的低钠盐加入了一定比例的氯化钾，其咸味较淡

B. 盐又称"百味之王"，是咸味的载体，具有去腥增鲜之用

C. 人体如果摄入过多的盐分，容易产生高血压、水肿等问题

D. 按来源及开采方式分类，盐可分为：井盐、海盐、湖盐等

51. 将 1 000 毫升水和 1 000 毫升酒精混合成溶液，下列关于该溶液说法正确的是_____。

① 质量小于 2 000 克　② 质量等于 2 000 克　③ 质量大于 2 000 克

④ 体积大于 2 000 毫升　⑤ 体积等于 2 000 毫升　⑥ 体积小于 2 000 毫升

A. ①⑥　　　　　　B. ②⑤　　　　　　C. ③④　　　　　　D. ①⑤

52. 在日常生活中，我们经常根据不同的需求去增大或减小压强，下列哪种做法对于压强的改变与其他三项不同_____。

A. 沙发被设计得很柔软　　　　　B. 滑雪板比较宽大

C. 挖掘机上装有履带　　　　　　D. 破窗锤锤头被设计成锥形

53. 关于生物，下列说法错误的是_____。

A. 病毒只能寄生在活细胞中进行生命活动

B. 酸菜和腐乳的制作过程中都离不开乳酸菌的发酵

C. 细菌有完整的能量代谢系统，可以独立地生长繁殖

D. 木耳是真菌的一种，常生长在阴湿、腐朽的树干上

第三节　斩获高分题

1. 关于生活常识，下列说法错误的是＿＿＿＿＿。

A. 胆囊 B 超、尿常规检查均需空腹进行

B. 装修时使用铜线成本高，但电损耗低

C. 复方甘草片中含有容易使人成瘾的成分

D. 葡萄表面附着的白霜是一种糖醇类物质

2. 关于生命的起源与进化，下列说法正确的是＿＿＿＿＿。

A. 越古老的地层中的生物结构越复杂

B. 原始哺乳类是由某些古代鸟类进化而来

C. 新生代中占优势的陆地植物是裸子植物

D. 澄江生物群为寒武纪生命大爆发提供了证据

3. 广东属于岭南地区，具有深厚的岭南文化。以下诗句中描写岭南风物的是＿＿＿＿＿。

A. 此地空余黄鹤楼　　　　　　　　B. 罗浮山下四时春

C. 风吹草低见牛羊　　　　　　　　D. 不识庐山真面目

4. 摄影师在野外环境中最不可能拍摄到的是＿＿＿＿＿。

A. 在阿拉伯半岛拍摄海豹　　　　　B. 在云南丽江拍摄成片的针叶林

C. 在青海拍摄成群的藏羚羊　　　　D. 在冰岛拍摄火山喷发

5. 下列名著中，出自同一大洲的有＿＿＿＿＿。

A.《基督山伯爵》《浮士德》　　　　B.《百年孤独》《吉檀迦利》

C.《红高粱》《浮士德》　　　　　　D.《浮士德》《吉檀迦利》

6. 下列历史事件中，没有发生在黄河流域的是＿＿＿＿＿。

A. 商鞅变法　　　　　　　　　　　B. 王莽新政

C. 魏孝文帝迁都　　　　　　　　　D. 赤壁之战

7. 宗教对文学艺术的创作影响深远，下列未受宗教影响的作品是＿＿＿＿＿。

A. 米开朗琪罗的《大卫》　　　　　B. 柴可夫斯基的《天鹅湖》

C. 大仲马的《基督山伯爵》　　　　D. 达·芬奇的《最后的晚餐》

8. 下列情形不可能发生在中国宋代的是＿＿＿＿＿。

A. 农户张三用铁犁耕地　　　　　　B. 士兵李四用火药攻城

C. 商人王五用交子订货　　　　　　D. 厨师赵六用番茄制酱

9. 人们常用"黑天鹅"事件和"灰犀牛"事件来形容人类社会发展过程中不同的风险。下列表述中，属于"黑天鹅"事件特征的是＿＿＿＿＿。

① 极其罕见的、出人意料的风险

② 能够预测甚至让人习以为常的风险

③ 一旦发生倾天覆地对外界产生极大影响

④ 发生是一个漫长的过程，出现便可察觉，却又让人视而不见

A. ①②　　　　　B. ①③　　　　　C. ②④　　　　　D. ①④

10. 我国经济发展能够创造中国奇迹，民营经济功不可没。下列关于民营经济作用的表述正确的是_____。

① 国民经济的主导力量

② 创业就业的主要领域

③ 技术创新的重要主体

④ 国家税收的重要来源

A. ①③④　　　　B. ②③④　　　　C. ①②③④　　　　D. ①②④

11. 据统计，目前我国老年人已达 2.3 亿，老年消费者这轮"夕阳"本应该成为推动 GDP 发展的一轮"朝阳"，但因为社会养老保障体系建设滞后，即使是"重阳节"这一天，人们也很难感受到"银发经济"这四个字的分量。这给我们的启示是_____。

① 深化改革，有效化解我国的"老年化"矛盾，完善中国特色养老保障制度

② 充分认识规律发生作用的条件和范围，使价值规律与我国经济发展相符合

③ 正确认识和利用社会养老保障体系与老年消费的客观联系，拉动经济增长

④ 矛盾具有特殊性，我国不适合发展"银发经济"，而应大力发展"朝阳经济"

A. ①②　　　　　B. ②④　　　　　C. ①③　　　　　D. ③④

12. 面对国际经济合作和竞争格局的深刻变化，顺应国内经济提质增效升级的迫切需要，我国要坚定不移地扩大对外开放，在开放中增强发展新动能、增添改革新动力、增创竞争新优势，推进新一轮高水平对外开放，着力实现合作共赢。据此，下列传导路径正确的有_____。

① 实施创新驱动发展战略—形成出口竞争新优势—开放型经济水平提高

② 扩大跨境电子商务试点—企业增加出口产品"海外仓"建设—促进经济全球化形成

③ 推进自贸区谈判—促进贸易投资自由化—构建均衡、共赢、包容的国际经贸体系

④ 打造新的外向型产业集群—加快"走出去"步伐—外资更多投向中西部地区

A. ①②　　　　　B. ②④　　　　　C. ①③　　　　　D. ③④

13. 下列词语隐含化学变化的是_____。

A. 春风化雨　　　B. 腐草为萤　　　C. 积沙成塔　　　D. 滴水成冰

14. 宋朝科学家沈括的《梦溪笔谈》中描述了一种化石燃料，"颇似淳漆，燃之如麻，但烟甚浓，所沾帷幕皆黑"，并预言"此物必大行于世"。关于该化石燃料，下列说法正确

的是_____。

A. 是全球使用量最高的化石燃料　　　　B. 是由有机物和无机物组成的混合物

C. 其主要成分是结构最简单的有机物　　D. 在我国化石能源利用中占主导地位

15. 网络黑客攻击是全球性问题。我国是黑客攻击的最大受害国之一，我国政府一贯坚决反对黑客攻击行为，并愿就推动互联网安全和打击网络黑客攻击等违法犯罪活动加强国际合作。这说明_____。

A. 我国在国际事务中发挥主导作用

B. 维护国家利益是我国对外活动的目的和依据

C. 我国与其他各国的国家利益相同

D. 独立自主是我国处理国际关系的基本准则

16.《三国演义》开篇称："天下大势，分久必合，合久必分。"但是这句话未必准确，因为_____。

A. 事物的发展需以条件为前提　　　　　B. 事物的本质不以时间为转移

C. 事物的质变是从量变开始的　　　　　D. 矛盾双方是可以相互转化的

17. 名人的表字和本名意义相近、互为辅助的是_____。

A. 孟轲，字子舆　　　　　　　　　　　B. 朱熹，字元晦

C. 李白，字太白　　　　　　　　　　　D. 陆机，字士衡

18. 荀子的"不闻不若闻之，闻之不若见之，见之不若知之，知之不若行之"；明代王夫之的"知行相资以为用"，从哲学的角度，这里主要强调的是_____。

A. 物质与意识　　　　　　　　　　　　B. 认识与实践

C. 感性认识与理性认识　　　　　　　　D. 静止与运动

第四节　考点解码及答案解析

一、夯实基础题

1.【考点解码】　科学发展观

【答案解析】　选 B。习近平总书记在党的十九大报告中指出，发展是解决我国一切问题的基础和关键，发展必须是科学发展，必须坚定不移贯彻创新、协调、绿色、开放、共享的发展理念。必须坚持和完善我国社会主义基本经济制度和分配制度，毫不动摇巩固和发展公有制经济，毫不动摇鼓励、支持、引导非公有制经济发展，使市场在资源配置中起决定性作用，更好发挥政府作用，推动新型工业化、信息化、城镇化、农业现代化同步发展，主动参与和推动经济全球化进程，发展更高层次的开放型经济，不断壮大我国经济实

力和综合国力。

2.【考点解码】　重要文件

【答案解析】　选 A。党的十九大报告提出，从 2020 年到 2035 年，在全面建成小康社会的基础上，再奋斗 15 年，基本实现社会主义现代化。到那时，我国经济实力、科技实力将大幅跃升，跻身创新型国家前列；人民平等参与、平等发展权利得到充分保障，法治国家、法治政府、法治社会基本建成，各方面制度更加完善，国家治理体系和治理能力现代化基本实现；社会文明程度达到新的高度，国家文化软实力显著增强，中华文化影响更加广泛深入；人民生活更为宽裕，中等收入群体比例明显提高，城乡区域发展差距和居民生活水平差距显著缩小，基本公共服务均等化基本实现，全体人民共同富裕迈出坚实步伐；现代社会治理格局基本形成，社会充满活力又和谐有序；生态环境根本好转，美丽中国目标基本实现。

3.【考点解码】　认识论

【答案解析】　选 D。题目中，随着医疗产业的发展，医疗领域的人工智能也越来越先进，可以开展健康检测、快速诊断疾病、做手术等。这是实践的进步。如今，人工智能早已不再是科幻小说中的专有名词，它已经突破了从"不能用""不好用"到"可以用"的技术拐点，这是认识，体现了实践是认识的来源和动力。

4.【考点解码】　唯物论、辩证法

【答案解析】　选 A。质量互变规律是唯物辩证法的基本规律，它揭示了事物发展量变和质变的两种状态，以及由于事物内部矛盾所决定的由量变到质变，再到新的量变的发展过程。这一规律，提供了事物发展是质变和量变的统一、连续性和阶段性的统一的观察事物的原则和方法。题目中，这个形象比喻，对于党员干部学习党的十九大精神颇有启发，这也表明任何事物的发展都必须首先从量变开始，没有一定程度的量的积累，就不可能有事物性质的变化，就不可能实现事物的飞跃和发展。

5.【考点解码】　行政职能

【答案解析】　选 C。

《中华人民共和国立法法》第七条规定，全国人民代表大会和全国人民代表大会常务委员会行使国家立法权。全国人民代表大会制定和修改刑事、民事、国家机构的和其他的基本法律。

第七十二条规定，省、自治区、直辖市的人民代表大会及其常务委员会根据本行政区域的具体情况和实际需要，在不同宪法、法律、行政法规相抵触的前提下，可以制定地方性法规。

第七十五条规定，民族自治地方的人民代表大会有权依照当地民族的政治、经济和文化的特点，制定自治条例和单行条例。自治区的自治条例和单行条例，报全国人民代表大会常务委员会批准后生效。自治州、自治县的自治条例和单行条例，报省、自治区、直辖市的人民代表大会常务委员会批准后生效。

第八十二条规定，应当制定地方性法规但条件尚不成熟的，因行政管理迫切需要，可以先制定地方政府规章。规章实施满两年需要继续实施规章所规定的行政措施的，应当提请本级人民代表大会或者其常务委员会制定地方性法规。

6.【考点解码】 化学科技

【答案解析】 选 C。形成酸雨的主要气体是 SO_2（二氧化硫）。二氧化硫能和水反应生成亚硫酸，当雨水的 pH$<$5.6 时就形成酸雨。二氧化硫，又称亚硫酸酐，是最常见的硫氧化物。二氧化硫对食品有漂白（原理：与有色物质化合成无色不稳定物质）和防腐作用，使用二氧化硫能够达到使产品外观光亮、洁白的效果（特点：漂白不彻底），是食品加工中常用的漂白剂和防腐剂。

7.【考点解码】 计算机科技

【答案解析】 选 B。云计算是分布式计算的一种，指的是通过网络"云"将巨大的数据计算处理程序分解成无数个小程序，然后，通过多部服务器组成的系统进行处理和分析这些小程序得到结果并返回给用户。云计算的核心概念就是以互联网为中心，在网站上提供快速且安全的云计算服务与数据存储，让每一个使用互联网的人都可以使用网络上的庞大计算资源与数据中心。云计算的服务器是真实的物理服务器，不是虚拟系统，这区别于云计算的系统虚拟化，后者可以将一台物理服务器上的多个虚拟机完全隔离开来，提高资源利用效率。

8.【考点解码】 化学科技

【答案解析】 选 B。二氧化碳是一种在常温下无色无味无臭的气体。化学式为 CO_2，式量 44.01，碳氧化物之一，俗名碳酸气，也称碳酸酐或碳酐。常温下是一种无色无味气体，密度比空气略大，溶于水（1 体积 H_2O 可溶解 1 体积 CO_2），并生成碳酸。固态二氧化碳俗称干冰，升华时可吸收大量热，因而用作制冷剂，如人工降雨，也常在舞美中用于制造烟雾（干冰升华吸热，液化空气中的水蒸气）。

氢是一种化学元素，在元素周期表中位于第一位。氢通常的单质形态是氢气。它是无色无味无臭，极易燃烧的由双原子分子组成的气体，氢气是最轻的气体。医学上用氢气来治疗疾病。氢气的爆炸极限：4.0%～74.2%（氢气的体积占混合气总体积比）。氢燃料燃烧的产物是水，没有二氧化碳。

9.【考点解码】 化学科技

【答案解析】 选 B。

水解反应包括盐水解和有机化合物水解两类，通常指水中的氢和羟基分别加到化合物的某一部分，因而得到两种或两种以上新化合物的反应过程。葡萄酒变酸未涉及水解反应。

有机物的氧化反应是指失电子或电子偏离化合价升高的反应过程。葡萄酒开瓶后很容易被空气氧化，酒精（乙醇）在氧化作用下先生成乙醛，乙醛后被氧化为乙酸，使酒变成醋，因此会有酸味。

酯化反应一般指醇和酸（无机酸或有机酸）作用生成酯（无机酸酯或有机酸酯）和水的反应。葡萄酒变酸未生成酯，不涉及酯化反应。

加成反应是一种有机化学反应，指两个或多个分子互相作用，生成一个加成产物，其发生在有双键或叁键（不饱和键）的物质中。葡萄酒变酸未涉及加成反应。

10.【考点解码】 其他经济常识

【答案解析】 选 B。《全国经济普查条例》第二条规定，经济普查的目的，是为了全面掌握我国第二产业、第三产业的发展规模、结构和效益等情况，建立健全基本单位名录库及其数据库系统，为研究制定国民经济和社会发展规划，提高决策和管理水平奠定基础。

11.【考点解码】 其他经济常识

【答案解析】 选 B。收入是消费的基础和前提。在其他条件不变的情况下，人们当前的可支配收入越多，对各种商品和服务的消费量就越大。居民收入水平的高低是决定"饥饿营销"策略效果的物质基础。

"饥饿营销"是以制造物品的稀缺性来增加产品吸引力，从而提高产品销量。饥饿营销的第一步就是要引起用户对商品的关注，引发购买欲和消费者的急迫心理，因此消费者对商品的兴趣大小对"饥饿营销"策略的效果有着直接的影响。

商家的宣传力度大小对于消费者的心理有着直接的影响，间接对营销策略的效果产生影响。

品牌知名度对消费者的购买心理也会产生影响，进而对营销策略的效果产生间按影响，而且通过"饥饿营销"来提高产品的知名度也是营销策略的最终目的。

12.【考点解码】 宏观经济

【答案解析】 选 A。国民总收入是一个国家所有常住单位在一定时期内（通常是 1 年）获得的劳动者报酬、生产税、补贴、固定资产折旧、营业盈余和财产收入等原始收入的总额。简单来讲，人均国民总收入既包括企业所得和政府所得，也包括居民个人所得，不包括个人退休金。

13.【考点解码】 宏观经济

【答案解析】 选 C。人民币升值带来的积极影响:第一，扩大国内消费者对进口产品的需求，使他们得到更多实惠。第二，减轻进口能源和原料的成本负担。第三，利用"倒逼机制"，促进我国产业结构调整，改善我国在国际分工中的地位。第四，有助于缓和我国和主要贸易伙伴的关系。第五，有助于减轻"外汇占款"对我国货币政策的独立性造成的威胁。

其消极影响:第一，将对我国出口企业特别是劳动密集型企业造成冲击。第二，不利于我国引进境外直接投资。第三，加大国内就业压力。第四，影响金融市场的稳定。第五，巨额外汇储备将面临缩水的威胁。

14.【考点解码】 中国文学

【答案解析】 选 C。A 项出自唐代李白的《黄鹤楼送孟浩然之广陵》。B 项出自唐代岑参的《白雪歌送武判官归京》。D 项出自唐代高适的《送李少府贬峡中王少府贬长沙》。

C 项出自唐代许浑的《谢亭送别》，这是许浑在宣城送别友人后写的一首诗，意思是：当暮色降临，我醒来了，才知道人已远去，而这时候，满天风雨，只有我一个人的身影独自离开了那西楼。谢亭，又叫谢公亭，在宣城北面，南齐诗人谢朓任宣城太守时所建。他曾在这里送别朋友范云，后来谢亭就成为宣城著名的送别之地。

15.【考点解码】 世界史

【答案解析】 选 A。第一次世界大战，是在 19 世纪末 20 世纪初，战争过程主要是同盟国和协约国之间的战斗。德意志帝国、奥匈帝国、奥斯曼帝国、保加利亚王国属同盟国阵营，大英帝国、法兰西第三共和国、俄罗斯帝国、意大利王国和美利坚合众国则属协约国阵营。导火线是 1914 年 6 月 28 日萨拉热窝事件；开始的标志是 1914 年奥匈帝国对塞尔维亚宣战；结束的标志是 1918 年 11 月德国投降；战后条约是《凡尔赛条约》等。在战争的第三阶段，1917 年，美国参加对德作战，中国等国也相继投入战争，协约国的阵营增加到 27 个国家，俄罗斯爆发"二月革命""十月革命"，退出了帝国主义战争。

《乱世佳人》改编自玛格丽特·米切尔的小说《飘》，影片讲述美国南北战争期间郝思嘉与白瑞德的爱情故事。

16.【考点解码】 艺术

【答案解析】 选 D。《富春山居图》是元代画家黄公望创作的纸本绘画，中国十大传世名画之一，被誉为"画中之兰亭"，描绘的是初秋的景色。

《吃土豆的人》，别名是《吃马铃薯的人》，是荷兰后期印象派画家文森特·威廉·梵高 1885 年 4 月创作的油画。

《自由引导人民》是法国画家欧仁·德拉克罗瓦为纪念 1830 年法国七月革命而创作的一幅油画。该画作在 1831 年的巴黎沙龙会展上第一次正式对外进行展览，于 1874 年被卢浮宫博物馆收藏。

《虢国夫人游春图》唐代画家张萱的画作，绢本设色。原作已佚，现存的是宋代摹本，因金章宗完颜璟判断失误而题为宋徽宗摹本，现藏于辽宁省博物馆。此图描绘的是天宝十一载（752 年），唐玄宗的宠妃杨玉环的三姊虢国夫人及其眷从盛装出游，"道路为（之）耻骇"的典型环境。

17.【考点解码】 中国文学

【答案解析】 选 D。

A 项出自唐代孟浩然的《过故人庄》，意思是推开窗户面对谷场菜园，手举酒杯闲谈庄稼情况。桑麻在古代诗歌里喻农事。

B项出自明代李东阳《胡忠安公挽诗四十韵》，其中"桃李"就是教师百年"树人"所得的硕果，往往比喻老师辛勤栽培的学生。

C项出自唐代骆宾王《在狱咏蝉并序》。其中"南冠"是俘虏的代称。楚国在南方，因此称楚冠为南冠。本指被俘的楚国囚犯。

D项出自唐代元稹的《杂曲歌辞·出门行》。其中"黔首"是中国战国时期和秦代对百姓的称呼。

18.【考点解码】　中外历史人物

【答案解析】　选A。南宋朱熹把《中庸》《大学》《论语》《孟子》合在一起，称为"四书"，并为之作章句集注。从元代开始，《四书章句集注》成为各级学校的必读书，成为士子求取功名利禄的阶梯，影响达700年之久。

知识延伸：五经为《诗》《书》《礼》《易》《春秋》。

19.【考点解码】　中国古代史

【答案解析】　选B。楚汉之争，又名楚汉战争、楚汉争霸、楚汉相争、楚汉之战等，即汉元年（公元前206年）八月至汉五年（公元前202年）十二月，西楚霸王项羽、汉王刘邦两大集团为争夺政权而进行的一场大规模战争。

破釜沉舟的典故出自巨鹿之战，秦朝末年各地起义纷起抗击秦暴政，当时由项羽率领的楚军与秦朝名将章邯带领的四十万兵力在巨鹿发生了一场重大战役，也是历史上少有的至今还常被世人所称道的以弱胜强的一场著名战役。

20.【考点解码】　政治

【答案解析】　选A。党的十九大报告综合分析了国际国内形势和我国发展条件，从2020年到21世纪中叶可以分两个阶段来安排：第一个阶段，从2020年到2035年，在全面建成小康社会的基础上，再奋斗15年，基本实现社会主义现代化。到那时，我国经济实力、科技实力将大幅跃升，跻身创新型国家前列；人民平等参与、平等发展权利得到充分保障，法治国家、法治政府、法治社会基本建成，各方面制度更加完善，国家治理体系和治理能力现代化基本实现。

二、提升能力题

1.【考点解码】　其他

【答案解析】　选A。①广济桥，位于广东省潮州市古城东门外，为古代广东通向闽浙的交通要津。广济桥集梁桥、浮桥、拱桥于一体，被著名桥梁专家茅以升誉为"世界上最早的启闭式桥梁"。

②洛阳桥，原名"万安桥"，是北宋泉州太守蔡襄主持的建桥工程。位于福建省泉州

市东郊的洛阳江上，是世界桥梁筏形基础的开端，是我国现存年代最早的跨海梁式大石桥。

③卢沟桥，位于北京市西南约15千米处。因横跨卢沟河（即永定河）而得名，是北京市现存最古老的石造联拱桥。

④赵州桥，坐落在河北省赵县的洨河上，由著名匠师李春设计建造，距今已有1 400多年的历史，是当今世界上现存最早保存最完整的古代单孔敞肩石拱桥。

2.【考点解码】 医学常识

【答案解析】 选C。《千金食治》菜蔬第三（五十八条）："韭：味辛、酸、温、涩、无毒。辛归心，宜肝。可久食。安五脏，除胃中热。"因此，"安五脏，除胃中热"的是韭菜。

苦瓜具有生津消暑、促进食欲、增强免疫力的作用，一般具有杀菌作用的蔬菜主要指葱蒜类，如大蒜、大葱、韭菜、洋葱、青蒜、蒜苗等。

苦苣性味苦寒，具有清热解毒、凉血的功效。用于治疗痢疾、黄疸等。

芹菜的功效是止血、益气、利尿，降血压，而不是韭菜。

3.【考点解码】 物理常识

【答案解析】 选C。氧气瓶中的氧气用掉一部分后体积不变，密度变小：气体分子是会运动的，少了些分子，那间隙就变大些，但整个瓶的空间还是被这些分子占着，所以它们的体积还是瓶的容积不变。

给自行车胎打气，车胎体积不变，质量变大，密度变大：轮胎一直是同样的大小，体积一定，所而打入的气体的质量在不断增加，根据公式$\rho=m/V$（密度＝质量/体积），可知其密度变大。

一般物体都是热胀冷缩的，因此，温度升高，密度减小；但也有例外，如纯水，在温度是0~4 ℃时，却是热缩冷胀的，此时的水密度随温度的升高而增大（水在4 ℃时密度最大）。

温度计内的水银随温度升高而密度减小，体积变大：水银是液体，热胀冷缩，所以符合题意，分子总数不变体积增加所以密度变小。

4.【考点解码】 生活常识

【答案解析】 选C。毫升是一个与立方厘米对应的容积单位。水的密度为1 g/mL，m（质量）＝ρ（密度）V（体积）＝1×2 000＝2 000 g＝2 千克＝4 斤。

筷子的标准长度是七寸六分（约为22—24厘米左右），代表人有七情六欲，以示与动物有本质的不同。

大自然中的水体结冰，除了和温度高低有关以外，还和水中杂质多少、流动速度快慢有关。虽然0摄氏度是冰点，但是流动的水间和水与河道间有摩擦，会产生热。加之流动的水还有动能，要使流动的水结冰，必须先使它停止下来，这就要放出更多的能量。要想使流水结冰需要更低的温度，把相应的动势能消耗掉才可以，河流和瀑布难结冰就是这个原因。

《中华人民共和国道路交通安全法实施条例》第 46 条规定："机动车行驶中遇有下列情形之一的，最高行驶速度不得超过每小时 30 千米，其中拖拉机、电瓶车、轮式专用机械车不得超过每小时 15 千米：（一）进出非机动车道，通过铁路道口、急弯路、窄路、窄桥时……"

5.【考点解码】　医学常识

【答案解析】　选 D。在手背静脉处注射头孢治疗扁桃体炎，药物随血液循环到达扁桃体的途径：即上肢静脉→上腔静脉→右心房→右心室→肺动脉→肺部毛细血管网→肺静脉→左心房→左心室→主动脉→扁桃体动脉→扁桃体。

6.【考点解码】　地理常识

【答案解析】　选 D。我国中温带大致分布在东北地区、内蒙古高原和新疆天山北部，该地带由于土壤腐殖质含量丰富，腐殖质层厚度大，颜色以黑色为主。黄土在长城以南，秦岭以北，西迄青海东部，东至海边的整个黄河流域都有分布，大致分布在暖温带。亚热带位于秦岭、淮河以南，雷州半岛以北，横断山脉以东的广大地区。代表性农作物有水稻、甘蔗、茶叶、柑橘、油菜等。

7.【考点解码】　地理常识

【答案解析】　选 D。横断山脉，中国最长、最宽和最典型的南北向山系群体，唯一兼有太平洋和印度洋水系的地区，位于中国地势第二级阶梯与第一级阶梯交界处，是中国第一、第二阶梯的分界线。

本初子午线，即 0 度经线，亦称格林威治子午线或格林尼治子午线，是位于英国格林尼治天文台的一条经线（亦称子午线）。本初子午线的东西两边分别定为东经和西经，于 180 度相遇。本初子午线不是东西半球的划分。

200 毫米等降水量线从内蒙古自治区西部经河西走廊西部以及藏北高原一线。此线是干旱地区与半干旱地区的自然分界线、草原与荒漠、荒漠草原的自然分界线。也是中国沙漠区与非沙漠区的分界线。

祁连山脉位于中国青海省东北部与甘肃省西部边境。由多条西北-东南走向的平行山脉和宽谷组成，是河西走廊和柴达木盆地的分界线。

8.【考点解码】　地理常识

【答案解析】　选 D。港珠澳大桥跨越珠江口伶仃洋海域，是以公路桥的形式连接香港、珠海及澳门的大型跨海通道。港珠澳大桥的起点是香港大屿山，经大澳，跨越珠江口，最后分成 Y 字形，一端连接珠海，一端连接澳门。整座大桥将按六车道高速公路标准建设，设计行车时速每小时一百千米。

9.【考点解码】　医学常识

【答案解析】　选C。体温计的水银柱特殊设计，体温计的下部靠近液泡处的管颈是一个很狭窄的曲颈，当体温计离开人体后，外界气温较低，水银遇冷体积收缩，就在狭窄的曲颈部分断开，使已升入管内的部分水银退不回来，仍保持水银柱在与人体接触时所达到的高度。但是遇到更高温度还是会继续膨胀上升的。

10.【考点解码】　中国文学

【答案解析】　选B。A项出自唐代诗人王维的《送元二使安西》。渭城即秦都咸阳故城，在长安西北，渭水北岸。

B项出自唐代王之涣的《凉州词》。玉门关：汉武帝置，因西域输入玉石取道于此而得名。故址在今甘肃敦煌西北小方盘城，是古代通往西域的要道。六朝时关址东移至今安西双塔堡附近，具体在甘肃敦煌。

C项出自现代的《七律·人民解放军占领南京》。

D项出自唐代杜甫的《秋兴八首·其一》。巫山巫峡：即指夔州（今奉节）一带的长江和峡谷，位于重庆市。

11.【考点解码】　语言、文字

【答案解析】　选B。古代以西东分宾主，家塾教师和做官僚们私人秘书的"幕客"，都称为"西宾"，又称"西席"，主人称为"东家"。去做塾师、幕客称为"处馆"。西席：即老师。古人除了尊称老师为夫子、先生、恩师外，何以还经常尊称为西席，这与汉明帝刘庄有关。据《称谓录》卷八记载：汉明帝尊桓荣以师礼，上幸太常府，令荣坐东面，设几。故师曰西席。此事史料可查：汉明帝是光武帝刘秀的继承人，他当太子时就拜桓荣为老师，登上皇位后，对桓荣仍十分尊敬。他常常到桓荣住的太常府内，请桓荣坐向东的位子，并替桓荣摆好桌案和手杖，亲自手拿经书听桓荣讲解经文。他为何让老师向东坐呢？原来，汉代室内的座次是以靠西而坐——即面向东方为最尊。西席，就是坐西面东的座次，明帝这样安排是表示对老师的尊敬。由于皇帝安排老师坐西席，于是人们就把家庭教师，甚至所有老师尊称为西席了。

12.【考点解码】　其他文史常识

【答案解析】　选A。商周太阳神鸟金饰为商周时期的金器。2001年出土于金沙村，现收藏于成都金沙遗址博物馆。商周太阳神鸟金饰整体为圆形薄片，外径12.5厘米，内径5.29厘米，厚度0.02厘米，重20克。图案分内外两层，内层等距分布有十二条旋转的齿状光芒；外层由四只相同的逆时针飞行的鸟组成。商周太阳神鸟金饰图案目前被国家文物定为中国文化遗产标志，同时其本身亦被列入《第三批禁止出国（境）展览文物目录》。

13.【考点解码】　科技常识

【答案解析】　选D。A项正确，在可见光区，树脂镜片透光率接近玻璃，二者不相上下。B项正确，树脂镜片的抗冲击力强，不易破裂。万一镜片被击碎，不但碎片少，且较不尖锐，能使眼球及面部受伤的情形减至最低程度。C项正确，和同样大小的普通玻璃镜片相比，树脂镜片相当于玻璃镜片重量的二分之一至三分之一，要轻。D项错误，树脂镜片缺点是容易擦伤，树脂镜片的耐刮性较玻璃镜片差，但可经由表面硬化处理改善之，但效果有限。本题为选非题。

14.【考点解码】　科技常识

【答案解析】　选D。液化气罐里面装有的液化气属于易燃易爆液体，因此要保持低温。但其本身不产生热，其温度升高主要是因为吸收来自环境中通过热辐射传递的热量，涂成银白色这种浅色，其外表面反射热辐射的能力就强，可以减少从外界吸收的热辐射，从而保持罐体温度较低，保证安全性。正常运行中的电力变压器，会有极少部分的电能转化为内能，导致其温度升高，当变压器的温度比环境温度高时，将其漆成颜色很深的灰黑色，有利于将热量通过热辐射的方式传递到环境中，从而避免自身温度升得过高。

15.【考点解码】　宗教、思想

【答案解析】　选A。墨家约产生于战国时期。创始人为墨翟（墨子）。墨家是一个纪律严密的学术团体，其首领称巨子，其成员到各国为官必须推行墨家主张，所得俸禄亦须向团体奉献。墨家学派有前后期之分：前期思想主要涉及社会政治、伦理及认识论问题，关注现世战乱；后期墨家在逻辑学方面有重要贡献，开始向科学研究领域靠拢。墨家的主要思想主张是：主张人与人之间平等的相爱（兼爱），反对侵略战争（非攻），推崇节约、反对铺张浪费（节用），重视继承前人的文化财富（明鬼），掌握自然规律（天志）等。

16.【考点解码】　世界史

【答案解析】　选D。1978年12月15日中美两国发表的《中华人民共和国和美利坚合众国关于建立外交关系的联合公报》（《中美建交公报》），1979年1月1日正式生效，中美正式建交。中美上海联合公报是1972年签署的，简称《上海公报》。

17.【考点解码】　艺术

【答案解析】　选A。国粹，是指完全发源于中国，中国固有文化中的精华，中国的三大国粹是：中国京剧、中国医学和中国画。京剧，曾称平剧，中国五大戏曲剧种之一，2010年11月16日，京剧被列入"世界非物质文化遗产代表作名录"。中国医学，又称汉医、国医，2018年10月1日，世界卫生组织首次将中医纳入其具有全球影响力的医学纲要。中国画，又被称为丹青，是我国传统造型艺术之一。

18.【考点解码】　中国文学

【答案解析】　选B。A项出自宋代辛弃疾的《青玉案·元夕》，可从"东风夜放花千树""一夜鱼龙舞"中得知描写的是夜晚人潮观灯，所以对应的节日是元宵节。

B项出自宋代晏殊的《中秋月》，通过诗中意象"素娥""玉蟾"等可得知诗句描写与嫦娥、月亮有关，进而推断出诗句应当描写的是中秋节，而非七夕节。

C项出自唐代韦应物的《清明日忆诸弟》，可从"冷食"推测出"寒食"，所以对应节日为寒食节。

D 项出自唐朝诗人曹松的《中秋对月》，可从"秋三五""蟾盘"，得知诗中描写了中秋时节和满月，所以对应的节日是中秋节。

19.【考点解码】 艺术

【答案解析】 选 B。《多宝塔碑》，全称《大唐西京千福寺多宝佛塔感应碑》，是唐天宝十一载（752 年）由当时的文人岑勋撰文、书法家徐浩题额、书法家颜真卿书丹、碑刻家史华刻石而成，是楷书书法作品。现今保存于西安碑林第二室。

《十面埋伏》是一首中国琵琶大曲，同时也是中国十大古曲之一，其演奏为独奏，乐曲激昂，震撼人心，清楚地表现出了当时项羽被大军包围时走投无路的场景。为上乘的艺术佳作。弦乐器从其发音方式上来说，分为拨弦乐器（如吉他和阮）和拉弦乐器（如提琴类和胡琴类），击弦乐器（扬琴类）。拨弦乐器：竖琴、吉他、古琴、琵琶、筝。拉弦乐器：小提琴、中提琴、大提琴、倍低音提琴、二胡。击弦乐器：扬琴。

五禽戏是中国传统导引养生的一个重要功法，其创编者华佗（约 145—208），出生在东汉末沛国谯县（今安徽亳州）。"五禽"：虎、鹿、熊、猿、鸟。《伤寒杂病论》是中国传统医学著作之一，作者是张仲景，至今是中国中医院校开设的主要基础课程之一。

京剧中的生：指男子；旦：指女子；净：指性格刚烈或粗暴的男性；丑：指演滑稽人物，鼻梁上抹白粉，称小丑、小花脸等。京剧中诸葛亮的角色属于"生"（老生）。

20.【考点解码】 艺术

【答案解析】 选 D。洛洛克风格是 18 世纪 20 年代产生于法国并流行于欧洲的一种艺术风格，它最初是在巴洛克基础上发展起来的，这种风格最早是出现在建筑室内装饰上，后来扩展到绘画、雕刻、工艺品和文学领域，作为一种艺术风格，它是在蓬帕杜夫人倡导下形成的，洛洛克风格以欧洲封建贵族文化的衰败为背景，表现了没落贵族阶层，颓丧浮华的审美理想和思想情绪，追求华美和闲适，追求纤巧，而且有时流于矫揉造作的特点。

21.【考点解码】 世界史

【答案解析】 选 A。

德军"闪击"波兰	又叫波兰战役，也称为波德战争或德波战争，发生在 1939 年 9 月，是第二次世界大战欧洲战区的起点，也是世界战争史中著名的闪电战。波兰称为 1939 年保卫战或 1939 年 9 月战役，而德国称为波兰战役。同时，在世界各国中，统称这一行动为德军闪击波兰
诺曼底登陆	发生在 1944 年 6 月，是第二次世界大战中盟军在欧洲西线战场发起的一场大规模攻势。接近三百万士兵渡过英吉利海峡前往法国诺曼底。诺曼底战役是目前为止世界上最大的一次海上登陆作战，使第二次世界大战的战略态势发生了根本性的变化
萨拉热窝事件	于 1914 年 6 月 28 日巴尔干半岛的波斯尼亚发生，此日为塞尔维亚之国庆日，奥匈帝国皇位继承人斐迪南大公夫妇被塞尔维亚民族主义者普林西普枪杀。这次事件导致 7 月 28 日奥匈帝国向塞尔维亚宣战，成为第一次世界大战的导火线

(续表)

凡尔登战役	是第一次世界大战中破坏性最大，时间最长的战役。战事从 1916 年 2 月 21 日延续到 12 月 19 日，德、法两国投入 100 多个师兵力，军队死亡超过 25 万人，50 多万人受伤。伤亡人数仅次于索姆河战役，被称为凡尔登绞肉机
斯大林格勒保卫战	是第二次世界大战中纳粹德国对争夺苏联南部城市斯大林格勒而进行的战役，时间自 1942 年 6 月 28 日至 1943 年 2 月 2 日为止。斯大林格勒战役是第二次世界大战东部战线的转折点，该战役也是近代历史上最为血腥的战役，参与该场战役的人数也比历史上的其他战役都来得多，更以双方无视军事与平民分别而造成的伤亡著称
丘吉尔首次出任英国首相	1940 年至 1945 年和 1951 年至 1955 年两度出任英国首相，被认为是 20 世纪最重要的政治领袖之一，领导英国人民赢得了第二次世界大战，是"雅尔塔会议三巨头"之一，战后发表《铁幕演说》，揭开了冷战的序幕

22.【考点解码】　宏观经济

【答案解析】　选 B。亚洲基础设施投资银行，简称亚投行，由中国发起和主导建立的政府间性质的亚洲区域多边开发机构，重点支持基础设施建设，成立宗旨是为了促进亚洲区域的建设互联互通化和经济一体化的进程，并且加强中国及其他亚洲国家和地区的合作。总部设在北京。亚投行法定资本 1 000 亿美元。

23.【考点解码】　其他经济常识

【答案解析】　选 D。《民法典》第二百一十一条规定，自然人之间的借款合同对支付利息没有约定或者约定不明确的，视为不支付利息。《最高人民法院关于审理民间借贷案件适用法律若干问题的规定》第二十五条规定，借贷双方没有约定利息，出借人主张支付借期内利息的，人民法院不予支持。

24.【考点解码】　其他经济常识

【答案解析】　选 A。存款利率上调，通常会吸引居民储蓄，使流通中货币量减少，从而使生活消费支出相对下降；存款利率下调通常会使储蓄下降，流通中货币量增大，从而使生活消费支出相对增加。同时，存款利率调整还会改变居民的投资方向，如转向股票和债券等。可见，存款利率的调整主要是通过调节存款量来控制流通中的货币量和社会对生活资料的需求量。

25.【考点解码】　其他经济常识

【答案解析】　选 C。金融风险指的是与金融有关的风险，如金融市场风险、金融产品风险、金融机构风险等。就当前形势看，我国的金融风险点主要集中在以下五个方面：房地产泡沫风险、股票市场大幅波动风险、人民币汇率大幅贬值风险、互联网金融风险以及债券市场违约风险。题干中，我国建立了以公有制为主体、多种所有制经济共同发展的社会主义市场经济体制，通过四十多年的改革开放，我国金融市场领域的竞争态势已经形成，垄断程度较低。

26.【考点解码】　其他经济常识

【答案解析】　选 C。债务人，与"债权人"相对，是指根据法律或合同、契约的规定，在借债关系中对债权人负有偿还义务的人。简单来说，债权人对债务享有权益，是债主，债务人对债务承担义务，是欠债者。在债务关系履行过程中，如果实际通货膨胀率高于预期的水平，则会出现物价进一步上涨，货币贬值的现象。但此时债务人需承担的还款债务并没有随着实际通货膨胀率的比例增加，故债务人付出同样的货币数量时，实际货币价值低于借款时货币价值。因此债务人受益，债权人受损。

27.【考点解码】　宏观经济

【答案解析】　选 C。经济手段是国家运用经济政策和计划，通过对经济利益的调整而影响和调节社会经济活动的措施。主要有财政政策，如发行国债、调整税收、财政支出等；货币政策，如调节利率、存贷款准备金率等。

知识延伸:国家宏观调控的主要目标是:促进经济健康增长，增加就业，稳定物价，保持国际收支平衡。主要手段分为:法律手段，即国家通过制定和运用经济法规来调节经济活动的手段；行政手段，即国家通过行政机构，采取行政命令、指示、指标、规定等行政措施调节和管理经济的手段。

28.【考点解码】　其他经济常识

【答案解析】　选 B。供给侧结构性改革，就是从提高供给质量出发，用改革的办法推进结构调整，矫正要素配置扭曲，扩大有效供给，提高供给结构对需求变化的适应性和灵活性，提高全要素生产率，更好满足广大人民群众的需要，促进经济社会持续健康发展。

供给侧结构性改革旨在调整经济结构，使要素实现最优配置，提升经济增长的质量和数量。需求侧改革主要有投资、消费、出口三驾马车，供给侧则有劳动力、土地、资本、制度创造、创新等要素。

29.【考点解码】　宏观经济

【答案解析】　选 D。党的十九大报告指出，我国经济已由高速增长阶段转向高质量发展阶段，正处在转变发展方式、优化经济结构、转换增长动力的攻关期，建设现代化经济体系是跨越关口的迫切要求和我国发展的战略目标。

30.【考点解码】　其他经济常识

【答案解析】　选 B。港元或称港币，是香港的法定流通货币。港元纸币绝大部分由经过香港金融管理局授权并监管下的三家发钞银行所发行。该三家发钞行包括香港上海汇丰银行、渣打银行和中国银行（香港）；另外，香港钞票拾元券，原已经停止发行，但在香港市民的要求下，香港金融管理局乃于 2002 年起自行印行拾元钞票，并于 2007 年以试验性质改为塑胶钞票。而港元中的硬币则全部由金融管理局负责发行。

31.【考点解码】　其他经济常识

【答案解析】　选 B。金融衍生产品是与金融相关的派生物，通常是指从原生资产派生出来的金融工具。其共同特征是保证金交易，即只要支付一定比例的保证金就可进行全额交易，不需实际上的本金转移，合约的了结一般也采用现金差价结算的方式进行，只有在满期日以实物交割方式履约的合约才需要买方交足贷款。因此，金融衍生产品交易具有杠杆效应。保证金越低，杠杆效应越大，风险也就越大。

32.【考点解码】　其他科技常识

【答案解析】　选 D。军用无人机作为现代空中军事力量中的一员，具有无人员伤亡、使用限制少、隐蔽性好、效费比高等特点，在现代战争中的地位和作用日渐突出。目前从事研究和生产无人机的有美国、俄罗斯、以色列、英国和南非等近 30 个国家。其中，在军用无人机开发领域最为先进的两个国家为美国和以色列。

33.【考点解码】　能源科技

【答案解析】　选 A。海水稻是耐盐碱性水稻，能在海水中生长。在现有自然存活的高耐盐碱性野生稻的基础上，利用遗传工程技术，选育出可供产业化推广的、盐度不低于 1‰盐度海水灌溉条件下能正常生长且产量能达到 200～300 千克/亩的水稻品种。海水稻种下去后不需施用肥料、农药，不需除草，只要吸纳海水的养料，就可长势旺盛。2017 年 9 月 28 日，青岛海水稻研究发展中心在白泥地试验基地试种的首批耐盐碱水稻迎来"测产考"，在测产现场获悉，6‰盐度的耐盐碱水稻的小面积测产最高产量为 620.95 千克/亩。

34.【考点解码】　计算机科技

【答案解析】　选 B。勒索病毒，是一种新型电脑病毒，主要以邮件、程序木马、网页挂马的形式进行传播，对常规的杀毒软件都具有免疫性。该病毒性质恶劣、危害极大，一旦感染将给用户带来无法估量的损失。这种病毒利用各种加密算法对文件进行加密，被感染者一般无法解密，必须拿到解密的私钥才有可能破解。该类病毒通过对用户手机锁屏，勒索用户付费解锁，对用户财产和手机安全均造成严重威胁。

35.【考点解码】　其他科技常识

【答案解析】　选 D。"慧眼"望远镜是中国第一颗空间 X 射线天文卫星，于 2017 年 6 月 15 日在酒泉卫星发射中心采用长征四号乙运载火箭发射。在轨测试期间，"慧眼"卫星开展了多个天区的扫描成像观测和对特定天体的定点观测，开展了伽马射线暴监测等应用测试，验证了卫星的各项功能和性能，取得了银道面扫描监测、黑洞及中子星双星观测、伽马射线暴、引力波电磁对应体探测、太阳耀发、特殊空间环境事件等初步科学成果。

36.【考点解码】　环境科技

【答案解析】　选 B。A 项，海绵城市就是比喻城市像海绵一样，遇到降雨时能够就地或者就近吸收、存蓄、渗透、净化雨水，补充地下水、调节水循环。在干旱缺水时有条件将蓄存的水释放出来，并加以利用，从而让水在城市中的迁移活动更加"自然"。选项表述正确，排除。

B项，海绵城市是一种理念，它的建设要注重巧做生态大文章，实现更多效益，需要水利、气象水文、市政等广泛参与。所以海绵城市是要实现更多"效益"而不是"利益"，这两者是不同的概念。选项表述错误，当选。

C项，海绵城市建设要得以顺利推进，不仅要与黑臭水体治理结合，还要和城市内涝治理相结合。需要开展跨学科、跨部门交流合作。选项表述正确，排除。

D项，自2015年4月起，我国分两批确定了30个海绵城市建设试点，重点解决城市建设中的水环境、水生态和内涝问题。据不完全统计发现，目前已纳入试点的30个城市中，出现内涝的城市至少有14个，占比接近50%，其中首批试点的16个城市中，至少有9个城市出现内涝。选项表述正确，排除。

37.【考点解码】 航天科技

【答案解析】 选C。北斗卫星导航系统的主要用途有四个方面：（1）导航与通信的集成增强了导航能力和搜索救援能力，可实现用户信息共享和信息交换；（2）多系统兼容服务，可以实现公开服务相互兼容，必要时提供多系统监测信息和差分改正信息；（3）提供双向授时授权服务；（4）以双向伪距时间同步方法摆脱卫星时间同步与精密轨道之间的依赖关系。因此，A、B、D项正确。

38.【考点解码】 航天科技

【答案解析】 选A。太空中所有的物品都失去了重量，变得可以随处飞扬，好像空气一样。这样，宇航员就不能像地球上那样可以随时取食，轻松地嚼咽，不然就会因食物不能下咽而卡在食道中间，危及生命。因此，科学家在研制宇宙飞船的同时，也研究制造太空食品。太空食品大多是高度浓缩的、流质状的，均为脱水食品，因为这样可以减少体积。所以，宇航员的进食方式与在地球上的不同。吃饭时，只要"飘游"到厨房内，向食品盒注入一定的水，进行加热，然后就可以像挤牙膏似的把食物挤进嘴里。

39.【考点解码】 其他科技常识

【答案解析】 选C。世界承载重量最大的运输机与飞机为乌克兰的安东诺夫安-225"哥萨克人"运输机，最大起飞重量：600吨，最大载重：250吨。虽然运-20的载重量达到60吨左右，可装载99型坦克等重型装备，但仍属于中型的准战略运输机。

40.【考点解码】 其他科技常识

【答案解析】 选C。题干中，首先提出了"不带现金出门正成为一种时尚"，说明"移动支付减少了社会的现金流通量"。

41.【考点解码】 计算机科技

【答案解析】 选C。大数据或称巨量资料，指的是需要新处理模式才能具有更强的决策力、洞察力和流程优化能力的海量、高增长率和多样化的信息资产。大数据的特点有四层面：第一，数据体量巨大，从TB级别，跃升到PB级别。第二，数据类型繁多，如网络日志、视频、图片、地理位置信息等。第三，价值密度低，以视频为例，连续不间断监控过程中，可能有用的数据仅仅有一两秒。第四，处理速度快，1 秒定律。最后这一点也是和传统的数据挖掘技术有着本质的不同。

42.【考点解码】 化学科技

【答案解析】 选 A。A 选项说法错误，硝石又称焰硝、钾硝石等。无色、白色或灰色结晶状，有玻璃光泽。可用于配制孔雀绿釉。还可用作五彩、粉彩的颜料。制造火药的原料之一。白色粉末，易溶于水，加热到 334 ℃ 即分解放出氧。工业上是制造火柴、烟火药、黑火药、玻璃的原料和食品防腐剂等。在智利等地经开采和富集可直接制得硝酸钾。B 选项说法正确，从全球范围看，磷矿资源主要分布在非洲、北美、南美、亚洲及中东，其中 80% 以上的磷矿资源集中分布在摩洛哥和西撒哈拉、南非、美国、中国、约旦和俄罗斯。目前我国每年的磷矿石产量在 6 000 万吨以上，远高于美国、摩洛哥和西撒哈拉等国家或地区的产量。C 选项说法正确，南美洲的智利，号称"铜矿之国"。中国海外最大铜矿项目——中铝秘鲁特罗莫克铜矿投产仪式于 2020 年 12 月 10 日在秘鲁首都利马举行，这标志着全球最大的单条铜矿选矿生产线投入运行。D 选项说法正确，南非以丰富的矿物资源驰名世界，现已探明储量并开采的矿产有 70 余种，黄金、铂族金属、锰、钒、铬、硅铝酸盐的储量居世界第一位，其中黄金储量占全球的 60%，铂族金属储量占全球的 90%。本题是选非题。

43.【考点解码】 其他政治常识

【答案解析】 选 B。题中的"历史发展大势"代表的是历史发展的规律，历史发展有其规律，但人在其中不是完全消极被动的，人可以发挥主观能动性，认识并利用历史发展规律，促进人类社会发展。因此，体现的哲学原理是规律是可以认识和利用的。

44.【考点解码】 重要成就

【答案解析】 选 D。"全面建成小康社会，最艰巨最繁重的任务在农村、特别是在贫困地区。没有农村的小康，特别是没有贫困地区的小康，就没有全面建成小康社会。"2012 年 12 月，习近平到河北阜平看望慰问困难群众时曾论述过全面建成小康社会与贫困地区小康的辩证关系。

45.【考点解码】 重要文件

【答案解析】 选 A。党的十九大报告指出："中国特色社会主义进入新时代，意味着中国特色社会主义道路、理论、制度、文化不断发展，拓展了发展中国家走向现代化的途径，给世界上那些既希望加快发展又希望保持自身独立性的国家和民族提供了全新选择，为解决人类问题贡献了中国智慧和中国方案。"发展中国家高度关注中国的发展理念、发展战略和政治社会保障，具体包括：以经济发展为核心，把消除贫困、改善民生放在首位；以执政党建设为统领，为国家发展和民族振兴提供保障；以开放促发展，主动参与和推动经济全球化进程；以稳定为前提，坚持循序渐进地推进改革。

46.【考点解码】 医学常识

【答案解析】 选 D。肌肉,主要由肌肉组织构成。肌细胞的形状细长,呈纤维状,故肌细胞通常称为肌纤维。人体肌肉约 639 块。约由 60 亿条肌纤维组成,其中最长的肌纤维达 60 厘米,最短的仅有 1 毫米左右。大块肌肉约有两千克重,小块的肌肉仅有几克。一般人的肌肉占体重的百分之三十五至四十五左右。人体衰老时,肌肉的表现是:老年人肌重与体重之比下降,整个肌肉显得萎缩,这种衰老变化因功能不同而异。

47.【考点解码】 生活常识

【答案解析】 选 C。衰老指机体对环境的生理和心理适应能力进行性降低、逐渐趋向死亡的现象。衰老可分为两类:生理性衰老和病理性衰老。前者指成熟期后出现的生理性退化过程,后者是由于各种外来因素（包括各种疾病）所导致的老年性变化。两者实际很难区分。总之,衰老是许多病理、生理和心理过程的综合作用的必然结果,是个体生长发育最后阶段的生物学心理学过程。肉品经冷冻能较长时间地储存和运输,但冷冻肉并不能延缓人体的衰老。

48.【考点解码】 医学常识

【答案解析】 选 A。蛋白质是组成人体一切细胞、组织的重要成分。机体所有重要的组成部分都需要有蛋白质的参与。一般说,蛋白质约占人体全部质量的 18%,最重要的还是其与生命现象有关。蛋白质是生命的物质基础,是有机大分子,是构成细胞的基本有机物,是生命活动的主要承担者。没有蛋白质就没有生命。

遗传信息指生物为复制与自己相同的东西、由亲代传递给子代、或各细胞每次分裂时由细胞传递给细胞的信息,即碱基对的排列顺序,或指核苷酸的排列顺序,DNA 中的脱氧核苷酸、RNA 中的核糖核苷酸的排列顺序。蛋白质在生命活动中的主要作用是提供生物结构的骨架,在细胞和生物体内各种生物化学反应中起催化作用,调节重要生理机能。

49.【考点解码】 物理常识

【答案解析】 选 B。

A 项,根据中华人民共和国国家标准 GB/T 13304-91 中的描述,钢是以铁为主要元素、含碳量一般在 2% 以下,并含有其他元素的材料。铁中的含碳量比钢高（铁碳含量 2%~4.3%）,铁经过高温煅烧,其中的碳和氧气反应生成二氧化碳,由此降低铁中的含碳量,就形成了钢。

B 项,彩虹简称虹,是气象中的一种光学现象,当太阳光照射到半空中的水滴时,光线被折射及反射,在天空上形成拱形的七彩光谱,由外圈至内圈呈红、橙、黄、绿、蓝、靛、紫七种颜色。故 B 项错误。

C 项,热胀冷缩可以用分子运动论来解释。物体受热后,温度升高,分子运动的动能增加,分子间的间距增大,因此,物体体积变大;物体受冷后,温度降低,分子运动的动能减小,分子间的间距减小,因此,物体体积缩小。

D 项,煽风点火的化学原理在于,煽风使空气流通,为燃烧补充了充足的氧气。

50.【考点解码】　生活常识

【答案解析】　选 A。食用盐根据不同的配方，氯化钠的含量也不一样。食用盐的咸味主要是由氯化钠引起的，过去有些盐氯化钠的含量达到 99％以上，这样的盐是最咸的。目前，市场上销售的低钠盐中，氯化钠的含量只有 70％，还有 30％是氯化钾。相对来说，这种盐的口味会偏淡一些。低钠盐口味较淡的原因是钠含量降低的原因。

51.【考点解码】　物理常识

【答案解析】　选 A。①水 1 000 毫升的重量是 1 千克＝2 斤，酒精 1 000 毫升等于 0.8 千克＝1.6 斤。所以两者相混合以后质量会小于 2 000 克。⑥酒精和水都是由分子构成的物质，酒精能溶于水，并且酒精能与水以任意比互溶。1 000 毫升酒精和 1 000 毫升水混合在一起，体积小于 2 000 毫升，当把酒精和水混合以后，酒精和水这两种物质的分子相互穿插渗透，能进入彼此的空隙，它们的分子之间都存在一定的间隔。

52.【考点解码】　物理常识

【答案解析】　选 D。A、B、C 三个选项均为增大接触面积，减小压强，而 D 选项"破窗锤锤头被设计成锥形"是减小接触面积，增大压强。

53.【考点解码】　其他

【答案解析】　选 B。乳酸菌指发酵糖类主要产物为乳酸的一类无芽孢、革兰氏染色阳性细菌的总称。为原核生物。常用于制造酸奶、乳酪、德国酸菜、啤酒、葡萄酒、泡菜、腌渍食品和其他发酵食品。在牛奶中加入乳酸菌可提高牛奶保健作用。酸菜制作需要乳酸菌的作用。

霉菌是真菌的一种，其特点是菌丝体较发达，无较大的子实体。同其他真菌一样，也有细胞壁，以寄生或腐生方式生存。而腐乳主要是霉菌发酵而成的。

三、斩获高分题

1.【考点解码】　生活常识

【答案解析】　选 A。胆囊胆道 B 超检查前禁忌：(1) 患者须禁食8h 以上，早晨空腹检查较为适宜。(2) 必要时饮水300—500 ml 有利于肝外胆管显示。(3) 胃肠道气体干扰明显者，可灌肠排便后检查。(4) 急诊患者不受以上条件限制。检查时注意：一般胆囊检查须在 X 线胃肠造影三天后，胆系造影二天后进行。而尿常规检查对空腹没有要求。

2.【考点解码】　其他

【答案解析】　选 D。研究表明，越是古老的地层中发掘的生物化石结构越简单、低等，水生生物的化石越多；越是晚期的地层中发掘的生物化石结构越复杂、高等，陆生生物化石越多。这说明生物进化的趋势是：从简单到复杂，由低等到高等，从水生到陆生。

脊椎动物的进化历程：原始鱼类→原始两栖类→原始爬行类→原始鸟类、哺乳类。原始鸟类和哺乳类是原始的爬行类进化而来的。现在的爬行动物不能够进化成鸟类和哺乳类，就像现在的类人猿进化不成人一样。有两方面的原因：在内因方面，现在的爬行类在形态结构和生理特点方面同古代的爬行动物有很大的区别；在外因方面，现在的地球环境与古代爬行类向鸟类和哺乳类进化时的情况大不相同，也就是说现在的爬行类不具备向鸟类和哺乳类进化的条件。

新生代距今 6 500 万年，是继古生代、中生代之后最新的一个代。该时代，裸子植物由盛而衰，被子植物得到发展，成为地球上分布最广、种类最多的植物。被子植物也叫显花植物、有花植物，它们拥有真正的花，这些美丽的花是它们繁殖后代的重要器官，也是它们区别于裸子植物及其他植物的显著特征。被子植物有 1 万多属，约 30 万种，占植物界的一半。它们形态各异，包括高大的乔木、矮小的灌木及一些草本植物。

澄江生物群位于我国云南澄江帽天山附近，产出地层为云南下寒武统筇竹寺组玉案山段黄绿色粉砂质页岩中，是保存完整的寒武纪早期古生物化石群。她生动地再现了 5.3 亿年前海洋生命壮丽景观和现生动物的原始特征，为研究地球早期延续时间为 5 370 万年的生命起源、演化、生态等理论提供了珍贵证据，澄江生物群的研究和发现，不仅为寒武纪生命大爆发这一非线性突发性演化提供了科学事实，同时对达尔文渐变式进化理论提出了重大的挑战。

3.【考点解码】 文学常识

【答案解析】 选 B。

A 项出自唐朝崔颢的《黄鹤楼》。黄鹤楼位于湖北省武汉市长江南岸的武昌蛇山峰岭之上，为国家 5A 级旅游景区，享有"天下江山第一楼""天下绝景"之称。黄鹤楼是武汉市标志性建筑，与晴川阁、古琴台并称武汉三大名胜。

B 项出自宋代苏轼的《惠州一绝/食荔枝》。从"荔枝诗"看东坡先生的岭南的心情。苏东坡于宋哲宗绍圣元年被人告以"讥斥先朝"的罪名被贬岭南，"不得签书公事"。于是，东坡先生流连风景，体察风物，对岭南产生了深深的热爱之情，连在岭南地区极为平常的荔枝都爱得那样执着。

C 项出自南北朝的《敕勒歌》，描述的是大平原的场景。

D 项出自北宋诗人苏轼的《题西林壁》。庐山，中华十大名山之一，又名匡山、匡庐。地处江西省庐山市境内。

4.【考点解码】 地理常识

【答案解析】 选 A。海豹是海洋动物，分布在北极、南极周围附近及温带或热带海洋中，其中南极海豹数量为最多，其次是北冰洋、北大西洋、北太平洋等地。阿拉伯半岛位于亚洲，沙特阿拉伯、也门、阿曼、阿拉伯联合酋长国、卡塔尔和科威特、约旦、伊拉克、以色列等国位于阿拉伯半岛上。该半岛常年受副高及信风带控制，非常干燥，几乎整个半岛都是热带沙漠气候区并有面积较大的无流区，该区有七个无流国。农耕时只能用地下水。炎热干燥的气候形成了大片沙漠，沙漠面积约占总面积的1/3。

5.【考点解码】外国文学

【答案解析】选A。地球上大陆和它附近岛屿的总称为大洲。全球共划分成七个大洲。它们恰似美丽的七巧板，相互组合，巧妙搭配，共同组建了地球上的陆地。按其面积大小依次划分为亚洲、非洲、北美洲、南美洲、南极洲、欧洲和大洋洲。

《基督山伯爵》是通俗历史小说，法国著名作家大仲马（1802—1870）的代表作。

《浮士德》是德国作家歌德创作的一部长达12 111行的诗剧，第一部出版于1808年，共25场，不分幕。第二部共27场，分5幕。全剧没有首尾连贯的情节，而是以浮士德思想的发展变化为线索，以德国民间传说为题材，以文艺复兴以来的德国和欧洲社会为背景，写一个新兴资产阶级先进知识分子不满现实，竭力探索人生意义和社会理想的生活道路。是一部现实主义和浪漫主义结合得十分完好的诗剧。

《百年孤独》是哥伦比亚作家加西亚·马尔克斯创作的长篇小说，是其代表作，也是拉丁美洲魔幻现实主义文学的代表作，被誉为"再现拉丁美洲历史社会图景的鸿篇巨著"。

《吉檀迦利》是泰戈尔的著作，泰戈尔是印度著名诗人、文学家、社会活动家、哲学家和印度民族主义者。他的诗中含有深刻的宗教和哲学的见解，泰戈尔的诗在印度享有史诗的地位，代表作《吉檀迦利》《飞鸟集》《园丁集》《新月集》等。

《红高粱》是中国作家莫言创作的长篇小说。以抗日战争及20世纪30、40年代高密东北乡的民间生活为背景，故事中塑造的一系列的抗日英雄却都是正义和邪恶的化身。主人公余占鳌是一个热血汉子，身体里面充满了正义与野蛮。

6.【考点解码】中国古代史

【答案解析】选D。赤壁之战，是指东汉末年，孙权、刘备联军于建安十三年（208年）在长江赤壁（今湖北省赤壁市西北）一带大破曹操大军的战役。这是中国历史上以少胜多、以弱胜强的著名战役之一，是三国时期"三大战役"中最为著名的一场，也是中国历史上第一次在长江流域进行的大规模江河作战，标志着中国军事政治中心不再限于黄河流域。孙刘联军最后以火攻大破曹军，曹操北回，孙、刘各自夺去荆州的一部分，奠定了三国鼎立的基础。

7.【考点解码】世界文学

【答案解析】选B。天鹅湖原为柴可夫斯基于1875—1876年间为莫斯科帝国歌剧院所作的芭蕾舞剧，于1877年2月20日在莫斯科大剧院首演，之后作曲家将原作改编成了在音乐会上演奏的《天鹅湖》组曲，组曲出版于1900年11月。天鹅湖是世界上最出名的芭蕾舞剧，也是所有古典芭蕾舞团的保留剧目。

8.【考点解码】中国古代史

【答案解析】选D。番茄，是茄科番茄属一年生或多年生草本植物，原产南美洲。中国栽培的番茄从欧洲或东南亚传入。清代汪灏在《广群芳谱》的果谱附录中有"番柿"：

"一名六月柿，茎似蒿。高四五尺，叶似艾，花似榴，一枝结五实或三四实……草本也，来自西番，故名"。由于番茄果实有特殊味道，当时仅作观赏栽培。到 20 世纪初，城市郊区始有栽培食用。中国栽培番茄是从 20 世纪 50 年代初迅速发展，成为主要果菜之一。

9.【考点解码】　热点经济词汇

【答案解析】　选 B。"灰犀牛"事件与"黑天鹅"事件是相互补足的概念。"灰犀牛"事件是太过于常见以至于人们习以为常的风险，"黑天鹅"事件则是极其罕见的、出乎人们意料的风险。古根海姆学者奖获得者米歇尔·渥克撰写的《灰犀牛：如何应对大概率危机》一书让"灰犀牛"为世界所知。类似"黑天鹅"比喻小概率而影响巨大的事件，"灰犀牛"则比喻大概率且影响巨大的潜在危机。

10.【考点解码】　社会主义市场经济

【答案解析】　选 B。《宪法》第七条规定，国有经济，即社会主义全民所有制经济，是国民经济中的主导力量。国家保障国有经济的巩固和发展。第十一条规定，在法律规定范围内的个体经济、私营经济等非公有制经济，是社会主义市场经济的重要组成部分。国家保护个体经济、私营经济等非公有制经济的合法的权利和利益。国家鼓励、支持和引导非公有制经济的发展，并对非公有制经济依法实行监督和管理。

2018 年 11 月 1 日，习近平总书记在民营企业座谈会上的讲话，就民营经济的地位和作用概括为"五六七八九"的特征，即贡献了 50% 以上的税收，60% 以上的国内生产总值，70% 以上的技术创新成果，80% 以上的城镇劳动就业，90% 以上的企业数量。在世界 500 强企业中，我国民营企业由 2010 年的 1 家增加到 2018 年的 28 家。我国民营经济已经成为推动我国发展不可或缺的力量，成为创业就业的主要领域、技术创新的重要主体、国家税收的重要来源，为我国社会主义市场经济发展、政府职能转变、农村富余劳动力转移、国际市场开拓等发挥了重要作用。

11.【考点解码】　宏观经济

【答案解析】　选 C。因为社会养老保障体系建设滞后，即使是"重阳节"这一天，人们也很难感受到"银发经济"这四个字的分量。这给我们的启示是深化改革，有效解决社会发展中的各种矛盾，完善社会主义制度，正确认识和利用社会养老保障体系与老年消费的客观联系，拉动经济增长，①③正确且符合题意；②项错误，应该是充分认识规律发生作用的条件和范围，使我国经济发展与价值规律相符合；④项错误，因为我国也适合发展"银发经济"，同时大力发展"朝阳经济"。

12.【考点解码】　宏观经济

【答案解析】　选 C。"增强发展新动能、增添改革新动力、增创竞争新优势"，就要实施创新驱动发展战略，以形成出口竞争新优势，从而促进开放型经济水平提高，①正确；推进新一轮高水平对外开放，可以推进自贸区谈判，促进贸易投资自由化，从而构建均衡、共赢、包容的国际经贸体系，③正确；经济全球化已经深入发展，②错在"促进经济全球化形成"上；打造新的外向型产业集群涉及的主要是出口问题，与"走出去"和吸引外资无直接关系。

13.【考点解码】　化学科技

【答案解析】　选B。化学变化是指相互接触的分子间发生原子或电子的转换或转移，生成新的分子并伴有能量的变化的过程，其实质是旧键的断裂和新键的生成。物理变化只是物质在外形和状态方面发生了变化，与化学变化相对。腐草为萤的主要意思是腐草能化为萤火虫，是中国古代的传统说法。古时误认为萤火虫是由腐烂的草变化而成。

14.【考点解码】　能源科技

【答案解析】　选A。石油，地质勘探的主要对象之一，是一种黏稠的、深褐色液体，是全球使用量最高的化石燃料，被称为"工业的血液"。古埃及、古巴比伦人在很早以前已开采利用石油。"石油"这个中文名称是由北宋大科学家沈括第一次命名的。石油的主要成分是各种烷烃、环烷烃、芳香烃等多种有机物的混合物。其主要成分是结构最简单的甲烷。煤炭在我国化石能源利用中占主导地位。

15.【考点解码】　其他政治常识

【答案解析】　选B。B项符合题意：我国是网络黑客攻击的受害国，我国政府一贯坚决反对黑客攻击行为，并倡导国际合作，提出国际社会应共建和平、安全、开放、合作的网络空间，说明我国在对外活动中，是以维护我国的国家利益为目的和依据的。

A项不符合题意："主导作用"在题干中没有体现，而且不符合我国实际国情。

C项不符合题意：国与国的利益有相同点，但是国家的利益不可能是完全相同的（比如发达国家和发展中国家之间）。

D项不符合题意：我国处理国际关系的基本准则是奉行"互相尊重主权和领土完整、互不侵犯、互不干涉内政、平等互利、和平共处"五项原则的外交政策。独立自主是我国外交的基本立场。

16.【考点解码】　唯物论

【答案解析】　选A。"天下大势，分久必合，合久必分"说明的是事物随着时间的变化而自然变化，这不符合辩证唯物主义观点。事实上，事物的变化需要一定的条件，跟时间推移没有必然的关系。条件达成，即使时间很短也会发生变化，条件未达成，即使时间很长也不能发生变化，将事物变化简单地归因为时间推移，是一种错误的哲学观点。

17.【考点解码】　语言、文字

【答案解析】　选D。a.意义相同的，即表字和名意义相同，相通，是并列关系，所以又叫"并列式"。如：屈平，字原。广平曰原，意思相同。孟轲，字子舆。轲、舆都是车。b. 意义相近的：即表字和名意思相近，但不完全相同，可以互为辅助，称做"辅助式"。如：梁鸿，字伯鸾。鸾和鸿都是飞禽，但不是一种，鸿雁和鸾凤可以互为辅助。陆机，字士衡。机、衡都是北斗中的星名，互为辅助。c. 意义相反的：即表字和名意思正相反，这种情况可称为"矛盾式"如:曾点,字皙。点为黑污,皙为白色。朱熹,字元晦。熹是天亮,晦是黑夜。d. 意义相顺的,即表字与名往往出自一句话中,意思相顺,而且字为名的意思作补充解释或修饰,这种情况,可称做"扩充式"如:曹操,字孟德。《荀子·劝学》篇说:"生乎由是,死乎由是,夫是之谓德操。"字和名在一句话里,合成德操,即道德操守,字对名作了修饰性解释和补充。陆羽,字鸿渐。《周易》曰:"鸿渐于陆,其羽可用为仪。"字对名作了解释。e. 意义相延的,即表字意为名字意思的延伸。这种情况可称为"延伸式"。如李白,字太白。太白指太白金星,这是对"太"的延伸。杜牧,字牧之。牧之即放牧,延伸解释了牧的含义。

18.【考点解码】　其他政治常识

【答案解析】　选 B。本题考查政治常识。B项正确,实践对认识的决定性作用主要表现为:(1) 实践是认识的来源,实践产生了认识的需要;(2) 实践是认识发展的根本动力,是认识的基础;(3) 实践是认识的目的;(4) 实践是检验认识正确与否的唯一标准。荀子的"不闻不若闻之,闻之不若见之,见之不若知之,知之不若行之",意思是没有听到不如听到,听到不如见到,见到不如理解到,理解到不如去实行,学问到了实行也就达到了顶点。王夫之的"知行相资以为用",意思是以知促行、以行促知、知行合一。所以题干主要强调的是"认识与实践"的哲学原理。

第四章　公 文 知 识

第一节　夯 实 基 础 题

1. 公文的主体部分是_____。

A. 标题　　　　　　B. 正文　　　　　　C. 作者　　　　　　D. 印章或签署

2. 向级别与本机关相同的有关主管部门请求批准某事项应使用_____。

A. 请示　　　　　　B. 报告　　　　　　C. 请示报告　　　　D. 函

3. 联合行文标注发文机关时，标在前面的机关是_____。

A. 组织序列表中靠前的机关　　　　　　B. 主办的机关

C. 上级的机关　　　　　　　　　　　　D. 其他系统的机关

4. 按照密级划分规则，含有一般的国家秘密，泄漏会使国家的安全和利益遭受损害的文件属于_____ 。

A. 限国内公开的　　B. 内部使用的　　C. 秘密的　　　　　D. 机密的

5. 在印制本上，版头位于公文的_____，作者位于_____。

A. 首页上端；右下方　　　　　　　　　B. 首页下端；右上方

C. 首页上端；右上方　　　　　　　　　D. 首页下端；右下方

6. _____用于依照有关法律规定发布行政法规和规章。

A. 条例　　　　　　B. 决定　　　　　　C. 命令　　　　　　D. 公告

7. 函，在文种上属于_____，在公务活动领域上属于_____。

A. 规范性文件；通用公文　　　　　　　B. 商洽性文件；通用公文

C. 陈述呈请性文件；专用公文　　　　　D. 领导指导性文件；专用公文

8. 向非同一组织系统的任何机关发送的文件属于_____。

A. 上行文　　　　　B. 平行文　　　　　C. 下行文　　　　　D. 越级行文

9. 含有重要的国家秘密，泄露会使国家的安全与利益遭受到严重损害的文件，属于_____。

A. 秘密文件　　　　B. 绝密文件　　　　C. 机密文件　　　　D. 保密文件

10. 用于在一定范围内公布应当遵守或周知的事项的公文是_____。

A. 通知 　　　　 B. 通告 　　　　 C. 公告 　　　　 D. 通报

第二节　提升能力题

1. 用于答复下级机关请示事项的公文是_____。

A. 指示 　　　　 B. 请示 　　　　 C. 批复 　　　　 D. 命令

2. 党政机关的行文关系有_____。

A. 逐级行文、多级行文、直贯到底的行文

B. 上行文、下行文、平行文

C. 逐级行文、多级行文、超级行文

D. 超级行文、下行文、平行文

3. 公文区别于其他信息记录的特点是_____。

A. 传播知识 　　　　　　　　　 B. 具有查考价值

C. 书面文字材料 　　　　　　　 D. 具有法定权威与现行效用

4. 公文的作者是指_____。

A. 撰拟文章的机关工作人员

B. 制发文件的机关

C. 审核签发文件的机关工作人员

D. 参与文件形成过程的全部机关工作人员

5. 根据文件来源,在一个机关内部可将公文分为_____。

A. 收文、发文 　　　　　　　　 B. 上行文、平行文、下行文

C. 通用公文、专业公文 　　　　 D. 本机关制发的和内部使用的公文

6. 公文的装订是在_____。

A. 左侧 　　　　 B. 右侧 　　　　 C. 正上方 　　　　 D. 左上方

7. 采用议论法撰写公文,对观点的要求是_____。

A. 正确、鲜明 　　 B. 深刻、深远 　　 C. 明确、含蓄 　　 D. 鲜明、充分

8. 机关或部门的领导人对来文办理提出处理意见的活动是收文处理中的_____。

A. 拟办 　　　　 B. 批办 　　　　 C. 承办 　　　　 D. 查办

9. 公文写作中所采用的论证方法,主要有例证法、_____、因果法。

A. 论述法 　　　　 B. 分析法 　　　　 C. 对比法 　　　　 D. 实证法

10. 表彰先进、批评错误、传达重要精神和告知重要情况应使用_____。

A. 通知 　　　　 B. 通告 　　　　 C. 通报 　　　　 D. 情况报告

11. 内容重要并紧急需要打破常规优先传递处理的文件，叫作_____。

A. 平行　　　　　B. 加急件　　　　　C. 特急件　　　　　D. 急件

12. 公文议论的三个基本要素包括论点、_____、论证。

A. 事例　　　　　B. 因果　　　　　C. 论据　　　　　D. 结论

13. 调查报告的结构一般包括_____。

A. 标题、导语、正文、结语　　　　　B. 标题、正文、落款

C. 开头、导语、主体、结尾　　　　　D. 标题、正文、结语

14. 当问题重大，确急需直接上级和更高层次的上级机关同时了解公文内容时，可采用_____的方式。

A. 越级行文　　　B. 直接行文　　　C. 多级行文　　　D. 同时行文

15. 用于记载会议主要精神和议定事项的公文是_____。

A. 决议　　　　　B. 会议记录　　　　　C. 纪要　　　　　D. 议案

16. 供受文者使用的具有法定效用的正式文本，格式规范并具备各种生效标志的稿本称作_____。

A. 草稿　　　　　B. 定稿　　　　　C. 正本　　　　　D. 副本

17. 维护文件的高度严密性是指_____。

A. 公文的保密性　　　　　B. 公文语言结构的严密

C. 公文行文程序的严密　　　　　D. 施行办法的严密

18. 联合行文时，作者应是_____。

A. 同级机关　　　　　B. 同一系统的机关

C. 三个以上的机关　　　　　D. 行政主管机关与业务指导机关

19. 公文具有其他任何文献形式无法替代的功能是_____。

A. 执行的　　　　B. 强制的　　　　C. 权威性　　　　D. 凭证的

20. 主送机关对公文负有_____和答复的责任。

A. 转发　　　　　B. 抄送　　　　　C. 通报　　　　　D. 主办

21. 用于向国内外宣布重要事项或法定事项时所使用的文种是_____。

A. 布告　　　　　B. 通告　　　　　C. 公告　　　　　D. 通知

22. 下列文稿中具有正式公文效用的是_____。

A. 议论稿　　　　B. 送审稿　　　　C. 征求意见稿　　　　D. 定稿

23. 为了维护政党的领导、指导、直接统属的关系，一般应采用_____的方式。

A. 多级行文　　　B. 逐级行文　　　C. 直接行文　　　D. 越级行文

24. 上行文是指_____。

A. 向具有隶属关系的上级领导、领导机关报送的文件

B. 向所属被领导机关或组织发出的文件

C. 向一切比本机关级别层次高的机关发出的文件

D. 向一切比本机关级别层次低的机关发出的文件

25. 公文在制发的程序上，必须履行法定的_____。

A. 审批手续　　　　B. 会签手续　　　　C. 登记手续　　　　D. 承办手续

26. 国务院教育部与各省、自治区、直辖市教育厅之间属于_____。

A. 平行关系　　　　B. 不相隶属关系　　C. 业务指导关系　　D. 隶属关系

27. 公文作为应用文体，有广泛的实用性、_____、全面的真实性、格式的规定性四个特点。

A. 间接的作用性　　　　　　　　　　B. 实际的长效性

C. 直接的针对性　　　　　　　　　　D. 准确的真实性

28. 公文中兼用的基本表达方式是_____。

A. 议论、描写、说明　　　　　　　　B. 议论、说明

C. 议论、叙述、说明　　　　　　　　D. 抒情、说明

29. 为了维护政令一致，凡下行公文_____。

A. 都要向上级请示

B. 都要和有关机关协商

C. 内容涉及其他机关的职权范围时，行文前应与其协商一致

D. 都与有关部门联合发文

30. 在公文写作中，对社会流行语的使用要采取慎重的态度。下列词语不适宜出现在公文中的是_____。

A. 扫黄　　　　　　B. 希望工程　　　　C. 钟点工　　　　　D. 发烧友

第三节　斩获高分题

1. 公文是机关公务活动的文字记录，因而具有_____。

A. 指导作用　　　　B. 宣传作用　　　　C. 传递信息作用　　D. 凭据记载作用

2. 下列不属于发文字号的作用是_____。

A. 表明公文生效的时间　　　　　　　B. 检索和引用文件

C. 维护公文格式的严肃性　　　　　　D. 为统计和管理公文提供依据

3.《××广播局关于向××县土地局申请划拨建设电视转播台用地的请示》，该标题主要的错误是_____。

A. 违反报告不得夹带请示的规定　　　B. 违反应协商同意后再发文的规定

C. 错误使用文种，应使用函　　　　　D. 错误使用文种，应使用报告

4. 温州市人民政府行文给浙江省人民政府并报国务院的行文方式属于_____。

A. 逐级行文　　　　B. 多级行文　　　　C. 越级行文　　　　D. 直达行文

5. 联合行文的成文日期是_____。

A. 首个签发机关负责人的签发日期　　　B. 公文实际发出日期

C. 收文机关签收的日期　　　　D. 最后签发机关负责人的签发日期

6. 下列各项中，可用通报行文的是_____。

A. 某厂拟向市工业局汇报该厂遭受火灾的情况

B. 某县政府拟公布加强机关廉政建设的几条规定

C. 县工会拟表彰奋不顾身抢救落水儿童的青年工人赵某

D. 某省向国务院汇报清理整顿公司的情况

7. 以下公文标题中，最符合公文写作规范的是_____。

A.《关于打击盗掘和走私文物活动的通报》

B.《国务院关于清理规范税收等优惠政策的通报》

C.《国务院表扬全国"两基"工作先进地区的通报》

D.《国务院安委会办公室关于近期几起事故情况的通报》

8. 中国共产党某县县委向全县党的各级组织印发《关于整治庸懒散奢等不良风气切实改进工作作风的意见》，应适用的公文文种是_____。

A. 函　　　　B. 请示　　　　C. 通报　　　　D. 通知

9. 请示一般有四个部分组成，这四个部分是_____。

A. 标题、事由、正文、落款　　　　B. 标题、主送机关、正文、落款

C. 附件、主送机关、正文、落款　　　　D. 标题、主送机关、格式、落款

10. 下列关于公文知识的表述中，不正确的一项是_____。

A. 附件即附注，是公文正文的重要组成部分

B. 请示应当一文一事，一般只写一个主送机关

C. 不相隶属机关之间相互商洽工作、询问和答复问题可以用函

D. 保密公文的密级分为绝密、机密和秘密三种

第四节　考点解码及答案解析

一、夯实基础题

1.【考点解码】 公文的格式

【答案解析】 选 B。《党政机关公文处理工作条例》第九条规定，正文，即公文的主

体，用来表述公文的内容。

2.【考点解码】　公文的种类

【答案解析】　选 D。《党政机关公文处理工作条例》第八条规定，请示适用于向上级机关请求指示、批准。报告适用于向上级机关汇报工作、反映情况，回复上级机关的询问。二者同属于上行文。函适用于不相隶属机关之间商洽工作、询问和答复问题、请求批准和答复审批事项。

3.【考点解码】　公文的格式

【答案解析】　选 B。《党政机关公文处理工作条例》第十七条规定，同级党政机关、党政机关与其他同级机关必要时可以联合行文。联合行文时标注前面的机关属于主办机关，发文字号以主办机关文号为主，其他联合发文机关不需编号，只需存档备案即可。

4.【考点解码】　公文

【答案解析】　选 C。密级是秘密等级的简称，是指公文的机密等级，是公文格式的组成项目之一。根据公文内容的重要程度，一般将密级分作三级：第一，绝密公文，是指涉及国家核心秘密内容的文件，一旦泄露会使国家的安全和利益遭受特别严重的损害。第二，机密公文，是指涉及国家重要秘密内容的文件，一旦泄露会使国家的安全和利益遭受较大的损害。第三，秘密公文，是涉及国家一般秘密内容的文件，一旦泄露会使国家的安全和利益遭受一定的损害。

5.【考点解码】　公文的格式

【答案解析】　选 A。党政机关公文版面一般由三大部分构成，即把一件公文各要素分别纳入"版头""主体""版记"，共同组成一份公文的"版心"。其中，"版头"包括公文份数序号、秘密等级和保密期限、紧急程度、发文机关标志、发文字号、签发人等，位于公文的首页上端。"主体"包括公文标题、正文、附件、成文时间、（作者）印章、附注等，位于右下方。

6.【考点解码】　公文的种类

【答案解析】　选 C。《党政机关公文处理工作条例》第八条规定，命令（令）适用于公布行政法规和规章、宣布施行重大强制性措施、批准授予和晋升衔级、嘉奖有关单位和人员。故正确答案选 C。

知识延伸：《党政机关公文处理工作条例》规定，目前只有 15 个文种，分别是决议、决定、命令（令）、公报、公告、通告、意见、通知、通报、报告、请示、批复、议案、函、纪要。条例是用于党的中央组织制定规范党组织的工作、活动和党员行为的规章制度。现已废止。决定适用于对重要事项作出决策和部署、奖惩有关单位和人员、变更或者撤销下级机关不适当的决定事项。公告适用于向国内外宣布重要事项或者法定事项。

7.【考点解码】　公文的种类

【答案解析】　选 B。按公文的内在属性分为：

规范性公文	规定、条例、章程、办法、细则等
指令性公文	命令、指示、决定等
指导性公文	批示、意见等
知照性公文	通知、通报、公报、简报等
公布性公文	公告、通告、布告等
商洽性公文	函等
报请性公文	请示、报告等
记录性公文	会议纪要、大事记等

根据形成和作用的公务活动领域,公文可分为通用公文和专用公文两种。其中,通用公文是各类各级机关普遍使用的公文。专用公文是在一定专业机关或专业业务范围内因特殊需要而专门使用的文件。

8.【考点解码】　公文的种类

【答案解析】　选 B。按照行文关系、文件去向,可分为上行文、平行文、下行文。

上行文指下级机关向所属上级机关的发文,如请示、报告。

平行文指平行机关或不相隶属的机关之间的发文,主要是函,也包括一些通知,通报,纪要。非同一系统的任何机关相互行文都使用平行文。

下行文指上级机关对所属下级机关的发文,如命令、指令、意见,决定、决议、布告、公告、通告、通知、通报、批复等。

9.【考点解码】　公文

【答案解析】　选 C。密级是秘密等级的简称,是指公文的机密等级,是公文格式的组成项目之一。根据公文内容的重要程度,一般将密级分作三级:

第一,绝密公文,是指涉及国家核心秘密内容的文件,一旦泄露会使国家的安全和利益遭受特别严重的损害。

第二,机密公文,是指涉及国家重要秘密内容的文件,一旦泄露会使国家的安全和利益遭受严重的损害。

第三,秘密公文,是涉及国家一般秘密内容的文件,一旦泄露会使国家的安全和利益遭受损害。

10.【考点解码】　公文的种类

【答案解析】　选 B。《党政机关公文处理工作条例》第八条规定,通告适用于在一定范围内公布应当遵守或者周知的事项。通知适用于发布、传达要求下级机关执行和有关单位周知或者执行的事项,批转、转发公文。公告适用于向国内外宣布重要事项或者法定事项。通报适用于表彰先进、批评错误、传达重要精神和告知重要情况。故正确答案选 B。

二、提升能力题

1.【考点解码】 公文的种类

【答案解析】 选 C。《党政机关公文处理工作条例》第八条规定，批复适用于答复下级机关请示事项。

目前已经没有指示这个文种。请示适用于向上级机关请求指示、批准。命令（令）适用于公布行政法规和规章、宣布施行重大强制性措施、批准授予和晋升衔级、嘉奖有关单位和人员。

2.【考点解码】 公文概述

【答案解析】 选 B。行文关系是指发文机关单位和收文机关单位之间的关系，亦即由组织系统、领导关系和职权范围所确定的机关单位之间的公文授受关系。按照行文的方向，一般将党政机关的行文关系分为：上行文、下行文和平行文。

3.【考点解码】 公文概述

【答案解析】 选 D。《党政机关公文处理工作条例》第三条规定，党政机关公文是党政机关实施领导、履行职能、处理公务的具有特定效力和规范体式的文书，是传达贯彻党和国家的方针政策，公布法规和规章，指导、布置和商洽工作，请示和答复问题，报告、通报和交流情况等的重要工具。因此，公文区别于其他信息记录的特点是：具有法定效力和规范格式。

4.【考点解码】 公文概述

【答案解析】 选 B。公文的作者是指依法成立并能以自己的名义行使权力和担负义务的组织或个人（非指一般私人，而是某一机关、组织的领导人），这种特定的组织和个人才能充当公文的作者。

5.【考点解码】 公文的分类

【答案解析】 选 A。根据文件来源，在一个机关内部可将公文分为：收文办理和发文办理。如《党政机关公文处理工作条例》第二十三条规定，公文办理包括收文办理、发文办理和整理归档。其中，收文办理包括公文的签收、登记、初审、承办、传阅、催办、答复。发文办理包括公文的复核、登记、印制、核发。

6.【考点解码】 公文的格式

【答案解析】 选 A。公文应当左侧装订，不掉页，两页页码之间误差不超过 4 mm，裁成后的成品尺寸允许误差 2 mm，四角成 90 度，无毛茬或缺损，主要采用骑马订或平订的方式。

7.【考点解码】 公文概述

【答案解析】　选 A。议论法撰写公文，首先根据公文的特性，必须保证论点的正确，符合国家法律法规和党的路线方针政策。其次，论据必须鲜明，有说服力和感染力。最后是论证必须符合逻辑。

8.【考点解码】　公文的处理

【答案解析】　选 B。在公文活动中，批办是指机关或部门的领导人对来文办理提出指示性意见的决策性活动。《党政机关公文处理工作条例》第二十四条规定，批办性公文应当提出拟办意见报本机关负责人批示或者转有关部门办理；需要两个以上部门办理的，应当明确主办部门。紧急公文应当明确办理时限。承办部门对交办的公文应当及时办理，有明确办理时限要求的应当在规定时限内办理完毕。

知识延伸：拟办由部门负责人或有关具体工作人员提出处置意见，供有关领导审核定夺。承办由有关工作人员按意见具体处置公文所针对的事务和问题。主办由承办人签注公文承办情况，以备忘待查。

9.【考点解码】　公文概述

【答案解析】　选 C。公文写作的论证方法主要有例证法、对比法和因果法。论述法属于公文叙述的一种主要表达方式。分析法和实证法属于公文说明的主要表达方式。

10.【考点解码】　公文的种类

【答案解析】　选 C。《党政机关公文处理工作条例》第 8 条规定，通知适用于发布、传达要求下级机关执行和有关单位周知或者执行的事项，批转、转发公文。通告适用于在一定范围内公布应当遵守或者周知的事项。通报适用于表彰先进、批评错误、传达重要精神和告知重要情况。

11.【考点解码】　公文概述

【答案解析】　选 D。公文急件是指内容重要并紧急，需打破常规优先迅速传递处理的文件。《党政机关公文处理工作条例》第九条规定，公文送达和办理的时限要求。根据紧急程度，紧急公文应当分别标注"特急""加急"，电报应当分别标注"特提""特急""加急""平急"。其中，"特急"是指内容重要并特别紧急，已临近规定的办结时限，需特别优先传递处理的公文。"急件"是指内容重要并紧急，需打破工作常规，优先传递处理的公文。

知识延伸：电报中，"特提"适用于极少数当日要办的十分紧急事项，注明"特提"等级的电报，发电单位要提前通知收文单位机要部门；"特急"适用于 3 日内要办的紧急事项；"加急"适用于 5 日内要办的较急事项；"平急"适用于 10 日内要办的稍缓事项。

12.【考点解码】　公文概述

【答案解析】　选 C。议论主要包括论点、论据和论证。其中，论点即公文的基本观点和立场，需阐明或讲述的事项。论据，即论点提出的根据。论证即用论据论述或证明论点的过程。

13.【考点解码】　公文的格式

【答案解析】　选 A。调查报告是对某项工作、某个事件、某个问题，经过深入细致的调查后，将调查中收集到的材料加以系统整理，分析研究，以书面形式向组织和领导汇报调查情况的一种文书。从外部形式上看，调查报告由标题、前言、主体、结语四个部分组成。

14.【考点解码】　公文的行文规则

【答案解析】　选 C。《党政机关公文处理工作条例》第十五条规定："向上级机关行文，应当遵循以下规则：……原则上主送一个上级机关，根据需要同时抄送相关上级机关和同级机关，不抄送下级机关。"故正确答案选 C。

知识延伸：《党政机关公文处理工作条例》第十四条规定，行文关系根据隶属关系和职权范围确定。一般不得越级行文，特殊情况需要越级行文的，应当同时抄送被越过的机关。直接行文属于平行文的一种方式。

15.【考点解码】　公文的种类

【答案解析】　选 C。《党政机关公文处理工作条例》第八条规定，纪要适用于记载会议主要情况和议定事项。

知识延伸：决议适用于会议讨论通过的重大决策事项。会议记录不是公文文种。议案适用于各级人民政府按照法律程序向同级人民代表大会或者人民代表大会常务委员会提请审议事项。

16.【考点解码】　公文的处理

【答案解析】　选 C。供受文者使用的具有法定效应的正式文本，格式规范并具备各种生效标志的稿本，称作正本。

副本是指同一书抄出的复本，有时也称"别本"和"抄本"。一般是作为备存查和通知有关方面之用。副本与正本的区别在于：它是根据正式签署本（即定稿）复制的文本，它是供内部留存的。

草稿是供讨论、征求意见、修改审核、审批用的原始的非正式文稿，内容未正式确定，不具备正式公文的效用。议论稿、送审稿和征求意见稿全部属于草稿。

定稿是内容已确定，已履行法定生效程序的最后完成稿，具备正式公文的效用，是制作公文正本的标准依据。定稿一经确立，如不经法定责任者（如签发人、讨论通过该公文的会议等）的认可，任何人不得再对其予以修改，否则无效。

17.【考点解码】　公文概述

【答案解析】　选 B。公文写作要求维护文件的高度严密性。严密性指文件结构与语言表达具有周延有效的特点。《条例》第十九条规定，公文起草应当做到：内容简洁，主题突出，观点鲜明，结构严谨，表述准确，文字精练。

18.【考点解码】　公文的行文规则

【答案解析】　选A。《党政机关公文处理工作条例》第十七条规定，同级党政机关、党政机关与其他同级机关必要时可以联合行文。属于党委、政府各自职权范围内的工作，不得联合行文。党委、政府的部门依据职权可以相互行文。部门内设机构除办公厅（室）外不得对外正式行文。

19.【考点解码】　公文概述

【答案解析】　选C。《党政机关公文处理工作条例》第三条规定，党政机关公文是党政机关实施领导、履行职能、处理公务的具有特定效力和规范体式的文书，是传达贯彻党和国家的方针政策，公布法规和规章，指导、布置和商洽工作，请示和答复问题，报告、通报和交流情况等的重要工具。因此，公文具有其他任何文献无法替代的法定效力和权威性。

20.【考点解码】　公文概述

【答案解析】　选D。受文机关指公文发往的机关，分为主送机关与抄送机关。主送机关是指负有办文责任的机关，即主办机关。非普发性的下行文以及上行文、平行文，在一般情况其主送机关只有一个，即这份文件的接受办理者。只有普发性的下行文，才可以有若干主送机关。

21.【考点解码】　公文的种类

【答案解析】　选C。《党政机关公文处理工作条例》第八条规定，公告适用于向国内外宣布重要事项或者法定事项。布告是指机关或团体张贴出来告知群众的文件，不属于文种。通告适用于在一定范围内公布应当遵守或者周知的事项。通知适用于发布、传达要求下级机关执行和有关单位周知或者执行的事项，批转、转发公文。

22.【考点解码】　公文处理

【答案解析】　选D。同一公文在形成过程中需要用两种或两种以上语言撰写和制作时，会形成不同文字的文稿或文本。定稿是内容已确定，已履行法定生效程序的最后完成稿，具备正式公文的效用，是制作公文正本的标准依据。草稿是供讨论、征求意见、修改审核、审批用的原始的非正式文稿，内容未正式确定，不具备正式公文的效用，包括议论稿、送审稿和征求意见稿。

23.【考点解码】　公文的行文规则

【答案解析】　选B。具有隶属关系或业务指导关系的机关一般采用上行文，即下级机关向上级机关呈递的公文。由于下级机关要对自己的直接上级机关负责，因此逐级行文最为普遍。只有在特殊情况下才可采用多级行文和越级行文的方式。这样有利于维护正确的领导关系。

24.【考点解码】　公文概述

【答案解析】　选A。上行文指下级机关向所属上级机关的发文，如请示、报告。一般可分为逐级行文、多级行文和越级行文三种。由于下级机关要对自己的直接上级机关负责，因此逐级行文最为普遍。只有在特殊情况下才可采用多级行文和越级行文的方式。

25.【考点解码】 公文的处理

【答案解析】 选 A。《党政机关公文处理工作条例》第十八条规定，公文拟制包括公文的起草、审核、签发等程序。第 22 条规定，公文应当经本机关负责人审批签发。故正确答案选 A。

26.【考点解码】 公文的行文规则

【答案解析】 选 C。处于同一专业系统的上级主管业务部门与下级主管业务部门之间存在指导与被指导关系。

27.【考点解码】 公文概述

【答案解析】 选 C。《党政机关公文处理工作条例》第三条规定，党政机关公文是党政机关实施领导、履行职能、处理公务的具有特定效力和规范体式的文书，是传达贯彻党和国家的方针政策，公布法规和规章，指导、布置和商洽工作，请示和答复问题，报告、通报和交流情况等的重要工具。因此，公文是党政机关针对管理社会事务采取的一种方式，具有直接针对性。

28.【考点解码】 公文概述

【答案解析】 选 C。对于公文来说，所用的表达方式主要是叙述、议论、说明三种。处分、调查报告、情况报告、事故报告、工作报告、简报、通报、通信等文种的主要表达方式是记述或叙事。

29.【考点解码】 公文的行文规则

【答案解析】 选 C。涉及多个部门职权范围内的事务，部门之间未协商一致的，不得向下行文；擅自行文的，上级机关应当责令其纠正或者撤销。

30.【考点解码】 公文概述

【答案解析】 选 D。公文中要遵循规范化的原则来使用社会流行语。流行语是广为流传的一种口头用语，诸如"扫黄""打假""希望工程""钟点工""第三产业"，等等，它比较直接客观地反映着社会思潮的变化变革，反映出社会群体意识的变化趋势，折射出现实生活在一定时间的习惯风尚。公文中适当地运用社会流行语有利于增强行文的时代感和吸引力，起到生动形象的表达效果。"发烧友"是香港人对早期的"音响器材爱好者"的称呼，但是后来慢慢演变成泛指对某些事物具有特别爱好的人群的统称。这个词适用范围较小，普遍性不强，故不适用于公文，D 项当选。

三、斩获高分题

1.【考点解码】 公文概述

【答案解析】 选 D。公文是发文单位开展公务活动的记载，也是收文单位联系、开展工作的书面凭据，起着公认的"立此存照"的作用。公文反映了制发机关的意志、愿望和要求，收文机关要贯彻落实这一意图，就必须以公文作为依据，根据公文的内容要求开展工作、处理问题。一方面，上级机关所发的公文对下级机关来说，无疑都是工作依据；另一方面，下级机关所发的公文，如请示、报告等，对上级机关来说，同样也有依据作用。因此许多公文都需要归档保存很长时间以便需要时查找。

2.【考点解码】　公文的格式

【答案解析】　选 A。发文字号又称公文编号，是发文机关同一年度公文排列的顺序号，由发文机关代字、年份和发文顺序号组成，如国务院文件"国发〔2014〕3 号"中，"国发"是发文机关代字，"2014"是发文年份，"3 号"为发文顺序号，表明这份文件是国务院在 2014 年度制发的第 3 号文件。如果一个机关的文件数量较多，还可以在发文字号中加上一个类别标志，反映文件的业务内容或归宿。几个机关联合行文，只注明主办机关的发文字号即可。发文字号应在发文机关标识下空 2 行，用 3 号仿宋体字，居中排布；年份、序号用阿拉伯数码标识；年份应标全称，用六角括号"〔〕"插入；序号不编虚位（即 1 不编为 01），不加"第"字。发文字号并不表明公文生效的时间，但是能够帮助工作人员检索和引用文件，也能够体现公文格式的严肃性，还能为统计和管理公文提供依据。

3.【考点解码】　公文的格式

【答案解析】　选 C。请示是下级机关向其直接上级机关请求对某项工作、问题作出指示，对某项政策界限给予明确，对某事予以审核批准时使用的一种请求性公文。某县广播局和土地局不是下级机关与上级机关的关系，所以该标题错误使用文种。函是不相隶属机关之间相互商洽工作、询问和答复问题，或者向有关主管部门请求批准事项时所使用的公文。符合题干所应用的情况，所以应使用函。本题为选非题。

4.【考点解码】　公文的行文规则

【答案解析】　选 B。在上行文中，逐级行文即下级机关向所属的上一级机关行文；多级行文即下级机关同时向自己的直接上级机关和更高一级的上级领导机关行文，如温州市人民政府行文给浙江省人民政府并报国务院。多级行文方式，只有在少数有特殊需要的情况下采用，往往是问题比较重大，需同时报请上级和更高级的领导机关了解和批示等。越级行文。即下级机关在特殊情况下，越过自己的直属上级向更高一级的领导机关直至中央行文。直达行文，又称直贯到底行文，即领导机关将文件发至基层组织或直接传达给人民群众。直达行文常通过广播、电视、报纸等新闻媒体或张贴发布等形式直接与群众见面，中央的重大决策、政府系统发布的行政法规和重要的政策措施等，往往采用这种方式。

5.【考点解码】　公文的格式

【答案解析】　选 D。根据《党政机关公文处理工作条例》第九条规定，党政机关公文的成文日期署会议通过或者发文机关负责人签发的日期。联合行文时，署最后签发机关负责人签发的日期。

6.【考点解码】　公文的种类

【答案解析】　选 C。通报适用于表彰先进、批评错误、传达重要精神和告知重要情况。A、D 两项宜用报告行文；B 项宜用决定行文。

7.【考点解码】　公文的格式

【答案解析】　选 D。公文标题一般由发文机关名称、事由和文种组成。通报适用于表彰先进、批评错误、传达重要精神和告知重要情况。A 项错误:文种错误,应为通告;B 项错误:文种错误,应为通知;C 项错误:缺少介词"关于";D 项标题合乎规范。

8.【考点解码】　公文的种类

【答案解析】　选 D。A 项,函适用于不相隶属机关之间商洽工作、询问和答复问题、请求批准和答复审批事项。B 项,请示适用于向上级机关请求指示、批准。C 项,通报适用于表彰先进、批评错误、传达重要精神和告知重要情况。D 项,通知适用于发布、传达要求下级机关执行和有关单位周知或者执行的事项,批转、转发公文。题干中是某县县委向全县党的各级组织印发公文,适用通知。

9.【考点解码】　公文的格式

【答案解析】　选 B。请示主要由标题、主送机关、正文和落款四部分组成。其中,标题内容包括发文机关、事由和文种;正文包括请示原由、请示事项、请示要求三部分。

10.【考点解码】　公文

【答案解析】　选 A。A 项表述错误:附件,是公文正文的说明、补充或者参考资料。公文的附件是正文内容的组成部分,与公文正文一样具有同等效力,不存在谁主要、谁附属的问题。附注就是公文印发传达范围等需要说明的事项。所以附件并不是附注。本题为选非题。

图书在版编目(CIP)数据

行政职业能力测验高分解码:练习/上海华智公考学校编著. —上海:复旦大学出版社,2021.4
(上海华智公考系列)
ISBN 978-7-309-15489-4

Ⅰ.①行… Ⅱ.①上… Ⅲ.①公务员-招聘-考试-中国-习题集 ②行政管理-能力倾向测验-
中国-习题集 Ⅳ.①D630.3-44

中国版本图书馆 CIP 数据核字(2021)第 020447 号

行政职业能力测验高分解码:练习
上海华智公考学校 编著
责任编辑/张美芳

复旦大学出版社有限公司出版发行
上海市国权路 579 号 邮编:200433
网址:fupnet@ fudanpress. com http://www. fudanpress. com
门市零售:86-21-65102580 团体订购:86-21-65104505
出版部电话:86-21-65642845
上海丽佳制版印刷有限公司

开本 787×1092 1/16 印张 27.75 字数 589 千
2021 年 4 月第 1 版第 1 次印刷

ISBN 978-7-309-15489-4/D · 1078
定价:88.00 元